Hexenverhörprotokolle als sprachhistorisches Korpus

Reihe Germanistische Linguistik

Herausgegeben von
Mechthild Habermann und Heiko Hausendorf

322

Hexenverhörprotokolle als sprachhistorisches Korpus

Fallstudien zur Erschließung der frühneuzeitlichen Schriftsprache

Herausgegeben von
Renata Szczepaniak, Lisa Dücker
und Stefan Hartmann

DE GRUYTER

Reihe Germanistische Linguistik
Begründet und fortgeführt von Helmut Henne, Horst Sitta und Herbert Ernst Wiegand

ISBN 978-3-11-099260-1
e-ISBN (PDF) 978-3-11-067964-9
e-ISBN (EPUB) 978-3-11-067967-0
ISSN 0344-6778

Library of Congress Control Number: 2020936976

Bibliografische Information der Deutschen Nationalbibliothek
Die Deutsche Nationalbibliothek verzeichnet diese Publikation in der Deutschen Nationalbibliografie; detaillierte bibliografische Daten sind im Internet über http://dnb.dnb.de abrufbar.

Dieser Band ist text- und seitenidentisch mit der 2020 erschienenen gebundenen Ausgabe.
Druck und Bindung: CPI books GmbH, Leck

www.degruyter.com

Inhalt

Lisa Dücker, Stefan Hartmann & Renata Szczepaniak
Einleitung: Hexenverhörprotokolle als sprachhistorisches Korpus — 1

Rita Voltmer
Die Entzifferung der Gattung „Hexenprozessakte" – Anmerkungen aus historischer Perspektive — 13

Javier Caro Reina & Eric Engel
Worttrennung am Zeilenende in frühneuzeitlichen Hexenverhörprotokollen — 49

Jessica Nowak
***„Sagt sie, daß sie Niemand verfiehrt."* Zur satzinternen Großschreibung von Demonstrativa — 81**

Lisa Dücker, Stefan Hartmann, Renata Szczepaniak
Satzinterne Großschreibung von Substantiven und Substantivierungen in Hexenverhörprotokollen — 113

Lisa Dücker
Die Majuskelsetzung in der Genitivphrase in der Frühen Neuzeit — 145

Alexander Werth
Klisen in frühneuzeitlichen Hexenverhörprotokollen — 177

Hanna Fischer
Diskursmodus und Tempusformen — 211

Mirjam Schmuck
Pragmatische Funktionen des Personennamenartikels in Hexenverhörprotokollen — 239

Claudia Resch
Zur digitalen Erschließung historischer Flugblätter — 269

Lisa Dücker, Stefan Hartmann & Renata Szczepaniak

Einleitung: Hexenverhörprotokolle als sprachhistorisches Korpus

Hexenverhörprotokolle tragen als Schriftzeugen aus der Frühen Neuzeit nicht nur wesentlich zur Erschließung der kulturellen, sozialen, rechtlichen und konfessionellen Aspekte des Zusammenlebens dieser Zeit bei, sondern sind auch sprachgeschichtlich höchst aufschlussreich, wie bereits eine Reihe von Publikationen gezeigt hat (s. u.a. die Bibliographie in Macha et al. 2005: XV–XVI). Dabei erfordert die Arbeit mit Hexenverhörprotokollen als einem sprachhistorischen Korpus einen interdisziplinären, kultur-, sozial- sowie rechtsgeschichtlich kundigen Zugang, auch um dem besonderen Entstehungskontext – der intensiven Hexenverfolgung, die im sog. Heiligen Römischen Reich deutscher Nation mehr als 25.000 Opfer gefordert hat (Voltmer 2006) – gerecht zu werden.[1]

Der vorliegende Band umfasst ausgewählte Studien, die im Rahmen der gleichnamigen Tagung vom 8. bis 10. Dezember 2017 im Hamburger Warburg-Haus vorgetragen wurden. Der Großteil der Studien stützt sich auf jene Hexenverhörprotokolle bzw. Protokollausschnitte, die in der Auswahledition von Macha et al. (2005) in edierter Form vorliegen und die im Rahmen des DFG-Projekts „Die Entwicklung der satzinternen Großschreibung im Deutschen" (kurz: SiGS, SZ 280/2-1 und KO 909/12-1 von 2013 bis 2014 und SZ 280/2-3 von 2017 bis 2019) an der Otto-Friedrich-Universität Bamberg korpuslinguistisch aufbereitet wurden. Dieser Band verfolgt das Ziel, das Potential der Hexenverhörprotokolle als sprachhistorisches Korpus aufzuzeigen, bei dessen Analyse sowohl der besondere Entstehungskontext und die juristische Zweckbindung

1 Eine Gutachterin bzw. ein Gutachter weist auf die ethische Frage hin, inwiefern die in den Hexenverhörprotokollen geschilderten Grausamkeiten zum Gegenstand linguistischer Untersuchungen gemacht werden können. Aus unserer Sicht ist es eine wichtige Aufgabe dieses Sammelbandes, den Entstehungskontext dieser Dokumente zu thematisieren und durch ihre Erschließung nicht nur für die linguistische, sondern auch für die interdisziplinäre Forschung dazu beizutragen, die mahnende Erinnerung an diese dunkle Periode der Geschichte wachzuhalten.

Lisa Dücker, Otto-Friedrich-Universität Bamberg, lisa.duecker@uni-bamberg.de
Stefan Hartmann, Heinrich-Heine-Universität Düsseldorf, hartmast@hhu.de
Renata Szczepaniak, Otto-Friedrich-Universität Bamberg, renata.szczepaniak@uni-bamberg.de

https://doi.org/10.1515/9783110679649-001

als auch die korpuslinguistische Aufbereitung bedacht und fruchtbar gemacht werden können: Der geschichtliche Entstehungs- und Überlieferungskontext ist dafür verantwortlich, dass die in Macha et al. (2005) gesammelten und edierten Hexenverhörprotokolle in mehrerer Hinsicht als eine heterogene Textsammlung aufzufassen sind.[2] Als Teil der in unterschiedlichem Vollständigkeitsgrad überlieferten Prozessakten sind sie – meist nur indirekt – als Mitschriften der gerichtlichen Verhöre bzw. ihre späteren Abschriften identifizierbar. Nur in einem Bruchteil der Fälle kann ihre Autorschaft festgestellt werden, so dass hier meist die Handschrift nur über die Anzahl der Autoren Auskunft gibt (s. Macha et al. 2005: XVII–XXIV, Szczepaniak & Barteld 2016: 46–47). Aufgrund des Schriftbildes lässt sich jedoch meist gut erkennen, wie viele Schreiberhände an der Fertigstellung gearbeitet haben – es überwiegen Protokolle, die von einer Person niedergeschrieben worden sind. Dies wiederum ermöglicht die Erkennung der idiolektalen Tendenzen und Merkmale, die gerade bei Untersuchungen von Variationsphänomenen wie der variierenden Setzung von satzinternen Majuskeln Aussagen über das Ausmaß der Schwankungen beim individuellen Majuskelgebrauch erlauben (s. Schutzeichel & Szczepaniak 2015). Dabei sind die Protokolle, wie Rita Voltmer (in diesem Band) darlegt, stark formalisiert und textstrukturell standardisiert. Sie sind keine stenographischen Aufzeichnungen der Verhöre, sondern Ergebnis von institutionell bedingten Vertextungs- und Reformulierungsstrategien, die in der Frühen Neuzeit häufig einen manipulativen Charakter hatten (Topalović 2003 a,b). Sie dienten in erster Linie der Legitimierung des Strafverfahrens und strebten zum Zweck der Festlegung des relevanten Straftatbestands nach Typisierung von Delikt und Täterin bzw. Täter mit unterschiedlichen sprachlichen Mitteln. Ähnliches deckt Claudia Resch für frühneuzeitliche Flugblätter mit Todesurteilen auf, die juristische Legitimations- und moralische Appellfunktion vereinen. Ihr Beitrag schließt den Band und dient als Verweis darauf, dass Hexenverhörprotokolle auch im größeren Rahmen der Schriftzeugnisse aus dem Wirkungsbereich der frühneuzeitlichen Strafjustiz betrachtet werden können.

Die Protokolle sind handschriftlich in der Kanzleikursive fixiert, was bei der Edition eine Transliteration erforderlich macht. Dank den transparenten Editionsgrundsätzen (s. Macha et al. 2005: XXII–XXIV), die auch Grenzen der quellengetreuen Wiedergabe aufzeigen (darunter aus formalen Gründen nicht möglichen Unterscheidung zwischen groß- und kleingeschriebenen Buchstaben <z/Z>, <v/V> und <h/H>, s. auch Szczepaniak & Barteld 2016: 48), können die

2 Zur Motivation der Korpuswahl beim SiGS-Korpus vgl. Barteld et al. (2016), Szczepaniak & Barteld (2016) sowie die Beiträge von Dücker und Dücker et al. in diesem Band.

edierten Protokolle für graphematische und phonologische Studien fruchtbar gemacht werden. In diesem Band führen Javier Caro Reina und Eric Engel vor, wie auf Basis dieses Korpus überindividuelle Tendenzen in der Worttrennung offengelegt werden können. Sie legen damit erstmalig eine robuste, korpuslinguistische Untersuchung der historischen Worttrennung vor. Die Fruchtbarkeit des Korpus für graphematische Untersuchungen, die den Einfluss von morphologischen, syntaktischen, semantischen und pragmatischen Faktoren auf die Schreibung überprüfen, unterstreichen vier Studien in diesem Band: Jessica Nowak widmet sich der heute nicht zum Standard gehörenden Großschreibung von Demonstrativa und Indefinita, während Lisa Dücker, Stefan Hartmann und Renata Szczepaniak der Großschreibung von Nomina und Nominalisierungen nachgehen und dabei die evaluative Kleinschreibung von Frauenbezeichnungen aufdecken, die als ein – bisher unbekanntes – Mittel der bereits angesprochenen sprachlichen Typisierung gelten kann. Weiterhin kann Lisa Dücker mit ihrer Studie zur Großschreibung von Genitivattributen einige bisher nicht korpusbasiert überprüfte Annahmen zur syntaktischen Setzung der Majuskel im Frühneuhochdeutschen modifizieren. Als ein weiteres Mittel der Typisierung erweist sich auch die Verschriftlichung von Klisen, die, wie Alexander Werth in diesem Band zeigt, zur Konstruktion des Mündlichkeitscharakters von Textpassagen beitragen, wobei jedoch die Klisenverschriftung an sich noch kein zuverlässiges Mittel und damit auch kein Marker der Mündlichkeit ist: Je stärker eine Klise regional gebunden ist, desto höher ihr Anteil in konzeptionell mündlichen Passagen.

Der besondere, zweckgebundene Charakter der Verhörprotokolle äußert sich auch in den morphologischen Untersuchungen. So zeigt Hanna Fischer, wie die Tempusverwendung die Konstruktion unterschiedlicher Vertextungstypen unterstützt. Beispielsweise verleiht die Verwendung des Präteritums der Prozesssituierung im Protokoll aus Meßkirch (1644) einen berichtend-erzählenden Charakter, so dass anzunehmen ist, dass die Wahl des Präteritums bei der Überarbeitung des Protokolls zur diskursmodalen Gestaltung des Textes und zur Erhöhung seines konzeptionell schriftlichen Charakters eingesetzt wurde. Die Untersuchung von Hanna Fischer zeigt aber gleichzeitig die Grenzen des Korpus, das für areale Studien zur Entwicklung der Tempusverwendung nur sehr eingeschränkt geeignet ist. Im Gegensatz dazu kann Mirjam Schmuck auf Basis der Hexenverhörprotokolle minutiös die Entwicklung des onymischen Artikels dokumentieren, da sich in den Protokollen die arealen Unterschiede bezüglich seines Grammatikalisierungsgrades deutlich manifestieren. Vor diesem Hintergrund deckt sie pragmatisch-textuelle Funktionen des Artikels als sprachliche Mittel der Wirklichkeitskonstruktion auf, wenn dieser pragmatischdenunzierend verwendet wird und auf diese Weise die wertende Referenz auf Angeklagte im Verlauf der Prozessdarstellung ermöglicht.

Der Sammelband präsentiert die Studien zu Hexenverhörprotokollen, gegliedert nach den oben angesprochenen Aspekten, und schließt mit der Vorstellung des Korpus von Flugblättern mit Todesurteilen ab:

Rita Voltmer beleuchtet in ihrem Beitrag „Die Entzifferung der Gattung ‚Hexenprozessakte' – Anmerkungen aus historischer Perspektive" den Konstruktcharakter von Hexenprozessakten, der sich keinesfalls nur in Protokollen des Heiligen Römischen Reichs Deutscher Nation, sondern – wie die Autorin zeigt – trotz unterschiedlicher Rechts- und Schreibtraditionen ebenfalls in den Prozessakten anderer Regionen Europas und jenseits des Atlantik findet. Die große Diskrepanz zwischen dem eigentlichen Verfahrensablauf und dessen gerichtsrelevanter, schriftlich stabilisierter Niederlegung wird umso deutlicher, wenn die Vor-Urteile der Gerichtspersonen und die verschiedenen Aspekte gerichtlicher Kommunikationspraktiken berücksichtigt werden: So enthalten Hexenprozessakten, die idealtypisch aus mehreren Schriftstücken bestehen und die einzelnen Verfahrensschritte widerspiegeln sollten, häufig nur stark formalisierte und inhaltlich verdichtete Protokolle, deren Mikro-Narrative sich zu einem stimmig gemachten Makro-Narrativ verknüpfen. Damit wurde die Verfahrensführung verschleiert (v.a. exzessiv eingesetzte Folter) und ein fiktionalisierter Prozess erschaffen. Der selektive Einsatz der direkten Rede von Angeklagten, die im Kontrast zum schriftsprachlichen Duktus des Textes einen hohen Dialektalitätsgrad aufweist, erweist sich als Mittel der Typisierung von Täterinnen und Tätern, zumal wenn deren pejorative Ausdrücke, gerichtsrelevante Drohungen oder Verwünschungen aufgenommen werden, entlastende Aussagen aber ausgespart werden. Es wird deutlich, dass Schrift für Notare und Schreiber ein besonders wirksames Machtmittel war, da sie nicht nur zur Stabilisierung des als gerichtsrelevant und juristisch valide eingestuften Geschehens gebraucht wurde, sondern darüber hinaus als Wissensspeicher zur Fortsetzung von Verfolgungen, zur Einschüchterung von Angeklagten wie aus herrschaftspolitischen Gründen fungierte und damit aktiv zur Diskurslenkung beitrug.

Javier Caro Reina und **Eric Engel** liefern mit ihrem Beitrag zur „Worttrennung am Zeilenende in frühneuzeitlichen Hexenverhörprotokollen" eine Studie zu Prinzipien der Worttrennung am Zeilenende. Dafür bieten Hexenverhörprotokolle eine gute Datenbasis: Generell sind Worttrennungen mit (formal variablen) Diviszeichen, auf die sich die Autoren in diesem Beitrag konzentrieren, deutlich häufiger als solche ohne Divis. Untersucht wird, inwieweit die Worttrennung phonologisch, morphologisch oder graphematisch motiviert ist. Ein Großteil aller Worttrennungen lassen sich phonologisch erklären, d.h. die

Trennstelle liegt innerhalb eines phonologischen Wortes und entspricht einer phonologisch unmarkierten Silbengrenze, z.B. <Schrei-bern>. Dabei führt die Worttrennung an Morphemgrenzen, mit der sich 68% der Fälle erklären lassen, nicht automatisch zur Verletzung des phonologischen Prinzips: In 55% der Belege fallen morphologische und Silbengrenzen zusammen (z.B. <ge-wesen>). Dabei zeigt sich, dass bei Anwesenheit einer Morphemgrenze diese auch tendenziell als Trennstelle genutzt worden ist. In Komposita und Derivaten mit wortwertigen Affixen (z.B. *-lich*) stimmen hingegen Morphem- und phonologische Wortgrenzen regelmäßig überein (z.B. <Scharp-Richter> oder <pein-lich>). Die hier häufig auftretenden markierten Silbenkontakte werten die Autoren unter Berücksichtigung der Wortphonologie nicht als Verletzung, sondern als Befolgung des (wort-)phonologischen Prinzips aus. Auf dieser Grundlage lassen sich 95% aller Trennungen als silben- und wortphonologisch bedingt erklären. Einen deutlich geringeren Einfluss hat das graphematische Trennungsprinzip: Wenn es mit dem phonologischen konfligiert, setzt sich das graphematische Trennungsprinzip selten durch. So greift die sog. Ein-Graphem-Regel, die die Trennung vor dem letzten Konsonantengraphem wie in <gesch-mirbt> vorsieht, nur in Ausnahmefällen.

Jessica Nowaks Aufsatz „*Sagt sie, daß sie Niemand verfiehrt.* Zur satzinternen Großschreibung von Demonstrativa und Indefinita in den Hexenverhörprotokollen des 16./17. Jahrhunderts" leistet einen Beitrag zur Untersuchung der Majuskelsetzung in der Frühen Neuzeit. Die Autorin untersucht den Einfluss unterschiedlicher substantivischer Eigenschaften auf die Großschreibung bei Demonstrativpronomina wie *dies-* oder *jenig-* und Indefinita (*jemand, einige*), inklusive Quantifikativa (*alle-*, *manch-*, *kein-*), und erweitert damit substantiell die Ergebnisse von Ewald (1995). Da die untersuchten Lexeme in unterschiedlichem Maße substantivische Eigenschaften wie Genusfestigkeit oder die Fähigkeit, Satzgliedfunktionen zu übernehmen, aufweisen, eignen sie sich sehr gut dafür, den Einfluss dieser typisch substantivischen Eigenschaften auf die satzinterne Großschreibung anderer Wortarten zu untersuchen. Zusätzlich überprüft Nowak Faktoren wie Belebtheit und Individuiertheit des Referenten, deren Relevanz für die Substantivgroßschreibung wortartenunabhängig gut belegt ist. Die Untersuchung zeigt eindrücklich, dass die Großschreibung im 16. und 17. Jh. nicht streng durch Wortartengrenzen motiviert ist, sondern durch einzelne semantische und syntaktisch-funktionale Eigenschaften gesteuert wird: Die Großschreibung bei den satzinternen Demonstrativa und Indefinita ist nicht gleichmäßig verteilt, sondern tritt hauptsächlich bei solche Pronomina auf, die viele substantivische Eigenschaften in sich vereinen. So zeigt sich Großschreibung nur selten bei Demonstrativa, aber sehr häufig bei personenbezogenen Indefinita wie *jemand*, die syntaktisch und semantisch den Substantiven nahestehen und ausschließlich auf belebte Referenten verweisen. Eine kollektive Semantik, wie sie *all-* oder *jed-* aufweisen, wirkt sich hingegen hemmend auf die Majuskelsetzung aus, ebenso wie eine hohe Tokenfrequenz: Kommt ein Pronomen häufig in attributiver Stellung vor, senkt dies die Wahrscheinlichkeit der Majuskelsetzung auch bei Verwendung als Phrasenkern.

Lisa Dücker, Stefan Hartmann und **Renata Szczepaniak** knüpfen in ihrem Beitrag „Satzinterne Großschreibung von Substantiven und Substantivierungen in Hexenverhörprotokollen. Eine multifaktorielle Analyse des Majuskelgebrauchs: Pragmatische, semantische und syntaktische Einflussfaktoren" unmittelbar an frühere Arbeiten zur Majuskelsetzung in den von Macha et al. (2005) edierten Protokollen an, insbesondere an Barteld, Hartmann & Szczepaniak (2016). Da die Hexenverhörprotokolle zeitlich in die Phase fallen, in der die satzinterne Großschreibung sich im Deutschen allmählich ausbreitet, aber noch sehr viel Variation aufweist, bieten sie sich für eine Untersuchung der Einflussfaktoren, die den Gebrauch der satzinternen Majuskel in dieser Phase in handschriftlichen Texten steuern, an. Im Beitrag wird das auf der Edition von Macha et al. basierende SiGS-Korpus vorgestellt, das unter anderem auf semantische Kriterien wie Belebtheit und semantische Rolle, aber auch auf syntaktische Funktionen hin annotiert ist. Dabei können die in Barteld et al. (2016) herausgearbeiteten Faktoren untermauert werden: Insbesondere zeigt sich erneut, dass Belebtheit eine Schlüsselrolle spielt, die bereits von Bergmann & Nerius (1998) als wesentlicher Einflussfaktor für den Gebrauch satzinterner Majuskeln in gedruckten Texten herausgearbeitet wurde. Weiterhin werden Tokenfrequenz sowie erstmals semantische Rollen und syntaktische Funktionen in die Analyse mit einbezogen. Es zeigt sich, dass die Setzung der satzinternen Majuskel von einem Geflecht unterschiedlicher Einflussfaktoren bestimmt wird. Anhand einer zusätzlichen, eher qualitativ ausgerichteten Analyse werden zudem soziopragmatische Einflussfaktoren herausgearbeitet. So kann gezeigt werden, dass Substantive, die auf Männer referieren, deutlich häufiger großgeschrieben werden als solche, die sich auf Frauen beziehen. Diese Beobachtung kann im Sinne einer „evaluativen" Kleinschreibung interpretiert werden, die interessanterweise – anders als der von Schmuck untersuchte „denunzierende" Definitartikel – von der Rolle der jeweiligen Referentin im Prozess unabhängig zu sein scheint.

Ebenfalls auf Grundlage des SiGS-Korpus untersucht **Lisa Dücker** in ihrem Beitrag „Die Majuskelsetzung in der Genitivphrase in der Frühen Neuzeit. Ein Fall von Grenzmarkierung?" Prinzipien der satzinternen Großschreibung in durch ein Genitivattribut erweiterten Nominalphrasen. Es zeigt sich, dass die satzinterne Großschreibung hier nicht zur Markierung des rechten Rands von syntaktischen Grenzen dient: Weder der rechte Rand der genitivischen Nominalphrase ([*des Fleischers Sohn*] *Johann*) noch der rechte Rand des gesamten Satzglieds ([*des Fleischers Sohn Johann*]) oder der rechte Rand der nominalen Kongruenzklammer ([*des Fleischers*] *Sohn Johann*) werden signifikant häufiger durch eine Majuskelsetzung hervorgehoben als andere Substantive in diesen Konstruktionen. Auch die Belebtheit, die in bisherigen Studien häufig als relevanter Faktor bei der Großschreibung herausgestellt wurde (vgl. Bergmann & Nerius 1998, Dücker et al. in diesem Band), kann die Majuskelsetzung innerhalb der Genitivphrasen nicht befriedigend erklären. Stattdessen zeigt sich ein Muster, das auf einen Einfluss der internen phrasalen Dependenzhierarchie hinweist: Attribute erscheinen unabhängig von ihrer Position überwiegend mit Majuskel, während die Phrasenkerne tendenziell kleingeschrieben werden. Zudem treten Majuskeln häufiger am rechten Rand von Nominalphrasen auf, die durch Koordination oder Apposition erweitert sind (<seines sohns Außag vndt bekandtnus>, Schweinfurt 1616), und zeigen so die komplexe innere Struktur dieser Phrasen an.

Alexander Werth untersucht in seinem Beitrag „Klisen in frühneuzeitlichen Hexenverhörprotokollen" die Wiedergabe historischer gesprochener Sprache anhand von unterschiedlichen Klitisierungen in allen von Macha et al. (2005) edierten Protokollen. Dabei liegt der Fokus auf der Präposition-Artikel-Klise (*für* + *den* = *für'n*) sowie der Klitisierung der Pronomina der 3.Pers.Sg. *es* und *sie* (*gibt* + *es* = *gibt's*, *habe* + *sie* = *hab's*), deren Gebrauch mit dem der jeweiligen Vollformen gegenübergestellt wird. Die Verteilung dieser Formen wird in Bezug auf ihre syntaktisch-prosodische Umgebung sowie die außersprachlichen Parameter Region und die Konzeptualisierung der Textstelle als „mündlich" oder „schriftlich" untersucht, wobei auch die Probleme thematisiert werden, die diese Zuordnung mit sich bringt (denn wie der Beitrag von Voltmer zeigt, kann davon ausgegangen werden, dass die Aussagen durch die Schreiber überformt sind und dadurch in vielen Fällen gerade nicht historische Mündlichkeit wiedergeben). Dabei ergeben sich zwischen den drei Klitisierungstypen erhebliche Unterschiede: So kommen Präposition-Artikel-Klisen unabhängig von Region und Textpassage in allen Texten des Korpus vor. Klitisierungen von *es* sind hingegen – vor allem bei pronominaler Basis – präferiert in konzeptionell eher mündlichen Textabschnitten (d.h. Aussagen der Angeklagten und Zeugen/Zeuginnen) belegt, kommen aber auch in eher konzeptionell schriftlichen Passagen vor. Für diese Klisen zeigt sich zudem ein Schwerpunkt im ostoberdeutschen Raum. Die Klitisierung von *sie* tritt ausschließlich in drei mittelbairischen Texten auf und weist eine starke Bindung an konzeptionelle

Mündlichkeit auf. Hier zeigt sich also ein Zusammenhang zwischen der Konzeptualisierung einer sprachlichen Form als mündlich und ihrer regionalen Gebundenheit. Die Untersuchung führt gleichzeitig auch zu der Erkenntnis, dass nicht alle Arten von Enklise gleichermaßen als Hinweis auf historische Mündlichkeit verstanden werden können.

Hanna Fischer analysiert in ihrem Beitrag „Diskursmodus und Tempusformen. Zum Tempusgebrauch in den frühneuzeitlichen Hexenverhörprotokollen" den Gebrauch von (indikativischem) Präteritum und Perfekt im Vergleich zu Präsensformen. Ausgangspunkt ihrer Argumentation ist die Beobachtung, dass der sog. Präteritumschwund, der mit einer Expansion des Perfekts einhergeht (*ich habe gemacht* für *ich machte*) und im oberdeutschen Sprachraum zu einem vollständigen Verlust der Präteritumform führt, bislang nicht diatopisch auf Grundlage eines textsortenhomogenen Korpus untersucht wurde. Sie untersucht exemplarisch zwei Protokolle aus der Edition von Macha et al. (2005), weist jedoch auch darauf hin, dass die Hexenverhörprotokolle möglicherweise nur bedingt für diese Fragestellung geeignet sind, da sich die Protokollschreiber unterschiedlicher „Vertextungstypen" (beschreibend oder erzählend) bedienen, die wiederum die Wahl der Tempusformen in hohem Maße beeinflussen. Die Analyse zeigt, dass in beschreibenden Passagen Präsensformen bevorzugt werden, während Verhörsituierungen und zusammenfassende Berichte im Perfekt und z.T. auch im Präteritum wiedergegeben werden. Dabei interpretiert Fischer ihre Ergebnisse auch als Bestätigung vorheriger Befunde zur Textsortenaffinität im Prozess der Perfektexpansion, wonach das Perfekt verstärkt in nonnarrativen Textsorten (in den Protokollen: in non-narrativen Passagen) auftritt, während das Präteritum im narrativen Diskursmodus seine letzte große Verwendungsdomäne findet und möglicherweise im Protokoll von Meßkirch bewusst verwendet wird, um den berichtend-erzählenden Charakter der entsprechenden Passagen zu betonen.

Während Fischer die Hexenverhörprotokolle insgesamt als nur indirekt aufschlussreich bezüglich ihrer Fragestellung bewertet, ist das Korpus für **Mirjam Schmuck**, die in ihrem Beitrag „Pragmatische Funktionen des Personennamenartikels in Hexenverhörprotokollen" untersucht, die „optimale Datengrundlage". Den Gebrauch des Definitartikels bei Eigennamen sieht sie dabei als Symptom fortschreitender Grammatikalisierung; jedoch ist der onymische Artikel bis heute keineswegs voll grammatikalisiert. Dementsprechend ist sein Gebrauch durch Variation geprägt, und als Steuerungsfaktoren wurden in der bisherigen Forschung grammatische (Kasus), areale und pragmatische Faktoren identifiziert. Letztere stehen im Mittelpunkt ihrer eigenen Analyse von insgesamt 14 Hexenverhörprotokollen aus der Edition von Macha et al. (2005). Sie zeigt, dass der Definitartikel bei Personennamen zur Emphase, genauer: zur Denunziation, gebraucht wird. Auffällig ist dabei, dass sich der Gebrauch des Definitartikels je nach Prozessphase unterscheidet: Bis zur Verlesung der Anklage erscheint der Name noch artikellos, später – teils beim Verhör, teils beim Geständnis, teils bei der Wiederholung und Ratifizierung – tritt der Definitartikel hinzu. Somit kann der Definitartikel als „sprachlicher Fingerzeig auf die nun auch öffentlich Denunzierte" verstanden werden. Dabei ist die Verwendung des pragmatischen Definitartikels jedoch areal gestaffelt und nimmt von Norden nach Süden hin ab. Gerade in oberdeutschen Protokollen erfüllt der onymische Artikel stärker informationsstrukturelle und textdeiktische Funktion, indem er unterstützend bei Topikalisierungen durch Links- bzw. Rechtsversetzung verwendet wird oder zur eindeutigen Referenzierung einer Person dient.

Claudia Resch erweitert mit ihrem Beitrag „Zur digitalen Erschließung historischer Flugblätter: *Todtes- vnd End-Urtheile* des 18. Jahrhunderts als Korpus" den Kreis der in diesem Band behandelten historischen Korpora um eine publizistische Textsorte, die ebenfalls im Wirkungsbereich der frühneuzeitlichen Strafjustiz entstanden ist. Dabei handelt es sich um Flugblätter mit Todesurteilen und damit um wertvolle Zeugen der Kriminalitätsgeschichte. Neben der deklarativen Funktion der Urteilsverkündung geben die Flugblätter den Hinrichtungszeitpunkt und -ort an, informieren über die Person, legitimieren das Urteil durch die Auflistung der Delikte und appellieren an die Leserschaft, indem sie den „Malefiz-Personen" mahnende Worte in den Mund legen. Die Flugblätter begleiteten nicht nur den letzten Schritt des Strafverfahrens, sondern wurden für spätere Lektüre gesammelt und weitergegeben. Insgesamt werden 180 Wiener Todesurteile, die im 18. Jh. entstanden und als gedruckte Flugblätter erschienen und kolportiert worden sind, zum digitalen Korpus aufbereitet. Die Mehr-Ebenen-Annotation, die neben den Metadaten (darunter Informationen zu den Hingerichteten) und linguistischen Basisinformationen (Tokenisierung, Lemmatisierung, PoS-Annotation) editorische Kommentare enthält, ermöglicht kombinierte Abfragen und somit vielfältige, auch interdisziplinäre Analysen dieser Flugblätter.

Insgesamt zeigen die Beiträge, dass Hexenverhörprotokolle und verwandte Textsorten, die bislang aus linguistischer Sicht wenig untersucht worden sind, neue Perspektiven auf unterschiedlichste linguistische sowie interdisziplinäre Fragestellungen eröffnen. Zugleich bringen sie auch Herausforderungen und offene Fragen mit sich, die in den Beiträgen ebenfalls angesprochen werden. So steht dem „Online"-Charakter der relativ spontanen handschriftlichen Produktion, der bei der Text(sorten)auswahl für das mehrfach erwähnte und in den Beiträgen von Dücker sowie Dücker et al. näher vorgestellte SiGS-Korpus entscheidend war, die insbesondere im Beitrag von Voltmer thematisierte Überformung durch formelhafte Sprache (und in einigen Beiträgen auch durch Abschriften) gegenüber. Während dies für graphematische Fragestellungen relativ unproblematisch ist, da beispielsweise davon auszugehen ist, dass die Entscheidung für Groß- oder Kleinschreibung in den meisten Fällen spontan getroffen wurde, muss beispielsweise bei Untersuchungen zur historischen Mündlichkeit stets mit bedacht werden, dass hier nicht von einer originalgetreuen Wiedergabe der Aussagen von Zeuginnen und Zeugen, Angeklagten etc. ausgegangen werden kann. Neben diesem in der Forschung bereits thematisierten Aspekt zeigen die Studien, dass Hexenverhörprotokolle aufgrund ihrer kommunikativen Funktion für manche Fragestellungen (wie dem Wandel des Tempusgebrauchs) nur eingeschränkt nutzbar sind, sich aber gleichzeitig hervorragend für graphematische, graphematisch-phonologische, textlinguistische, (text-/diskurs-) pragmatische, semantische, syntaktische oder morphologische Untersuchungen eignen. Sie bergen auch ein großes Potential zur Überprüfung bestehender Hypothesen, da durch die Berücksichtigung dieses Korpus eine größere Textsortentiefe erreichbar ist.

Unser Dank gilt allen Beitragenden sowie auch den anonymen Gutachterinnen und Gutachern, die mit oft sehr umfangreichen und stets konstruktiven Kommentaren zur Qualität der einzelnen Beiträge wie auch des Bandes insgesamt ganz wesentlich beigetragen haben. Weiterhin danken wir der Deutschen Forschungsgemeinschaft (DFG), die die Hamburger Tagung als projektspezifischen Workshop im Rahmen des Projekts „Die Entwicklung der satzinternen Großschreibung im Deutschen" finanziell großzügig unterstützt hat.

Literatur

Barteld, Fabian, Stefan Hartmann & Renata Szczepaniak (2016): The usage and spread of sentence-internal capitalization in Early New High German: A multifactorial approach. *Folia Linguistica* 50(2), 385–412. doi:10.1515/flin-2016-0015.

Bergmann, Rolf & Dieter Nerius (1998): *Die Entwicklung der Großschreibung im Deutschen von 1500–1700*. 2 Bde. Heidelberg: Winter.

Ewald, Petra (1995): *Der Eine* und *der Andere*. Zu einer wortartübergreifenden Großschreibungstendenz im 19. Jahrhundert. In Petra Ewald & Karl-Ernst Sommerfeldt (Hrsg.), *Beiträge zur Schriftlinguistik. FS für Dieter Nerius*, 89–101. Frankfurt a.M. u.a.: Peter Lang.

Macha, Jürgen, Elvira Topalović, Iris Hille, Uta Nolting & Anja Wilke (Hrsg.) (2005): *Deutsche Kanzleisprache in Hexenverhörprotokollen der Frühen Neuzeit. Bd. 1: Auswahledition*. Berlin, New York: De Gruyter.

Schutzeichel, Marc & Renata Szczepaniak (2015): Die Durchsetzung der satzinternen Großschreibung in Norddeutschland am Beispiel der Hexenverhörprotokolle. In Markus Hundt

& Alexander Lasch (Hrsg.), *Deutsch im Norden. Varietäten des norddeutschen Raumes*, 151–167. Berlin, Boston: Walter de Gruyter.

Szczepaniak, Renata & Fabian Barteld (2016): Hexenverhörprotokolle als sprachhistorisches Korpus. In Sarah Kwekkeboom & Sandra Waldenberger (Hrsg.), *PerspektivWechsel oder: Die Wiederentdeckung der Philologie. Bd. 1: Sprachdaten und Grundlagenforschung in der Historischen Linguistik*, 43–70. Berlin: Erich Schmidt.

Topalović, Elvira (2003a): Konstruierte Wirklichkeit. Ein quellenkritischer Diskurs zur Textsorte Verhörprotokoll im 17. Jahrhundert. In Katrin Moeller & Burghart Schmidt (Hrsg.), *Realität und Mythos. Hexenverfolgung und Rezeptionsgeschichte*, 56–76. Hamburg: Wissenschaftlicher Verlag Dokumentation & Buch.

Topalović, Elvira (2003b): *Sprachwahl – Textsorte – Dialogstruktur. Zu Verhörprotokollen aus Hexenprozessen des 17. Jahrhunderts*. Trier: Wissenschaftlicher Verlag Trier.

Voltmer, Rita (2006): Vom getrübten Blick auf die frühneuzeitlichen Hexenverfolgungen – Versuch einer Klärung. *Gnostika. Zeitschrift für Wissenschaft und Esoterik* 11, 45–59.

Rita Voltmer

Die Entzifferung der Gattung „Hexenprozessakte“ – Anmerkungen aus historischer Perspektive

Abstract: Die Präsenz der Gattung „Hexenprozessakte“ ist in der interdisziplinären und internationalen Forschung nicht zu übersehen. Unter dem Etikett „Hexenprozessakte“ wird eine Vielfalt gerichtsnotorisch gewordener Fälle subsumiert, die – deklariert als superstitiöse, magische bzw. zauberische Delikte– vor unterschiedlichen Gerichts- und Appellationsinstanzen in Europa und seinen Kolonien verhandelt sowie höchst variantenreich schriftlich gespeichert wurden. Die Funktion der Protokolle als regelbestimmte, rechtsfindende und rechtsetzende Dokumente, die innerhalb eines Kriminalverfahrens zum Zweck der Legitimation und juristischen Beweiskraft entstanden sind, bestimmte maßgeblich den Inhalt. Nach einer kurzen Einführung in die unterschiedlichen methodischen Herangehensweisen wird der Konstruktcharakter der Gattung „Hexenprozessakte“ problematisiert im Vergleich von Aktenmaterial aus Neuengland, Schweden, Finnland, Norwegen, Luxemburg und Lothringen. Besondere Bedeutung erlangte die von frühneuzeitlichen Gerichten vorgenommene *narrative typification*, welche sich aus entsprechenden Schuldvermutungen, Voranahmen und Vorurteilen speiste. An Beispielen aus dem Heiligen Römischen Reich deutscher Nation im Vergleich mit anderen europäischen Regionen wird gezeigt, dass die Schreiber (Notare) als wichtige Akteure (*directores*) im Verfahren und bei der Anlage des Wissensspeichers „Hexenprozessakte“ zu gelten haben.

Keywords: Hexenforschung, Kriminalitätsforschung, Diskursanalyse, Erzählforschung, Hexenverfolgung, Historische Pragmatik, Aktenkunde, Hilfswissenschaft, Norwegen, Finnland, Schweden, Heiliges Römisches Reich deutscher Nation, Lothringen, Luxemburg.

Rita Voltmer, Universität Trier, voltmer@uni-trier.de

https://doi.org/10.1515/9783110679649-002

1 „Hexenprozessakten" als interdisziplinär genutzte Quelle

„Das Protokoll ist immer Mittel zum Zweck gewesen" (Leitner 2008: 406)

Die Präsenz der Gattung „Hexenprozessakte" (als Unterkategorie von Kriminal- bzw. Gerichtsakten)[1] ist in der interdisziplinären und internationalen, kultur- und sprachwissenschaftlichen Forschung kaum mehr zu übersehen, wie einschlägige Einführungen zeigen (vgl. nur Härter 2018: 57–64; Liliequist 2012; Rummel & Voltmer 2012; Voltmer 2009, 2007; Behringer 2004). Gleichwohl stellt dieser Quellentypus in seinen vielfältigen Ausprägungen die Nutzerinnen und Nutzer vor besondere Herausforderungen, nicht zuletzt da unter dem Etikett „Hexenprozessakte" eine Fülle gerichtsnotorisch gewordener Fälle subsumiert werden kann, die materiell-rechtlich als superstitiöse, magische bzw. zauberische Delikte deklariert, vor unterschiedlichen Gerichts- und Appellationsinstanzen in Europa und seinen Kolonien verhandelt sowie höchst variantenreich schriftlich gespeichert wurden.[2] Eine kleine, keineswegs vollständige und rein selektive tour d'horizon vermag einen Eindruck der unterschiedlichen methodischen Zugänge vermitteln, mit deren Hilfe versucht wird, das einschlägige Aktenmaterial zu erschließen. Dabei geht es vor allem um das Problem, die jeglichen Gerichtsakten inhärente obrigkeitliche Perspektive, ihre juristische Formelhaftigkeit und rechtliche Prägung hinlänglich zu beachten (Eidinow & Gordon 2019b: 310). Die methodischen Schwierigkeiten der Entschlüsselung, die im Folgenden am Beispiel der „Hexenprozessakte" angesprochen werden, beziehen sich daher generell auf „obrigkeitliche Quellen der Strafjustiz".[3]

Hilfestellung bei der Entzifferung von „Hexenprozessakten" bietet die internationale Erzählforschung (*narratology*), welche den im Umfeld von Justiz, Jurisprudenz und Rechtssetzung gemachten Sprechakten, den Diskursen, *narratives*,

---

1 „Hexenprozessakten sind personenbezogen geführte Akten über Strafverfahren wegen angeblich durch Zauberei zugefügten Schadens (Art. 109 CCC)" (Rügge 2017a: 30). Diese Definition kann für das Heilige Römische Reich deutscher Nation Geltung beanspruchen.

2 Im Folgenden werden die Begriffe „Hexenprozessakte" und Protokoll als pars-pro-toto verwandt.

3 „Weder die historische Wissenschaft noch die Rechtsgeschichte haben bislang eine theoretisch abgesicherte Methode überzeugend begründen können, wie obrigkeitliche Quellen der Strafjustiz gleichsam ausschließlich ‚gegen den Strich' gelesen werden könnten" (Härter 2018: 63).

stories und *tales* intensive Aufmerksamkeit schenkt (vgl. Eidinow & Gordon 2019a, 2019b; Voltmer 2017a: 17–28, 2015: 19–20; Graf 1999, 2001). In kaum einem Handbuch der Narratologie darf daher ein Artikel zum Thema ‚Erzählen in juristischen Texten‘ fehlen (vgl. Olson 2014; Fludernik 2010; Brooks 2005). Mit einem Fokus auf das anglo-amerikanische Zivil-, Straf- und Appellationsverfahren nach 1700, insbesondere aber der Gegenwart, finden die Sprechakte von Minderheiten, deren Narrative entweder gänzlich unterdrückt oder obrigkeitlich überformt werden, das Interesse der *Critical Race Studies*, der *Gender Studies* und der *Queer Theory* (vgl. Olson 2014: 3.0.2; Schönert 1991).

Intensiv bemüht sich die Kultur-, Mentalitäts- und Kommunikationsgeschichte darum, „the lost voice“ der mittelalterlichen und frühneuzeitlichen „oral civilization“ einzufangen, auch mit Hilfe von Gerichtsakten (Rospocher 2018: 819; Bähr 2015; Pellicer 2015; Willumsen 2015).[4] Vorzugsweise arbeitet die *Gender History* daran, „the silence of women“ zu durchbrechen, ungeachtet des Befundes, dass reale oder imaginierte weibliche Stimmen meist nur von Männern zu Papier gebracht worden sind (Cohen & Twomey 2015: 34–38).[5] Insgesamt bleibt es methodisch höchst schwierig, Mündliches aus Geschriebenem herauszuoperieren (Rospocher 2018: 818; Cohen & Twomey 2015).[6] Gleichfalls versucht die Historische Pragmatik, den Spuren von Mündlichkeit in Gerichtsakten nachzugehen. Dabei stehen häufig die Protokolle der Hexenprozesse im neuenglischen Salem (1692/1693) im Fokus (vgl. Doty 2018; Grund 2007; Archer 2002,

4 Zu nennen sind beispielsweise die im fünften Band des *Frühneuzeit-Info* unter dem Thema „The Use of Court Records and Petitions as Historical Sources“ versammelten Aufsätze (Liliequist 2012) sowie die vermehrten Beiträge der Tagung „Narrating Witchcraft: Agency, Discourse, and Power“ (Max-Weber-Kolleg Erfurt 2016), erschienen 2019 in drei Heften der Zeitschrift *Magic, Ritual, and Witchcraft* (Eidinow & Gordon 2019a). Besondere Aufmerksamkeit verdient dort der Artikel von Alison Rowlands, die auf der Grundlage eines Hexereiverfahrens aus Rothenburg ob der Tauber „narratives of non-confession“ untersucht (2019).

5 „But, as a consequence, women's real and imagined spoken words had to be doubly mediated by male voices and pens, with few exceptions [...] when their voices appear in trials, contracts and other legal papers, and even in many letters, and in plays, poems, or stories, the words given to them are [...] frequently written by male authors. It becomes more difficult to gauge whether the words are, in any sense, truly women's. The female voice, in literature, always warrants subtle reading, so as to hear the women, thickly, or thinly, veiled by hands and thoughts of men“ (Cohen & Twomey 2015b: 34–35). – Mit Diane Purkiss geht Alison Rowlands gleichwohl davon aus, dass „women's voices and agency“ in von Männern fabrizierten Flugblättern und Hexenprozessakten erkannt werden können (Rowlands 2019: 338, 360, 2003: 2, 8–9).

6 Auch wenn nicht länger von einem rein dichotomen Verhältnis zwischen „voice and writing“ ausgegangen wird, bleibt „[...] the complex relationship between the spoken and written or printed word, between text and speech, between what was said and the written traces that recorded it“ (Rospocher 2018: 818).

sowie die Beiträge in den Ausgaben 8/1, 2007, und 7/2, 2006, des *Journal of Historical Pragmatics*, darunter besonders Doty 2007; Hiltunen & Peikola 2007; Kahlas-Tarkka & Rissanen 2007; Kryk-Kastovsky 2006). Anders als in der überwiegenden Zahl deutschsprachiger Protokolle wurden dort die Aussagen von Angeklagten und Zeugen auch in direkter Rede wiedergegeben (Kahlas-Tarkka & Rissanen 2011: 241–244), ein Umstand, der den Eindruck großer Authentizität vermitteln kann. Vor dieser optimistischen Einschätzung warnt inzwischen die sozio-linguistische Forschung: Von den über 80 festgestellten Schreiberhänden gehörten nur sehr wenige dafür ausgebildeten Experten. Alternativ überlieferte Fassungen ein- und desselben Sprechaktes enthüllen Diskrepanzen und zeigen, dass den Schreibern nicht an einer korrekten Wiedergabe der Rede gelegen war, sondern dass sie den gerichtsrelevanten Inhalt in verdichteter Form erfassen wollten. Ausgearbeitet auf der Grundlage von Notizen, flossen so neben emotionalen, attributiven Zuschreibungen, wertenden Kommentaren sowie formelhaften Aussagen auch Informationen und Beurteilungen ein, die eben nicht während des Gerichtsverfahrens gewonnen worden waren. Die Schreiber gaben sich unverhüllt parteiisch; einige waren – wie der puritanische Geistliche Samuel Parris – persönlich in das Geschehen verwickelt. Die Salemer Dokumente sind daher „far from verbatim records of individuals' words since the records were mediated by scribes who wrote them down" (Doty 2018: 22). Außerdem erwartete nicht die geständigen, sondern die ungeständigen vermeintlichen Hexen ein Todesurteil. Damit änderten sich die Verteidigungs- und Überlebensstrategien der angeklagten Personen, deren Sprechsituationen gleichwohl durch Zwang, Präjudizierung und Kontrolle beschränkt blieben. Letztlich führte dieser gelenkte Diskurs dazu, dass sich auch in Salem unschuldige Menschen schuldig bekannten.

Das 2009 in einer neuen Edition vorgelegte Aktenmaterial der Salemer Hexenverfolgungen (Rosenthal 2009)[7] gab den Impuls für einen Neuengland überschreitenden Vergleich in der sozio-linguistischen und historischen Auswertung von Aktenmaterial aus dem Umfeld der Magie- und Hexereidelikte. Die dabei festgestellten Unterschiede im Verfahrensverlauf (z.B. Verhöre mit oder ohne Folter)

7 Die Sammlung präsentiert in chronologischer Folge das Aktenmaterial zu den Hexenverfolgungen in Salem (Neuengland, 1692–1693) sowie ergänzende, bis in das 18. Jahrhundert reichende Dokumente. Jeweils eine historische, eine juristische sowie eine linguistische Einleitung erläutern den Kontext. Neben bereits bekannten, nun wissenschaftlichen Standards genügende, neu transkribierte Texte tritt eine Fülle erst jetzt entdeckter Manuskripte. Außer dem Hauptherausgeber gehörten Gretchen A. Adams, Margo Bruns, Peter Grund, Risto Hiltunen, Leena Kahlas-Tarkka, Merja Kytö, Matti Peikola, Benjamin C. Ray, Matti Rissanen, Marilynne K. Roach und Richard Trask zum Editionsteam.

sowie beim Protokollieren konnten den für Neuengland festgestellten Einfluss der Schreiber graduell modifizieren.[8]

In Schweden galt die Anwendung der Tortur grundsätzlich als nicht rechtmäßig. Gleichwohl kam es in den dortigen Hexenprozessen, vornehmlich während der großen Hexenjagd (1668–1676), zu Folterungen (Pihlajamäki 2007: 559). Der Einfluss des Gerichtspersonals auf die Aussagen von Angeklagten und Zeugen bleibt unumstritten, wenngleich deren Umfang nicht bestimmt werden kann. Bei dem überlieferten Material handelt es sich überwiegend um Versendeakten für die obersten Gerichtshöfe. Das lokale Gericht blieb deshalb um eine Protokollversion bemüht, die ein ordnungsgemäß geführtes Verfahren nachvollziehen ließ, frei von Rechtsbrüchen, wie zum Beispiel unerlaubte Folter. Der Gerichtsschreiber fertigte dafür eine Zusammenfassung des Verfahrensablaufs an, wobei unklar bleiben muss, welche Informationen ausgelassen bzw. betont wurden. Nachweislich ist es während der großen schwedischen Hexenverfolgung zu Manipulationen der Akten gekommen, um unzulässige Methoden der Geständnisgewinnung zu verschleiern (Östling 2012: 105).

In dem unter schwedischer Vorherrschaft stehenden Finnland musste der Gerichtsschreiber die meist in Finnisch gemachten Aussagen von Zeugen und Angeklagten ins Schwedische übersetzen. Raisa Maria Toivo hat herausgearbeitet, dass die erhaltenen „Hexenprozessakten“ in erster Linie das Produkt des Gerichtssystems und seines Personals waren. In finnischen Verfahren erhielten die Angeklagten und Zeuginnen wie Zeugen jedoch mehr Spielraum, ihre Narrative zu Gehör und mittelbar auf das Papier zu bringen. Wie in Schweden wurden die Akten des lokalen Gerichts an die übergeordnete Gerichtsinstanz gesandt. Gleichfalls wurde in finnischen Hexen- und Zaubereiprozessen Folter zur Geständnisgewinnung nur während der wenigen so genannten „Paniken“ eingesetzt (Toivo 2012: 143–146). Ob aufgrund der fehlenden Tortur das Reden von Zeuginnen, Zeugen, Angeklagten und Gerichtspersonal deshalb als ein Diskurs ohne Zwang bezeichnet werden kann, bleibt zu diskutieren.[9]

In den lothringischen Hexenverfolgungen Ende des 16. und in der ersten Hälfte des 17. Jhs. fanden zwischen zwei- bis dreitausend Menschen den Tod als angebliche Hexen und Hexenmeister. Robin Briggs hat die rund 400 erhaltenen

8 Vgl. die Beiträge im Ergänzungsband zu *Studia Neo-Philologica* 84 (2012): *„Confess if you be guilty“ – Witchcraft Records in Their Linguistic and Socio-Cultural Context*, die Material aus England, Finnland und Schweden einbeziehen.

9 „The Finnish and Swedish court records are produced by relatively free discussions between the parties before or with the judge and jury. They are not forced discourses.“ (Toivo 2012: 143).

Protokolle sowohl einer dichten Lektüre („close reading")[10] als auch einer dichten Beschreibung („thick description") unterzogen. Dabei weist er auf die methodischen Probleme bei der ‚Entzifferung' hin, da es sich bei den Schriftstücken in der Regel um Versendeakten der lokalen Gerichte an den Oberhof des Herzogtums, den *Change de Nancy*, handelte, dessen Schöffen bei jedem neuen Verfahrensschritt um ein Rechtsgutachten (*advis*) angefragt werden mussten. Wie bei allen für den Versand an eine übergeordnete Gerichtsbehörde bestimmten Protokollen hieß dies ebenfalls in Lothringen, dass die Dokumente speziellen rechtlichen Vorgaben folgen und eine kohärente Fallbeschreibung liefern mussten. Die Schöffen am *Change* sollten überzeugt werden, dem vom lokalen Gericht vorgeschlagenen Fortgang des Hexereiverfahrens zuzustimmen.

Für Lothringen ergibt sich demnach ein ähnlicher Befund wie für andere europäische Länder: Neben dem sauberen Schriftduktus und den sprachlichen Mustern zeigten die allzu logisch aufgebauten Narrative der Verhörten, dass es sich nicht um wörtliche Transkripte handeln konnte. Selbst die Zeugenaussagen erlauben deshalb keinen unverstellten Zugang zu den Stimmen der Vergangenheit (Briggs 2007: 93, 97). Wie in Finnland kam in Lothringen noch ein weiterer Verfremdungseffekt zwischen mündlicher Verhörsituation und schriftlicher Stabilisierung hinzu; denn die aus den deutschsprachigen Ämtern des Herzogtums stammenden Akten wurden zunächst ins Französische übersetzt, bevor sie an den *Change* gesandt werden konnten (Biesel 1997: 155).

Insbesondere die Erkenntnisse des Münsteraner Projekts zur Kanzleisprache und zu Kommunikationsstrukturen des 17. Jhs. (2001–2005) unter der Leitung von Jürgen Macha haben viel dazu beigetragen, den Konstruktcharakter von „Hexenprozessakten" zu erkennen und zu verstehen.[11] Eine strikte Beachtung der von Jürgen Macha, Elvira Topalovic, Iris Hille, Ute Nolting, Knut Stegmann oder Endre Hagenthurn erzielten Ergebnisse dürfte es kaum mehr möglich machen, „Hexenprozessakten" im besonderen und Kriminalakten im allgemeinen als direkte Wege zu den vergangenen individuellen Mentalitäten, Gefühlen und Befindlichkeiten zu nutzen. Selbst die sprachwissenschaftliche Suche nach Münd-

---

10 Dieses theoretisch nur schwach unterfütterte Konzept, dessen Anwendung der so genannten „dichten Beschreibung" nahekommt, findet inzwischen Kritik (Basseler 2013).

11 Bereits in ihrer 1981 bei Helmut Brackert abgeschlossenen, jedoch viel zu selten rezipierten Dissertation hatte Christel Beyer anhand Würzburger Beispiele gezeigt, wie während des Gerichtsverfahrens, in den Befragungen (auch unter der Folter) und mit deren Verschriftlichung die „Hexe" erst erschaffen wurde. Auf Seiten des Gerichts beteiligten sich an dieser Produktion drei Instanzen (die Zentgerichte, die Kanzlei und der Fürst), die sich untereinander in der Regel nur schriftlich, mittels der formalisierten Versendeakten, verständigten (Beyer 1986: 105–123; zu den Verfolgungen in Franken vgl. Voltmer 2019, 2020).

lichkeit (im Sinne von Wortlaut) in den Akten wird durch die Münsteraner Forschungen erschwert.[12] Die inzwischen zum Korpus erhobenen, vom Projekt edierten, gleichwohl höchst heterogenen rund 100 „Hexenprozessakten“ (in Auszügen) und Verhörprotokolle dienen weiteren sprachwissenschaftlichen Projekten als Materialbasis.[13] Zu einem vorsichtigen Umgang mit den schriftlichen Produkten frühneuzeitlicher Strafverfolgung raten ebenfalls die Ergebnisse aus dem germanistisch-kommunikationswissenschaftlichen Projekt „Geständnismotivierung. Zur Wirksamkeit des Geständnisdispositivs im Strafprozess seit 1780“ (Manfred Schneider, Jo Reichertz) an den Universitäten Bochum und Duisburg-Essen (Schneider 2007a, 2007b, 1996; Niehaus 2003).

Was in Münster, Bochum und Duisburg-Essen für den komplexen Entstehungsprozess von „Hexenprozessakten“ im deutschen Sprachgebiet erarbeitet wurde, findet seine Entsprechung in den juristischen Gattungsbeschreibungen: Gestern wie heute bleibt eine deutliche Diskrepanz zwischen einem mündlich abgelaufenen Verfahren und seiner in gerichtsrelevanter Weise schriftlich stabilisierten Niederlegung festzustellen.[14]

Darüber hinaus sind „Hexenprozessakten“ im Sinne der Kommunikationstheorie als Medium, als Wissensspeicher zu betrachten, in dem ‚Hexenwissen‘ aufgenommen, transformiert und weitergegeben wurde (Voltmer 2017a: 6–11). Hexenwissen meint dabei alle mit Magie, Zauberei und Hexerei in Bezug stehenden Wissensbestände. Es umgreift sowohl das herrschaftlich-gelehrte ‚Verfol-

---

12 An dieser Stelle können nicht die zahlreichen Aufsätze und Monographien aufgeführt werden, die von der Münsteraner Gruppe publiziert wurden (vgl. nur Hagenthurn 2005; Stegmann 2006; Macha, Topalovic, Hille, Nolting & Wilke 2005; Macha 2017, 2005, 2003; Nolting 2003, 2002; Topalovic 2017).

13 Eine Beschreibung des ursprünglich Hamburger, jetzt Bamberger Projektes „Entwicklung der satzinternen Großschreibung im Deutschen – eine korpuslinguistische Studie zum Zusammenspiel kognitiv-semantischer und syntaktischer Faktoren“ findet sich unter https://www.uni-bamberg.de/germ-ling/forschung/projekte/sigs/ <31. 01. 2019>.

14 „Die Institutionalität des juristischen Verfahrens schlägt dabei auf alle Texte durch, die in diesem Procedere eine Funktion haben. Dies führt dazu, daß auch solche Textsorten der institutionellen (Über-) Formung anheimfallen, die nicht von institutionellem Personal formuliert wurden (wie z.B. mündliche Aussagen vor Gericht, die nur in protokollierter – und damit institutionell überformter – Gestalt rechtsrelevant werden). [...] Zu bemerken ist, daß etwa die Gerichtsprotokolle und Vernehmungsprotokolle hier als institutionelle Textsorten aufzufassen sind, welche textlinguistisch gesehen nicht mit den mündlichen Aussagen von Zeugen, Beschuldigten, Prozeßparteien oder Sachverständigen gleichgesetzt werden dürfen, welche Grundlage dieser Protokolle sind. Der gesprochene Text erfährt bei der Übertragung ins Protokoll (in der Regel diktiert vom Richter oder Staatsanwalt) charakteristische Umformungen in Richtung einer rechtlichen Vor-Bearbeitung (durch Auswahl, Zuspitzung, Umformulierung), die diese Texte zu juristisch geformten Texten in vollem Sinne macht“ (Busse 2000: 664, 672).

gungswissen‘ als auch populäre Wissenselemente sowie die Wissenspositionen von Skeptikern. Das in den Akten versammelte, als ‚wahr‘ klassifizierte Wissen wurde an übergeordnete Justizkollegien versandt, zum Teil öffentlich verlesen und in Publizistik wie Wissensliteratur verarbeitet. Die Geständnisse über Teufelsbuhlschaft und Hexensabbat konnten darüber hinaus als ultimative Beweise für die sich materialisierende Existenz der Dämonen gelten. Nicht zuletzt deshalb schmückten Dämonologen wie Nicolas Rémy, Peter Binsfeld, Henri Boguet oder Martin Delrio ihre Traktate gerne mit aktuellen Extrakten aus Hexenprozessakten (Voltmer i.Dr.). Hexenwissen erreichte mithin viele Teilöffentlichkeiten. „Hexenprozessakten“ hatten deshalb ihren spezifischen Anteil an der von Peter Burke (2009: 69–70) diagnostizierten „cultural translation“, das heißt an dem multilateralen Austausch von Ideen, Bildern und Texten in miteinander verflochtenen Kommunikationskreisen. Schon Klaus Graf hatte gefordert, „gedruckte und ungedruckte Kriminalquellen durch Motiv-Indizes zu erschließen, die nicht nur traditionelle Erzählmotive, abergläubische Praktiken, Übernatürliches und Mirakulöses aufzunehmen hätten, sondern auch narrative Elemente wie Metaphern oder Sprichwörter.“ (2001: 35; vgl. auch Graf 1999). Trotz partieller Fortschritte steht die Entschlüsselung der Vermittlungsprozesse, welche spezifische Narrative und Erzählmotive in die „Hexenprozessakte“ hineintrugen bzw. aus ihr heraus transferierten, erst am Anfang (Goodare, Voltmer & Willumsen i.Dr.; Voltmer i.Dr., 2020, 2019, 2017a: 17–32; Willumsen 2015).

Obwohl die interdisziplinär und international breit aufgestellte Hexenforschung sich der einschlägigen Akten *in extenso* bedient, sind sie in historischen Quellenkunden, nicht zuletzt aufgrund noch fehlender Editionen, unterrepräsentiert.[15] Die große Quellenkunde von Winfried Baumgart rückt die Angaben zu „Frauen“, „Hexen“, „Juden“ und „Frömmigkeit“ unter „Das 16. Jahrhundert, Reformation und Konfessionalisierung“ als „Themen, Schwerpunkte, Perspektiven aktueller Forschung“ (2018: 28, 206; vgl. auch Dotzauer 1996, 503–504). Immerhin widmet Nicolas Rügge in der „Quellenkunde zur westfälischen Geschichte bis 1800“ den „Hexenprozessakten“ einen eigenen Artikel (2017a). Mit dem Verweis auf die Dissertation von Elvira Topalovic wird das Interesse der Sprachwissenschaften an dieser Quellengattung zumindest wahrgenommen und in einem anderen Artikel explizit angesprochen (2017b: 80).

Jenseits von Quellenkunden bieten einschlägige Einführungen zum Thema Hexenverfolgungen ausführlichere Erörterungen zum quellenkritischen Umgang mit „Hexenprozessakten“ sowie verwandtem Material (Rummel & Voltmer 2012:

15 Jetzt liegt die wissenschaftliche Edition von dreizehn Protokollen aus dem Umfeld der Hexenverfolgungen in der Nordeifeler Herrschaft Schmidtheim vor (Voltmer & Tretter 2018).

14–17). Zusätzliche Informationen finden sich unter dem weiter gefassten Gattungsbegriff „Gerichtsakten" (Härter 2018: 57–64; Hochedlinger 2009: 226–227; Scheutz 2004; Schwerhoff 2002).[16] Gerade Vertreter der Kriminalitätsforschung heben dabei grundsätzlich den hohen Stellenwert der Strafgerichtsakten für die Geschichtswissenschaft hervor, verweisen aber unisono auf die großen, methodisch schwer zu meisternden Schwierigkeiten bei ihrer Interpretation und Deutung. Da Hexen- und Kriminalitätsforschung zumindest in Deutschland eine Zeitlang voneinander getrennt existierten, wird auf die besonderen Anforderungen bei der Nutzung von „Hexenprozessakten" oft nur am Rande eingegangen (Schwerhoff 2011: 40–46, 63–71; 1999: 27–35). Dadurch konnte der Eindruck entstehen, die strafrechtliche Verfolgung von Hexerei sei ein Sonderfall, der nicht mit anderen Fällen von obrigkeitlich sanktionierter Kriminalität vermischt werden dürfe. Neuere Forschungen, die bewusst die Hexenjustiz im Kontext der übrigen Strafgerichtsbarkeit untersuchen, kommen jedoch zu dem Ergebnis, dass auch bei der Verfolgung anderer, als Schwerstkriminalität festgeschriebener Delikte (z.B. Homosexualität, Raub, Mord oder Diebstahl) ähnlich prozediert wurde, zum Beispiel mit harter Folter, schlechten Haftbedingungen, Suggestivfragen, dem Forschen nach vermeintlichen Komplizen aufgrund der Annahme eines ‚Bandendelikts'. Mithin entstanden hier Protokolle, deren Interpretation ähnliche methodische Probleme verursachen wie die „Hexenprozessakte" (Sauter 2010; Zagolla 2007; Voltmer 2002).

Bereits im Jahr 1994 hatte Ulrike Gleixner klar auf den mehrdimensionalen Konstruktcharakter von Verhörprotokollen hingewiesen, bei deren Herstellung der Gerichtsschreiber, in ihrem Fall der Richter und Amtmann, eine zentrale Rolle spielte. Dabei stützte sie sich auf quellenkritische Überlegungen der Rechts- und Literaturgeschichte sowie auf jene Argumente, die Carlo Ginzburg, David Sabean, Silke Göttsch oder Regina Schulte bereits vorgebracht hatten (19–25; vgl. auch Beyer 1986; Gleixner 1995). Die strafrechtliche wie ideologische Nähe des von Gleixner untersuchten Unzuchtsdelikts hätte eine Anwendung ihrer Thesen bei der Entzifferung von „Hexenprozessakten" schon früh ermöglicht. Ähnliche Einsichten zum Konstruktcharakter vermitteln jene historischen Arbeiten, welche die Genese mittelalterlicher Ketzerprozesse, ihre Verschriftlichung und die

16 In der jüngsten Einführung zur Strafrechts- und Kriminalitätsgeschichte der Frühen Neuzeit wird die Hexenforschung bis auf wenige Hinweise bewusst als „eigenständiges Forschungsgebiet" ausgeklammert (Härter 2018: 12).

Rolle der involvierten Notare untersuchen (Utz Tremp 2017; Modestin 2017; Voltmer 2015: 29; Pegg 2012; Scharff 2008).[17]

Trotz der quellenkritischen Vorbehalte nutzen Psychohistorie und *Gender History*, Ethnologie, Anthropologie und Volkskunde, dynamisiert von diversen *turns*, darunter signifikant der *emotional turn*, „Hexenprozessakten", um mit ihnen Fenster auf das ferne, unverständlich-fremde Land der Vergangenheit und die Mentalität seiner Eingeborenen zu öffnen (Voltmer 2017b: 97–98; 2015: 23–25), obwohl die Akten doch nur den getunnelt-eingeengten Blick durch ein „Schlüsselloch" ermöglichen (Schwerhoff 2011: 81). Darüber hinaus wurde versucht, mit Hilfe literarischer Diskursanalyse und dem so genannten „close reading" die verschiedenen „Stimmen" (*voices*), darunter die Stimmen der angeklagten Frauen, in den Geständnissen der Hexereiverfahren aus Schottland, den Orkney- und den Shetland-Inseln sowie der Finnmark (Nordnorwegen) hör- und verstehbar zu machen. Im Vergleich zu anderen Gebieten Norwegens hatte dort eine intensive Hexenjagd stattgefunden, die sich an Härte, Opferzahl und Struktur (Relevanz der Besagung, Bedeutung der Dämonologie) nur vergleichen lässt mit „Paniken" im Westen und Süden des Heiligen Römischen Reiches deutscher Nation (Willumsen 2013: 235, 246–252).[18] Zwischen 1600 und 1692 wurden insgesamt 135 Personen wegen Hexerei angeklagt. Dabei führten lokale Gerichte die meisten Verfahren (83 Frauen und 21 Männer). Die Wasserprobe fand ebenso Anwendung wie andere Formen der Geständniserzwingung (z.B. glühende Zangen, Schwefelbrand). In 88 Prozent der Fälle endeten die Prozesse mit Hinrichtungen. Die überlieferten „Hexenprozessakten" finden sich als nahezu geschlossener Bestand in den Gerichtsbüchern der Grenzsiedlung Vardøhus (heute Vardø). Wie die aufwändige Edition zeigt, wurden die meisten der Protokolle nicht als Akte, d.h. als Sammlung einzelner Schriftstücke, sondern als nachträglich verfasste, inhaltlich verdichtete und reinliche Protokolle in einem Gerichts- bzw. Amtsbuch überliefert. Es wird angenommen, den Eintragungen hätten sorgfältige Notizen zugrunde gelegen. Trotz der kaum mehr zu klärenden Prozedur bei der Niederschrift betont Liv Helene Willumsen, in Abwägung der neueren Forschung, die

17 Frühneuzeitliche Inquisitionsakten bedürfen gleichfalls einer vorsichtig abwägenden Interpretation. Hier kamen hochversierte Schreiber zum Einsatz, die in den Verfahren wegen magischer Delikte eifrig jedes Gebet, jeden Spruch und jede Redensart notierten, um darin häretisches Gedankengut bzw. entsprechende Praktiken feststellen und nachweisen zu können. Die „voice of the women" wird zwar hörbar, jedoch in der Interpretation der Schreiber, die „with their higher social status, copied only what they thought they heard" (Pellicer 2015: 103).

18 Dem dänischen Recht zufolge durfte die Folter erst nach abgelegtem Geständnis und gefälltem Urteil angewandt werden; danach war sie zulässig, um die Namen weiterer Komplizen zu ermitteln (Willumsen 2013: 256–258).

Genauigkeit dieser Protokolle. Gemäß ihrer Interpretation filterte der Schreiber zwar die Aussagen der Angeklagten, gleichwohl konservierte er Mündlichkeit und blieb mit seiner „Stimme" eher im Hintergrund (2013: 34–36; vgl. auch 2011 und 2015: 55–56).[19]

Intensiv hat die meist englischsprachige historische Forschung Hexenprozesse und die darin enthaltenen Geständnisse im protestantischen Württemberg untersucht, wo die lokale Gerichtspraxis unter strenger landesherrlicher Aufsicht stand (Voltmer 2017b: 98).[20] Die eher zurückhaltende Führung von Hexenprozessen ließ den angeklagten Personen – vergleichbar der Situation in Schweden und Finnland – wesentlich mehr Handlungsspielraum (*agency*), um Verteidigungsstrategien zu entwickeln. Die in den Akten zu findenden Narrative sind daher eher das Ergebnis eines Aushandelns zwischen dem Gericht, den Zeugen und der beschuldigten Person.[21] Gleichwohl muss das Vertrauen in Aktenmaterial aus dem frühmodernen, zunehmend zentralistisch verwalteten bzw. regierten Württemberg erschüttert werden: Selbst hier bereiteten die lokalen Gerichte die an die Tübinger Juristenfakultät zu versendenden Dokumente einschlägig auf, damit eine positive Begutachtung evoziert und Rechtsbrüche verdeckt werden konnten. So behielten das lokale Gericht und sein Schreiber Einfluss-, ja Manipulationsmöglichkeiten auf Prozess- und Aktenführung (Sauter 2010: 28, 82, bes. 109–112).

Die berechtigten Zweifel an jenen Dokumenten, welche übergeordneten Instanzen zur Begutachtung präsentiert wurden, teilt Robert Zagolla für die Spruchpraxis der Juristenfakultät Rostock: Da die Juristen immer nur nach Aktenlage entschieden, sorgten entsprechend gestaltete Protokolle dafür, dass etwaige Rechtsverstöße nicht auftauchten, dass die Aussagen von Zeuginnen und Zeugen sowie der angeklagten Personen in sich kohärent und stimmig blieben.

---

19 Die Hexereiverfahren aus der Finnmark (1620–1692) wurden jeweils als Faksimile mit einer englischen Übersetzung (Willumsen 2010) bzw. mit einer norwegischen Übertragung ediert.

20 Gemeint sind die Forschungen von H.C. Erik Midelfort, Edward Bever, Laura Kounine und Anita Raith.

21 Dies entspricht dem von William Monter und Brian P. Levack gemachten Vorschlag: „the stories were ‚negotiated' between the questioner and the accused, and co-authored by the judge, the accused, the interrogator, and the scribe." (Toivo 2012: 143; vgl. auch Eilola 2012). – Ähnliche Ergebnisse lassen sich aus den wenigen Hexenprozessen gewinnen, die in der lutherischen Reichsstadt Rothenburg ob der Tauber zwischen 1549 und 1709 stattgefunden haben. Insgesamt hat der Stadtrat in seiner Funktion als Kriminalgericht 28 Verfahren geführt, in die 65 Personen verwickelt waren. Drei Frauen wurden hingerichtet (1629, 1673, 1692), 13 Personen auf ewig verbannt, ein Junge an ein anderes Gericht überstellt. 21 Personen wurden nach entsprechenden Verhören entlassen. Ein Mann starb an den Folgen der Haft. Die übrigen involvierten Frauen und Männer wurden lediglich befragt, meist außerhalb des Gefängnisses (Rowlands 2019: 339, 2003: 212–228).

Daher manifestierte sich selbst in den „Hexenprozessakten" jener Territorien, die eine intensivierte obrigkeitliche Überwachung des lokalen Prozessgeschehens etablierten, lediglich die juristisch definierte „Wahrheit" (Zagolla 2007: 77, 120, 309–317, 360, 383, 441–451). Zurecht hat Thomas Robisheaux deshalb mit Verweis auf Württemberg gefordert, solcherart überlieferte Geständnisse als „exceedingly complex composite constructions" zu bezeichnen, deren „many sources" sich „behind the voice of the confessant" verbargen und „the official stamp of the court" trugen (2004: 197).

Diese Hinweise zeigen, dass vor dem Entziffern von „Hexenprozessakten" geklärt werden muss, ob das Delikt als *crimen exceptum* bewertet wurde oder nicht, ob der *processus ordinarius* oder *extra ordinarius* angewandt wurde, ob die Verfahren als Akkusations- oder Inquisitionsprozesse geführt wurden, vor welchen Gerichtsinstanzen das Aktenmaterial entstand, welche Ausbildung die Schreiber bzw. Notare genossen hatten, welchen Vorgaben zur Verschriftlichung sie folgten und welche Rollen sie während des gesamten Verfahrens einnahmen (Beobachter, Berichterstatter, Urteilsfinder, Rechtskonsulent?). Darüber hinaus bestimmten das konfessionelle Milieu, Status, Alter und Geschlecht der involvierten Personen den Prozessverlauf. Wichtig scheint der Hinweis, dass sich der Spielraum (*agency*) von Zeuginnen bzw. Zeugen und Angeklagten sowie der Konstruktionsgrad einer Akte mit der Schwere der Hexenverfolgungen modifizierte: Während massenhafter Prozessführung und der dabei sich ausbildenden Verfahrensroutine stieg die Wahrscheinlichkeit, dass härtere Folter angewandt und kürzere Prozesse gemacht wurden. Damit einher ging eine summarische Protokollführung mit der Verwendung von Formularen und Textbausteinen (so auch Scheutz 2004: 562–563). Die schiere Bewältigung des Prozessaufkommens erforderte zunehmende Bürokratisierung und Rationalisierung. Gerade Versendeakten weisen einen hohen Grad der Vereinheitlichung auf; denn das an eine übergeordnete Behörde zur Überprüfung gesandte Material musste Kohärenz und Stringenz im Sinne eines juristisch einwandfrei geführten Verfahrens nachweisen. Die aufgeführten Vorklärungen sollten gleichfalls bei der Entzifferung von Protokollen und Aktenmaterial aus Regionen jenseits des Heiligen Römischen Reiches deutscher Nation gemacht werden. Selbst wenn andere materiell- und prozessrechtliche Bedingungen den Verfahren und den „Hexenprozessakten" zugrunde lagen, blieb das Verhältnis zwischen mündlich geführtem Prozess und Verschriftlichung ähnlich gelagert.

Die nachfolgende Annäherung an diese komplexe Quellengattung stützt sich auf die vorangegangenen Überlegungen sowie auf die Forschungen der Autorin zu den massenhaften, mit hunderten von Protokollen dokumentierten und in mehreren Projekten erschlossenen Hexenverfolgungen im überwiegend katholisch gebliebenen Rhein-Maas-Mosel Raum (vgl. nur Voltmer 2019, 2018, 2010a, 2008a, 2006a, 2006b).

2 Die Hexenprozessakte – Konstruktionen

Gerichtsprotokolle waren regelbestimmte, rechtsfindende und rechtsetzende Dokumente, die innerhalb eines rechtlich geregelten Verfahrens mit legitimierender Zielsetzung und zur Erlangung juristischer Beweiskraft entstanden. Diese Funktionen bestimmte maßgeblich den Inhalt bzw. die narrative Struktur der Aussagen (so auch Eidinow & Gordon 2019b: 310). In seiner quellenkundlichen Erläuterung stellt Nicolaus Rügge heraus, dass im Wirkungskreis der *Carolina* (Peinliche Halsgerichtsordnung Karls V., 1532) eine „Hexenprozessakte“ idealtypisch aus mehreren Schriftstücken bestehen sollte, in denen sich die einzelnen Verfahrensschritte widerspiegelten (leicht gekürzt und modifiziert wiedergegeben nach Rügge 2017a: 31; vgl. auch Leitner 2008: 409–413):

1. die Voruntersuchung mit den entsprechenden Anordnungen zur Inhaftierung; ggf. Anzeige, Zeugenbefragungen, Gegenüberstellung mit Zeuginnen bzw. Zeugen der Anklage sowie deren Aussagen und Teilgeständnisse der angeklagten Person;
2. die in mehrere Frageartikel aufgeteilte Anklageschrift;
3. die gütlichen und peinlichen Verhöre sowie das erzielte Geständnis, dessen Bestätigung oder Widerruf, ggf. erneute Folterverhöre;
4. Aktenversendung mit Anschreiben und erhaltenen Gutachten der Rechtsgelehrten (Zwischenurteile bzw. Endurteil);
5. Hauptuntersuchung mit Verlesung des Geständnisses, Endurteil (Strafe oder Freispruch), Urfehde;
6. öffentliches Gericht (Endlicher Rechtstag) mit Ablaufprotokoll, Ausfertigung oder Konzept des Endurteils und Vermerk über dessen Vollzug;
7. ggf. Kostenabrechnung, Suppliken von Angehörigen usw.

Tatsächlich gibt es zahlreiche „Hexenprozessakten“, die diese Teile weder als Einzelschriftstücke, gebündelt zu einer Akte und in Form von Notizen, Mitschriften oder Reinschriften, noch abschriftlich beinhalten, sondern mit stark formalisierten und inhaltlich verdichteten, oft als *protocollum* bezeichneten Texten aufwarten.

Hinter dieser bewussten Minimierung und Fokussierung der Akte auf das Wesentliche konnten verschiedene Motive stehen (vgl. Voltmer 2018: 50–53, 2015, 2008a, 2006b). So haben sich für die Hexenjagden im Territorium der

Reichsabtei St. Maximin bei Trier von den mehr als 400, zumeist zwischen 1586 und 1596 geführten Verfahren, rund 200 überwiegend stark formalisierte Protokolle erhalten (Voltmer 2010b, 2006a). Das dahinterliegende Prozedere sah wie folgt aus: Die Vorbereitung der Voruntersuchung gegen vermeintliche Hexen und Hexenmeister lag in den Händen gemeindlicher Hexenausschüsse (Voltmer 2008a). Diese stellten mithilfe eines Notars (Schreibers) die Klageschrift zusammen, ermittelten Bezichtigungen sowie Verdächtigungen und requirierten die Zeugen. Im Namen der Gemeinde wurden diese Schriftstücke beim zuständigen Amtmann eingereicht. Befragt wurden die Zeuginnen bzw. Zeugen von einem maximinischen Gerichtsbeamten oder Schöffen im Beisein eines Notars, der das Protokoll führte. Die Vorakten sandte man dann – gemäß der *Carolina* – an den St. Maximiner Oberhof, der über Verhaftung, gütliches und peinliches Verhör ein Rechtsgutachten erstellte. Anklageerhebung *ex officio*, Inhaftierung und weitere Verfahrensführung lagen dann in den Händen der inquirierenden Gerichtsbeamten und der Laienschöffen. Nach ihrer Inhaftierung konfrontierte das Gericht die verdächtigte Person mit bereits geständigen, kurz vor der Hinrichtung stehenden angeblichen Hexen. Danach unterzog man sie den verschiedenen Verhören, die einem festen Frageschema folgten. Bei Widerruf des relevanten Geständnisses wurde die verurteilte Person wieder der Folter unterworfen, bis sie die vermeintlichen Verbrechen erneut bekannte. Die Rücknahme einzelner Besagungen ließ man hingegen zu. Die Prozessdauer beanspruchte zwischen Verhaftung und Hinrichtung in der Regel nur wenige Tage. Da stets umfassende Geständnisse erzielt wurden, muss von einer extensiven Anwendung der Folter ausgegangen werden. Die meisten der überlieferten Protokolle verzichten häufig auf die Wiedergabe der Anklageschrift, der Zeugenbefragungen und ausführlicher Verhöre. Vielmehr finden sich nur eine Anklageformulierung, eine summarische Angabe über die Folterung sowie das aus den Antworten zusammengefasste Geständnis. Wie oft und wie schwer die Tortur angewandt, wie häufig und detailliert nachgefragt wurde, alles dies und vieles mehr verschweigen die Protokolle. Mit solcherart formalisierten Akten ließ sich die souverän ausgeübte landesherrliche Hochgerichtsbarkeit einwandfrei dokumentieren.

In Kurköln führte eine landesherrliche Anordnung offiziell zur Verdichtung der Hexenprozessakten, denn trotz Vorgaben in der Reichsnotariatsordnung (1512) oder in der *Carolina* verlief die Niederschrift der Hexenprozesse recht willkürlich und folgte keiner einheitlichen Form (Stegmann 2006: 27–41). Aus diesem Grund verfassten 1629 die beiden Kölner Hochgerichtsschöffen Walram Blanckenberg und Johannes Romeswinckel eine Vorgabe zum ordnungsgemäßen Abfassen der Protokolle, die *biß dato gar confuss et indistincte undereinander gemengt unnd geschrieben* (Heuser 2015: 247–255). Die Schreiber wurden aufgefordert, nicht wie bislang einzelne Schriftstücke den Akten beizugeben, sondern einen zusammenhängenden Text zu verfassen, welcher die Fragen und Antworten der Zeugen sowie Inquirierten enthielt. Es galt besonders, die Befragung während der Tortur im Sinne einer effektiven Verfolgung juristisch tragfähig zu gestalten. So sollten Art, Dauer und Wiederholung der Folter aufgezeichnet werden sowie die Indizien, auf die sich die einzelnen „peinlichen Fragen" bezogen hatten. Unterbrechungen der Tortur waren stets mit dem Vermerk zu versehen, sie seien unter Vorbehalt geschehen. Dies erlaubte eine Fortsetzung der Folter, ohne dass neue Indizien vorgebracht werden mussten. Selbst wenn Rechtsgelehrte die Dauer der Tortur auf eine Stunde begrenzt hatten, so konnte diese Regel angesichts der Schwere des Hexereideliktes unbeachtet bleiben. Vielmehr stellte die Richtlinie gemäß Artikel 58 der *Carolina* Dauer, Härte und Wiederholung der peinlichen Frage in das Ermessen des Richters. Immerhin sollten 24 Stunden zwischen den jeweiligen Foltersitzungen liegen und Exzesse vermieden werden (Heuser 2015: 250–251). Außerdem schrieb die Prozessanleitung vor, dass die Protokolle ebenfalls die gestandenen Schadenzauber und deren Überprüfung durch Zeugenverhöre festhalten sollten.

Pragmatisch und wieder im Sinne einer effektiven Verfolgung ging die Kölner Prozessrichtlinie des Jahres 1629 mit Revokationen (Widerrufen) um, da diese nichts an der Validität des Geständnisses änderten, vor allen Dingen dann nicht, wenn die Schwere der Schuld hinlänglich durch andere Aussagen und Indizien bestätigt schien. Ausdrücklich empfahlen Blanckenberg und Romeswinckel, das Verfahren nicht aufzuhalten, indem das Gericht versuchte, die angeklagte Person zur Bestätigung solcher Teil-Widerrufe zu zwingen. Nach einer umfänglichen Revokation, die selbst nach härtester Folter nicht rückgängig gemacht wurde, sollten die verurteilten Personen als unbußfertige Hexen dem Feuer übergeben werden. Die Begründung war ebenso einfach wie schlüssig: Würde man den Widerrufen zu große Bedeutung beimessen und das Urteil von einem vollen, mehrmals bestätigten Geständnis abhängig machen, so blieben die Galgen auf immer verwaist (Heuser 2015: 252). Diese Praxis offenbart die subtile Konstruktion der Protokolle: Das Gericht ließ die Zurücknahme einzelner Bezichtigungen und Eingeständnisse zu, um den Angeklagten eine Strategie des Widerstandes zu entwinden und ihnen einen noch kürzeren Prozess zu machen. Keineswegs lässt sich aus dieser Prozessführung der Beweis für ein „Aushandeln" vor Gericht konstruieren, bei dem es den Angeklagten gelungen sei, eine gewisse Autonomie ihrer Sprechakte zu bewahren.

In den kleinen Grafschaften und Adelsherrschaften der Eifel haben sich geschlossene Bestände von Hexenprozessakten in privaten Adelsarchiven erhalten. Hier liegen meist nur Protokolle, keine Akten im eigentlichen Sinne vor, wie das

Beispiel der Herrschaft Schmidtheim zeigt, wo 42 Frauen und Männer allein im Jahr 1630/1631 hingerichtet wurden (Voltmer 2018; Voltmer & Tretter 2018): Als Verwalter des Prozessschriftgutes besetzte der Schreiber Arnold Funck eine Schlüsselposition für die im Sinne der Verfolgerseite effektiv zu organisierenden Hexenjagden. Zu keinem Fall liegen mit den Schmidtheimer Hexenprozessen die originalen, während der Verhöre erfolgten Mitschriften vor. Fraglich bleibt, ob und in welcher Form es solche Notizen überhaupt gegeben hat. Wie in St. Maximin ging es nicht um eine Dokumentation, sondern darum, ein Schriftstück anzufertigen, das einigermaßen den formalen Vorgaben für ein beweiskräftiges Verhörprotokoll entsprach und den eigentlichen Prozess mit der nachfolgenden Verurteilung (meist Hinrichtung) legitimierte. Bei der Anlage der als *Protocollum* bezeichneten Niederschriften arbeitete Funck mit den bestallten Rechtskonsulenten („Hexenkommissaren") eng zusammen; denn in den Fließtext wurden gelegentlich in der Handschrift der jeweiligen Rechtsgutachter deren Dekrete eingerückt, und nicht – wie man bei einer Akte erwarten würde – als gesonderte Schriftstücke beigelegt oder vom Gerichtsschreiber abschriftlich eingefügt. Es lässt sich demnach nicht mit Sicherheit sagen, ob während der Verfahren die vorgeschriebenen Schritte tatsächlich eingehalten oder nur nachträglich auf diese Weise in der Niederschrift präsentiert wurden. Wie Schriftbild und Anlage der Texte weiter nahelegen, bot die schriftliche Fassung eine verdichtete, gekürzte, auf Kohärenz und Stimmigkeit gebrachte Version, welche die tatsächlichen Vorgänge vor Gericht, insbesondere die oftmals stundenlangen Verhöre unter der Folter, verschwieg.

Eine weitere Stufe der Verdichtung zuvor erfolgter Notizen, Mit- und Niederschriften bieten jene, in einem Gerichtsbuch verschriftlichten Kriminalverfahren (Gleixner 1995, 68). Diese Art der Aufzeichnung gehört zu den ebenfalls als „Protokoll" bezeichneten Schriftformen (Stegmann 2006: 25–27). In diesem Zusammenhang erscheint die Verschriftlichung der gleichfalls in großer Anzahl geführten Hexenprozesse in der norwegischen Finnmark von Interesse, denn dort hat sich die überwiegende Anzahl der Protokolle als Einträge in Amts- bzw. Gerichtsbüchern erhalten. Der so genannte *sorenskriver* (geschworene Schreiber) war für deren Abfassung zuständig. Das Amt wurde 1591 eingeführt und besaß zunächst keine judikativen Kompetenzen. 1634 wurde dieser zunehmend juristisch gebildete, meist aus Dänemark stammende Schreiber (dann auch *Notarius publicus*) dem Geschworenengericht stimmberechtigt beigeordnet, ab 1687 übernahm er in weniger gravierenden Fällen allein die richterliche Funktion. Damit gehörte dieser, zunächst vom Distriktgouverneur, ab 1660 vom König selbst eingesetzte Mann zu jenen Beamten, die im besetzten Norwegen obrigkeitliche Funktionen übernahmen, um königlich-dänisches Recht durchzusetzen und sukzessive die mit Bauern, Händlern und Fischern bemannten lokalen Gerichte zu entmachten (vgl. Makhno 2014; Willumsen 2013: 34, 232; Edwardson 2010: 8–9).[22] Bei ihrer dichten Lektüre hat Liv Helene Willumsen die „Stimme" dieses Schreibers („voice of the scribe") von der „Stimme" des Rechts („voice of the law", gemeint sind Verweise auf das geschriebene Gesetz sowie Äußerungen der Vertreter des Gerichts, darunter der „bailiff") getrennt (2013: 267, 293–295, 301).[23]

Die in die Gerichtsbücher eingetragenen Protokolle der Hexenprozesse aus der Finnmark bieten mithin eine verdichtete Zusammenfassung, die nach dem Ende des gesamten Verfahrens niedergeschrieben wurde. Wie Katjana Edwardsen, welche die norwegische Fassung in die englische Sprache übertragen hat, hervorhebt, vereinten die Protokolle die verschiedenen Zeitebenen des Verfahrens (2010: 8–9). Ob und in welchem Umfang dafür während der Anhörungen gemachte Notizen als Gedächtnisstützen dienten, bleibt im Dunkeln. Die gestochen klare Schriftführung, die Zeile für Zeile die Seiten füllt, das saubere Schriftbild mit kaum Korrekturen oder Zusätzen, zeigt nicht nur geübte Schreiberhände, sondern lässt vermuten, dass ausgearbeitete Reinschriften genutzt worden sind. Die im Jahr 1634 verfassten Protokolle zeigen überdies eine Besonderheit: Jedes Urteil beglaubigten die zwölf Mitglieder der Jury, zu der jetzt auch der *sorenskriver* als Mitrichter gehörte, mit ihrem Siegel. Wie Anordnung, Schriftbild und Siegelung der chronologisch aufeinanderfolgenden Protokolle nahelegen, waren sie in zeitlicher Nähe zum abgelaufenen Verfahren in das Gerichtsbuch eingetragen worden (Willumsen 2010: 82, 84, 87, 90, 92, 95).[24]

Wie der Vergleich gezeigt hat, erschufen die formalisierten Protokolle wie Gerichtsbücher einen rein fiktiven Ort der Prozessführung, da die zeitlich und räumlich auseinanderliegenden Phasen des Verfahrens zwischen Voruntersuchung und Urteil in einen logischen Ablauf und Bedeutungszusammenhang gebracht wurden. Gleixner versuchte diesem Problem durch ein vierstufiges, die Verdichtung entzerrendes Analysemodell beizukommen (Gleixner 1995: 68–69)[25], wäh-

---

22 In der englischen Ausgabe wird der *sorenskriver* stets mit „magistrate" übersetzt; zum Gerichtssystem (local court, court of appeal) in der Finnmark vgl. Willumsen (2013: 230–235).

23 Es scheint, als ob sich nach 1634 mit der geänderten Zuständigkeit des *sorenskriver* die „Stimmen" von „law" und „scribe" vermischten: „So in Finnmark the main judicial officers were the district governor, the magistrate [= der *sorenskriver*; R.V.], the bailiff and the Court of Appeal judge" (Willumsen 2013: 232).

24 Im Jahr 1634 hieß der *sorenskriver* Niels Jensen; er war Mitglied der Jury und gleichzeitig Schreiber in sechs Hexenprozessen.

25 Die erste Phase umfasste die Vorgeschichte, also die Einleitung des gerichtlichen Verfahrens, die unter Umständen mehrere Monate dauern konnte. Die zweite Phase setzte mit dem ersten Gerichtstag ein. Danach wurde in der dritten Phase das Protokoll verschriftlicht. In einer

rend Topalovic und Hagenthurn die Protokolle in drei Textebenen aufteilten, um die verschiedenen Stufen der Redewiedergabe voneinander zu trennen (Hagenthurn 2005: 62–64).[26]

Für welches Modell man sich letztlich entscheidet, aus narratologischer Sicht bleibt klar, dass die Mikro-Narrative von Klageschrift, Anschreiben, Verhören von Zeuginnen bzw. Zeugen und Angeklagten sowie Rechtsgutachten sich erst in der Gesamtanlage des formalisierten Protokolls oder dem Eintrag im Gerichtsbuch zu einem Makro-Narrativ verbanden (vgl. Olson 2014: 3.1.1.).[27] Vorzugsweise wenn das Verfahren mit einem Urteil und einer Hinrichtung geendet hatte, entfaltete sich die Struktur des Protokolls retrospektiv; denn der Ausgang der Narrationen um die vom Teufel verführte Hexe, ungeachtet ob weiblich oder männlich, stand zum Zeitpunkt der Niederschrift bereits fest. Die mikro-narrativen Elemente wurden auf dieses bekannte Ende ausgerichtet und angepasst. So erklärt sich unter anderem die in vielen Protokollen präsentierte „Hexenkarriere" der Angeklagten, welche angeblich schon lange in schlechtem Ruf als Ehebrecherinnen bzw. Ehebrecher, Streithälse oder Kleinmagier gestanden hatten – vom Ende her erzählt, durften die Mikro-Narrative über das jeweilige Sozialverhalten kaum etwas anderes beinhalten.

Deutlich wird erneut, dass keiner der vorgestellten Typen von „Hexenprozessakten" den Ablauf des Gerichtsverfahrens Wort für Wort wiedergibt. Spuren von Mündlichkeit lassen sich nur mit methodologischer Mühe finden. Ausnahmen scheinen jene Protokolle zu sein, die Aussagen, sei es von Zeugen oder Angeklagten, mit direkter Rede bieten. So hat Ute Nolting (2003, 2002) in den Verhörprotokollen aus den Mindener Hexenverfolgungen Passagen entdeckt, wo die Stimme der angeklagten Frauen unter der Folter im Wortlaut protokolliert wurde. Im Gegensatz zu den summarisch erfassten, geglätteten, distanziert mit indirekter Rede wiedergegebenen Aussagen in den formalisierten Protokollen enthüllen diese Passagen das ganze Ausmaß der vor Gericht geführten Zwangskommunikation. Die Gefolterten waren aufgrund der Schmerzen nur fähig, in kurzer abge-

vierten Phase wurden Randnotizen eingefügt, nachdem die Delinquenten ihre im Urteil verhängte Strafe beglichen hatten.

26 Hagenthurn modifiziert das von Topalovic anhand von Osnabrücker Hexenprozessprotokollen entwickelte Modell, da in den von ihm untersuchten Protokollen mehr direkte, monologische Rede zu finden ist. Auch übernimmt der Schreiber nicht die Rolle des Beobachters, sondern des Berichterstatters.

27 „The confession of the accused person may in narratological terms be described as an embedded narrative within the larger narrative of the entire trial." (Willumsen 2013: 33). Toivo (2012: 146) unterscheidet zwischen dem „main narrative" des gerichtlichen Verfahrens und den „sub-narratives" des Anklägers, der Zeugen und des Angeklagten.

hackter Sprache die ihnen zugefügte Qual und Erniedrigung mit Ausrufen sowie Gebeten zu begleiten. Detaillierte Schilderungen, ausführliche Narrationen blieben dabei kaum möglich. Dieser Befund stützt kulturanthropologische Studien, gemäß derer der Folterschmerz letztendlich sprachlos macht und zum Verstummen führt (Scarry 1992: 11–15).

Hagenthurn erkannte bei seiner Analyse des Schäßburger Aktenmaterials ebenfalls eine überproportionale Verwendung direkter Rede. Die dichte Lektüre ergab, dass gerade gerichtsrelevante Drohungen, Verwünschungen und pejorative Ausdrücke in der Klageschrift mit direkter Rede wiedergegeben wurden, was der schon tradierten Protokolltechnik in Inquisitionsverfahren entsprach. In den protokollierten Zeugenvernehmungen diente die direkte Rede dazu, geäußerte Zaubersprüche oder andere sakral-ritualisierte Worte bzw. Sprüche im Wortlaut festzuhalten (Hagenthurn 2005: 64–75). Ein ähnliches Vorgehen ist aus den finnischen Protokollen bekannt, wo die Schwedisch sprechenden Schreiber Flüche, Drohungen und Verwünschungen unübersetzt und im Wortlaut beließen (Toivo 2012: 148).

Die Verwendung direkter Rede in den Protokollen verdankte sich der ihnen zugemessenen juristischen Relevanz (in diesem Sinne schon Macha 2005: 173). Der Wechsel zwischen direkter und indirekter Rede muss daher als weiteres Zeichen für den Konstruktcharakter der Prozessakten gewertet werden, da sich die Redewiedergabe nicht an einem wie auch immer getreuen Protokollieren, sondern an der juristischen Funktion orientierte. Protokolle waren nicht der Ort, wo individuelle Befindlichkeiten angeklagter Frauen und Männer festgehalten wurden. Protokollanten, Verhörende und Amtleute strebten zum Zweck der Feststellung eines relevanten Straftatbestandes klar nach der Typisierung von Delikt und Täterin bzw. Täter. Mit Blick auf heutige Prozessmitschriften spricht die Narratologie deshalb von einer *narrative typification* (Olson 2014, 3.1.1.; Gleixner 1994: 19).

3 Typisierungen vor Gericht

Die von frühneuzeitlichen Gerichten vorgenommene *narrative typification* speiste sich aus entsprechenden Schuldvermutungen, Vorannahmen und Vorurteilen (vgl. für das Folgende Voltmer 2017b: 104–109). Letztlich kam es zu einer völligen „Missachtung, ja Negation des Subjekts" (Macha 2017: 167). Dieser, den Inhalt von „Hexenprozessakten" stark konditionierende Umstand, welcher sich unter anderem Ausbildung, Vorwissen und Erfahrung des Gerichtspersonals verdankte, findet bei der Entzifferung von „Hexenprozessakten" noch zu wenig Beachtung. Mit gelehrten Juristen besetzte oder von ihnen gelenkte Gerichte glaubten zu wissen, wie sich eines Schwerverbrechens verdächtigte Personen verhielten, sobald sie in die Befragung genommen wurden. Juristische Handbücher tradierten religiöse wie kosmologisch-humoralpathologisch fundierte Überlegungen und konservierten etablierte Vorstellungen, nach denen eine angeklagte und mithin als schuldig gedachte Person nicht in der Lage war, ihren Körper und dessen Reaktionen zu überlisten. Diese Regeln galten gleichfalls für die Zeuginnen bzw. Zeugen, deren Mienenspiel und Gebärden es zu protokollieren galt. Selbst beim Lügen offenbarte sich die Schuld durch körperliche Zeichen wie Erbleichen, Erröten, Unruhe oder Lachen. Deshalb vertraute das Gericht auf „the spontaneous truth of the body" (Silverman 2001: 9) und erwartete eine spezifische Physiognomie bzw. Pathognomie bei den Angeklagten (Niehaus 2003: 242–264; Silverman 2001: 51–68; Schneider 1996: 167–170). Das fiktive Hexenverhör, das der Kölner Hexenkommissar Heinrich von Schultheiß 1634 mit entsprechenden Hinweisen veröffentlichte (Macha 2003: 30), ist nur ein Beispiel in einer langen Kette juristischer wie dämonologischer Literatur (z.B. schon im *Malleus Maleficarum*, 1486).

Zu den vor-urteilenden Prämissen gehörte zum Beispiel, dass Hexen, insbesondere Frauen, als von der diabolischen Melancholie befallen galten, welche sie anfällig machte für Todsünden wie Neid, Unzucht und Rebellion, für teuflische Einflüsterungen und entsprechende Illusionen. Die schwarze Melancholie ließ Hexen verstummen, sie verhärtete das Herz, sie flößte Selbstmitleid, aber eben keine Reue ein. Es galt der Grundsatz, dass nur eine wahrhaft Unschuldige, ein wahrhaft Unschuldiger Verhöre und Folter ungeständig überstehen konnte, ja musste. Ausgestattet mit diesen Vorannahmen und entlang der vorgegebenen Kategorien interpretierte, klassifizierte und notierte der Schreiber den Habitus, das Verhalten, das Sprechen der Angeklagten (Stegmann 2006: 88–91). Auch deshalb entfaltet sich in vielen Hexenprozessakten eine stereotyp-monoton erscheinende Dramaturgie. So enthüllte das Gebaren der Hexen schon beim Eintritt in den Gerichtsraum ihre Verstrickung in das unterstellte Delikt. Beteuerungen der Unschuld, Unruhe, Sprachlosigkeit, selbst Gebete wurden in diesem Sinne umgedeutet. Gerade die angenommene Unfähigkeit der Hexen, selbst unter schwerer Folter wahre Tränen der Reue weinen zu können (Schneider 2007b, 1996; Silverman 2001: 102–103), galt als Zeichen ihrer Verstocktheit, welche angeblich auf teuflische Amulette und Schutzzauber zurückzuführen war. Man unterstellte den Angeklagten, entweder falsche Tränen des Selbstmitleids abzusondern oder sich betrügerisch Speichel unter die Augen zu reiben.

In Strafprozessen wurden Verhöre, wenn nicht von Fragekatalogen und Suggestivfragen, dann von der Macht der angedrohten bzw. angewandten psychischen wie physischen Folter gesteuert. Dazu erhöhten die Haftbedingungen sowie die nicht protokollierten „Gespräche" der Wächter und Büttel mit ihren Gefangenen die Geständnisbereitschaft.[28] „Hexenprozessakten" sind (wie andere Strafgerichtsakten) mithin voller subtiler Anspielungen und Interpretationen über den Körper, das Benehmen und das Reden der Angeklagten. Die Existenz und Bedeutung obrigkeitlicher Narrative und Topoi kann jedoch nur erkannt werden, wenn jene, die gerichtliche Wahrnehmung steuernden Vorannahmen und Wissenselemente aus dämonologischer, juristischer, medizinischer oder theologischer Fachliteratur bekannt sind (Voltmer 2017a: 17–28).

Die Möglichkeit der angeklagten Personen, eigene Strategien und Narrative der Verteidigung einzusetzen, blieb immer von jenem Handlungsspielraum begrenzt, den das obrigkeitliche Gericht, seine Akteure, deren Expertenwissen und Vorannahmen eröffneten. In Rothenburg ob der Tauber bemühte sich der städtische Rat und die von ihm herangezogenen Juristen um eine sorgfältige, vorsichtige Prozessführung in Hexereifällen. Man folgte dem in der *Carolina* vorgegebenen ordentlichen Verfahren, betrachtete Hexerei nicht als *crimen exceptum* und ließ die Folter nur mäßig anwenden. In diesem gerichtlichen Kontext gelang es Margaretha Horn 1652 ihre Freilassung mithilfe von „narratives of non-confession" zu erkämpfen. Die sorgfältig geführten Verhörmitschriften lassen tatsächlich *voice* und *agency* einer angeklagten Frau erspüren (Rowlands 2019).

An jenen Orten jedoch, wo Hexerei als Ausnahmeverbrechen mit äußerster Strenge ausgerottet werden sollte und deshalb exzessive Tortur zur Geständnisgewinnung eingesetzt wurde, wie zum Beispiel in St. Maximin, in den Eifelherrschaften oder in fränkischen Territorien, hatten einmal angeklagte Personen weder die Chance, noch die Zeit oder die Unterstützung, um *agency* zu entfalten, in „Verhandlung" mit dem Gericht zu treten und Strategien des Nichtgestehens aufrechtzuerhalten. Manche der beschuldigten Frauen und Männer zeigten zu Beginn der Prozesse zwar noch Widerstand, bemühten sich, jede narrative Strategie zur Erhaltung ihrer Würde, ihrer Integrität, ihrer körperlichen Unversehrtheit und ihres Lebens zu nutzen. Ihr „Erzählen" zeigt den Versuch, möglichst plausible und akzeptable Geschichten zu finden, die den Erwartungen der Verhörenden entsprachen. Häufig suchten die Angeklagten nach Erklärungen für ihre Verstrickung in den Hexenprozess. Beichtgespräche und geistliche Tröstungen während der Verfahren dürften allenthalben für eine selbstreflexive Suche nach

28 Während der Hexenverfolgungen in der Eifelherrschaft Schmidtheim genügten in der Regel eine Nacht im Gefängnis und das Zureden des Büttels, um bis dahin noch ungeständige Inhaftierte am folgenden Morgen zermürbt und zum Geständnis bereit vorzufinden (Voltmer 2018: 100, 106, 114, 128).

Schuld, nach Sünde und so für eine Buß- und Geständnisbereitschaft gesorgt haben.

Ein Geständnis der Hexerei stand immer am Ende von zermürbender Haft, langen Verhören und heute wie damals nicht nachzuempfindendem physischem wie psychischem Druck. Diese Prämissen müssen – wenn auch in abgeschwächter Form – gleichfalls gelten für jene Verfahren in Schweden, Finnland oder Dänemark, wo die Tortur (im Sinne der peinlichen Frage) entweder nicht oder erst nach dem Geständnis angewandt worden ist, wo aber die Situation vor Gericht von den oftmals illiteraten Angeklagten als äußerst bedrohlich empfunden worden sein muss. Darüber hinaus wurde in skandinavischen Ländern die Folter durchaus während der größeren Verfolgungsschübe eingesetzt. In Schweden sollten generell harte Haftbedingungen die in Strafprozessen angeklagten Personen zum Reden bringen (Pihlajamäki 2007: 576–580).

Gerade gegenüber den Geständnissen vermeintlicher Hexen mit ihren Details zu Teufelspakt, Buhlschaft, Hexenflug und Sabbatorgien ist deshalb größte interpretatorische Vorsicht geboten. Diese imaginäre Welt tritt entgegen aus dem von den Schreibern und Notaren erfragten, abgehörten, nahegelegten, umgedeuteten und aufgezeichneten „Erzählen" der angeklagten Personen, meist abgelegt unter Androhung oder Anwendung der Tortur. Die Protokolle dieser Zwangskommunikation geben daher, wenn auch manchmal nur zwischen den Zeilen, Zeugnis von „menschlicher Not und Selbsterniedrigung" (Schwerhoff 2011: 67).

Die adäquate Entzifferung von „Hexenprozessakten" wird darüber hinaus erschwert durch deren inhärente, vom Gerichtsprozess bestimmte Struktur, da die Angeklagten die okkulten Elemente des Deliktes stimmig und im Einklang mit den dämonologischen Vorannahmen der Inquirierenden erläutern mussten. Deshalb treten uns diese Erzählungen eingebettet in die Alltagswelt der Angeklagten vor Augen. Fabulate über Hexensabbat, Flug oder Teufelsbuhlschaft werden einigermaßen leicht als Imagination, Fantasie oder Suggestion eingestuft. Es bleibt aber fraglich, wie mit jenen, ebenfalls im Rahmen von Zwangskommunikation erzielten Erzählungen umgegangen werden muss, die sich auf alltägliches Sozialverhalten, auf familiäre Konflikte, auf eigenes Fehlverhalten, auf den so genannten Volksglauben beziehen.

Wie die dichte Lektüre des Aktenmaterials zeigt, finden sich durch vorgegebene Erzählmuster geprägte Elemente nicht erst in den Geständnissen, sondern bereits in den Voruntersuchungen und Zeugenaussagen, in der vom Gericht geleiteten Konstruktion verdächtiger Verhaltensweisen der angeklagten Personen. Besonders schwierig wird es zu trennen zwischen populären, indigenen Magie- und Zaubereivorstellungen und elaboriert-dämonologischen, vom Gericht vorgegebenen oder im Laufe der Verfolgungen durch Gerüchte, Hörensagen, Klatsch und Tratsch, durch das öffentliche Verlesen der Geständnisse, durch die Medien aufgenommene Elemente sowie der rezeptiven Vermischung der Muster.[29] Häufig lässt sich feststellen, dass angebliche Elemente populärer Vorstellungen (wie beispielsweise der gern postulierte Dorffestcharakter des Hexensabbats mit einem im Baum sitzenden Pfeifer) ursprünglich aus gelehrten Dämonologien stammten, die über juristische Traktate in die Gerichtspraxis transportiert worden waren (Voltmer 2010c: 124–130).

Die Stimme der angeklagten Person, welche angeblich im Geständnis so deutlich hörbar wird, setzte sich mithin aus den vielen verschiedenen Stimmen des Gerichts zusammen, unter denen diejenige des protokollierenden Schreibers den Ton angab. Der Annahme einer unbeeinflussten, auktorialen „Stimme“ steht die Feststellung entgegen, dass „die planmäßige Ignorierung der Person und ihrer Sicht der Dinge ... eigentlich den schrecklichen Standard dieser frühneuzeitlichen Dokumente“ ausmacht (Macha 2017: 167). Die Entschlüsselung individueller authentischer Elemente im Gewirr der Hexereivorwürfe, -zuschreibungen und -geständnisse verlangt daher einen hohen Grad methodischer Reflexion.

4 Die *directores der proceduren* – Schreiber und Notare

Bislang gibt es keine Studie, welche die frühneuzeitliche europäische Praxis des Protokollierens und Schreibens in Strafprozessen vergleichend untersucht. Die bedeutende Rolle der Schreiber (oder Notare) wird weder in der anglo-amerikanischen noch in der skandinavischen oder deutschen Hexenforschung völlig negiert, wenngleich – gemäß der unterschiedlichen Rechtsnormen und Praktiken an lokalen und übergeordneten Gerichten – unterschiedlich gewichtet. Weiterhin müssen Schreiber und Notare jedoch als die eigentlichen Architekten des Protokolls gesehen werden, selbst wenn sie gewissen Vorgaben unterworfen blieben und der genaue Umfang ihres Einflusses selten genau bemessen werden kann. Drei Umstände müssen in diesem Kontext hervorgehoben werden:

29 Die mündliche Weitergabe dämonologischen und verfolgungsrelevanten Wissens außerhalb des Gerichtssaals darf nicht unterschätzt werden. „Rumor and gossip“ spielten eine entscheidende Rolle bei der Prägung des Hexereidiskurses (Eidinow & Gordon 2019b: 310–312). Selbst in dünner besiedelten Gebieten konnten sich so spezifische Narrative rasch verbreiten (vgl. Willumsen 2015; Voltmer 2017a).

Erstens hielten Schreiber und Notare das wichtigste Instrument der Gerichte, der Justiz und mithin der Obrigkeit in Händen: den Wissensspeicher und das Machtmittel Schrift. Die in Faszikeln oder Gerichtsbüchern archivierten, häufig von den Schreibern bzw. Notaren aufbewahrten Protokolle dienten als Gedächtnis der Behörden bzw. der Hochgerichte (Voltmer 2018: 54). Einmal niedergeschrieben, ließen sich Verdächtigungen, Denunziationen und Besagungen beliebig häufig gebrauchen. Protokolle und Denunziationslisten dienten konkret als Druckmittel in den Verfahren, wo die oft des Schreibens unkundigen Angeklagten allein durch das bloße Erscheinen des Notars vor Ort, erst recht aber durch das Zeigen von Bündeln beschriebener Seiten oder von gedruckten Büchern während des Verhörs verunsichert und zu Aussagen gebracht werden sollten (Voltmer 2018: 62, 127, 2008b: 264). Exemplarisch zeigt sich die Macht des Geschriebenen in einer aus der Reichsabtei St. Maximin bekannt gewordenen Folterszene, die sich nicht in einem Protokoll des lokalen Gerichts, sondern in einem Reichskammergerichtsprozess überliefert hat: Danach griff der Notar Peter Omsdorf nicht nur selbst zum Folterwerkzeug, sondern er schlug der in der Tortur hängenden, noch jungen, ungeständigen Angeklagten ein schweres Buch um den Kopf. Seine Aggression mag sich aus ihrem dreifachen Widerstand erklärt haben, der sich gegen die Autorität seines Alters, seines Geschlechts und seines Amtes richtete (Voltmer 2017b: 108f., 111). Protokolle und Gerichtsbücher wurden mithin zu Instrumenten der Verfolgung.

Zweitens konnten Fürsten, Hochgerichtsherren und städtische Magistrate mit den archivierten Strafprozessen ihren Herrschaftsanspruch dokumentieren. Protokolle waren daher Teil einer spezifischen Hexenpolitik (Voltmer 2018: 37–41).[30]

Drittens konservierten Protokolle jene spezifische Wahrheit, die im Verfahren gefunden worden war (Schwerhoff 2011: 68–70). Mit jenen Erzählforschern, die mit aktuellem Gerichtsmaterial arbeiten, kann deshalb behauptet werden, dass vor Gericht ein regelrechter Kampf zwischen konkurrierenden *stories* stattfand – hier das Sprechen der Hexe, dort die typisierend-stabilisierende Verschriftlichung des Schreibers. Sieger in dieser ungleichen Konfrontation blieb im Fall einer Verurteilung immer das obrigkeitlich geforderte und nur in diesem Sinne richtige Narrativ, nämlich die Urgicht, welche alle Elemente eines Hexerei-

---

30 Das schriftliche Konservieren des gesprochenen Wortes blieb ebenfalls in anderen, vor Gericht ausgetragenen Konflikten geprägt von den Eingriffen der Schreiber, die es – wie Matthias Bähr an Eingaben vor dem Reichskammergericht zeigen konnte – nicht dem Zufall überließen, was vom eigentlichen Sprechen aufgeschrieben und was weggelassen wurde: „It was governed by considerations that were at once judicial and political." (Bähr 2015: 138).

geständnisses, durchaus markiert mit individuell wirkenden Erzählelementen, enthalten musste.

Die internationalen Forschungen zur Genese von Gerichtsprotokollen im Allgemeinen wie zu Ketzer- und Hexenprozessen im Besonderen zeigen klar: Es blieb Sache der Schreiber bzw. Notare, schrittweise die während der laufenden Verhandlung gemachten Notizen und Mitschriften bis zur Rein-, Nach- oder Abschrift zu klarifizieren, zu straffen und – im Sinne der juristisch erforderlichen Verdichtung von Zeit, Ort und Inhalt – stimmig zu machen. Sie strukturierten die Protokolle gemäß der „Klageartikel". Das Sprechen der Zeugen und Angeklagten wurde dem institutionellen Rahmen sowie seinen Erfordernissen unterworfen. Der Zwang, das Geständnis zu erlangen, bestimmte Verfahren und Verschriftlichung. Diese Prämissen galten für sämtliche Strafverfahren. Dominiert blieb die Struktur der Protokolle daher vom Geständnis der Angeklagten, das – unabhängig von seinen Details – für den Fortgang des Verfahrens benötigt wurde. Als unwichtig eingestuftes Sprechen ebenso wie Zwischenfragen, Drohungen und Bemerkungen des Gerichtspersonals oder Unterbrechungen der Verhöre wurden verschwiegen. Grundsätzlich diffus blieben Angaben zur Folter. Die Aktionen der Verhörenden, Leit-, Zwischen- und Nachfragen traten in den Hintergrund, sodass das schriftlich fixierte Endprodukt den Eindruck entstehen ließ, auf eine der Hauptfragen des Gerichts hätten die Angeklagten mit einer langen elaborierten Narration geantwortet. Dieses „language game" (Bähr 2015: 130) hat auch für jene protokollierten Verhöre zu gelten, die jenseits von Strafprozessen und Hexenverfolgungen entstanden sind.[31]

Standardisierungen und das Einfügen von formelhaften Antworten waren nötig, weil der Schreiber den Dialekt der Angeklagten in eine gerichtsrelevante Hochsprache, gelegentlich auch in Latein wandelte, ja deutete. Dieser Vorgang kann gewiss im Sinne von Peter Burke als „cultural translation" bezeichnet werden. Geständnisverweigerungen wurden als Leugnen, Nicht-Gestehen-Wollen als hartnäckiges Schweigen und somit als Abstreiten feststehender Tatsachen diffamiert (Stegmann 2006: 88–91). Gebärden sowie direkte Rede wurden nur angeführt, wenn sie die Schuldvermutung stützten.

Ähnliches gilt für die Verwendung dialektaler Ausdrücke. Gern vermuten Vertreter der Soziolinguistik darin Restbestände von Mündlichkeit und glauben sich besonders nahe am originalen Kommunikationsgeschehen. Doch Vorsicht

---

31 „This led to the paradoxical situation that the deposition, as it was recorded, often contained more than one question and more than one answer, but was written down as if there had just been one question and one answer. For source criticism, deciphering this language game is probably one of the most difficult task." (Bähr 2015: 130).

bleibt geboten: Erne Hagenthurn hat gezeigt, dass hochprofessionalisierte Schreiber Begriffe im Dialekt übernahmen, wenn sie unter anderem den Sinn- und Bedeutungszusammenhängen „Zauberei", „Krankheit" und „Konflikte" entstammten oder als Flüche die Halsstarrigkeit der Angeklagten kennzeichneten, mithin eine gerichtsrelevante Bedeutung besaßen (2005: 59–61, 125–140). Dialektale Ausdrücke wurden wie die direkte Rede vom Schreiber eingesetzt, da sie für die Verstrickung der Angeklagten in das Delikt besonders hervorzuheben waren. Dialektale Bruchstücke mögen ein Beweis für die besondere Sorgfalt sein, mit welcher Schreiber bei der Niederschrift dem Sprach- und Erzählduktus der Angeklagten folgten und damit Mündlichkeit konservierten. Sie müssen jedoch gleichfalls als ein Indiz für den Konstruktcharakter der Akte gedeutet werden, denn mit eingestreuten Resten dialektaler Mündlichkeit inszenierten Schreiber Authentizität (Bähr 2015: 131–132).

Festzuhalten bleibt: Je klarer das Schriftbild, je übersichtlicher und kompakter die Gliederung, je narrativ verdichteter die Verhör- und Geständnispassagen, gehalten in indirekter Rede, desto intensiver hatte die formalisierende Feder des Schreibers eingegriffen. Eine schwungvoll niedergeschriebene, monologische Aussage ohne oder mit nur wenigen Zwischenfragen, die eine fließend formulierte Erzählung enthält, ist mithin das Konstrukt des Schreibers und sicher nicht das Ergebnis besonderer narrativer Versiertheit der verhörten Person.

Verordnungen verpflichteten die Schreiber immer wieder zu Sorgfalt und Detailgenauigkeit – dies jedoch stets im Sinne einer „Wahrheit", die der Logik des Gerichts zu folgen hatte (Eidinow & Gordon 2019b: 312–313; Härter 2018: 62, 63, 113, 114 u. ö.). In der Bearbeitung, Auswahl, Zuspitzung und Umformulierung der einzelnen Narrationen zu juristisch beweiskräftigen Texten, im Eingriff der Notare in den „continuous flow of talk" (Bähr 2015: 138), ist daher grundsätzlich keine „betrügerische" Fälschung zu sehen, wenngleich hinreichende Fälle falsifizierender Manipulationen bekannt sind (vgl. zum Beispiel Gehm 2000: 252–257; Zagolla 2007: 77, 361–366). Nicht zuletzt konnten Notare und Schreiber neben Rechtskonsulenten, Wirten und Scharfrichtern den größten finanziellen und sozialen Profit aus den Hexenprozessen ziehen. Eine Verordnung des Provinzialrates im spanisch-habsburgischen Luxemburg vom 25. Februar 1623 zur Regelung der gesamten Strafgerichtsbarkeit bezeichnete die Notare zutreffend als die *directores der proceduren* (Archives Nationales Luxembourg, „Fonds van Werveke-Sorcellerie", Nr. 1022–1037). Ihr Herrschaftswissen und ihr Einfluss auf die Verfahren waren bekannt. Umso mehr musste diese Berufsgruppe angehalten werden, im Sinne der Gerichtsordnung sorgfältig zu protokollieren. Die stetige Wiederholung und Anmahnung dieser Maximen, die im Heiligen Römischen Reich deutscher Nation unter anderem die *Carolina* einschärfte, konnten jedoch nicht verhindern, dass es tatsächlich zu Fälschungen und Manipulationen kam. In der Reichsabtei St. Maximin, in der Stadt Trier und in den umliegenden Ämtern sorgte maßgeblich Dr. Peter Omsdorf, Notar und Gerichtsschreiber, für eine Ausweitung der Verfolgungen im Sinne des *crimen exceptum*. Nach ruchbar gewordenen Skandalen um eigenhändige Folterungen, Manipulationen und Bestechungen wurde der Jurist aus dem lokalen Prozessgeschehen entfernt, was zu einem (vorläufigen) Ende der Hexenjagden beitrug (Voltmer 2008a: 237–238). In Koblenz richtete man einen Schreiber hin, weil er offenkundig Protokolle manipuliert hatte (Rummel 1991: 255). Der luxemburgische Provinzialrat war der Meinung, dass der sprichwörtlich *böse eyfer* der Schreiber zu skandalösen Rechtsbrüchen bei Hexenprozessen an den lokalen Gerichten geführt hatte. Unter anderem hatten die Notare sich an der Bildung von Klagekonsortien (so genannten Monopolen oder Hexenausschüssen) und an der Hexenjagd beteiligt. Überall dort, wo sich solche Bürgerwehren auf der Suche nach vermeintlichen Hexen bildeten, arbeiteten sie zusammen mit Notaren und Schreibern, den Hütern der Akten. Der Luxemburger Provinzialrat versuchte deshalb, die *directores der proceduren* zu kontrollieren und sie unter Androhung harter Strafen zur Einhaltung der Prozessvorgaben zu zwingen. Gleichzeitig wurde geboten, dass Hochgerichte nur mehr vereidigte Notare aus dem Personal des Provinzialrates zur Protokollführung heranziehen durften (Voltmer 2004: 89–90).

Vergleichbar skandalöse Verhältnisse vor Gericht herrschten in der Eifel und in Kurköln (Voltmer 2018: 62–63): Zum Beispiel stoppte der Bonner Hofrat 1615 die Verfolgungen im Amt Nürburg, wo der zuständige Gerichtsschreiber Dietrich Bewer die Akten manipuliert hatte. Der Rheinbacher Schöffe Hermann Löher berichtete über die Machenschaften des Schreibers Augustin Strom während der Hexenprozesse in Flerzheim (1630/1631). Mancher Notar machte übrigens nach seiner Tätigkeit als Gerichtsschreiber bei Hexenprozessen Karriere und führte die Verfolgungen als Amtmann fort.

5 Ein Schlussplädoyer

Bei aller Faszination für die „Schlüssellöcher" zu den fernen Wirklichkeiten der Vergangenheit darf nicht vergessen werden, dass Angeklagte die Objekte kontrollierender und disziplinierender obrigkeitlicher Maßnahmen blieben. Sie wurden von den Schreibern in einer hierarchisch-patriarchalischen Perspektive wahrgenommen, die kontaminiert bleiben musste mit den aus Kosmologie, Dämonologie und Jurisprudenz bekannten Vorurteilen, Typisierungen und Stereotypen. Diese Kontaminierung vollzog sich durch Deutung und Zuschreibung. Die

Befragten selbst konnten Stereotypen und Narrative bewusst oder unbewusst im Kampf mit dem Gericht als Überlebens- und Verteidigungsstrategien einsetzen (Rowlands 2019).

Angesichts der verschiedenen miteinander verflochtenen, konkurrierenden bzw. aufeinander bezogenen Narrative, die beeinflusst blieben von den Akteuren des obrigkeitlichen Gerichtssystems als auch von der jeweils zugebilligten *agency* der Angeklagten, machen Spekulationen darüber „was wirklich geschah" nur bedingt einen Sinn. Esther Eidinow und Richard Gordon bringen es auf den Punkt: „The complexity of these relationships makes it clear that the cultural historian's aim can never be to establish the "truth" behind any witchcraft incident" (2019b: 312). Auch deshalb ist die Forschung inzwischen davon abgerückt, Verhörprotokolle als „Selbstzeugnisse", „Ego-Dokumente" oder „auto-narratives" (Eidinow & Gordon 2019b: 309) zu bewerten.[32]

Eine Geschichte von Magie, Zauberei und Hexenverfolgungen, die sich allzu überzeugt auf die Aussagen von Gerichtsakten stützt, läuft schnell Gefahr, zu einer reinen „Geschichte aus der Perspektive der Sieger" zu verkommen (Carlo Ginzburg). So müssten verstärkt die narrativen Strategien der ungeständig gebliebenen Angeklagten entschlüsselt werden, die versuchten (auch mit Hilfe übergeordneter Gerichte) dem Hexenprozess zu entkommen (Rowlands 2019; Doty 2018; Voltmer & Kobayashi 2011). Gleichwohl blieben sowohl die „narratives of non-confession" als auch jene des Geständnisses Produkte eines obrigkeitlich geleiteten Verhör- und Schreibprozesses, stabilisiert in einer Akte. Es gilt daher stets hinter die vordergründig präsentierte gerichtliche Wahrheit zu blicken und mit Hilfe komplementärer Quellen weitere Informationen zu finden. So bieten Akten übergeordneter Gerichtsbehörden, Supplikationen von Angeklagten und ihren Familien sowie Kassiber ein Korrektiv zur „Siegerperspektive" der Hexenprozessakten; sie gebrauchten ähnliche Argumentationen wie Skeptiker und Gegner der Hexenverfolgungen. Doch auch in dieser Quellengattung wurde mit Topoi, Stereotypen und Narrativen gearbeitet (Doty 2018; Voltmer & Kobayashi 2011). Trotzdem können sich mithilfe dieser anderen Perspektiven auf Magieglauben und Hexenprozesse jenseits der Verfolgerseite durchaus neue „Wahrheiten" ergeben, die mit der gerichtlich definierten „Wahrheit" der Hexenprozessakten in Konkurrenz treten. Eingebettet in den größeren Kontext der Kultur- und Kommunikationsgeschichte gilt es daher, den sprachwissenschaftlichen und histori-

32 „Strategisch motivierte Kommunikationen von Verhörenden und Verhörten sowie die Transformation in die juristische Logik des Verhörs und der Protokollierung lassen es daher methodisch als problematisch erscheinen, Verhörprotokolle bzw. Aussagen als authentische ‚Ego-Dokumente' oder ‚Selbstzeugnisse' zu lesen" (Härter 2018: 115).

schen Dialog zu vertiefen über die unterschiedlichen oder ähnlichen Entstehungsprozesse von Gerichtsakten und über den potentiellen Einfluss der Schreiber. Nur in europäisch-vergleichender Perspektive können die Interaktion zwischen Mündlichkeit und Schriftlichkeit, das Agieren und Reagieren der verschiedenen Parteien vor Gericht sowie deren spezifische *agency* erkundet werden.

Am Ende der quellenkritischen Überlegungen muss unbedingt eine ‚Ehrenrettung' der Gerichtsakten stehen. Ohne deren Analyse im Allgemeinen und von „Hexenprozessakten" im Besonderen könnte weder die Historische Kriminalitätsforschung noch die Hexenforschung existieren. Kultur- und Sprachwissenschaften, Rechts-, Sozial-, Mentalitäts- und Alltagsgeschichte, Erzählforschung als auch die *Gender Studies* stützen sich auf diese eminent wichtigen Quellen. Abschließend gilt es deshalb, all jene zu beruhigen, die angesichts der voranstehenden Ausführungen fürchten, ihre wertvollen Akten würden durch angemessene methodische Kritik beschädigt bzw. als Texte in ihrem Aussagepotential gemindert oder gar die darin enthaltenen „Stimmen der Frauen" erstickt. Zwar haben die Versuche, Akten und Protokolle der „obrigkeitlichen und juridischen Sphäre [...] gegen den Strich zu lesen" (Härter 2018: 53), noch keine „theoretisch abgesicherte Methode" (Härter 2018: 63) hervorgebracht, es wird jedoch dafür plädiert, mit hoher Sensibilität und sicherem Instinkt „zwischen den Zeilen" zu lesen (Härter 2018: 64; Kahlas-Tarkka & Rissanen 2011; Briggs 2007: 93; Irsigler 2003). Allein ein reflektierter und distanzierter, interdisziplinäre Methoden nutzender Umgang mit dem Aktenmaterial kann die darin enthaltenen Wahrnehmungen herausoperieren, Narrative und Strategien erkennen, Authentisches von Suggestivem trennen, und – fast nebenbei – Akteure benennen. Auf diese Weise wird man dem unbestrittenen Informationswert dieser oft dichte Erzählungen enthaltenden Gattung gerecht, bleibt sie doch nicht selten die einzige, die uns durch ein „Schlüsselloch" auf die von Mündlichkeit (*orality*) geprägte Lebenswelt und die *agency* jener Milieus blicken lässt, die eigenhändig wenig bis nichts zu Papier gebracht haben, die hingegen Objekte der Schriftlichkeit und in diesem Sinne „stumm" geblieben sind.

Literatur

Archer, Dawn (2002): Can Innocent People be Guilty? A Sociopragmatic Analysis of Examination Transcripts from the Salem Witchcraft Trials. *Journal of Historical Pragmatics* 3 (1), 1–29.

Bähr, Matthias (2015): The Power of the Spoken Word. Depositions of the Imperial Chamber Court: Power, Resistance, and 'Orality'. In Thomas V. Cohen & Lesley K. Twomey (Hrsg.),

Spoken Word and Social Practice. Orality in Europe (1400–1700), 113–138. Leiden & Boston: Brill.

Basseler, Michael (2013): Close Reading. In Ute Frietsch & Jörg Rogge (Hrsg.), *Über die Praxis des kulturwissenschaftlichen Arbeitens. Ein Handwörterbuch*, 84–89. Bielefeld: transcript.

Baumgart, Winfried (Hrsg.) (2018): *Quellenkunde zur deutschen Geschichte der Neuzeit von 1500 bis zur Gegenwart*. 3. überarb. Aufl. Paderborn: Ferdinand Schöningh.

Behringer, Wolfgang (2004): Geschichte der Hexenforschung. In Sönke Lorenz & Jürgen Michael Schmidt (Hrsg.), *Wider alle Hexerei und Teufelswerk. Die europäische Hexenverfolgung und ihre Auswirkungen auf Südwestdeutschland*, 485–668. Ostfildern: thorbeke.

Beyer, Christel (1986): *„Hexen-Leut, so zu Würzburg gerichtet". Der Umgang mit Sprache und Wirklichkeit in Inquisitionsprozessen wegen Hexerei*. Frankfurt am Main: Peter Lang.

Biesel, Elisabeth (1997): *Hexenjustiz, Volksmagie und soziale Konflikte im lothringischen Raum*. Trier: Paulinus.

Briggs, Robin (2007): *The Witches of Lorraine*. Oxford: Oxford University Press.

Brooks, Peter (2005): Narrative in and of the Law. In James Phelan & Peter Rabinowitz (Hrsg.), *A Companion to Narrative Theory*, 415–426. Oxford: Blackwell.

Burke, Peter (2009): Translating Knowledge, Translating Cultures. In Michael North (Hrsg.), *Kultureller Austausch in der Frühen Neuzeit. Bilanz und Perspektiven der Frühneuzeitforschung*, 69–77. Köln: Böhlau.

Busse, Dietrich (2000): Textsorten des Bereichs Rechtswesen und Justiz. In Klaus Brinker, Gerd Antos, Wolfgang Heinemann & Sven F. Sager (Hrsg.): *Text- und Gesprächslinguistik. Ein internationales Handbuch zeitgenössischer Forschung*, 658–675. Berlin & New York: De Gruyter.

Cohen, Thomas V. (2015): Tracking Conversation in the Italian Courts. In Thomas V. Cohen & Lesley K. Twomey (Hrsg.), *Spoken Word and Social Practice. Orality in Europe (1400–1700)*, 139–181. Leiden & Boston: Brill.

Cohen, Thomas V. & Lesley K. Twomey (2015): Introduction. In Thomas V. Cohen & Lesley K. Twomey (Hrsg.), *Spoken Word and Social Practice. Orality in Europe (1400–1700)*, 1–44. Leiden & Boston: Brill.

Doty, Kathleen L. (2007): Telling Tales. The Role of Scribes in Constructing the Discourse of the Salem Witchcraft Trials. *Journal of Historical Pragmatics* 8 (1), 25–41.

Doty, Kathleen L. (2018): Pleading for Life: Narrative Patterns within Legal Petitions (Salem, 1692). In Dennis Kurzon & Barbara Kryk-Kastovsky (Hrsg.), *Legal Pragmatics*, 21–40. Amsterdam & Philadelphia: John Benjamins Publishing Company.

Dotzauer, Winfried (1996): *Quellenkunde zur deutschen Geschichte im Spätmittelalter (1350–1500)*. Darmstadt: Wissenschaftliche Buchgesellschaft.

Edwardsen, Katjana (2010): Translator's Preface. In Liv Helene Willumsen (Bearb.), *The Witchcraft Trials in Finnmark Nothern Norway*. Translated by Katjana Edwardsen, 8–10. Bergen: Skald.

Eidinow, Esther & Richard Gordon (2019a): Narrating Witchcraft: Agency, Discourse, and Power. *Magic, Ritual, and Witchcraft* 14 (1), 1–6.

Eidinow, Esther & Richard Gordon (2019b): Introduction to this Issue. Early Modern to Present Day. *Magic, Ritual, and Witchcraft* 14 (3), 307–316.

Eilola, Jari (2012): Negotiated Truth. The Discursive Interplay between the Town Courts and the Townsfolk in the Early Modern Age. *Frühneuzeit Info* 5, 119–127.

Fludernik, Monika (2014): A Narratology of the Law? Narratives in Legal Discourse. *Critical Analysis of Law and the New Interdisciplinarity* 1 (1), 89–109.

Gehm, Britta (2000): *Die Hexenverfolgung im Hochstift Bamberg und das Eingreifen des Reichshofrates zu ihrer Beendigung*. Hildesheim: Georg Olms.

Gleixner, Ulrike (1994): *„Das Mensch" und „der Kerl". Die Konstruktion von Geschlecht in Unzuchtsverfahren der Frühen Neuzeit (1700–1760)*. Frankfurt am Main: Campus.

Gleixner, Ulrike (1995): Geschlechterdifferenzen und die Faktizität des Fiktionalen. Zur Dekonstruktion frühneuzeitlicher Verhörprotokolle. *WerkstattGeschichte* 11, 65–70.

Goodare, Julian, Rita Voltmer & Liv Helene Willumsen (Hrsg.) (i.Dr.): *Demonology and Witch-Hunting in Early Modern Europe*. London: Routledge.

Graf, Klaus (1999): Das leckt die Kuh nicht ab. „Zufällige Gedanken" zu Schriftlichkeit und Erinnerungskultur der Strafgerichtsbarkeit. In Andreas Blauert & Gerd Schwerhoff (Hrsg.), *Kriminalitätsgeschichte. Beiträge zur Sozial- und Kulturgeschichte der Vormoderne*, 245–288. Konstanz: UVK.

Graf, Klaus (2001): Erzählmotive in frühneuzeitlichen Kriminalquellen. In Jürgen Beyer & Reet Hiiemäe (Hrsg.), *Folklore als Tatsachenbericht*, 21–36. Tartu: Sektion für Folkloristik des Estnischen Literaturmuseums.

Peter Grund (2007): From Tongue to Text: The Transmission of the Salem Witchcraft Examination. *American Speech* 82, 119–250.

Härter, Karl (2018): *Strafrechts- und Kriminalitätsgeschichte der Frühen Neuzeit*. Berlin & Boston: De Gruyter.

Hagenthurn, Endre (2005): *... aufs fleißigste zur Papier zu bringen. Zur Sprache von Hexerei-Prozessakten aus dem frühneuzeitlichen Schäßburg/Siebenbürgen*. Münster: Diss. masch. https://miami.uni-muenster.de/Record/c59b744d-91b3-4d59-b9b1-533173a9e172 (15.12.2019).

Heuser, Peter Arnold Heuser (2015): Die kurkölnische Hexenprozessordnung von 1607 und die Kostenordnung von 1628. Studien zur kurkölnischen Hexenordnung, Teil II (Verbreitung und Rezeption). *Westfälische Zeitschrift* 165, 181–256.

Hiltunen, Risto & Matti Peikola (2007): Trial Discourse and Manuscript Context. Scribal Profiles in the Salem Witchcraft Records. *Journal of Historical Pragmatics* 8 (1), 43–68.

Hochedlinger, Michael (2009): *Aktenkunde. Urkunden- und Aktenlehre der Neuzeit*. Köln u.a.: Oldenbourg.

Irsigler, Franz (2003): Information oder Fiktion. Vom Lesen zwischen den Zeilen. In Rita Voltmer & Günter Gehl (Hrsg.), *Alltagsleben und Magie in Hexenprozessen*, 9–19. Weimar: Dadder.

Kahlas-Tarkka, Leena & Matti Rissanen (2007): The Sullen and the Talkative. Discourse Strategies in the Salem Examinations. *Journal of Historical Pragmatics* 8 (1), 1–24.

Kahlas-Tarkka, Leena & Matti Rissanen (2011): Attitudes of the Accused in the Salem Witchcraft Trials. In Päivi Pahta & Andreas H. Jucker (Hrsg.), *Communicating Early English Manuscripts*, 241–258. Cambridge: Cambridge University Press.

Kryk-Kastovsky, Barbara (2006): Historical Courtroom Discourse: Introduction. *Journal of Historical Pragmatics* 7 (2), 163–179.

Leitner, Werner (2008): Das Protokoll. Eine wechselvolle Geschichte. In Regina Michalke, Wolfgang Köberer, Jürgen Pauly & Stefan Kirsch (Hrsg.), *Festschrift für Rainer Hamm zum 65. Geburtstag am 24. Februar 2008*, 405–417. Berlin & Boston: De Gruyter.

Liliequist, Jonas (2012): The Use of Court Records and Petitions as Historical Sources. Introduction. *Frühneuzeit-Info* 5, 5–7.

Macha, Jürgen (2003): Ein erfundenes Hexenverhör: Zu Caput V. der Instruction des Heinrich Schultheiß (1634). In Katrin Moeller & Burghart Schmidt (Hrsg.), *Realität und Mythos. Hexenverfolgung und Rezeptionsgeschichte*, 24–32. Hamburg: DOBU.

Macha, Jürgen (2005): Redewiedergabe in Verhörprotokollen und der Hintergrund gesprochener Sprache. In Sabine Krämer & Norbert Richard Wolf (Hrsg.): *Bayerische Dialektologie. Akten der Internationalen Dialektologischen Konferenz 26.–28. Februar 2002*, 171–178. Heidelberg: Winter.

Macha, Jürgen (2017): Die Standardisierung des Aberwitzigen in Hexenverhörprotokollen. In Heinz Sieburg, Rita Voltmer & Britta Weimann (Hrsg.), *Hexenwissen. Zum Transfer von Magie- und Zauberei-Imaginationen in interdisziplinärer Perspektive*, 157–167. Trier: Paulinus.

Macha, Jürgen, Elvira Topalovic, Iris Hille, Uta Nolting & Anja Wilke (Hrsg.) (2005): *Deutsche Kanzleisprache in Hexenverhörprotokollen der Frühen Neuzeit*, 2 Bde. Berlin & Boston: De Gruyter.

Makhno, Peter Mikhail (2014): *Crown Whims and Farmer's Endurance. Militarization, Over-Taxation and Farmer's Resistance in Denmark-Norway, 1500–1800*. Bloomington: Booktango.

Modestin, Georg (2017): Der Notar als Erinnerungsträger und Erfüllungsgehilfe der Inquisition. Das Beispiel der Westschweiz (Mitte des 15. bis Anfang des 16. Jahrhunderts). In Heinz Sieburg, Rita Voltmer & Britta Weimann (Hrsg.), *Hexenwissen. Zum Transfer von Magie- und Zauberei-Imaginationen in interdisziplinärer Perspektive*, 85–95. Trier: Paulinus.

Niehaus, Michael (2003): *Das Verhör. Geschichte – Theorie – Fiktion*. München: Wilhelm Fink.

Nolting, Ute (2002): „Ich habe nein toueren gelernet." Mindener Hexenverhörprotokolle von 1614. Zum Verhältnis von Mündlichkeit und Schriftlichkeit in Verhörprotokollen. *Niederdeutsches Wort. Beiträge zur niederdeutschen Philologie* 42, 55–116.

Nolting, Ute (2003): Nah an der Realität – Sprache und Kommunikation in Mindener Hexenverhörprotokollen von 1614/1615. In Katrin Moeller & Burghart Schmidt (Hrsg.), *Realität und Mythos. Hexenverfolgung und Rezeptionsgeschichte*, 33–55. Hamburg: DOBU.

Östling, Per-Anders (2012): Witchcraft Trials in 17th-century Sweden and the Great Northern Swedish Witch Craze of 1688–1678. *Studia Neo-Philologica* 84, Sup. 1 (*"Confess if you be guilty": Witchcraft Records in Their Linguistic and Socio-Cultural Context*), 97–105.

Olson, Greta (2014): Narration and Narrative in Legal Discourse. In Peter Hühn, Jan Christoph Meister, John Pier & Wolf Schmid (Hrsg.), *the living handbook of narratology, Hamburg University*. http://www.lhn.uni-hamburg.de/article/narration-and-narrative-legal-discourse (31.01.2019).

Pegg, Mark (2012): Historians and Inquisitors: Testimonies from the Early Inquisitions into Heretical Depravity. In Joel T. Rosenthal (Hrsg.), *Understanding Medieval Primary Sources: Using Historical Sources to Discover Medieval Europe*, 89–113. London: Routledge.

Pellicer, Susana Gala (2015): St Helena and Love Magic: From the Spanish Inquisition to the Internet. In Thomas V. Cohen & Lesley K. Twomey (Hrsg.), *Spoken Word and Social Practice. Orality in Europe (1400–1700)*, 84–111. Leiden & Boston: Brill.

Pihlajamäki, Heikki (2007): The Painful Question: The Fate of Judicial Torture in Early Modern Sweden. *Law and History Review* 2007 (3), 557–592.

Robisheaux, Thomas (2004): The Queen of Evidence: The Witchcraft Confession in the Age of Confessionalism. In John M. Hendley Hans J. Hillerbrand & Anthony J. Papalas (Hrsg.), *Confessionalization in Europe, 1555–1700. Essays in Honor and Memory of Bodo Nischan*, 175–205. Aldershot: Ashgate

Rosenthal, Bernard (Hrsg.) (2009): *Records of the Salem Witch-Hunt*. Cambridge: Cambridge University Press.

Rospocher, Massimo (2018): Rezension zu Thomas V. Cohen and Leyley K. Twomey, eds., Spoken Word and Social Practice [...]. *Speculum*, 93 (3), 817–819.

Rowlands, Alison (2003): *Witchcraft Narratives in Germany. Rothenburg, 1561–1652*. Manchester: Manchester University Press.

Rowlands, Alison (2019): Identity, Memory, Self-fashioning: Narratives of Non-confession in the Witch Trial of Margaretha Horn, 1652. *Magic, Ritual, and Witchcraft* 14 (3), 336–370.

Rügge, Nicolas (2017a): Hexenprozessakten. In Stefan Pätzold & Winfried Reinighaus (Hrsg.), *Quellenkunde zur westfälischen Geschichte vor 1800. Band 6*, 30–38. Online-Ausgabe. Stand: Februar 2017. https://www.lwl.org/hiko-download/HiKo-Materialien_006_(2017-02).pdf (18.12.2019).

Rügge, Nicolas (2017b): Lokale Gerichtsprotokolle. In Stefan Pätzold & Winfried Reinighaus (Hrsg.), *Quellenkunde zur westfälischen Geschichte vor 1800. Band 6*, 76–84. Online-Ausgabe. Stand: Februar 2017. https://www.lwl.org/hiko-download/HiKo-Materialien_006_(2017-02).pdf (19.12.2019).

Rummel, Walter (1991): *Bauern, Herren und Hexen. Studien zur Sozialgeschichte sponheimischer und kurtrierischer Hexenprozesse 1574–1664*. Göttingen: Vandenhoeck & Ruprecht.

Rummel, Walter & Rita Voltmer (2012): *Hexen und Hexenverfolgung in der Frühen Neuzeit*, 2. bibl. erw. Aufl. Darmstadt: Wissenschaftliche Buchgesellschaft.

Sauter, Marianne (2010): *Hexenprozess und Folter. Die strafrechtliche Spruchpraxis der Juristenfakultät Tübingen im 17. und beginnenden 18. Jahrhundert*. Bielefeld: Verlag für Regionalgeschichte.

Scarry, Elaine (1992): *Der Körper im Schmerz. Die Chiffren der Verletzlichkeit und die Erfindung der Kultur*. Frankfurt am Main: S. Fischer.

Scharff, Thomas (2008): Erfassen und Erschrecken. Funktionen des Prozessschriftguts der kirchlichen Inquisition in Italien im 13. und frühen 14. Jahrhundert. In Susanne Lepsius & Thomas Wetzstein (Hrsg.), *Als die Welt in die Akten kam. Prozeßschriftgut im europäischen Mittelalter*, 254–273. Frankfurt am Main: Vittorio Klostermann.

Scheutz, Martin (2004): Gerichtsakten. In Josef Pauser, Martin Scheutz & Thomas Winkelbauer (Hrsg.), *Quellenkunde der Habsburgermonarchie (16.–18. Jahrhundert). Ein exemplarisches Handbuch*, 561–571. Wien & München: De Gruyter.

Schneider, Manfred (1996): Die Beobachtung des Zeugen nach Artikel 71 der „Carolina": der Aufbau eines Codes der Glaubwürdigkeit 1532–1850. In Rüdiger Campe & Manfred Schneider (Hrsg.), *Geschichten der Physiognomik. Text – Bild – Wissen*, 153–182. Freiburg i. Br.: Rombach.

Schneider, Manfred (2007a): Forum internum – forum externum. Institutionstheorien des Geständnisses. In Jo Reichertz & Manfred Schneider (Hrsg.), *Sozialgeschichte des Geständnisses. Zum Wandel der Geständniskultur*, 23–42. Wiesbaden: Verlag für Sozialwissenschaften.

Schneider, Manfred (2007b): Tränen vor Gericht. In Beate Söntgen & Geraldine Spiekermann (Hrsg.), *Tränen*, 57–74. München: Wilhelm Fink.

Schönert, Jörg (Hrsg.) (1991): *Erzählte Kriminalität. Zur Typologie und Funktion von narrativen Darstellungen in Strafrechtspflege, Publizistik und Literatur zwischen 1770 und 1920. Vorträge zu einem interdisziplinären Kolloquium*. Tübingen: De Gruyter.

Schwerhoff, Gerd (1999): *Aktenkundig und gerichtsnotorisch. Einführung in die Historische Kriminalitätsforschung*. Tübingen: Edition Discord.

Schwerhoff, Gerd (2002): Gerichtsakten und andere Quellen zur Kriminalitätsgeschichte. In Michael Maurer (Hrsg.), *Aufriß der Historischen Wissenschaften in sieben Bänden*, Bd. 4: *Quellen*, 267–301. Stuttgart: Reclam.

Schwerhoff, Gerd (2011): *Historische Kriminalitätsforschung*. Frankfurt am Main: Campus.

Silverman, Lisa (2001): *Tortured Subjects. Pain, Truth, and the Body in Early Modern France*. Chicago & London: Chicago University Press.

Stegmann, Knut (2006): *„Die gefangene leugknet alles". Untersuchungen zu Entstehungsbedingungen und Ausprägungen frühneuzeitlicher Hexenverhörprotokolle*. Münster: Magisterarbeit.

Toivo, Raisa Maria (2012): Discerning Voices and Values in the Finnish Witch Trials Records. *Studia Neo-Philologica* 84, Sup. 1 (*Confess if you be guilty: Witchcraft Records in Their Linguistic and Socio-Cultural Context*), 143–155.

Topalovic, Elvira (2017): Schuld und Wahrheit in der sprachlichen Konstruktion von ‚Hexen'. Ein interdisziplinärer Zugang zu Kassibern und Protokollen. In Heinz Sieburg, Rita Voltmer & Britta Weimann (Hrsg.), *Hexenwissen. Zum Transfer von Magie- und Zauberei-Imaginationen in interdisziplinärer Perspektive*, 169–178. Trier: Paulinus.

Utz Tremp, Kathrin (2017): Geburtsort und Geburtsstunde des Sabbats. Die „Errores gazariorum" und ihr häretischer Hintergrund. In Heinz Sieburg, Rita Voltmer & Britta Weimann (Hrsg.), *Hexenwissen. Zum Transfer von Magie- und Zauberei-Imaginationen in interdisziplinärer Perspektive*, 49–59. Trier: Paulinus.

Voltmer, Rita (2002): Gegen die Unzucht. Nachtridentinische Sittenreform, Kriminalisierung und Verfolgung devianter Sexualität im Erzbistum Trier (16. und 17. Jahrhundert). In Heinz-Günther Borck (Hrsg.), *Unrecht und Recht. Kriminalität und Gesellschaft im Wandel, 1500–2000*, 481–511. Koblenz: Landesarchivverwaltung Rheinland-Pfalz.

Voltmer, Rita (2004): *... ce tant exécrable et détestable crime de sortilège*. Der ‚Bürgerkrieg' gegen Hexen und Hexenmeister im Herzogtum Luxemburg (16. und 17. Jahrhundert). *Hémecht. Zeitschrift für Luxemburger Geschichte* 56, 57–92.

Voltmer, Rita (2006a): Hexenjagd im Territorium der Reichsabtei St. Maximin (16.–17. Jahrhundert): Zwei Untertanen-Supplikationen (1595 / um 1630). In Winfried Reichert Gisela Minn & Rita Voltmer (Hrsg.), *Quellen zur Geschichte des Rhein-Maas-Raumes: ein Lehr- und Lernbuch*, 226–271. Trier: Kliomedia.

Voltmer, Rita (2006b): Hexenverfolgungen im Maas-Rhein-Mosel-Raum – Ergebnisse und Perspektiven. In Franz Irsigler (Hrsg.), *Zwischen Maas und Rhein – Beziehungen, Begegnungen und Konflikte in einem europäischen Kernraum von der Spätantike bis zum 19. Jahrhundert. Versuch einer Bilanz*, 153–187. Trier: Kliomedia.

Voltmer, Rita (2007): Netzwerk, Denkkollektiv oder Dschungel? Moderne Hexenforschung zwischen „global history" und Regionalgeschichte, Populärhistorie und Grundlagenforschung. *Zeitschrift für Historische Forschung* 34, 467–508.

Voltmer, Rita (2008a): Konspiration gegen Herrschaft und Staat? Überlegungen zur Rolle gemeindlicher Klagekonsortien in den Hexenverfolgungen des Rhein-Maas-Mosel-Raumes. In Johannes Dillinger & Jürgen-Michael Schmidt (Hrsg.), *Staatsbildung und Hexenprozess*, 213–244. Bielefeld: Verlag für Regionalgeschichte.

Voltmer, Rita (2008b): Von den Kindern des Saturn und dem Kampf mit dem Schicksal – Lebenswege und Überlebensstrategien kleiner Leute im Spiegel von Strafgerichtsakten. In Sebastian Schmidt (Hrsg.), *Arme und ihre Lebensperspektiven in der Frühen Neuzeit*, 237–293. Frankfurt am Main: Peter Lang.

Voltmer, Rita (2009): Mythen, Phantasien und Paradigmen – Zu Deutungen der Hexenverfolgungen. In Historisches Museum der Pfalz (Hrsg.), *Hexen. Mythos und Wirklichkeit*, 189–199. Speyer: Edition Minerva.

Voltmer, Rita (2010a): Die Hexenverfolgungen im Raum des Erzbistums (15.–17. Jahrhundert). In Bernhard Schneider (Hrsg.), *Geschichte des Bistums Trier Bd. 3: Kirchenreform und Konfessionsstaat 1500–1801*, 709–749. Trier: Paulinus.

Voltmer, Rita (2010b): Die politischen Funktionen der frühneuzeitlichen Hexenverfolgungen. Machtdemonstration, Kontrolle und Herrschaftsverdichtung im Rhein-Maas-Raum. In Martine Ostorero, Georg Modestin & Kathrin Utz Tremp (Hrsg.): *Chasses aux sorcières et démonologie. Entre discours et pratiques (XIVe–XVIIe siècles)*, 89–115. Florenz: Sismel.

Voltmer, Rita (2010c): „Hört an neu schrecklich abentheuer / von den unholden ungeheuer“ – Zur multimedialen Vermittlung des Fahndungsbildes „Hexerei“ im Kontext konfessioneller Polemik. In Karl Härter, Gerhard Sälter & Eva Wiebel (Hrsg.), *Repräsentationen von Kriminalität und öffentlicher Sicherheit. Bilder, Vorstellungen und Diskurse vom 16. bis zum 20. Jahrhundert*, 89–163. Frankfurt am Main: Vittorio Klostermann.

Voltmer, Rita (2015): Stimmen der Frauen? Gerichtsakten und Gender Studies am Beispiel der Hexenforschung. In Anne Conrad, Johanna E. Blume & Jennifer J* Moos (Hrsg.), *Frauen Männer Queer. Ansätze und Perspektiven aus der historischen Genderforschung*, 19–66. St. Ingbert: Röhrig Universitätsverlag.

Voltmer, Rita (2017a): Wissen, Medien und die Wahrheit. Überlegungen zu Transferprozessen von ›Hexenwissen‹. In Heinz Sieburg, Rita Voltmer & Britta Weimann (Hrsg.), *Hexenwissen. Zum Transfer von Magie- und Zauberei-Imaginationen in interdisziplinärer Perspektive*, 3–46. Trier: Paulinus.

Voltmer, Rita (2017b): The Witch in the Courtroom: Torture and the Representations of Emotion. In Laura Kounine & Michael Ostling (Hrsg.), *Emotions in the History of Witchcraft*, 97–116. Basingstoke: Palgrave Macmillan.

Voltmer, Rita (2018): Herren und Hexen. Adlige Hexenpolitik in der Nordeifel und in angrenzenden Gebieten. In Rita Voltmer (Hrsg.), *Herren und Hexen in der Nordeifel. Darstellung – Edition – Vergleiche*, 3–152. Weilerswist: Ralf Liebe.

Voltmer, Rita (2019): Debating the Devil's Clergy: Demonology and the Media in Dialogue with Trials (14th to 17th Century). *Religions* 10 (12): 648. https://doi.org/10.3390/rel10120648 (15.12.2019).

Voltmer, Rita (2020): Hexenbrenner und Hexenbischöfe—Zur (De)Konstruktion eines Verfolgungsparadigmas (16.–21. Jahrhundert). In Peter Walter, Wolfgang Weiß & Markus Wriedt (Hrsg.), *Ideal und Praxis. Bischöfe und Bischofsamt im Heiligen Römischen Reich 1570–1629*, 165–251. Münster: Aschendorf.

Voltmer, Rita (i. Dr.): Demonology and the Relevance of the Witches' Confessions. In Julian Goodare, Rita Voltmer & Liv Helene Willumsen (Hrsg.), *Demonology and Witch-Hunting in Early Modern Europe*. London: Routledge.

Voltmer, Rita & Shigeko Kobayashi (2011): Supplikationen und Hexereiverfahren im Westen des Alten Reiches – Stand und Perspektiven der Forschung. *Kurtrierisches Jahrbuch* 51, 247–269.

Voltmer, Rita & Simon Tretter (2018): Edition ausgewählter Hexereiverfahren der Herrschaft Schmidtheim. In Rita Voltmer (Hrsg.), *Herren und Hexen in der Nordeifel. Darstellung – Edition – Vergleiche*, 173–411. Weilerswist: Ralf Liebe.

Willumsen, Liv Helene (Bearb.) (2010): *The Witchcraft Trials in Finnmark Northern Norway*. Translated by Katjana Edwardsen. Bergen: Skald.

Willumsen, Liv Helene (2011): A Narratological Approach to Witchcraft Trial: A Scottish Case. *Journal of Early Modern History* 15, 531–560.

Willumsen, Liv Helene (2013): *Witches of the North. Scotland and Finnmark.* Boston & Leiden: Brill.

Willumsen, Liv Helene (2015): Oral Transfer of Ideas about Witchcraft in Seventeenth-Century Norway. In Thomas V. Cohen & Lesley K. Twomey (Hrsg.), *Spoken Word and Social Practice. Orality in Europe (1400–1700)*, 45–83. Leiden & Boston: Brill.

Zagolla, Robert (2007): *Folter und Hexenprozess. Die strafrechtliche Spruchpraxis der Juristenfakultät Rostock im 17. Jahrhundert.* Biefeld: Verlag für Regionalgeschichte.

Javier Caro Reina & Eric Engel

Worttrennung am Zeilenende in frühneuzeitlichen Hexenverhörprotokollen

Abstract: Dieser Aufsatz befasst sich mit der Worttrennung am Zeilenende in den Hexenverhörprotokollen der Frühen Neuzeit. Obwohl frühere Untersuchungen phonologische, morphologische und graphematische Faktoren in Erwägung ziehen, um die Worttrennung in älteren Sprachstufen des Deutschen zu erklären, fehlen bisher quantitative Studien, die die Interaktion zwischen diesen sprachlichen Faktoren systematisch ermitteln. Dieser Beitrag bietet erstmals eine detaillierte Analyse der Worttrennung am Zeilenende, die den Fokus auf die Konkurrenz zwischen phonologischen, morphologischen und graphematischen Faktoren legt. Es wird sich zeigen, dass die Worttrennung in erster Linie phonologisch motiviert ist, wobei das phonologische Wort die zentrale Bezugsdomäne darstellt. Die Worttrennung erfolgt entweder an Wortgrenzen, wo sich markierte Silbenkontakte ergeben können, oder in wortmedialer Position, wo vorwiegend unmarkierte Silbenkontakte nach dem Silbenkontaktgesetz entstehen. Graphematische Faktoren, die in der Form der Ein-Graphem-Regel für das Neuhochdeutsche postuliert werden, haben hingegen keinen direkten Einfluss auf die Worttrennung.

Keywords: Ein-Graphem-Regel, Graphematik, Morphologie, Onset-Maximierung, Phonologie, Silbenkontakt, Silbenstruktur, Silbifizierung, Worttrennung.

1 Einleitung

Die Worttrennung am Zeilenende wurde vor allem in der historischen Phonologie untersucht, wo man der Frage nachgegangen ist, ob und inwiefern die Worttrennung phonologisch motiviert ist und die Silbifizierung widerspiegelt. Die Silbifizierung ist die Aufteilung einer Lautkette in Silben, die innerhalb eines phonologischen Wortes zu einer unmarkierten Silbenstruktur führt. Die Worttrennung am Zeilenende wurde hauptsächlich in den älteren Stufen der germanischen

Javier Caro Reina, Universität zu Köln, javier.caroreina@uni-koeln.de
Eric Engel, Universität zu Köln, eric.engel@uni-koeln.de

https://doi.org/10.1515/9783110679649-003

Sprachen erforscht: Gotisch (Hermann 1922: 287–293; Vennemann 1987; Frey 1989), Altenglisch (Wetzel 1981; Lutz 1985, 1986; Markus 1988), Altfriesisch (Birkmann 1995), Altnorwegisch (Fix 1995), Althochdeutsch (Vennemann 1987; Frey 1988), Mittelhochdeutsch (Frey 1988) und Frühneuhochdeutsch (Güthert 2005; Hermann 2017; Voeste 2008: 116–123; 2018; Ruge & Voeste 2018). Güthert (2005) stellt für das Frühneuhochdeutsche eine zunehmende Relevanz der morphologisch motivierten Trennung fest, die Nübling (2007: 355) mit der zentralen Rolle des phonologischen Wortes in Verbindung bringt.

Dieser Aufsatz leistet einen theoretischen und empirischen Beitrag zur Erforschung der Worttrennung am Zeilenende in der Frühen Neuzeit und unterscheidet sich von früheren Untersuchungen in zweierlei Hinsicht. Erstens ist die Worttrennung in Handschriften kaum erforscht, da bisherige Untersuchungen zum Frühneuhochdeutschen auf Drucktexten basieren. Die Hexenverhörprotokolle bieten die Möglichkeit, das Trennverhalten in Handschriften zwischen 1570 und 1665 erstmalig zu dokumentieren und anschließend die Worttrennung in gedruckten und handschriftlichen Texten miteinander zu vergleichen. Zweitens wird das Trennverhalten als Variationsphänomen betrachtet. Die traditionelle Unterscheidung zwischen phonologisch, morphologisch und graphematisch motivierter Trennung erweckt den Eindruck, als würden diese Regeln einzeln wirken. Dieses Problem wird in Tabelle 1 am Beispiel der Trennung in den Belegen *Schrei-bern*, *Stattschreib-erin* und *ge-wesen* veranschaulicht. Die Trennung in *Schrei-bern* ist sowohl phonologisch als auch graphematisch motiviert, da gleichzeitig das Silbenkontaktgesetz und die Ein-Graphem-Regel befolgt werden: Der Silbenkontakt ist unmarkiert (V.KV) und die Trennstelle liegt unmittelbar vor dem Konsonantenbuchstaben.[1] Die Trennung in *Stattschreib-erin* ist hingegen ausschließlich morphologisch motiviert, da die Trennstelle an der Morphemgrenze liegt, wobei das Silbenkontaktgesetz und die Ein-Graphem-Regel verletzt werden (VK.V). Bei der Trennung in *ge-wesen* überlappen sich phonologische, morphologische und graphematische Trennprinzipien, da die Trennstelle einen unmarkierten Silbenkontakt ergibt, einer Morphemgrenze entspricht und unmittelbar vor dem Konsonantenbuchstaben liegt. Eine gleichzeitige Betrachtung dieser potenziell unabhängig voneinander wirkenden Trennprinzipien ist daher sinnvoll, um ihre Interaktion beobachten zu können.

1 Punkte markieren Silbengrenzen. V steht für einen Kurzvokal, Langvokal oder Diphthong, während K einen Konsonanten darstellt.

Tab. 1: Interaktion von phonologischen, morphologischen und graphematischen Prinzipien.

Beleg	Phonologisch	Morphologisch	Graphematisch
Schrei-bern (Stralsund 1630)	✓		✓
Stattschreib-erin (Rosenfeld 1603)		✓	
ge-wesen (Alme 1630)	✓	✓	✓

Ein solcher Ansatz ermöglicht auch, die Variation bei einem Schreiber zu erfassen. Diese wird vor allem dann deutlich, wenn der Schreiber die Möglichkeit hat, an einer Morphemgrenze zu trennen. Die Beispiele in Tabelle 2 zeigen, dass in ein und demselben Protokoll sowohl Belege für eine rein phonologisch motivierte Trennung (*entschul-diget*, *wie-derumb*) vorliegen als auch rein morphologisch motivierte Trennungen, d.h. unabhängig von der Markiertheit des Silbenkontakts (*ent-schuldiget*, *wieder-umb*).

Tab. 2: Koexistenz von phonologisch und morphologisch motivierter Trennung.

Belegort	Phonologisch motivierte Trennung	Morphologisch motivierte Trennung
Friedberg (1620)	*entschul-diget*	*ent-schuldiget*
Rhens (1629)	*wie-derumb*	*wieder-umb*

In diesem Aufsatz werden wir die Faktoren untersuchen, die die Worttrennung am Zeilenende steuern. Betrachtet wird die phonologisch, morphologisch und graphematisch motivierte Trennung. Weitere in der einschlägigen Literatur angeführte Prinzipien sind das optische und das willkürliche Trennverfahren (Wetzel 1981: 23; Frey 1988: 139). Eine optisch motivierte Trennung dient zur Einhaltung eines geraden Randes. Nach Inspektion der Handschriften konnte das optische Trennprinzip ausgeschlossen werden, da kein gerader Rand eingehalten wurde. Eine willkürlich motivierte Trennung liegt vor, wenn keine Regularitäten bei der Trennung festzustellen sind. Ein Beispiel hierfür ist die Trennung von *Kriegsvolk* als *kri-egßuolck*, *krie-gßuolck*, *krig-ßuolck*, *kriegßuo-lck* und *kriegßuol-ck* (Beispiel aus Voeste 2008: 116). Das willkürliche Trennverfahren stellt also die Nullhypothese dar. Wir werden in den folgenden Abschnitten den

Einfluss sprachlicher Faktoren auf die Worttrennung am Zeilenende untersuchen. Diese Faktoren sind in (1) zusammengefasst.

(1) Hypothesen zur Worttrennung am Zeilenende
1. Die Trennung ist phonologisch motiviert und spiegelt eine unmarkierte Silbifizierung in wortmedialer Position wider (Silbenkontaktgesetz; vgl. (3) für eine Definition).
2. Die Trennung ist morphologisch motiviert und findet an Morphemgrenzen statt (in wortmedialer Position und an phonologischen Wortgrenzen).
3. Die Trennung ist graphematisch motiviert und entspricht graphotaktischen Präferenzen (Ein-Graphem-Regel; vgl. (7) für eine Definition).

Der Aufsatz ist folgendermaßen gegliedert. Abschnitt 2 wendet sich den Prinzipien der Worttrennung am Zeilenende zu. Abschnitt 3 beschreibt die Materialgrundlage und die Methode. Die Ergebnisse der Korpusanalyse werden in Abschnitt 4 präsentiert und anschließend in Abschnitt 5 diskutiert. Abschnitt 6 fasst die wesentlichen Erkenntnisse zusammen.

2 Prinzipien der Worttrennung

Dieser Abschnitt veranschaulicht die Prinzipien der Worttrennung am Beispiel des Althochdeutschen (Abschnitt 2.1). Anschließend werden die verschiedenen Trennverfahren kritisch betrachtet, die in der bisherigen Forschung vorgeschlagen wurden (Abschnitt 2.2). Abschließend werden unsere Forschungsfragen erläutert (Abschnitt 2.3).

2.1 Worttrennung am Beispiel des Althochdeutschen

In den Untersuchungen zu den ältesten Stufen der germanischen Sprachen wurden verschiedene Regeln aufgestellt, um die Worttrennung zu erklären. In Anlehnung an Wetzel (1981: 23) unterscheidet Frey (1988: 139) zwischen optischen, sprachlichen und willkürlichen Trennungsregeln. Während das optische Verfahren zur Einhaltung eines geraden Randes dient, sind sprachliche Verfahren phonologisch, morphologisch und/oder graphematisch gesteuert. Frey (1988: 140) stellt fest, dass im Althochdeutschen die Worttrennung phonologischen und morphologischen Regeln unterliegt. Beispiele für eine phonologisch motivierte Trennung werden in (2) angegeben.[2] Aus den Beispielen geht hervor, dass die Worttrennung mit Silbifizierungsprinzipien im Einklang steht. Zum einen werden intervokalische Einzelkonsonanten als [V.KV] silbifiziert (*gesa-gêt*, *sprâ-cho*). Zum anderen ergibt die Trennung von intervokalischen Konsonantenclustern unmarkierte Silbenkontakte, denn die Silbengrenze verläuft entweder unmittelbar vor dem Segment mit der höchsten Konsonantischen Stärke ([geˈsa.geːt], [ˈʃpraː.xo], [ˈxref.te]) oder zwischen Geminaten ([ˈmɛn.niʃko]). Bei einem markierten Silbenkontakt hingegen würde die Silbengrenze entweder nicht unmittelbar vor dem Segment mit der höchsten Konsonantischen Stärke liegen ([geˈsag.eːt], [ˈʃpraːx.o], [ˈxre.fte], [ˈxreft.e]) oder vor/nach Geminaten ([ˈmɛ.nniʃko], [ˈmɛnn.iʃko]).

(2) Phonologisch motivierte Trennung im Althochdeutschen
chréf-te [ˈxref.te] ‘Kräfte’
gesá-gêt [geˈsa.geːt] ‘gesagt’
mén-nisko [ˈmɛn.niʃko] ‘Mensch’
sprâ-cho [ˈʃpraː.xo] ‘Sprache’

Diese Präferenzen werden vom Silbenkontaktgesetz erfasst, das in (3) wiedergegeben wird (vgl. Restle & Vennemann 2001: 1317; Hall 2011: 233–236; Parker 2011: 1169–1171). Die phonologischen Grenzen stimmen nicht mit den morphologischen Grenzen überein, so dass die Derivations- (*-isk*) und die Flexionssuffixe (*-e*, *-êt*, *-o*) nicht abgetrennt werden. Eine morphologisch motivierte Worttrennung hätte *chréft-e*, *geság-êt*, *ménn-isko* und *sprâch-o* hervorgebracht. In dieser Hinsicht unterscheidet sich das Althochdeutsche nicht vom Neuhochdeutschen, wo vokalisch anlautende Suffixe in das phonologische Wort integriert werden (Wiese 1996: 121).

(3) Silbenkontaktgesetz (Restle & Vennemann 2001: 1317)
Ein Silbenkontakt ist umso besser, je größer die Stärkedifferenz zwischen dem zweiten und dem ersten Sprachlaut ist.

Die morphologisch motivierte Trennung wird in (4) veranschaulicht, wo die Trennstelle mit einer Morphemgrenze zusammenfällt. Die Beispiele enthalten Komposita (*dâr-ûf*), Derivationsaffixe (*er-*, *-lîcho*) und Flexionspräfixe (*ge-*). Im

2 Die Beispiele in (2) und (4) sind aus Notkers Übersetzung zu Boethius’ *De consolatione philosophiae* entnommen (Frey 1988: 101–111).

Gegensatz zu den Flexionspräfixen haben Kompositionsglieder und konsonantisch anlautende Derivationsaffixe phonologischen Wortstatus ([daːɾ]$_{\omega}$[uːf]$_{\omega}$, [kuːot]$_{\omega}$[liːxo]$_{\omega}$). Das ist auch im Neuhochdeutschen der Fall (vgl. Wiese 1996: 65–74; Eisenberg 2003: 307). Die Trennung nach Morphemgrenzen erfolgt unabhängig von Silbifizierungsprinzipien, so dass sowohl markierte (['daːɾ.uːf], [eɾ.'armen], ['kuːot.liːxo]) als auch unmarkierte Silbenkontakte ([ge.'tan]) entstehen. Das Beispiel *ge-tân* zeigt daher, dass sich die phonologisch und die morphologisch motivierte Trennung überlappen können.

(4) Morphologisch motivierte Trennung im Althochdeutschen
dâr-ûf ['daːɾ.uːf] 'darauf'
er-ármen [eɾ.'armen] 'verarmen'
ge-tán [ge.'tan] 'getan'
kûot-lîcho ['kuːot.liːxo] 'freundlich'

2.2 Kritische Betrachtung

Der Unterschied zwischen der phonologisch und der morphologisch motivierten Trennung hat sich in der einschlägigen Literatur als problematisch erwiesen. Wir werden im Folgenden die verschiedenen Ansätze näher betrachten und kritisch diskutieren. Für das Althochdeutsche schließt Frey (1988: 149–150) die morphologisch motivierte Trennung aus und nimmt die phonologisch motivierte Trennung als zentrales Trennverfahren an. Man muss dabei berücksichtigen, dass sie sich auf die wortmediale Worttrennung („Simplizialteilung") konzentriert. Allerdings zeigen ihre Belege für „Kompositalteilung" (d.h. Komposita und wortwertige Affixe), dass die Trennung auch morphologisch motiviert sein kann. Außerdem beobachtet sie Trennungen an Morphemgrenzen in wortmedialer Position, die mit markierten Silbenkontakten einhergehen. Dies ist der Fall bei vokalisch anlautenden Suffixen. Diese Fälle werden entweder Schreibfehlern zugewiesen oder graphematisch bzw. phonologisch erklärt.

Wir betrachten zunächst die Trennung von intervokalischen Einzelkonsonanten genauer. Von 728 Belegen haben in den Daten von Frey (1988) 716 einen unmarkierten und 12 einen markierten Silbenkontakt (98% vs. 2%). Interessanterweise weisen 9 der 12 markierten Silbenkontakte eine morphologisch motivierte Trennung auf.[3] Insgesamt ist festzuhalten, dass im Althochdeutschen die

---

3 Die betreffenden Belege sind *begrif-en, chom-enne, chum-et, himil-ischen, nam-en, sprich-et* (zweimal), *uertrib-en* und *weltlich-en* (Frey 1988: 249).

Trennung in wortmedialer Position vorwiegend phonologisch motiviert ist, da sie in 6423 Fällen unmarkierte und nur in 222 Fällen markierte Silbenkontakte ergibt (97% vs. 3%). Dagegen ist die Trennung bei der „Kompositalteilung“ morphologisch motiviert. Dies trifft auf 5372 Fälle zu, wobei hier Angaben zur Markiertheit des Silbenkontaktes fehlen.

Im Gegensatz zu Frey (1988) trifft Wetzel (1981) für das Altenglische eine klare Unterscheidung zwischen der phonologisch und der morphologisch motivierten Trennung. Die morphologisch motivierte Trennung („Trennung gemäß der Wortbildung“) beschränkt sich auf Komposita und wortwertige Affixe (S. 42–43), d.h. ähnlich wie bei Frey (1988) wird die wortmediale Trennung an Morphemgrenzen nicht miteinbezogen. Von insgesamt 30388 Belegen mit intervokalischem Konsonanten haben 188 einen markierten und 30200 einen unmarkierten Silbenkontakt (1% vs. 99%). Von den 188 markierten Silbenkontakten finden wir in der Mehrzahl der Belege eine Morphemgrenze wie in *min-um* ‘meinem’ und *wær-on* ‘waren’ (vgl. zur Diskussion Wetzel 1981: 119–132). Die morphologisch motivierte Trennung bei vokalisch anlautenden Suffixen scheint also im Althochdeutschen und Altenglischen nicht besonders produktiv zu sein.

Ein weiteres Problem ist die Überlappung von phonologisch und morphologisch motivierter Trennung. Dies ist der Fall, wenn ein unmarkierter Silbenkontakt mit einer Morphemgrenze zusammenfällt (z.B. *ge-tân*, Beispiel aus Frey 1988: 102). Solche Fälle wurden bisher unterschiedlich behandelt. Während Ruge & Voeste (2018) sie zur morphologisch motivierten Trennung zählen, werden sie von Hermann (2017) als eine phonologisch motivierte Trennung klassifiziert. Wir hingegen vermeiden eine exklusive Zuordnung zu dem einen oder dem anderen Trennverfahren.

Die phonologisch motivierte Trennung wurde bisher mit der Silbenphonologie in Verbindung gebracht. Wenn man hingegen die Wortphonologie berücksichtigt, muss die phonologisch motivierte Trennung nicht zwangsläufig die morphologische Komponente ausschließen, da Morphemgrenzen mit Wortgrenzen (d.h. Grenzen von phonologischen Wörtern) übereinstimmen können. Der Begriff des phonologischen Wortes bezieht die morphologische Komponente ein, wie aus (5) hervorgeht.

(5) Das phonologische Wort (Nespor & Vogel 2007: 109)
The phonological word is the lowest constituent of the prosodic hierarchy which is constructed on the basis of mapping rules that make substantial use of nonphonological notions. In particular, the phonological word (ω) represents the interaction between the phonological and the morphological components of the grammar.

In dieser Hinsicht kann man die Kompositalteilung von Frey (1988: 140) und die Trennung gemäß der Wortbildung von Wetzel (1981: 42–43) nicht als Gegenevidenz zu einem phonologischen Trennprinzip ansehen, da sie an phonologischen Wortgrenzen stattfindet. Zum einen bestehen Komposita aus mindestens zwei phonologischen Wörtern und zum anderen können Affixe über phonologischen Wortstatus verfügen (vgl. Wiese 1996: 65–74). Die Silbifizierung kann Bezug zum phonologischen Wort nehmen, wie aus (6) hervorgeht. Hiernach ist die Silbifizierung ein wortbezogener Prozess, der die Wohlgeformtheit der Silben innerhalb des phonologischen Wortes gewährleistet. Diese Wohlgeformtheit ist gegeben, wenn unmarkierte Silbenstrukturen entstehen, die sowohl das Silbenkontaktgesetz als auch das Sonoritätsprinzip befolgen.

(6) Silbifizierung (Nespor & Vogel 2007: 72)
[A]ll languages have word-domain syllabification, which has the effect of ensuring the well-formedness of syllables within strings delimited by the boundaries of phonological words.

2.3 Forschungsfragen

Unser Beitrag knüpft an die prosodische Kategorie des phonologischen Wortes an und geht bei einer phonologisch motivierten Trennung davon aus, dass sich in wortmedialer Position unmarkierte Silbenkontakte konzentrieren, während an phonologischen Wortgrenzen sowohl markierte als auch unmarkierte Silbenkontakte anzutreffen sind. Diese Annahme beruht auf der Beobachtung, dass das Silbenkontaktgesetz nur wortmedial gültig ist, während es an Wortgrenzen verletzt werden kann (vgl. zum Niederländischen Booij 1999: 55). Außerdem liefern Sprachwandelprozesse Evidenz für eine Optimierung der markierten Silbenkontakte in wortmedialer Position (vgl. zu silbenoptimierenden Prozessen Vennemann 1988: 50–55 sowie zu Beispielen aus dem Althochdeutschen Szczepaniak 2007: 57–147 und aus dem Alemannischen Caro Reina 2019: 327–329). Bei einer morphologisch motivierten Trennung wird erwartet, dass an Morphemgrenzen getrennt wird, wobei zu beachten ist, ob es sich bei einer Morphemgrenze um eine wortmediale Morphemgrenze oder eine phonologische Wortgrenze handelt. Eine morphologisch motivierte Trennung, die mit phonologischen Wortgrenzen nicht zusammenfällt, ergibt sich nur bei der Trennung von nicht wortwertigen Affixen, also Flexionsaffixen und vokalisch anlautenden Suffixen. Vor diesem Hintergrund werden wir in Abschnitt 4.1 folgenden Fragen nachgehen:

- Wie interagieren die phonologisch und die morphologisch motivierte Trennung?
- Sind in wortmedialer Position unmarkierte Silbenkontakte und an phonologischen Wortgrenzen sowohl markierte als auch unmarkierte Silbenkontakte zu finden?
- Wie verteilt sich die Trennung an Morphemgrenzen bei verschiedenen Wortarten (Eigennamen und Appellativa)?
- Kann man räumliche Variation bei der Trennung an Morphemgrenzen feststellen?

Im Gegensatz zur phonologisch und morphologisch motivierten Trennung ist die graphematisch motivierte Trennung schwieriger zu erfassen. Frey (1988: 174–177) und Fix (1995: 14) sprechen von einer graphematisch (bzw. kalligraphisch) motivierten Trennung hauptsächlich bei Ligaturen. Die graphematisch motivierte Trennung wird darüber hinaus häufig mit der Ein-Graphem-Regel in Verbindung gebracht, die besagt, dass nur der letzte Konsonantenbuchstabe abgetrennt wird (vgl. Güthert 2005: 29–38; Neef 2007: 289–299; Voeste 2008: 121; Eisenberg 2013: 305–309). Die Ein-Graphem-Regel wird in (7) angegeben. Neben der Ein-Graphem-Regel führt Voeste (2008: 121) weitere graphotaktische Präferenzregeln für enge Konsonantenverbindungen ein. Die engen Bindungen <ch>, <ck>, <ſp>, <ſt> und <tz> stehen beispielsweise im Anfangsrand der zweiten Trennsilbe, während <ff>, <ll>, <ſſ>, <tt> auf beide Trennsilben verteilt werden.

(7) Ein-Graphem-Regel (Eisenberg 2013: 307)
Zwischen Vokalgraphemen liegt eine Trennstelle. Sind Konsonantengrapheme vorhanden, dann wird vor dem letzten getrennt.

Die phonologisch und die graphematisch motivierte Trennung überlappen sich bei der Trennung von Einzelkonsonanten, denn eine Trennung wie V-KV befolgt sowohl das Silbenkontaktgesetz als auch die Ein-Graphem-Regel. Bei der Gegenüberstellung der phonologischen und der graphematischen Silbifizierung beobachtet Primus (2003: 35–40), dass ambisilbische Konsonanten und Konsonantencluster es erlauben, die phonologisch und die graphematisch motivierte Trennung auseinanderzuhalten. In diesem Zusammenhang werden wir uns in Abschnitt 4.2 mit folgenden Fragen beschäftigen:
- Wie interagieren die phonologisch und die graphematisch motivierte Trennung?
- Wie werden ambisilbische Konsonanten bei Mono- und Digraphen getrennt?

- Ist die Trennung von Konsonantenclustern phonologisch oder graphematisch motiviert (Onset-Maximierung vs. Ein-Graphem-Regel)?

3 Material und Methode

Als Untersuchungsgrundlage dient uns das Korpus von digitalisierten Hexenverhörprotokollen der Frühen Neuzeit, das bereits in Schutzeichel & Szczepaniak (2015) und Barteld, Hartmann & Szczepaniak (2016) zur Untersuchung der satzinternen Großschreibung verwendet wurde. Das Korpus besteht aus je einem Protokoll für 56 Belegorte, die über das deutsche Sprachgebiet verteilt sind, wobei südliche und westliche Regionen stärker repräsentiert sind als nordöstliche (vgl. Macha et al. 2005: Karte 2).

Die Aufbereitung der Daten wurde mit der Annotationssoftware Glozz durchgeführt (Widlöcher & Mathet 2012). In einem ersten Schritt wurden die Fälle von Worttrennung am Zeilenende identifiziert, die durch Divis gekennzeichnet sind.[4] Trennungen am Zeilenende ohne Divis wurden wegen ihrer niedrigen Frequenz nicht berücksichtigt.[5] Insgesamt wurden 1304 Fälle gefunden. Für diese Fälle wurden dann Belegort, Gebiet und Jahr des Protokolls, Lemma, Wortart (Eigenname, Appellativ, andere Wortklasse) und Sprache (Deutsch oder Latein) erfasst.

Für die phonologische Analyse wurde die Segmentfolge zwischen den ersten Vokalbuchstaben unmittelbar vor und nach dem Trennstrich transkribiert. Auf der Basis dieser Annotation wurde die Markiertheit der Trennung in Bezug auf das Silbenkontaktgesetz (markiert vs. unmarkiert), das Sonoritätsprinzip (Erhalt vs. Verletzung des Sonoritätsprinzips) und die Onset-Maximierung ermittelt. Zusätzlich wurde die Ambisilbifizität intervokalischer Konsonanten in betonter Silbe kodiert (ambisilbisch vs. nicht-ambisilbisch).

Als morphologische Information wurde annotiert, ob die Worttrennung an einer Morphemgrenze erfolgte (z.B. *Kranck-heitt*, Ahaus 1608) oder an keiner Morphemgrenze (z.B. *gebrau-chet*, Ahaus 1608). Für den Fall, dass keine Morphemgrenze an der Trennstelle vorliegt, wurde weiterhin überprüft, ob an anderer Stelle im Wort eine Morphemgrenze vorhanden ist. Morphemgrenzen wurden

---

4 Der Divis als Trennstrich hat in den Hexenverhörprotokollen verschiedene Formen. Darunter sind der Doppelpunkt (z.B. Erkelenz 1598), zwei unter den letzten Buchstaben gesetzte Querstriche (z.B. Ellingen 1590) und zwei kleine Schrägstriche sowohl am Zeilenende als auch am Anfang der nächsten Zeile (z.B. Reichertshofen 1629).

5 Worttrennung am Zeilenende ohne Divis kam in 63 Fällen vor. Die Belege konzentrieren sich in Mergentheim (27-mal) und Perleberg (12-mal). Der Rest ist im Untersuchungsgebiet verstreut.

nur als vorhanden betrachtet, wenn das Morphem silbifizierbar ist. Der Beleg *Teuf-felß* (Erkelenz 1598) enthält beispielsweise die genitivische Flexionsendung *-ß*. Allerdings wurde diese Morphemgrenze in der Analyse nicht berücksichtigt, weil sie keine Silbe abtrennt. Zusätzlich wurde bei einer Trennung an der Morphemgrenze untersucht, ob sich die Trennstelle in wortmedialer Position (z.B. *sein-em*, Ellingen 1590) oder an einer phonologischen Wortgrenze (z.B. *pein-lich*, Erkelenz 1598) befindet. Schließlich wurde bei Morphemgrenzen unterschieden zwischen Komposition (z.B. *Gartten-häußlein*, Rosenburg 1618), Derivation (z.B. *erkendt-nuß*, Wittgenstein 1629), Flexion (z.B. *zuge-meßenen*, Werl 1630), Partikelverb (z.B. *auß-gesagt*, Blankensee 1619) und Präpositionaladverb (z.B. *dar-Innen*, Reichenberg 1653).

Was die Graphematik angeht, wurde die Buchstabenabfolge zwischen den Vokalbuchstaben unmittelbar vor und nach dem Trennstrich erfasst. Auf diese Weise konnte die graphematische mit der phonologischen Repräsentation direkt verglichen werden, um die Verwendung von Di- und Trigraphen zu dokumentieren.

Von den insgesamt erhaltenen 1304 Belegen mussten 40 Belege von der weiteren Analyse ausgeschlossen werden, da mindestens eins der folgenden Ausschlusskriterien erfüllt war:

– Untrennbare phonologische Einsilber (3 Fälle): Ein Trennglied kann keinen Silbenkern bilden, sodass die Konkurrenz von phonologischen und anderen Trennprinzipien nicht untersucht werden kann. Die betreffenden Belege stammen allesamt aus Ellingen (1590): *bue-ll* 'Buhle', *oberndor-f*, *wo-lff* (vgl. zum Altenglischen Wetzel 1981: 101–109, zum Mittelhochdeutschen Frey 1988: 257 und zum Neuhochdeutschen Neef 2007: 296–297).[6]
– Lateinische Wörter (23 Fälle): Wörter lateinischen Ursprungs, die nach lateinischem Vorbild flektiert wurden, wurden ebenfalls ausgeschlossen, z.B. *con-frontationem* (Osnabrück 1636).
– Unklare Fälle (14 Fälle): Es bestanden Zweifel hinsichtlich der korrekten Analyse, die auch nach Diskussion und erneuter Sichtung der Literatur nicht ausgeräumt werden konnten. Diese betrafen vor allem die Frage nach dem Vorhandensein einer Morphemgrenze.[7]

6 Wetzel (1981: 101) klassifiziert Belege wie *þur-h*, *þu-rh* 'durch' etc. als eine willkürlich motivierte Trennung.

7 Die betreffenden Belege sind folgende: *ander-rer* (Blankensee 1619), *an-ietzo* (Messkirch 1644), *Ber-ninschen* (Crivitz 1642), *con-frontirt* (Osnabrück 1636), *da-selbs* (Memmingen 1665), *da-selbsten* (Hildesheim 1628), *Decem-bris* (Ostrau 1628), *erforsch-sung* (Rhens 1629), *grunde-*

Zur Auswertung der Daten wurde die freie Statistiksoftware R verwendet (R Core Team 2018).

4 Ergebnisse

Die im weiteren Verlauf berichteten Ergebnisse beziehen sich auf die übrigen 1264 Belege. Dabei ist zunächst zu beachten, dass nicht in allen Protokollen gleichermaßen Gebrauch von der Worttrennung am Zeilenende gemacht wurde. Die Anzahl an Trennungen je Belegort variiert zwischen minimal 4 Belegen (Hamm, Minden) und maximal 60 Belegen (Blankensee). Sie ist rechtsschief verteilt mit einem Median bei 20 Belegen, d.h. die Hälfte der Orte enthält weniger, die andere Hälfte (teilweise deutlich) mehr als 20 Belege. Aufgeteilt nach Gebiet fließen aus Nordwestdeutschland mit 296 die meisten Belege in die Analyse ein, während Ostmitteldeutschland mit 79 Belegen am schwächsten vertreten ist. Die restlichen Gebiete verzeichnen 252 Belege (Westmitteldeutschland), 240 (Westsüddeutschland), 224 (Ostsüddeutschland) und 173 (Ostnorddeutschland).

Das Augenmerk ist darauf zu richten, wie die Phonologie mit der Morphologie und Graphematik interagiert. Abschnitt 4.1 befasst sich mit der phonologisch und der morphologisch motivierten Trennung. Abschnitt 4.2 wendet sich der phonologisch und der graphematisch motivierten Trennung zu.

4.1 Phonologisch und morphologisch motivierte Trennung

Insgesamt finden wir in Bezug auf die phonologisch motivierte Trennung 209 markierte und 1055 unmarkierte Silbenkontakte (17% vs. 83%). In Bezug auf die morphologisch motivierte Trennung finden wir 297 Trennstellen, die nicht mit Morphemgrenzen übereinstimmen, obwohl eine Morphemgrenze vorhanden ist (z.B. *gewe-sen*, Blankensee 1619), und 859 Trennstellen, die mit einer Morphemgrenze übereinstimmen (26% vs. 74%). Es gibt eine Überlappung von phonologisch und morphologisch motivierter Trennung in 689 Fällen (55%). Dies ist der Fall, wenn an der Morphemgrenze ein unmarkierter Silbenkontakt besteht (z.B. *ge-wesen*, Alme 1630).

---

gestolen (Perleberg 1588), *mas-sen* (Göttingen 1649), *nachein-nander* (Ellingen 1590), *Tochter-Sohn* (Crivitz 1642), *Von-welchen* (Alme 1630), *zu-thun* (Lemberg 1630).

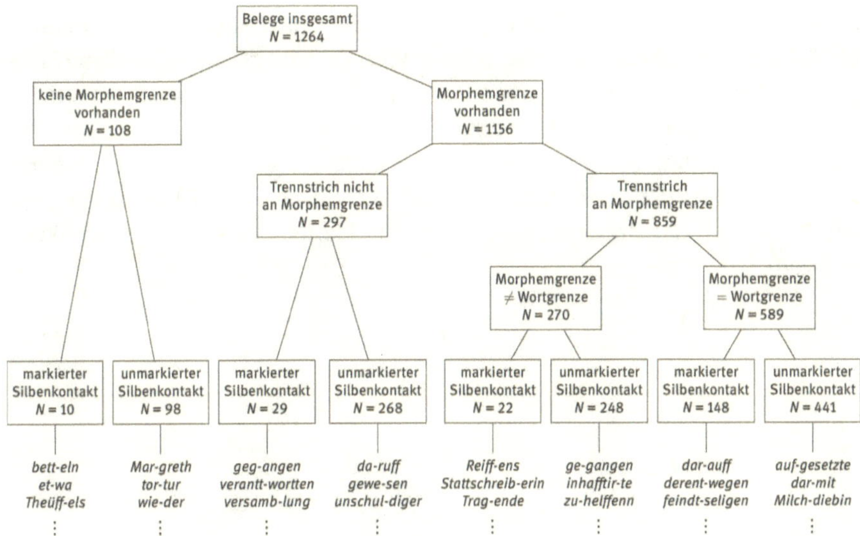

Abb. 1: Worttrennung nach Morphemgrenze, phonologischer Wortgrenze und Silbenkontakt.

Im Folgenden wird die Interaktion zwischen der phonologisch und der morphologisch motivierten Trennung näher betrachtet (siehe Abbildung 1). In 108 Belegen gibt es keine Morphemgrenze. Davon enthalten 10 einen markierten und 98 einen unmarkierten Silbenkontakt (9% vs. 91%). In 1156 Belegen liegt eine Morphemgrenze vor. Davon wurde in 297 Fällen nicht an der Morphemgrenze getrennt, während in 859 Fällen an der Morphemgrenze getrennt wurde. Die Morphemgrenze entsteht durch Derivation (259 Belege), Flexion (250), Komposition (212), Partikelverben (95) und Präpositionaladverbien (43). Wenn die Trennstelle nicht an der Morphemgrenze liegt, ergeben sich 29 markierte und 268 unmarkierte Silbenkontakte (10% vs. 90%). Bei einer Trennstelle an der Morphemgrenze gibt es in 270 Fällen eine wortmediale Morphemgrenze und in 589 Fällen eine phonologische Wortgrenze (31% vs. 69%).[8] Wenn die Morphemgrenze keiner phonologischen Wortgrenze entspricht, gibt es 22 markierte und 248 unmarkierte

8 Bei den nicht-wortwertigen Affixen handelt es sich um die konsonantisch anlautenden Präfixe *ge-* und *Ge-*, die konsonantisch anlautenden Suffixe *-te* und *-ste* sowie die vokalisch anlautenden Suffixe *-e*, *-en*, *-el*, *-er*, *-ig*, *-in*, *-isch* und *-ung*. Zu den wortwertigen Affixen wurden die Präfixe *be-*, *ent-*, *er-*, *ver-* und *un-* sowie die Suffixe *-bar*, *-chen*, *-heit*, *-keit*, *-lein*, *-ler*, *-lich*, *-ling*, *-ner*, *-nis*/*-nus*, *-sal*, *-sam*, *-schaft* und *-tum* gezählt (vgl. Wiese 1999: 69, 92; Raffelsiefen 2000: 46–47, 52; Eisenberg 2013: 258).

Silbenkontakte (8% vs. 92%). Die große Zahl der unmarkierten Silbenkontakte erklärt sich durch die Silbenstruktur der Präfixe *Ge-* und *ge-*, die eine offene Silbe haben. Wenn die Morphemgrenze einer phonologischen Wortgrenze entspricht, gibt es 148 markierte und 441 unmarkierte Silbenkontakte (25% vs. 75%). Die häufigsten markierten Silbenkontakte finden sich bei Komposita (z.B. *Scharp-Richter*, Erkelenz 1598) und Derivationssuffixen (z.B. *pein-lich*, Erkelenz 1598) mit jeweils 57 und 47 Belegen (d.h. 70% aller markierten Silbenkontakte an Wortgrenzen).[9]

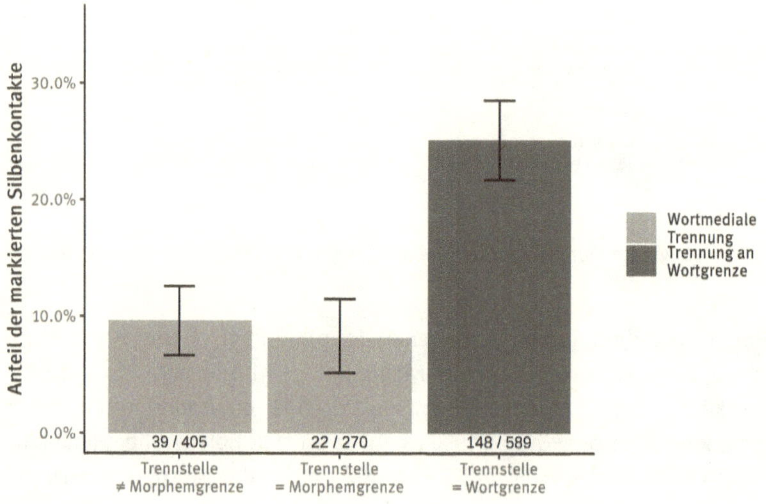

Abb. 2: Anteil der markierten Silbenkontakte nach Morphem- und phonologischen Wortgrenzen.

Abbildung 2 veranschaulicht die relative Häufigkeit von markierten Silbenkontakten in wortmedialer Position (grau) und an phonologischen Wortgrenzen (schwarz).[10] Bei wortmedialer Position wird zwischen Ab- und Anwesenheit einer Morphemgrenze an der Trennstelle unterschieden. Wir können folgende Beo-

9 Die restlichen markierten Silbenkontakte an phonologischen Wortgrenzen verteilen sich folgendermaßen: 22 bei Präpositionaladverbien (z.B. *dar-auff*, Leonberg 1641), 11 bei Derivationspräfixen (z.B. *vn-recht*, Perleberg 1588) und 11 bei Partikelverben (z.B. *ab-warten*, Blankenheim 1629).

10 Die Fehlerbalken in dieser und den folgenden Abbildungen stellen 95%-Konfidenzintervalle dar.

bachtungen machen: Erstens ist die Zahl der markierten Silbenkontakte deutlich niedriger wortmedial als an phonologischen Wortgrenzen (9% vs. 25%). Dies steht mit der Beobachtung im Einklang, dass das Silbenkontaktgesetz wortmedial gültig ist, während es an Wortgrenzen verletzt werden kann. Dadurch wird das Prinzip der Silbifizierung gewährleistet, das in (6) dargelegt wurde. Zweitens ist die Zahl der markierten Silbenkontakte in wortmedialer Position ähnlich, unabhängig von der Ab- oder Anwesenheit einer Morphemgrenze (10% vs. 8%). Die Unterscheidung zwischen wortpositionsbezogenen Morphemgrenzen (wortmedial vs. phonologische Wortgrenze), die in der Literatur bisher nicht berücksichtigt wurde, erweist sich also als besonders ergiebig, da hauptsächlich die Trennstellen an phonologischen Wortgrenzen markierte Silbenkontakte enthalten.

Wir werden nun die markierten Silbenkontakte näher besprechen und dabei zwei Gruppen unterscheiden: 1) Konsonantenverbindungen mit steigendem Sonoritätsverlauf und 2) Sequenzen aus Konsonant + Vokal.[11] Markierte Silbenkontakte aus heterosyllabischen Konsonantenclustern können sowohl wortmedial als auch an phonologischen Wortgrenzen vorkommen. Allerdings sind Unterschiede hinsichtlich ihrer Distribution und Häufigkeit festzustellen. Wortmedial finden wir 7 Kombinationen mit insgesamt 23 Belegen. Die häufigsten sind [t.v] (z.B. *et-waß*, Baden 1628) und [g.n] (z.B. *begeg-net*, Leipzig 1640). Diese zwei Konsonantencluster sind auch an Wortgrenzen belegt (z.B. *handt-werckh*, Hemau 1616). Interessanterweise kommen diese markierten Silbenkontakte häufiger in wortmedialer Position vor als an phonologischen Wortgrenzen (78% vs. 5%) und fungieren somit als wortmediale Grenzsignale (vgl. zum Begriff der Wortgrenzsignale Trubetzkoy 1971: 241–261).

Was die markierten Silbenkontakte an phonologischen Wortgrenzen betrifft, sind 13 Kombinationen mit insgesamt 105 Belegen nachgewiesen. Davon beschränken sich 8 auf diese Position und fungieren somit als Wortgrenzsignale. Die häufigste Kombination ist die Sequenz aus Plosiv + Lateral, die 20-mal belegt ist (z.B. *erschrökh-liches*, Bamberg 1628). Neben diesen markierten Silbenkontakten können sich auch bestimmte unmarkierte Silbenkontakte auf Wortgrenzen beschränken. Das ist der Fall bei den Geminaten (Plosiv + Plosiv, Frikativ + Frikativ und Nasal + Nasal), die einmal in wortmedialer Position und 47-mal an Wortgrenzen auftreten. Nach der Degeminierung der althochdeutschen Geminaten in wortmedialer Position finden wir im Frühneuhochdeutschen Geminaten in der Regel nur, wenn zwei identische Konsonanten an phonologischen Wortgrenzen aufeinandertreffen (vgl. zum Neuhochdeutschen Wiese 1996: 231). Somit

---

11 Sequenzen aus Vokal + Vokal (z.B. *frey-er*, Gaugrehweiler 1610) werden wegen ihrer niedrigen Frequenz (14 Tokens) nicht gesondert diskutiert.

tragen Geminaten zur Hervorhebung von Wortgrenzen bei und stellen Wortgrenzsignale dar.

Die markierten Silbenkontakte aus Konsonant + Vokal kommen insgesamt 64-mal vor, sowohl in wortmedialer Position als auch an phonologischen Wortgrenzen. Sie verteilen sich folgendermaßen: 8 Belege wortmedial, aber nicht an einer Morphemgrenze (z.B. *geg-angen*, Mergentheim 1629), 15 Belege wortmedial und an einer Morphemgrenze (z.B. *trinckh-enndt*, Rosenfeld 1603) und 41 Belege an phonologischen Wortgrenzen (z.B. *Ober-Ambtmanß*, Messkirch 1644). Festzuhalten ist, dass dieser markierte Silbenkontakt häufiger an Wort- und Morphemgrenzen vorkommt (88% vs. 12%). Beispiele für eine morphologisch motivierte Trennung in wortmedialer Position sind in (8) aufgeführt. Bei der Morphemgrenze handelt es sich um Derivations- (*-er*, *-ung*) und Flexionssuffixe (*-em*, *-en*, *-end*, *-es*). Diese Beispiele haben eine geschlossene Silbe gemeinsam, d.h. wir finden keine Beispiele für eine wortmediale morphologisch motivierte Trennung bei vokalisch auslautenden Suffixen. Zu diesem Ergebnis kommt auch Güthert (2005: 124). Diesbezüglich weist Primus (2003: 33) darauf hin, dass heutzutage die Abtrennung einzelner Vokalbuchstaben vermieden wird, da der Vokalbuchstabe nicht mehr Platz benötigt als der Trennungsstrich. Diese Erklärung kann auf unseren Befund übertragen werden.

(8) Morphologisch motivierte Worttrennung mit markiertem Silbenkontakt

<em>	*sein-em* (Ellingen 1590)
<en>	*Abhauw-en* (Ellingen 1590)
<end>	*trinckh-enndt* (Rosenfeld 1603)
<er>	*Stattschreib-erin* (Erkelenz 1598)
<es>	*Ain-es* (Rosenfeld 1603)
<ung>	*Gottslester-ung* (Dillenburg 1631)

Präpositionaladverbien nehmen in der einschlägigen Literatur eine Sonderstellung ein, da die Trennung phonologisch (z.B. *da-rumb*, Stralsund 1630) oder morphologisch motiviert sein kann (z.B. *dar-umb*, Crivitz 1642) (vgl. Eisenberg 2003: 308–309; Güthert 2005: 58–69; Voeste 2008: 122). Die Erstglieder der untersuchten Präpositionaladverbien werden in (9) aufgelistet. Insgesamt gibt es 51 Belege für Präpositionaladverbien. Davon werden 8 nicht an der Morphemgrenze und 43 an der Morphemgrenze getrennt (16% vs. 84%). Wenn die Trennstelle nicht mit der Morphemgrenze übereinstimmt, sind nur unmarkierte Silbenkontakte zu finden (z.B. *da-ruff*, Stralsund 1630). Trennstellen an Morphemgrenzen ergeben 22 markierte und 21 unmarkierte Silbenkontakte. Die markierten Silbenkontakte weisen Sequenzen aus Konsonant + Vokal auf (z.B. *dar-auf*, Jever 1592). Die unmarkierten Silbenkontakte bestehen entweder aus Sequenzen aus Vokal + Konsonant (z.B. *da-mit*, Riedlingen 1596) oder aus Konsonantenverbindungen mit fallendem Sonoritätsverlauf (*dar-mit*, Friedberg 1620). Bei vokalisch anlautenden Präpositionen tritt häufiger die morphologisch als die phonologisch motivierte Trennung (73% vs. 27%) auf. Variation finden wir nur in Rosenburg, wo die phonologisch und die morphologisch motivierte Trennung miteinander konkurrieren (*he-raus* vs. *dar-auff*).

(9) Erstglieder von Präpositionaladverbien
dar-, *ein-*, *her-*, *hier-*, *hin-*, *vor-*, *war-* (*wor-*), *wieder-*, *wo-*

Betrachten wir nun die Belege mit Morphemgrenze in Bezug auf Wortklassen. Abbildung 3 zeigt, dass Appellativa und andere Wortarten häufiger an der Morphemgrenze getrennt wurden als Eigennamen. Die Trennung an Morphemgrenzen beträgt bei Eigennamen, Appellativa und weiteren Wortarten jeweils 63%, 78% und 75%. Daraus kann man schließen, dass bei Eigennamen morphologische Information seltener aktiviert wird. Dies steht mit der Beobachtung im Einklang, dass Eigennamen semantisch weniger transparent sind als Appellativa (vgl. Nübling, Fahlbusch & Heuser 2015: 40).

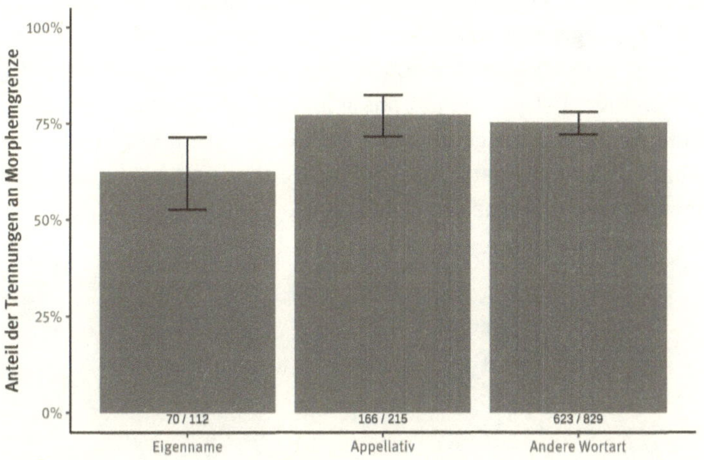

Abb. 3: Worttrennung nach Morphemgrenze und Wortart.

In Bezug auf die räumliche Variation würden wir nach Güthert (2005: 66) erwarten, dass das morphologische Trennprinzip im niederdeutschen und ostmitteldeutschen Sprachraum zu Beginn des Untersuchungszeitraums vorherrscht und sich von dort aus ausbreitet. Dies sollte für die Belege, bei denen eine Morphemgrenze vorliegt, mit einem höheren Anteil an Trennungen an der Morphemgrenze einhergehen. Wie Abbildung 4 zeigt, finden wir in unserem Untersuchungszeitraum einen leichten Anstieg morphologisch motivierter Trennungen von Norden nach Süden, d.h. entgegengesetzt der erwarteten Richtung. Um dieses Ergebnis näher zu untersuchen, haben wir als nächsten Schritt die Trennprinzipien für jeden Ort einzeln betrachtet. Hier ergibt sich zunächst kein klares Bild. Derselbe Schreiber kann an Morphemgrenzen trennen oder an anderer Stelle (z.B. *ge-worden* vs. *gehal-tenen*, Crivitz 1642). Nur in 6 Belegorten wird immer an der Morphemgrenze getrennt, wenn eine Morphemgrenze vorhanden ist. Die betreffenden Orte sind Georgenthal (15 Belege), Güstrow (16), Lemberg (10), Leonberg (25), Messkirch (24) und Zülpich (5). Interessanterweise gibt es keinen Belegort, wo nie an der Morphemgrenze getrennt wurde, wenn eine vorhanden war. Bezieht man die phonologische Komponente in die Betrachtung mit ein, wird deutlich, dass über alle Orte hinweg die wortmediale Trennung mit markiertem Silbenkontakt die dispräferierte Option darstellt. Präferiert wird die Trennung an Morphem- und Wortgrenzen bei Entstehung eines unmarkierten Silbenkontakts. Darüber hinaus gibt es nicht nur Orte, an denen ausschließlich nach der Morphemgrenze getrennt wird, sondern auch solche, in denen ungeachtet der Morphemgrenze nach unmarkierten Silbenkontakten getrennt wird, wie in Schweinfurt (10 Belege wortmedial vs. 6 an Morphemgrenze). In der Mehrheit der Orte finden wir jedoch eine Zwischenform. Die meisten Belege sind sowohl phonologisch als auch morphologisch motiviert, weniger Belege sind nur phonologisch oder nur morphologisch motiviert, und die wenigsten Belege verletzen beide Prinzipien. Wir interpretieren dieses Ergebnis als Evidenz dafür, dass phonologische und morphologische Prinzipien interagieren, wobei eine Trennstelle umso unwahrscheinlicher ist, je mehr Prinzipien verletzt werden.

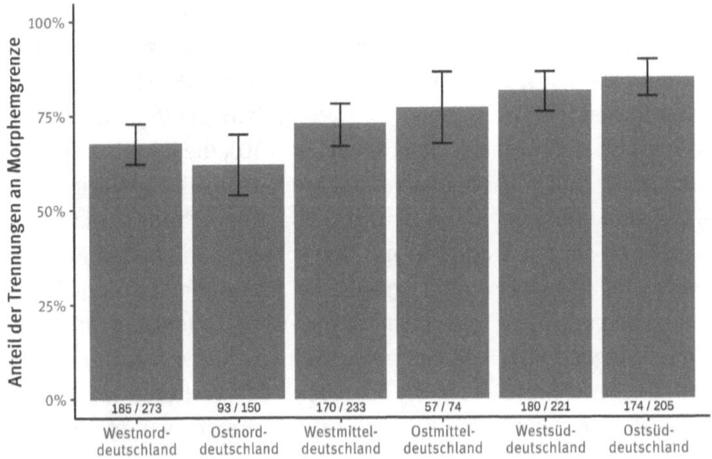

Abb. 4: Anteil der Worttrennungen an der Morphemgrenze nach Gebiet.

4.2 Phonologisch und graphematisch motivierte Trennung

Zunächst werden wir uns auf die Trennung von ambisilbischen Konsonanten und Konsonantenverbindungen konzentrieren. In einem zweiten Schritt werden wir die Konsonantencluster näher betrachten.

Ambisilbifizität stellt eine phonologische Innovation dar, die sich in der untersuchten Sprachstufe bereits herausgebildet hat (vgl. zur Ambisilbifizierung im Frühneuhochdeutschen Szczepaniak 2007: 240–247). Bisherige Untersuchungen zur Worttrennung haben allerdings nicht die Frage behandelt, ob und inwiefern die Existenz ambisilbischer Konsonanten aus ihrem Trennverhalten geschlossen werden kann.[12] Die folgende Diskussion beschränkt sich auf Einzelkonsonanten (vgl. zu ambisilbischen Konsonantenclustern Auer 2004: 67). Es wurden insgesamt 72 Belege für die Trennung von ambisilbischen Konsonanten gefunden. Davon sind 6 durch Monographe und 66 durch Digraphe realisiert.[13] Ambisilbische Monographe wurden immer vor dem Konsonanten getrennt (z.B. *wegkgeko-men*,

12 Güthert (2005: 198–204) beschränkt sich in dem Kapitel „Trennung bei Aufeinandertreffen mehrerer gleicher Buchstaben“ auf Wortgrenzen, wobei das Trennverhalten von wortmedialen Digraphen unberücksichtigt bleibt.

13 Die betreffenden Digraphe sind <ck>, <dd>, <ff>, <gg>, <ll>, <mm>, <ng>, <nn>, <pp>, <ss>, <ßs>, <ßß>, <tt> und <tz>. Das Graphem <ng> steht für das Phonem /ŋ/ nach der Monophonematisierung von /ng/ (Ebert, Reichmann & Wegera 1993: 141–142).

Helmstedt 1580). Eine Trennung nach dem Konsonanten hätte in vier Fällen zu einer Überlappung mit der morphologisch motivierten Trennung geführt. Ambisilbische Digraphe wurden in 59 Fällen in der Mitte getrennt (z.B. *het-te*, Blankensee 1619). Seltener finden wir Trennungen vor Digraph (z.B. *gepffi-ffen*, Ellingen 1590) und nach Digraph (z.B. *bett-eln*, Gaugrehweiler 1610), die jeweils mit 1 und 6 Belegen dokumentiert sind.[14] Wir beobachten schreiberspezifische Variation in zweierlei Hinsicht: zum einen bei der Konkurrenz von Monographen und Digraphen und zum anderen bei der Trennung von Digraphen. In folgenden Belegorten sind sowohl Monographe als auch Digraphe bei Trennungen an ambisilbischen Konsonanten belegt: Ahaus (*zusa-men* vs. *kom-men*), Dillenburg (*mü-se* vs. *Kön-ne*), Erkelenz (*Angeno-men* vs. *kun-nen*), Helmstedt (*wegkgeko-men* vs. *gespun-nen*) und Wittgenstein (*Be-kern* vs. *kom-men*). Des Weiteren wurden Digraphe nicht einheitlich getrennt. Für Ellingen sind Trennungen vor, in und nach Digraph belegt (*gepffi-ffen*, *Sin-nen* und *wett-er*), in Gaugrehweiler hingegen nur in und nach Digraph (*him-mell* und *bett-eln*). Die Variation deutet auf die Unsicherheit hin, ambisilbische Konsonanten zu silbifizieren. Dieser Befund deckt sich mit neueren Studien aus der Psycholinguistik, die ebenfalls auf Probleme bei der Silbifizierung von ambisilbischen Konsonanten schließen lassen (vgl. Derwing 1992: 222; Huneke 2002; Güthert 2006; Côté & Kharlamov 2011: 276).

Indirekte Evidenz für die Existenz von ambisilbischen Konsonanten liefert die unterschiedliche Trennung von Digraphen je nach Ambisilbifizität. Die Repräsentation der Silbengelenke (d.h. ambisilbischer Konsonanten) auf der graphematischen Ebene erfolgt durch eine Linearisierung, die mit einer Verdopplung der Konsonanten einhergeht (Eisenberg 2003: 299–301; Fuhrhop & Peters 2013: 226). Diachron lässt sich diese Linearisierung daran erkennen, dass im Mittelhochdeutschen Doppelbuchstaben für einfache Konsonanten nach Kurzvokal benutzt wurden (Nübling et al. 2013: 35). Die Trennung in der Mitte würde das Silbengelenk widerspiegeln, da der Konsonant gleichzeitig der Koda der ersten und dem Onset der zweiten Silbe zugeordnet wird (z.B. *Mit-tell* [ˈmɪt̩əl], Leipzig 1640). Diese Trennung würde außerdem der Ein-Graphem-Regel entsprechen. Die Trennung von Digraphen, denen kein ambisilbischer Konsonant zugrunde liegt, erlaubt es, Schlüsse auf die phonologische oder graphematische Motivation

14 Es ist festzustellen, dass das Trennverhalten je nach Digraph variiert. Während <nn> beispielsweise nur als <n-n> getrennt wird (z.B. *don-nertagk*, Jever 1592), erlaubt <ff> die Trennungen <f-f> (z.B. *of-fenlich*, Riedlingen 1596), <-ff> (z.B. *gepffi-ffen*, Ellingen 1590) und <ff-> (z.B. *Theüff-els*, Rosenfeld 1603). Darüber hinaus gibt es Digraphe, die nie für ambisilbische Konsonanten stehen. Das ist der Fall bei <th> (z.B. *Sa-thanß*, Baden 1628). In dieser Hinsicht ist die Ambisilbifizität und Trennfähigkeit von Digraphen bislang kaum erforscht.

der Trennung zu ziehen. Eine phonologisch motivierte Trennung würde eine Trennstelle vor dem Digraphen ergeben, die mit der Silbengrenze übereinstimmt (z.B. *bra-tten* [ˈbʀaː.tən], Ellingen 1590). Eine graphematisch motivierte Trennung würde hingegen nach der Ein-Graphem-Regel eine Trennstelle zwischen dem Digraphen bevorzugen (z.B. *Raup-pen* [ˈʀaʊ.pən], Ellingen 1590). Mit anderen Worten, bei einer graphematisch motivierten Trennung würde sich das Trennverhalten von ambisilbischen und nicht-ambisilbischen Konsonanten nicht voneinander unterscheiden. Tabelle 3 zeigt die Trennung von ambisilbischen und nicht-ambisilbischen Digraphen als Testfall. Während ambisilbische Digraphe meistens in der Mitte getrennt werden, können nicht-ambisilbische Konsonanten auch vor dem Digraphen getrennt werden und dabei die phonologische Linearisierung wiedergeben.

Tab. 3: Trennung von Digraphen nach Ambisilbifizität.

	<V-KKV>	**<VK-KV>**	**<VKK-V>**
Ambisilbisch	*N* = 1 *gepffi-ffen* (Ellingen 1590)	*N* = 59 *het-te* (Blankensee 1619)	*N* = 6 *bett-eln* (Gaugrehweiler 1610)
Nicht-ambisilbisch	*N* = 5 *bra-tten* (Ellingen 1590)	*N* = 6 *Teuf-felß* (Erkelenz 1598)	*N* = 2 *Theüff-els* (Rosenfeld 1603)

Eine weitere Möglichkeit, die Konkurrenz phonologischer und graphematischer Präferenzregeln zu testen, bieten Konsonantencluster mit zwei oder mehr Konsonanten in wortmedialer Position. Das Prinzip der Onset-Maximierung besagt, dass ein Konsonantencluster einen wortmedialen Onset bildet (d.h. als V.KKV silbifiziert wird), wenn er auch im wortinitialen Onset zugelassen wird (vgl. Wiese 1996: 52–53). Die Ein-Graphem-Regel hingegen sagt voraus, dass nur der letzte Konsonantenbuchstabe abgetrennt wird, ungeachtet der Gesamtlänge des Konsonantenclusters oder der phonotaktischen Beschränkungen. Diese unterschiedlichen Vorhersagen wurden an 226 Belegen geprüft.[15] Die Ergebnisse sind in Tabelle 4 zusammengefasst. 109 Fälle stehen im Einklang mit beiden Regeln, d.h.

15 Die restlichen Belege mussten aus folgenden Gründen ausgeschlossen werden: Entweder tritt die Trennung nicht in wortmedialer Position auf oder sie enthält einen Digraph, der in der Mitte getrennt wird (z.B. *anbeklagtin-nen*, Meldorf 1618). Bei diesen Belegen ist nicht klar, wie sie in Bezug auf die Onset-Maximierung zu bewerten sind.

nur der letzte Konsonant wurde abgetrennt und eine Erweiterung durch den vorletzten Konsonanten würde einen illegalen (d.h. phonotaktisch unzulässigen) Onset bilden. In 4 Fällen werden beide Regeln verletzt.[16] Bei näherer Betrachtung der übrigen Belege wird deutlich, dass die Onset-Maximierung die Trennung von mindestens zweigliedrigen Konsonantenclustern in unseren Daten besser erfasst. Die Ein-Graphem-Regel wird mehr als 12-mal so oft verletzt wie die Onset-Maximierung. Die 5 Fälle, die gegen die Onset-Maximierung und für die Ein-Graphem-Regel sprechen, sind *gesch-mirbt* (Ellingen 1590) und vier Trennungen mit <g-n>: *begeg-net* (Leipzig 1640), *gepflog-neß* (Riedlingen 1596), *begang-ne* (Riedlingen 1596) und *begang-nen* (Riedlingen 1596). Daraus kann man schließen, dass die Ein-Graphem-Regel bei der Worttrennung in den Hexenverhörprotokollen keine Anwendung findet. Die Trennung wortmedialer Konsonantencluster ist eher phonologisch motiviert.

Tab. 4: Onset-Maximierung vs. Ein-Graphem-Regel.

	+Ein-Graphem-Regel	–Ein-Graphem-Regel	Summe
+ Onset-Maximierung	109	108	217
– Onset-Maximierung	5	4	9
Summe	114	112	226

Wir werden nun die Trennung von Konsonantenclustern näher beleuchten und dabei zwei Gruppen unterscheiden: 1) Sequenzen aus Plosiv + Sonorant, die üblicherweise als *Muta cum Liquida* bezeichnet werden (vgl. Vennemann 1987: 166) und 2) Sequenzen aus Sibilant + Obstruent. Diese Unterscheidung ist durch frühere Untersuchungen motiviert (Frey 1988; Güthert 2005). Eine phonologisch motivierte Trennung würde sich nach der Onset-Maximierung richten. Daraus würde sich eine Abtrennung der Konsonantencluster (V.KKV) ergeben, da die Kombination von Plosiv + Sonorant und Sibilant + Obstruent wortinitial vorkommt. Eine graphematisch motivierte Trennung würde dagegen die Ein-Graphem-Regel befolgen und dementsprechend eine Trennung innerhalb des Konsonantenclusters hervorbringen (VK.KV).

Die Trennung von Muta-cum-Liquida-Verbindungen kommt in wortmedialer Position insgesamt 48-mal vor. Hiervon sind 12 Belege ohne Morphemgrenze (z.B.

---

16 Die betreffenden Belege sind *Lips-pringe* (Lemgo 1632), *vollendt-em* (Reichenberg 1653), *volgentz-en* (Rosenfeld 1603) und *trinckh-enndt* (Rosenfeld 1603).

Octo-briß, Baden 1628) und 36 Belege mit Morphemgrenze (z.B. *ge-braucht*, Memmingen 1665). Die Sequenz aus Plosiv + Liquid wird immer abgetrennt (V.KKV), während die Sequenz aus Plosiv + Nasal immer in der Mitte getrennt wird (VK.KV). Dabei handelt es sich bei der Verbindung von Plosiv + Nasal immer um den Konsonantencluster [g.n], der 4-mal belegt ist (siehe Tabelle 4).

Die Trennung von Konsonantenclustern aus Sibilant + Obstruent (sowohl zwei- als auch dreigliedrig) in wortmedialer Position ist insgesamt 49-mal belegt. Diese wurden grundsätzlich vor dem Sibilanten abgetrennt. Die einzigen Ausnahmen bilden *Lips-pringe* (Lemgo 1632) und *gesch-mirbt* (Ellingen 1590). Unterschiede zwischen <sch> + Obstruent und <s> + Obstruent konnten nicht festgestellt werden, ebensowenig scheint diese Trennung abhängig von Morphemgrenzen zu sein. Von den 47 Trennungen vor Sibilant stand die Trennstelle in 37 Fällen an einer Morphemgrenze, entweder an einer wortmedialen Morphemgrenze (z.B. *ge-standen*, Günzburg 1613) oder an einer phonologischen Wortgrenze (z.B. *bey-standt*, Lemberg 1630). In den übrigen 10 Fällen war keine Morphemgrenze vorhanden (z.B. *Ba-stian*, Baden 1628).

Die Trennung der Konsonantenverbindung Sibilant + Obstruent fand bisher verschiedene Erklärungsansätze. Nach Frey (1988: 174–182) ist diese Trennung graphematisch bedingt, während Fix (1995: 25) neben graphematischen auch phonologische Gründe vermutet. Interessanterweise betrachtet Frey (1988: 168) die Abtrennung von Sequenzen aus Sibilant + Obstruent (V-stV) als eine Abweichung vom Silbenkontaktgesetz, denn bei einem intervokalischen Konsonantencluster mit fallendem Sonoritätsverlauf soll die Silbengrenze unmittelbar vor dem Segment mit der höchsten Konsonantischen Stärke liegen (d.h. vor dem Plosiv).[17] Allerdings wird bei der Trennung *-st* das Silbenkontaktgesetz nicht verletzt, da der daraus resultierende Silbenkontakt [V.s] (bzw. [V.ʃ]) unmarkiert ist. Hinsichtlich der Markiertheit müssen vielmehr drei verschiedene phonologische Präferenzen berücksichtigt werden: das Silbenkontaktgesetz, das Sonoritätsprinzip und die Onset-Maximierung, deren Interaktion in Tabelle 5 veranschaulicht wird. Die Trennung *-st* befolgt das Silbenkontaktgesetz und die Onset-Maximierung, während sie die Sonoritätshierarchie verletzt, da der Sonoritätswert von [s] (bzw. [ʃ]) höher ist als der von [t]. Die Trennung *s-t* hingegen befolgt das Silbenkontaktgesetz und der Sonoritätshierarchie, während sie die Onset-Maximierung verletzt.

17 Nach Frey (1988: 169–170) sind die Trennungen *s-t* und *s-k* mit Hilfe des Lutzschen Gesetzes zu erklären (vgl. Szczepaniak 2007: 66–67).

Tab. 5: Phonologische Trennung von Sibilant + Obstruent.

Trennung	Silbenkontaktgesetz	Sonoritätsprinzip	Onset-Maximierung
-st	✓		✓
s-t	✓	✓	

Nach Frey (1988: 174–182) ist die Trennung von Sequenzen aus Sibilant + Obstruent graphematisch motiviert, sofern sie als Ligaturen (<ſt>) vorliegen. Das Vorhandensein von Ligaturen konnte nicht systematisch für alle Protokolle überprüft werden. Allerdings argumentieren wir auf Grundlage einer stichprobenartigen Untersuchung für eine phonologisch motivierte Trennung (vgl. Fix 1995: 25). Erstens unterliegt die Ligatur phonologischen Beschränkungen, da sie nur innerhalb des phonologischen Wortes vorkommt und nicht über Wortgrenzen hinweg. Zweitens würde die Trennung vor der Ligatur allein nicht erklären, dass gesamte dreigliedrige Konsonantencluster abgetrennt werden (z.B. *zugesprochen*, Messkirch 1644). Und drittens konnten keine Unterschiede zwischen <sch>+C und <s>+C gefunden werden.

5 Diskussion

In diesem Abschnitt werden die Ergebnisse unserer Untersuchung vor dem Hintergrund früherer Studien zur Worttrennung diskutiert. Zuerst wird die Worttrennung in den Hexenverhörprotokollen mit der Worttrennung im Alt- und Mittelhochdeutschen verglichen. Für das Alt- und Mittelhochdeutsche werden wir uns auf Frey (1988) stützen. Der Vergleich bietet sich an, da für diese Sprachstufen ebenso wie für die Frühe Neuzeit Handschriften ausgewertet wurden. Anschließend wird die Worttrennung in Drucktexten und in den Hexenverhörprotokollen gegenübergestellt. Für die Drucktexte werden wir uns auf Güthert (2005) beziehen. Die Gegenüberstellung soll die Frage klären, ob und inwiefern die Regeln, die von den zeitgenössischen Grammatikern und Orthographen für die Drucktexte aufgestellt wurden, auch in den Handschriften Anwendung finden.

Die Worttrennung in der Frühen Neuzeit ist der des Althochdeutschen in einem wesentlichen Punkt ähnlich: Die Trennung ist phonologisch motiviert, insofern als die Silbifizierung in wortmedialer Position mit unmarkierten Silbenkontakten einhergeht, während an phonologischen Wortgrenzen markierte Silbenkontakte entstehen können. Als Unterschied zwischen dem Althochdeutschen und dem Frühneuhochdeutschen wird in der einschlägigen Literatur oft die Trennung an Morphemgrenzen thematisiert, die einen markierten Silbenkontakt hervorbringen (z.B. *sein-em*, Ellingen 1590) (Güthert 2005: 125–126; Voeste 2008: 116–117). Diese qualitative Beobachtung wird jedoch nie quantifiziert. In unserem Korpus macht der Anteil dieser Trennung lediglich 2% des Gesamtmaterials aus (siehe Abbildung 1). In dieser Hinsicht unterscheidet sich das Deutsche der Frühen Neuzeit kaum vom Althochdeutschen und Altenglischen, die einen ähnlich niedrigen Anteil aufweisen (vgl. zu Belegen aus dem Althochdeutschen Fußnote 3).

Die Zahl der unmarkierten Silbenkontakte in wortmedialer Position beträgt in den althochdeutschen, mittelhochdeutschen und frühneuzeitlichen Handschriften jeweils 97%, 97% und 92%, wie aus Tabelle 6 zu entnehmen ist.[18] Zum einen hängt die Abnahme der unmarkierten Silbenkontakte eng mit der Synkope zusammen. Dieser Prozess hat zur Entstehung von heterosyllabischen Konsonantenclustern beigetragen, die einen markierten Silbenkontakt aufweisen. Beispiele hierfür sind [ç.n] (mhd. *rechenen* > fnhd. *rechnen*), [f.n] (mhd. *offenen* > fnhd. *öffnen*), [g.n] (mhd. *segenen* > fnhd. *segnen*) und [t.v] (mhd. *etewas* > fnhd. *etwas*) (vgl. Ebert, Reichmann & Wegera 1993: 80). Belegt sind in unseren Daten [g.n] (z.B. *begeg-net*, Leipzig 1640) und [t.v] (z.B. *et-waß*, Baden 1628). Zum anderen lässt sich der höhere Anteil der markierten Silbenkontakte zum Teil auch auf die Kodierung der Daten zurückführen. Frey (1988: 101) sieht beispielsweise eine Morphemgrenze in Trennungen wie *ânt-uuûrten* ‘antworten’. Wir hingegen haben bei Belegen wie *andt-wortt* (Hildesheim 1628) und *andt-worten* (Blankensee 1619) keine Morphemgrenze angenommen.

Tab. 6: Wortmediale Trennung in althochdeutschen, mittelhochdeutschen und frühneuzeitlichen Handschriften.

	Unmarkierter Silbenkontakt	Markierter Silbenkontakt
Althochdeutsch	6423 (97%)	223 (3%)
Mittelhochdeutsch	1243 (97%)	38 (3%)
Frühe Neuzeit	643 (92%)	59 (8%)

18 Die Angaben zum Alt- und Mittelhochdeutschen wurden aus Frey (1988: 142, 250, 261) entnommen. Die Zahl der markierten und unmarkierten Silbenkontakte im Deutschen der Frühen Neuzeit ergibt sich aus der Summe der jeweiligen Silbenkontakte in wortmedialer Position (vgl. Abbildung 1). Dadurch sind unsere Ergebnisse mit denen von Frey (1988) vergleichbar, denn sie beschränkt sich auf die Simplizialteilung (S. 150–217).

Die Frage bleibt offen, ob die Zahl der markierten Silbenkontakte an phonologischen Wortgrenzen ebenfalls gestiegen ist. Obwohl Frey (1988: 140, 218–219) insgesamt 5372 Belege für Worttrennung bei Komposita und wortwertigen Affixen findet, wird die Markiertheit der Silbenkontakte nicht angegeben. Wie wir in Abschnitt 4.1 dargelegt haben, beträgt der Anteil von markierten Silbenkontakten an Wortgrenzen in den Hexenverhörprotokollen 25% (d.h. 17% mehr als wortmedial). In der Entwicklung vom Alt- zum Frühneuhochdeutschen ist mit einer Zunahme von markierten Silbenkontakten an Wortgrenzen zu rechnen, die durch die Apokope zustande kam. Dies ist vor allem der Fall bei ursprünglich auf Vokal auslautenden Präpositionen, die nun auf Konsonant enden, wie ein Vergleich zwischen ahd. *ába uuísken* (mit dem unmarkierten Silbenkontakt [a.v]) und fnhd. *abwischen* (mit dem markierten Silbenkontakt [p.v]) zeigt (vgl. Paul 1998: 80).

Wir kommen zur Trennpraxis in der Frühen Neuzeit auf der Grundlage von Drucktexten und Handschriften. Tabelle 7 führt zunächst auf, wie bestimmte Grapheme und Graphemkombinationen nach Anweisungen von Grammatikern und Orthographen des 16. Jahrhunderts getrennt werden sollen. Zusätzlich wird die Trennung in Drucktexten und Handschriften gegenübergestellt, um die Frage zu beantworten, ob und inwiefern die Regeln der Grammatiker und Orthographen gleichermaßen rezipiert wurden.[19] Aus der Tabelle geht hervor, dass sich die Trennpraxis in Drucktexten und Handschriften kaum voneinander unterscheidet.[20] Die einzige Ausnahme bilden die Sequenzen aus Obstruent + Sonorant. Diesbezüglich plädieren Grammatiker und Orthographen für eine Trennung zwischen Obstruent und Sonorant. Die Trennpraxis in den Drucktexten zeigt, dass Sequenzen aus Obstruent + Sonorant in einheimischen Wörtern teilweise nach den Regeln der Grammatiken und Orthographielehren heterosyllabiert werden, während sie in Fremdwörtern (vor allem Personennamen) tautosyllabiert werden. Dieser Unterschied konnte in den Hexenverhörprotokollen nicht bestätigt werden, wo die Trennung dieser Konsonantencluster phonologisch motiviert ist und die Onset-Maximierung befolgt. Güthert (2005: 172) weist darauf hin, dass im Laufe des 18. Jahrhunderts, d.h. nach unserem Untersuchungszeitraum, die phonologisch motivierte Trennung aufgegeben und durch die Ein-Graphem-Regel abgelöst wird.

---

19 Die Tabelle beruht auf Güthert (2005: 213–221). Die Anweisungen zur Worttrennung am Zeilenende, auf die sich die Autorin stützt, wurden aus Kolroß (1530), Fabritius (1532), Ickelsamer (1532) und Fuchsperger (1542) entnommen. Die Häufigkeitsangaben zur Trennung in den Hexenverhörprotokollen beziehen sich auf die wortmediale Position.

20 Die Trennung der Grapheme <ck> und <pf> ist in den Hexenverhörprotokollen kaum belegt. Daher ist ihr Trennverhalten nicht aussagekräftig.

Tab. 7: Trennpraxis in Drucktexten und in den Hexenverhörprotokollen.

Grapheme	Grammatiken (bis Mitte des 16. Jh.)	Drucktexte (Güthert 2005)	Handschriften (Hexenverhör-protokolle)
<ng>	*n-g* ~ *-ng* ~ *ng-*	*n-g* (seit 1565)	*n-g* 7/7
<ch>	*-ch* (nach Langvokal und Konsonant)	*-ch* (seit 1550)	*-ch* 9/9
<sch>	*-sch* (nach Langvokal und Konsonant)	*-sch* (seit 1550)	*-sch* 9/9
<ck>	*c-k*	*-ck* (seit Ende des 16. Jh.)	*-ck* ~ *c-k* (1/3 und 2/3)
<pf>	*-pf*	*pf-f* (mit Schwankungen)	*-pf* 1/1
<dt>	*d-t*	*d-t* (seit 1500)	N/A
Sib+O	*-st*, *-sp*	*-st*, *-sp* (seit 1550)	*-st* 27/27, *-sp* 1/1
O+S	-OS ~ O-S	-OS ~ O-S (mit Schwankungen)	-OS 44/48

O = Obstruent, S = Sonorant, Sib = Sibilant

6 Zusammenfassung

Dieser Beitrag liefert eine quantitative Studie auf der Grundlage frühneuzeitlicher Hexenverhörprotokolle, in der erstmals die phonologischen, morphologischen und graphematischen Faktoren systematisch analysiert werden, die bei der Worttrennung am Zeilenende interagieren. Es konnte gezeigt werden, dass die Worttrennung nicht willkürlich ist und dass sie Einblicke in die Phonologie des Frühneuhochdeutschen bietet.

Es wurden insgesamt 1264 Belege für Worttrennung am Zeilenende ausgewertet. Die phonologisch motivierte Trennung (Trennstelle bei unmarkierten Silbenkontakten) erklärt 83% der Fälle, die morphologisch motivierte (Trennstelle an Morphemgrenzen) dagegen 68%. Bei Anwesenheit einer Morphemgrenze wurde dreimal so viel an der Morphemgrenze getrennt wie anderswo im Wort. Darüber hinaus wurde bei Eigennamen seltener an vorhandenen Morphemgrenzen getrennt als bei Appellativa. Das deutet darauf hin, dass Eigennamen nicht nur semantisch, sondern auch morphologisch weniger transparent sind als Appellativa. Die phonologisch und die morphologisch motivierte Trennung überlappen sich in 55% der Fälle. Dies ist der Fall, wenn an einer Morphemgrenze getrennt wird und dabei ein unmarkierter Silbenkontakt entsteht (z.B. *ge-wesen*, Alme 1630).

Im Vergleich zu früheren Ansätzen, die die phonologisch motivierte Trennung mit der Silbenphonologie gleichsetzen, liegt der zentrale Beitrag dieser Studie in der Anwendung der prosodischen Kategorie des phonologischen Wortes. Dies ermöglicht, phonologische und morphologische Aspekte der Worttrennung zu vereinbaren, indem zwischen Morphemgrenzen innerhalb eines phonologischen Wortes und Morphemgrenzen, die mit phonologischen Wortgrenzen zusammenfallen, unterschieden wird. Dadurch kann die Worttrennung in 95% der Fälle erfasst werden. Eine Unterscheidung zwischen wortpositionsbezogenen Morphemgrenzen erwies sich in zweierlei Hinsicht als besonders ergiebig. Erstens zeigte sich, dass zweimal soviel an phonologischen Wortgrenzen getrennt wird wie an wortmedialen Morphemgrenzen. Und zweitens häufen sich markierte Silbenkontakte an phonologischen Wortgrenzen. Die Trennung von vokalisch anlautenden Suffixen (z.B. *Ain-em*, Rosenfeld 1603), die oft als kennzeichnend für das Frühneuhochdeutsche betrachtet wird, ist nur spärlich belegt (2%). Außerdem stellt diese Trennung keine Neuerung dar, denn sie ist auch im Althochdeutschen dokumentiert. Es lässt sich festhalten, dass die Worttrennung die phonologische Silbifizierung widerspiegelt: Es wird entweder an phonologischen Wortgrenzen getrennt (Kompositionsfugen, Präpositionaladverbien und Derivation durch wortwertige Affixe), wo markierte Silbenstrukturen entstehen können, oder in wortmedialer Position, wo eine optimale Silbenstruktur durch das Silbenkontaktgesetz gewährleistet wird.

Die Gültigkeit einer graphematisch motivierten Trennung im Sinne der Ein-Graphem-Regel wurde kritisch hinterfragt. Von den Fällen abgesehen, wo sich die phonologisch und die graphematisch motivierte Trennung überlappen, konnte nachgewiesen werden, dass das Trennverhalten von Konsonantenverbindungen phonologisch durch die Onset-Maximierung motiviert ist. Die Relevanz der Ein-Graphem-Regel ist also nicht so stark ausgeprägt wie in späteren Jahrhunderten.

Ein Vergleich mit alt- und mittelhochdeutschen Handschriften hat gezeigt, dass in der Frühen Neuzeit die Zahl der markierten Silbenkontakte in wortmedialer Position leicht zugenommen hat. Dieser Befund kann auf die Synkope zurückgeführt werden, die zur Entstehung von wortmedialen markierten Silbenkontakten geführt hat (z.B. [t.v], [g.n] etc.). Zu einer Verschlechterung der Silbenstruktur in wortmedialer Position hat ebenfalls die Ambisilbifizität beigetragen. Das Trennverhalten von ambisilbischen Konsonanten lässt Rückschlüsse auf ihre Existenz im Deutschen der Frühen Neuzeit zu.

Im Hinblick auf die Trennpraxis in Drucktexten im Vergleich zu den Hexenverhörprotokollen konnte kein Unterschied festgestellt werden. Eine Ausnahme bilden die Muta-cum-Liquida-Verbindungen, die in Drucktexten oft heterosyllabiert werden, während sie in den Hexenverhörprotokollen tautosyllabiert werden.

Zusammenfassend konnte nachgewiesen werden, dass die gleichzeitige Erfassung von phonologischen, morphologischen und graphematischen Faktoren in der Worttrennung Zusammenhänge aufdeckt, die bei einer exklusiven Zuordnung zu dem einen oder dem anderen Trennprinzip verborgen geblieben wären. Konkret konnte gezeigt werden, dass eine Interaktion von phonologischen und morphologischen Faktoren, vereint in der Kategorie des phonologischen Wortes, die Worttrennung in den Hexenverhörprotokollen am besten erfassen kann. Die Worttrennung am Zeilenende erweist sich somit als ein nützliches Diagnostikum für größere Fragestellungen der historischen Phonologie, wie etwa den Wandel des Deutschen von einer Silben- zu einer Wortsprache.

Literatur

Auer, Peter (1994): Einige Argumente gegen die Silbe als universale prosodische Hauptkategorie. In Karl Heinz Ramers, Heinz Vater & Henning Wode (Hrsg.), *Universale phonologische Strukturen und Prozesse*, 55–78. Berlin: de Gruyter (Linguistische Arbeiten 310).

Barteld, Fabian, Stefan Hartmann & Renata Szczepaniak (2016): The usage and spread of sentence-internal capitalization in Early New High German: A multifactorial approach. *Folia Linguistica* 50 (2), 385–412.

Berg, Thomas & Jussi Niemi (2000): Syllabification in Finnish and German: Onset filling vs. onset maximization. *Journal of Phonetics* 28 (1), 187–216.

Birkmann, Thomas (1995): Zur Worttrennung am Zeilenende in den altfriesischen Handschriften des Brokmerbriefes. In Hans Fix (Hrsg.), *Quantitätsproblematik und Metrik: Greifswalder Symposion zur germanischen Grammatik*, 1–12. Amsterdam: Rodopi (Amsterdamer Beiträge zur Älteren Germanistik 42).

Booij, Geert (1999): The role of the prosodic word in phonotactic generalizations. In Tracy Alan Hall & Ursula Kleinhenz (Hrsg.), *Studies on the phonological word*, 47–72. Amsterdam: John Benjamins.

Caro Reina, Javier (2019): *Central Catalan and Swabian: A study in the framework of the typology of syllable and word languages*. Berlin: de Gruyter (Beihefte zur Zeitschrift für romanische Philologie 422).

Côté, Marie-Hélène & Viktor Kharlamov (2011): The impact of experimental tasks on syllabification judgments: A case study of Russian. In Charles E. Cairns & Eric Raimy (Hrsg.), *Handbook of the syllable*, 273–294. Leiden: Brill.

Derwing, Bruce L. (1992): A 'pause-break' task for eliciting syllable boundary judgments from literate and illiterate speakers: Preliminary results for five diverse languages. *Language and Speech* 35 (1–2), 219–235.

Ebert, Robert Peter, Oskar Reichmann & Klaus-Peter Wegera (1993): *Frühneuhochdeutsche Grammatik*. Tübingen: Niemeyer (Sammlung kurzer Grammatiken germanischer Dialekte 12).

Eisenberg, Peter (2013): *Grundriß der deutschen Grammatik*. 4. Aufl. Stuttgart: Metzler.

Fix, Hans (1995): Zu Worttrennung und Syllabierung im altnorwegischen Homilienbuch (AM 619 4°). In Hans Fix (Hrsg.), *Quantitätsproblematik und Metrik: Greifswalder Symposion zur germanischen Grammatik*, 13–29. Amsterdam: Rodopi (Amsterdamer Beiträge zur Älteren Germanistik 42).

Frey, Evelyn (1988): *Wortteilung und Silbenstruktur im Althochdeutschen. Mit einem Anhang zur mittelhochdeutschen „Speculum ecclesiae"-Handschrift*. Universität München: München.

Frey, Evelyn (1989): Worttrennung und Silbenstruktur des Gotischen mit besonderer Berücksichtigung der Skeireins. *Indogermanische Forschungen* 94, 272–293.

Fuhrhop, Nanna & Jörg Peters (2013): *Einführung in die Phonologie und Graphematik*. Stuttgart: Metzler.

Günther, Hartmut (2006): Kennen Grundschulkinder der ersten und zweiten Klasse Silbengrenzen? In Ursula Bredel & Hartmut Günther (Hrsg.), Orthographietheorie und Rechtschreibunterricht, 127–138. Tübingen: Niemeyer (Linguistische Arbeiten 509).

Güthert, Kerstin (2005): *Herausbildung von Norm und Usus scribendi im Bereich der Worttrennung am Zeilenende (1500–1800)*. Heidelberg: Winter (Germanistische Bibliothek 24).

Hall, Tracy Alan (2011): *Phonologie. Eine Einführung*. 2. Aufl. Berlin: Walter de Gruyter.

Hermann, Anna (2017): *Worttrennung in Handschrift und Druck. Reflexe des medialen Umbruchs in der deutschen Orthographiegeschichte*. Rostock: Universität Rostock.

Hermann, Eduard (1922): *Silbenbildung im Griechischen und in den anderen indogermanischen Sprachen*. Göttingen: Vandenhoek & Ruprecht.

Huneke, Hans-Werner (2002): Intuitiver Zugang von Vorschulkindern zum Silbengelenk – eine Grundlage für die Schärfungsschreibung? In Doris Tophinke & Christa Röber-Siekmeyer (Hrsg.), *Schärfungsschreibung im Fokus. Zur schriftlichen Repräsentation sprachlicher Strukturen im Spannungsfeld von Sprachwissenschaft und Didaktik*, 85–104. Baltmannsweiler: Schneider.

Lutz, Angelika (1985): Rezension zu 'Die Worttrennung am Zeilenende in altenglischen Handschriften' von Claus-Dieter Wetzel. *Indogermanische Forschungen* 90, 227–238.

Lutz, Angelika (1986): The syllabic basis of word division in Old English manuscripts. *English Studies* 67 (3), 193–210.

Macha, Jürgen, Elvira Topalović, Iris Hille, Uta Nolting & Anja Wilke (Hrsg.) (2005): *Deutsche Kanzleisprache in Hexenverhörprotokollen der Frühen Neuzeit. Band 1: Auswahledition. Band 2: Kommentierte Bibliographie zur regionalen Hexenforschung*. Berlin: de Gruyter.

Markus, Manfred (1988): Zur altenglischen Worttrennung und Silbenstruktur. *Indogermanische Forschungen* 93, 197–209.

Neef, Martin (2007): Worttrennung am Zeilenende: Überlegungen zur Bewertung und Analyse orthographischer Daten. *Zeitschrift für germanistische Linguistik* 35, 283–314.

Nespor, Marina & Irene Vogel (2007): *Prosodic phonology. With a new foreword*. Berlin, New York: Mouton de Gruyter (Studies in Generative Grammar 28).

Nübling, Damaris (2007): Rezension zu 'Herausbildung von Norm und Usus scribendi im Bereich der Worttrennung am Zeilenende (1500–1800)' von Kerstin Güthert. *Zeitschrift für Dialektologie und Linguistik* 74 (2–3), 352–355.

Nübling, Damaris, Antje Dammel, Janet Duke & Renata Szczepaniak (2013): *Historische Sprachwissenschaft des Deutschen. Eine Einführung in die Prinzipien des Sprachwandels*. 4. Aufl. Tübingen: Narr.

Nübling, Damaris, Fabian Fahlbusch & Rita Heuser (2015): *Namen. Eine Einführung in die Onomastik*. 2. Aufl. Tübingen: Narr.

Parker, Steve (2011): Sonority. In Marc van Oostendorp, Colin J. Ewen, Elizabeth Hume & Keren Rice (Hrsg.), *The Blackwell companion to phonology. Volume 2: Suprasegmental and prosodic phonology*, 1160–1184. Malden, MA: Wiley-Blackwell.

Paul, Hermann (1998): *Mittelhochdeutsche Grammatik*. 24. Aufl. Tübingen: Niemeyer (Sammlung Kurzer Grammatiken Germanischer Dialekte 2).

Primus, Beatrice (2003): Zum Silbenbegriff in der Schrift-, Laut- und Gebärdensprache. Versuch einer mediumübergreifenden Fundierung. *Zeitschrift für Sprachwissenschaft* 22 (1), 3–55.

R Core Team (2018): *R: A language and environment for statistical computing. R Foundation for Statistical Computing*. https://www.R-project.org (05.10.2019).

Raffelsiefen, Renate (2000): Evidence for word-internal phonological words in German. In Rolf Thieroff, Matthias Tamrat, Nanna Fuhrhop & Oliver Teuber (Hrsg.), *Deutsche Grammatik in Theorie und Praxis*, 43–56. Tübingen: Niemeyer.

Restle, David & Theo Vennemann (2001): Silbenstruktur. In Martin Haspelmath, Ekkehard König, Wulf Oesterreicher & Wolfgang Raible (Hrsg.), *Language typology and language universals*, 1310–1336. Berlin, New York: Walter de Gruyter (Handbücher zur Sprach- und Kommunikationswissenschaft 30.2).

Ruge, Nikolaus & Anja Voeste (2018): Worttrennung in Handschrift und Frühdruck. *Sprachwissenschaft* 43 (3), 281–307.

Schutzeichel, Marc & Renata Szczepaniak (2015): Die Durchsetzung der satzinternen Großschreibung in Norddeutschland am Beispiel der Hexenverhörprotokolle. In Markus Hundt & Alexander Lasch (Hrsg.), *Deutsch im Norden: Varietäten des norddeutschen Raumes im Spiegel der germanistischen Sprachgeschichtsschreibung*, 151–167. Berlin: de Gruyter.

Szczepaniak, Renata (2007): *Der phonologisch-typologische Wandel des Deutschen von einer Silben- zu einer Wortsprache*. Berlin: Mouton de Gruyter (Studia Linguistica Germanica 85).

Szczepaniak, Renata & Fabian Barteld (2016): Hexenverhörprotokolle als sprachhistorisches Korpus. In Sarah Kwekkeboom & Sandra Waldenberger (Hrsg.), *PerspektivWechsel oder: Die Wiederentdeckung der Philologie. Band 1: Sprachdaten und Grundlagenforschung in der Historischen Linguistik*, 43–70. Berlin: Erich Schmidt.

Trubetzkoy, Nikolaj S. (1971): *Grundzüge der Phonologie*. 5. Aufl. Göttingen: Vandenhoeck & Ruprecht.

Vennemann, Theo (1987): Muta cum Liquida. Worttrennung und Syllabierung im Gotischen. Mit einem Anhang zur Worttrennung in der Pariser Handschrift der althochdeutschen Isidor-Übersetzung. *Zeitschrift für deutsches Altertum und deutsche Literatur* 116 (3), 165–204.

Vennemann, Theo (1988): *Preference laws for syllable structure and the explanation of sound change. With special reference to German, Germanic, Italian, and Latin*. Berlin: Mouton de Gruyter.

Voeste, Anja (2008): *Orthographie und Innovation. Die Segmentierung des Wortes im 16. Jahrhundert*. Hildesheim: Olms (Germanistische Linguistik 22).

Voeste, Anja (2016): Graphematischer Wandel. In Ulrike Domahs & Beatrice Primus (Hrsg.), *Handbuch Laut, Gebärde, Buchstabe*, 418–435. Berlin: De Gruyter Mouton (Handbücher Sprachwissen 2).

Voeste, Anja (2018): Interpunktion und Textsegmentierung im frühen deutschsprachigen Prosaroman. *Beiträge zur Geschichte der deutschen Sprache und Literatur* 140 (1), 1–22.

Wetzel, Claus-Dieter (1981): *Die Worttrennung am Zeilenende in altenglischen Handschriften*. Frankfurt am Main: Lang.

Widlöcher, Antoine & Yann Mathet (2012): The Glozz Platform: A Corpus Annotation and Mining Tool. In *Proceedings of the 2012 ACM symposium on Document engineering*, 171–180. http://www.glozz.org (05.10.2019).

Wiese, Richard (1996): *The phonology of German*. Oxford: Oxford University Press.

Jessica Nowak

„Sagt sie, daß sie Niemand verfiehrt."

Zur satzinternen Großschreibung von Demonstrativa und Indefinita in den Hexenverhörprotokollen des 16./17. Jahrhunderts

Abstract: Der vorliegende Beitrag untersucht am Beispiel der Hexenverhörprotokolle des 16./17. Jhs. (Edition Macha et al. 2005) die Frage, ob und inwieweit Gemeinsamkeiten zu substantivischen Wortartmerkmalen die satzinterne Majuskelsetzung bei anderen Wortarten befördern. Hierzu wird exemplarisch die Großschreibungspraxis bei Demonstrativa und Indefinita unter Einschluss der Quantifikativa (z.B. *all-*, *einige-*, Indefinita i.w.S., s. Zifonun 2007) analysiert. Sie können syntaktisch in selbständiger Verwendung ähnlich wie Substantive Nominalphrasen bilden (bzw. für substantivische NPs stehen) und semantisch mit den Substantiven zumindest die generelle Referenz auf Entitäten leisten. Wie sich zeigen wird, ist ein komplexes Geflecht an interagierenden majuskelbefördernden Faktoren am Werk, allen voran die semantisch-kognitive Kategorie der Belebtheit.

Keywords: Großschreibung, Majuskelsetzung, Pronomina.

1 Einleitung

Als graphematisch-typologische Eigentümlichkeit des Deutschen gilt zweifelsohne die satzinterne Großschreibung (SiGS). Anders als in sämtlichen anderen lateinisch basierten Alphabetsystemen kennzeichnet die satzinterne Majuskel nicht nur die substantivische Subklasse der Eigennamen, sondern markiert konsequent Kerne von Nominalphrasen (NP) in allen syntaktischen Funktionen außer dem Prädikat: Diese werden zwar prototypischerweise von Substantiven gestellt (s. (1)), können aber auch durch jede andere substantivierte Wortart realisiert werden, z.B. Adjektive und Adverbien wie in (2)(a) oder Partikeln wie in (2)(b). Damit ist die SiGS im Nhd. längst nicht mehr lexikalisch (sog. Substantivgroßschreibung), sondern eindeutig grammatisch-syntaktisch gesteuert (vgl. Maas 1992: 156–172; zu einem textpragmatischen Ansatz s. Müller 2016).

Jessica Nowak, Johannes Gutenberg-Universität Mainz, nowakj@uni-mainz.de

https://doi.org/10.1515/9783110679649-004

(1) substantivische NP-Kerne

Wenn es [Sommer]$_{NP}$ wird, jagen [meine Katzen]$_{NP}$ [Mäuse]$_{NP}$ [[in] [Nachbars Garten]$_{NP}$]$_{PP}$.

Prädikativum Subjekt Objekt Adverbial mit Gen.-Attribut

(2) Substantivierungen als NP-Kerne

(a) *Das Schöne daran ist, dass ich mich auf das Hier und Jetzt konzentrieren kann.*

(b) *Ein Nein werde ich nicht akzeptieren.*

Die SiGS ist dabei an das Kriterium der Expandierbarkeit gekoppelt, d.h. der Attribuierbarkeit des nominalen Kerns, weshalb Pronomina in ihrer Stellvertreterfunktion von der Großschreibung ausgeschlossen sind (vgl. ARS 2006: §58.4), vgl. (3)(a)-(b).

(3) (a) *Gestern raschelte eine kleine **Amsel** im Gebüsch.*

(b) *Gestern raschelte ________ **etwas** im Gebüsch.*

Dass die Kleinschreibung substantivisch gebrauchter Pronomina jedoch nicht immer die Regel war, dokumentiert erstmals Tesch (1890: 86–87) für das 19. Jahrhundert. Diese überregional auftretende Tendenz zur pronominalen Majuskelsetzung lässt sich nach Ewald & Nerius (1990: 21), die sich dabei auf Tesch (1890) berufen, besonders bei „*Jemand, Niemand, Jedermann*, ebenso bei *Dieser, Jener, Derjenige, Derselbe* sowie bei *Alle, Einige, Andere, Manche, Viele, Keiner* [beobachten], wenn diese Wörter sich auf Personen bezogen und nicht attributiv gebraucht wurden." Dieser Befund illustriert nicht nur die unverkennbare Parallele zur belebtheitsgesteuerten Ausbreitung der Majuskel bei Substantiven und liefert damit einen ersten wichtigen Hinweis auf einen wortartenübergreifenden, kognitiv-semantisch basierten Majuskelauslöser, sondern verstärkt zugleich auch die Annahme von Ewald (1995: 96–98), dass der gemeinsame syntaktische Kontext, in dem Substantive und selbständige Pronomina auftreten, entscheidend für die satzinterne Majuskelsetzung ist (s. aber 3.1). Damit wäre ein zweiter wortartenübergreifender SiGS-Auslöser gegeben. Aber auch dieser greift für sich allein genommen zu kurz, denn ein erneuter Blick auf die von der Majuskelschreibung erfassten Pronomina zeigt, dass nur ausgewählte Subklassen betroffen sind, nämlich die Indefinita samt Quantifikativa und die Demonstrativa (zur Definition s. 2.2). Die Personalpronomina als prototypische Stellvertreter von Substantiven bzw. Nominalphrasen zeigen hingegen keinerlei Affinität zur

Großschreibung (s. auch 2.1).[1] Während die satzinterne Großschreibung im Allgemeinen und die der substantivischen Pronomina im Speziellen prinzipiell sprachintern begründbar ist,[2] wird die Zurückdrängung der pronominalen Majuskel auf den normativen Druck der Schulorthographien aus der 2. Hälfte des 19. Jhs. zurückgeführt und damit ein externer Faktor geltend gemacht (s. Rädle 2003: 119–141). Folglich erweisen sich solche zurückgenommenen Großschreibungstendenzen nicht nur als besonders aufschlussreich für ein differenziertes Verständnis der orthographischen Normierungsabläufe, sondern auch für die heute geltende SiGS als historisch gewachsenes Phänomen.

Da bisher „exakte Daten zum Aufkommen der Majuskel bei substantivischen Pronomen noch ausstehen“ (Ewald 1995: 98), setzt der vorliegende Beitrag genau hier mit einer größeren Korpusuntersuchung[3] an: Die Datengrundlage liefern die Hexenverhörprotokolle des 16./17. Jhs. aus der Edition von Macha et al. (2005). Wenngleich sich die handschriftlichen Aufzeichnungen der Gerichtsverhöre in Form von Mit- bzw. Abschriften durch ein erhöhtes Maß an Formalisierung und Standardisierung auszeichnen (vgl. Voltmer in diesem Band) und damit nur (sehr) bedingt Reflexe konzeptioneller Mündlichkeit enthalten (s. auch Macha 2005), lassen sich die Protokolle hinsichtlich ihrer Produktionsbedingungen in die Nähe „einer mehr oder minder spontanen Schriftlichkeit“ rücken (Szczepaniak & Barteld 2016: 45): Im Vergleich zu Druckerzeugnissen ist hier von „eine[r] geringere[n] Planungszeit und damit ein[em] stärker ausgeprägte[n] ‚online‘-Charakter in der Produktion“ (Szczepaniak & Barteld 2016: 45) auszugehen. Damit sind sie besonders geeignet, den schreibsprachlichen Usus i.S.e. ‚online-Graphematik‘ (Szczepaniak & Barteld 2016: 45) zu erfassen, und zwar für einen Zeitraum, in dem der satzinterne Majuskelgebrauch in der heutigen Ausprägung noch längst nicht konsolidiert ist: Die Substantivgroßschreibung setzt sich erst gegen Ende des 17. Jhs. durch, die der Nominalisierungen und damit aller erweiterbaren NP-Kerne erst im Laufe des 18. Jhs. (z.B. Bergmann 1999; s. auch 2.1). Gerade dieser Variationsspielraum dürfte die Weichen für die satzinterne Majuskelsetzung bei nicht-substantivischen Wortarten stellen, wie sie etwa auch für Adjektive im 17. Jh. dokumentiert ist (z.B. Wegera 1996). Anknüpfend an Ewald (1995: 96–

---

1 Die Höflichkeitsgroßschreibung von Anredepronomina oder bei pronominaler Referenz auf Gott als Ehrfurchtssignal ist dagegen pragmatisch gesteuert (z.B. Mentrup 1979, Bergmann 1999).

2 So wurde die SiGS von den Grammatikern erst lange nach ihrem Aufkommen in Schriftzeugnissen überhaupt vernommen, deren Beitrag somit i.W. in der Konsolidierung der SiGS im 17./18. Jh. bestand (s. Bergmann & Nerius 1998: 963–973). Möglicherweise hatten die Drucker/Setzer selbst einen nicht zu unterschätzenden Anteil an der SiGS (vgl. dazu Voeste 2013).

3 An dieser Stelle möchte ich Anna Heidgen für die tatkräftige Unterstützung bei der Zusammenstellung und Auswertung des Datenmaterials herzlich danken.

98) und die bisherigen Befunde des SiGS-Projekts werden die Steuerungsfaktoren für die pronominale Majuskelsetzung in gemeinsamen semantisch-kognitiven (z.B. Belebtheit), morphosyntaktischen (z.B. Artikelfähigkeit) und syntaktisch-funktionalen (z.B. Satzgliedfunktion) Merkmalen von Pronomina und Substantiven gesucht. Ausgangspunkt dieser Überlegung, die es in Abschnitt 2 noch zu elaborieren gilt, ist die Beobachtung, dass sich auch der satzinterne Majuskelgebrauch bei den Substantiven über gemeinsame Merkmale der einzelnen Subklassen ausgedehnt hat (vgl. Bredel 2006: 152–155), z.B. von den Konkreta auf die Abstrakta u.a. über die gemeinsame Objektreferenz. Dabei wird davon ausgegangen, dass eine größere Schnittmenge mit substantivischen Wortartmerkmalen eine vermehrte Majuskelsetzung bei anderen Wortklassen, in unserem Fall den substantivischen Pronomina, nach sich zieht. Bevor das Korpus samt methodischem Vorgehen vorgestellt (Abschnitt 3) und die Ergebnisse in einem nächsten Schritt ausgewertet und interpretiert werden (s. 3.1-3.4), sollen zunächst die Determinanten der satzinternen Majuskel in einem diachronen Abriss für die weitere Untersuchung herausgearbeitet werden (Abschnitt 2).

2 Determinanten der satzinternen Majuskel

Im Folgenden wird nach semantisch-funktionalen, morphosyntaktischen und syntaktisch-funktionalen Anknüpfungspunkten für eine pronominale Großschreibung gesucht (2.2), indem sowohl der Hauptstrang der SiGS-Entwicklung verfolgt wird, das ist die Etablierung der Majuskel zur Markierung von NP-Köpfen, als auch die Nebenstränge des historischen SiGS-Gebrauchs wie z.B. der Adjektivgroßschreibung (2.1).

2.1 Diachronie der satzinternen Großschreibung

Bekanntlich nimmt die satzinterne Majuskelsetzungspraxis ihren Anfang in der Auszeichnung thematisch-textuell wichtiger Wörter und ist damit eindeutig pragmatisch gesteuert, vgl. im Folgenden Abbildung 1, die die wichtigsten Etappen zur Ausdehnung der satzinternen Großschreibung im Deutschen zusammenfasst.

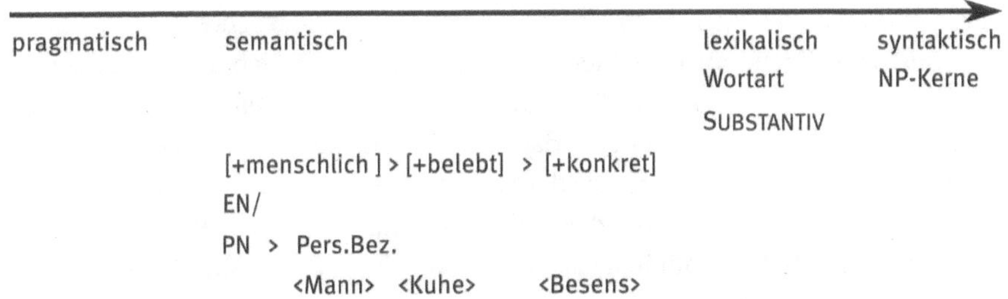

Abb. 1: Diachronie des Majuskelgebrauchs im Deutschen.

Wenngleich der Majuskelgebrauch zwar prinzipiell (noch) nicht an die Zugehörigkeit zu einer bestimmten Wortart gekoppelt ist, sind es zunächst v.a. Eigen- bzw. Personennamen (z.B. <Anna, Adolff, Jörglein>), die als wichtige Referenten hervorgehoben werden: Dies ist jedoch kein Zufall, denn ihre *Relevanz* ist nicht nur textthematisch begründet, sondern resultiert aus der Art und Weise, wie Menschen und damit Sprecher/Schreiber die außersprachliche Wirklichkeit wahrnehmen und strukturieren. Dabei spielen (1) Referentialität, (2) Individualität und (3) Belebtheit als kognitiv-semantische Faktoren eine entscheidende Rolle (vgl. im Folgenden Szczepaniak 2011): So leistet die Mono- bzw. Direktreferenz bei Eigennamen eine eineindeutige Identifizierbarkeit der einzelnen Referenten im Gegensatz zu Appellativen (*Referentialität*). Da Eigennamen zudem inhärent definit und prinzipiell singularisch konzeptualisiert sind, obliegt ihnen eine hohe Distinktivität gegenüber nicht-proprialen Einheiten (*Individualität*). Bei Personennamen kommt schließlich der kognitiv-semantische Faktor der *Belebtheit* hinzu: Menschen stellen prototypische, klar konturierte Individua dar, was ihre Relevanz im Gesamtkontext erhöht. Sie treten zudem häufig als die Partizipanten einer Handlung auf, wodurch sie zusätzlich stärker in der Wahrnehmung hervortreten als Begleitumstände wie lokalisierende Ausdrücke (sog. Handlungsnähe).

Erst allmählich wird dieses pragmatische Prinzip durch ein semantisches abgelöst, indem sich der Majuskelgebrauch zunehmend entlang der Belebtheits- und Individualitätsskala ausbreitet (vgl. Szczepaniak 2011: 351–355): Hierbei haben wir es mit einer allmählichen Kontextgeneralisierung der satzinternen Majuskelsetzung zu tun, die über die gemeinsamen Merkmale zwischen den substantivischen Subklassen ermöglicht wird. Das entscheidende Bindeglied zu den Appellativa stellen dabei die Personennamen dar, da die satzinterne Majuskel über das gemeinsame Merkmal [+menschlich] zunächst auf Personenbezeichnungen überspringt (z.B. <Mann, Persohn, Nachtbarin>). Auch sie sind durch ihren hohen Individualitäts- und Agentivitätsgrad kognitiv besonders auffällig und damit relevant für die versprachlichte

Information. Ihnen folgen innerhalb der Konkreta zunächst belebte, nicht-menschliche und schließlich unbelebte Referenten, bis der Majuskelgebrauch schlussendlich auch die Abstrakta erfasst; dies jedoch erst an der Schwelle zum 18. Jh. (vgl. Bergmann & Nerius 1998). Damit hat das semantische Prinzip ausgedient: Die SiGS markiert nun die lexikalische Klasse der Substantive. Auch hier wird deutlich, dass geteilte Eigenschaften zwischen den Subklassen für die Kontexterweiterung entscheidend sind: Belebte Entitäten (z.B. Tiere, vgl. <Kuhe, Pferdt, Ganß>) weisen wie Personenbezeichnungen die Merkmale [+belebt], [+konkret], [+individuiert] auf, unbelebte wiederum haben das Merkmal der Materialität als gemeinsamen Nenner (z.B. <Besens, Kürschen ‚Kirschen'>). Bei den Abstrakta sind es einerseits die gemeinsame Objektreferenz mit Konkreta (wenngleich nicht mehr auf sinnlich Wahrnehmbares), andererseits für Substantive typische morphosyntaktische und syntaktisch-funktionale Eigenschaften wie Genusfestigkeit, Artikelfähigkeit, Kasus-Numerus-Flexion, die die Annahme der Majuskel induzieren (vgl. z.B. <Zeit, That>).[4]

Nur so ist schließlich zu erklären, dass Substantivierungen, die wortkategorial nicht zu den Substantiven zählen, ebenfalls von der satzinternen Majuskel erfasst wurden. Als „Grenzgänger" zwischen den Wortarten entbehren sie zwar typischer Substantivmerkmale wie Pluralfähigkeit (z.B. *laufen* → *das Laufen*, **die Laufen(s)* vs. *der Lauf, die Läufe*) oder Genusfestigkeit (z.B. *schön* → *das/der/die Schöne* vs. *die Schönheit*), erfüllen jedoch in Syntagmen dieselben Funktionen wie Substantive (z.B. Subjekt, Objekt) und können zudem wie Substantive Komplemente aufweisen, z.B. durch Attribute oder genitivische NPs bzw. Präpositionalphrasen erweitert werden. Ein solches Grenzgängertum lässt sich auch bei den Indefinita und Quantifikativa konstatieren, wie in 2.2 näher beschrieben wird, und könnte womöglich ein Einfallstor für einen vermehrten Majuskelgebrauch bedeuten. Mit der konsequenten Großschreibung von Substantivierungen im Laufe des 18. Jhs. vollzieht die satzinterne Majuskel schließlich den funktionalen Wandel zur Markierung nominaler Kerne.

Neben diesem Hauptentwicklungsstrang des satzinternen Majuskelgebrauchs, der weitgehend unverändert in die heutige Großschreibungsregelung gemündet ist, verlaufen im Fnhd. bzw. frühen Nhd. weitere, z.T. nur **temporäre Entwicklungsstränge**: Hierher gehören die weitgehend auf die 1. Hälfte des 17. Jhs. beschränkte Tendenz zur Großschreibung attributiver Adjektive (vgl. Wegera 1996, Bergmann & Nerius 1998: 875–891), die Konsolidierung der satzinternen Majuskel zur Höflichkeitsmarkierung bei den Anredepronomina im Laufe des 18. Jhs. (vgl.

4 Zu weiteren Faktoren, insbesondere einer evaluativen Kleinschreibung von Frauenbezeichnungen i.S.e. graphischen Diskriminierung vgl. Dücker, Hartmann & Szczepaniak (in diesem Band).

hierzu Mentrup 1979) sowie die von Ewald & Nerius (1990) bzw. Ewald (1995) für das 19. Jh. dokumentierte Großschreibungstendenz substantivischer Pronomina.

Entscheidend an diesen Nebenpfaden ist die Tatsache, dass sie ausgerechnet diejenigen Wortarten betreffen, die den Substantiven morphosyntaktisch und/ oder syntaktisch-funktional am nächsten stehen: die Adjektive und Pronomina[5], die zusammen mit den Substantiven die Nomenkategorie konstituieren, für die die Kategorisierungen nach Kasus, Numerus und Genus prinzipiell einschlägig sind. Dagegen sind Großschreibungen nicht-nominaler Wortarten (z.B. Verben), Substantivierungen ausgenommen, kaum zu verbuchen (z.B. Bergmann & Nerius 1998: 891–904). Vor diesem Hintergrund ist es durchaus legitim, die Nominalphrase als Domäne des satzinternen Majuskelgebrauchs im Fnhd. und frühen Nhd. mit einem substantivischen „Epizentrum" – dem prototypischen NP-Kern – zu konzeptualisieren, dessen Wirkungsradius sich entweder über weitere NP-Konstituenten (z.B. attributive Adjektive) erstreckt oder über syntaktisch-funktionale Gemeinsamkeiten (z.B. Subjekt/Objekt-Funktion bei substantivischen Pronomina; s. auch Szczepaniak & Barteld 2016), vgl. Abbildung 2.

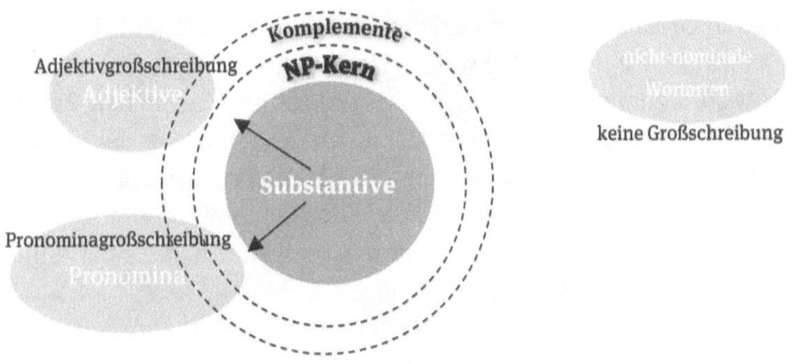

Abb. 2: Die NP als Domäne des satzinternen Majuskelgebrauchs.

Wie Weber (1958), Wegera (1996) und Bergmann & Nerius (1998) gezeigt haben, werden vornehmlich attributiv verwendete Adjektive großgeschrieben, z.B. <Römisch, Kaiserlich, Weise>. Dies wird u.a. auf den noch schwankenden Majuskelgebrauch als visuelles Grenzsignal innerhalb der NP zurückgeführt: Bei der Adjektivgroßschreibung wird der linke NP-Rand ausgezeichnet, bei der Großschreibung von NP-

5 Die Großschreibung der Höflichkeitspronomina ist allerdings pragmatisch gesteuert, weshalb sie im Folgenden nicht weiterverfolgt wird (s. auch Fußnote 1).

Kernen der rechte (s. auch Maas 1995; vgl. jedoch Dücker in diesem Band). Dieses als Lesehilfe zu verstehende visuelle Strukturierungsprinzip könnte auch für unselbständig gebrauchte Pronomina einschlägig sein, z.B. [*dies-* + Substantiv], [*kein-* + Substantiv], was durch den äußeren gestrichelten Kreis in Abbildung 2 symbolisiert wird. Im Gegensatz zu Adjektiven können Pronomina prinzipiell auch selbständig, d.h. substantivisch verwendet werden. In diesem Fall fungieren sie selbst als NP-Kern, was die syntaktisch-funktionale Überlappung mit substantivischen Köpfen bedingt, in Abbildung 2 durch den inneren gestrichelten Kreis visualisiert (s. auch 2.2).

Die Annahme, dass gemeinsame Merkmale mit der Substantivwortart das Setzen einer Majuskel befördern, wird auch dadurch bestärkt, dass sich die semantisch-derivationelle Nähe zur substantivischen Basis auf das Großschreibverhalten auswirkt (s. Bergmann & Nerius 1998, Wegera 1996, Kempf 2017): So orientiert sich der adjektivische Majuskelgebrauch an der Großschreibungspraxis der Basiskategorie: deonymische Adjektive werden nicht nur deutlich früher, sondern mit Anteilen bis zu über 90% auch deutlich häufiger und konsequenter großgeschrieben als deappellativische Derivate (s. Bergmann 1999). Flankiert wird das Ganze von majuskelbefördernden pseudosubstantivischen Kontexten, in denen Adjektive formale Substantivbegleiter wie Artikel und/oder Präpositionen aufweisen (s. auch Wegera 1996; Ewald & Nerius 1990: 48–50). Dieser letzte Aspekt könnte sich – zumindest bei einem Teil der zu untersuchenden Pronomina – majuskelbefördernd auswirken, vgl. Konstruktionen wie *der eine – der andere* oder *ein jeder* (s. 3.4). Hier ist zudem der Übergang zu entsprechenden Substantivierungen fließend, weshalb in diesen Fällen die Großschreibung heute möglich ist, „wenn der Schreibende zum Ausdruck bringen will, dass das Zahladjektiv substantivisch gebraucht ist" (ARS 2006: §58.5, E4).

Für die nachfolgende Korpusanalyse bedeutet dies, dass anders als bei Ewald (1995) nicht nur der substantivische, sondern auch der adjektivische Gebrauch (sofern vorhanden) der Demonstrativ- und Indefinitpronomina unter die Lupe genommen werden muss: Nur so kann festgestellt werden, ob und inwieweit der syntaktisch-funktionale Kontext tatsächlich majuskelbefördernd ist (s. 3.2.1). Zugleich lässt sich aber auch über die Nähe zu den Adjektiven das Großschreibverhalten in attributiven Verwendungskontexten begründen (s. 3.2.3).

2.2 Andockstationen für die pronominale Großschreibung

Im Folgenden wird in Anlehnung an Daneš (1982: 133) „die Vorstellung von starren, statischen Kategorien" aufgegeben und ein auf dem Prototypenprinzip fußendes, dynamisches Wortartenkonzept vertreten (s. auch Knobloch & Schaeder 2000:

685–686, Bybee 2010). Das hat einerseits den Vorteil, dass die historische Majuskelsetzungspraxis vor dem Hintergrund einer „ständige[n] Bewegung innerhalb des Wortartensystems“ (Ewald & Nerius 1990: 40) begriffen und majuskelauslösende Faktoren über wortartenübergreifende Gemeinsamkeiten aufgedeckt werden können. Andererseits, dass hierdurch die Problematik rund um die Annahme der Pronomina-Kategorie und ihrer Subklassifikation elegant gelöst wird, ohne diese wie z.B. bei Helbig & Buscha (2017) als eigenständige Wortart aufgeben zu müssen. Für die in der Forschung als wortartkonstituierend geltenden semantischen (z.B. Autosemantika vs. Synsemantika), morphologischen (z.B. flektierbar vs. nicht-flektierbar) und syntaktischen Kriterien bedeutet dies, dass sie nur für das Zentrum, d.h. die prototypischen Vertreter einer jeden Wortart voll greifen. Zur Peripherie hin sind die einzelnen wortartkonstituierenden Merkmale unterschiedlich stark ausgeprägt und können sich im Übergangsbereich mit denen anderer Wortarten überschneiden bzw. überlagern.

Eine solche Überlappung liegt zwischen Substantiven und Pronomina vor: So teilen letztere z.B. mit substantivischen Phrasen „die funktionale Domäne der Referenz auf Gegenstände eines Objektbereichs“ (Zifonun 2017: 519), allerdings ohne dabei die Objekte durch Nomination (→ Appellativa) oder Identifikation über eine konventionalisierte Benennung (→ Eigennamen) zu charakterisieren. Pronomina tragen damit anders als Substantive keine kategorematische, sondern eine grammatische Bedeutung – d.h. sie sind „nominale Funktionswörter“ (Zifonun 2005: 196): Als solche gewinnen sie prototypischerweise ihre „aktuelle Bedeutung, indem [sie] entweder auf den sprachlichen oder auf den situativen Kontext Bezug“ (Hentschel 2010: 287) nehmen, m.a.W. stellen sie zumeist sprechhandlungsbezogene, deiktische (z.B. *ich/du*, *dieser/jener*) oder phorische (z.B. *er/sie/es*) Referenz in der Sprechsituation bzw. im Diskurs her (Personal- und Demonstrativpronomina), können aber je nach Kontext auch Funktionen übernehmen wie die Anzeige von Besitz bzw. Zugehörigkeit (Possessiva) oder Referenzidentität (z.B. Reflexiva) (z.B. Graefen 2009: 658, Hentschel & Weydt 2013: 218–219). Den universell gültigen Kernbereich stellen Zifonun (2001: 14) zufolge die Personalpronomina dar, dem Possessiva und Demonstrativa als weitere Kernschicht folgen. Sie verhalten sich zudem morphosyntaktisch durch die Realisierung der Kategorien Genus, Kasus und Numerus relativ einheitlich, vgl. im Folgenden Abbildung 3. Die Peripherie besetzen übereinzelsprachlich unterschiedlich stark repräsentierte pronominale Subklassen wie Interrogativa (z.B. *wer*, *was*) und Relativa (z.B. *der*, *welcher*) – die nicht mit abgebildet sind – sowie Indefinita (z.B. *jemand*, *nichts*) samt Quantifikativa (z.B. *alle*, *viele*).

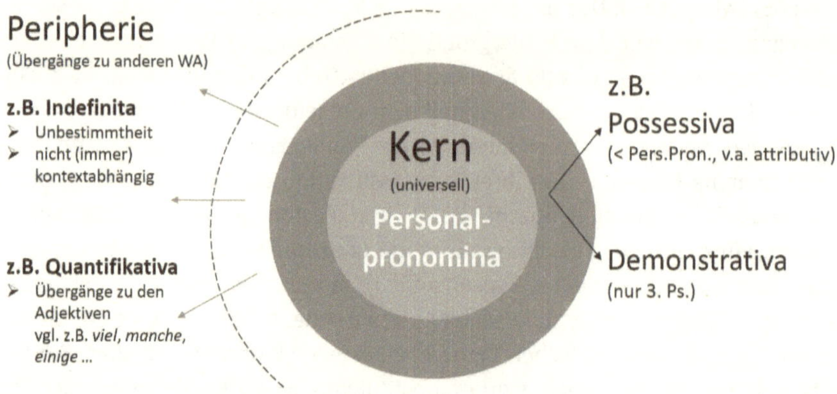

Abb. 3: Prototypenstruktur der Pronomina im Deutschen.

Im Gegensatz zu den Relativa und Interrogativa, die recht kohärente Subgruppen bilden, fungiert das Label INDEFINITA vielfach als „Sammelbecken" oder „Restklasse" (s. Haspelmath 1997: 11). Im Folgenden wird die Klassifikation von Zifonun (2007) zugrunde gelegt, wonach sich die Indefinita i.w.S. einerseits aus dem Kernbestand an Pronomina mit indefiniter Referenz speisen, den Indefinita i.e.S. (*jemand*, *niemand*, *jedermann*, *etwas*, *nichts*), andererseits aus den sog. Quantifikativa (*alle*, *jede-*, *viele*, *einige*, *manche-*, *kein-*). Diese leisten zwar streng genommen keine indefinite Referenz, bringen aber unterschiedliche Grade der Unbestimmtheit zum Ausdruck (vgl. Helbig & Buscha 2017: 210). Zifonun (2007) fasst unter den Indefinita i.w.S. auch die Interrogativa als dritte Subklasse, die jedoch in vielen Darstellungen eine eigene Pronominaklasse bilden (z.B. Graefen 2009: 659; Duden 2016: §350) und im Folgenden entsprechend unberücksichtigt bleiben.

Ausgehend von einer nach dem Prototypenprinzip organisierten Klassifikation der Pronomina lässt sich bezüglich der Affinität der einzelnen Subklassen zur satzinternen Majuskel vermuten, dass der prototypische Kernbereich, zu dem auch die Demonstrativa zählen, weniger empfänglich für den Majuskelgebrauch ist als die peripheren Klassen, die sich zudem durch fließende „Übergänge zu den Substantiven, zu den Numeralia und den (unbestimmten) Zahl- oder Mengenadjektiven" (Graefen 2009: 697) auszeichnen (s. auch Duden 2016: §§434, 509). Tabelle 1 gibt eine Übersicht über die Demonstrativa, Indefinita i.e.S. und Quantifikativa, die bei Ewald & Nerius (1990), Ewald (1995) und Rädle (2003) für das 19. Jh. mit einer Großschreibungstendenz dokumentiert sind und im Folgenden untersucht werden.

Tab. 1: Übersicht der Demonstrativa, Quantifikativa und Indefinita i.e.S.

	Bestand	subst.	adj.
DEM	*dieser, jener, derjenige, derselbe*	+	+
QUANT	*alle, andere, einige, jeder, keiner, manche, viele*	+	+
INDEF i.e.S.	*einer, etwas, jedermann, jemand, nichts, niemand*	+	---

Wie Tabelle 1 zu entnehmen ist, können mit Ausnahme der Indefinita i.e.S. sowohl Demonstrativa als auch Quantifikativa substantivisch und adjektivisch verwendet werden. Wenn der mit Substantiven gemeinsame syntaktisch-funktionale Kontext für die Majuskelsetzung entscheidend ist, müsste sich dies gerade bei den Demonstrativa und Quantifikativa in einem unterschiedlichen Majuskelgebrauch je nach Kontext manifestieren. Dabei ist zu klären, ob und inwieweit sich hier das Konkurrenzverhältnis zum attributiven Gebrauch, bei dem vermehrte Kleinschreibung erwartet wird, hemmend auf die Majuskelsetzung im substantivischen Kontext auswirkt (s. 3.3).

Da wir uns mit den zu untersuchenden Hexenverhörprotokollen (2. H. 16. Jh./1. H. 17. Jh.) allerdings in dem Zeitraum bewegen, in dem das semantische Großschreibungsprinzip noch wirkt, dürften semantisch-funktionale Gemeinsamkeiten mit den Substantiven noch stärker greifen. Hier ist allen voran die semantisch-kognitive Kategorie der **Belebtheit** zu nennen, nach der sich die in Tabelle 1 aufgelisteten Pronomina subklassifizieren lassen: Während die Indefinita i.e.S. entweder personen- oder sachbezogen sind (*einer, jedermann, jemand, niemand* vs. *etwas, nichts*), können substantivisch gebrauchte Demonstrativa und Quantifikativa gleichermaßen auf Personen wie auf Dinge referieren. Entsprechend sollten Majuskelbelege in allen drei Subklassen v.a. bei Referenz auf Personen erscheinen. Da den Indefinita i.e.S. allerdings ähnlich wie Appellativen das Merkmal [±belebt] inhärent ist, dürfte sich hier eine belebtheitsgesteuerte Großschreibung am deutlichsten niederschlagen. Gerade Fälle wie *jemand* unterscheiden sich semantisch kaum von lexikalischen NPs wie [*(eine) Person*]$_{NP}$ (s. Haspelmath 1997: 10), was sie als majuskelaffine Kandidaten besonders qualifiziert.

Die Affinität zur Majuskel womöglich verstärkend kommt hinzu, dass die Indefinita i.e.S. eine den Substantiven vergleichbare Genusfestigkeit aufweisen:

Sie sind mit Ausnahme von *einer(r)* der Form nach entweder Maskulina (*jemand, niemand, jedermann*) oder Neutra (*etwas, nichts*) (vgl. Helbig & Buscha 2017: 232), während sich Demonstrativa und Quantifikativa prinzipiell am Genus des Referenzobjekts orientieren und damit genusvariabel sind, sofern sie nicht durch ihre pluralische Semantik einer Genusneutralisierung unterliegen (vgl. *alle, einige, viele*, aber *alles, einiges, vieles*). Da inhärentes Genus ein Alleinstellungsmerkmal für Substantive ist, Kongruenzverhalten hingegen typisch für Adjektive und prototypische Pronomina, dürfte dieser Faktor ebenfalls schwer wiegen, auch wenn sich die Indefinita i.e.S. – anders als die Demonstrativa und auch die Quantifikativa – durch ein rudimentäres Formensystem bezüglich Kasus und Numerus auszeichnen (vgl. z.B. die Indeklinabilität von *etwas, nichts*). Bei denjenigen Quantifikativa, die im Gegensatz zu typischen Pronomina artikelfähig sind, bleibt zu überprüfen, inwiefern sich dieses „pseudosubstantivische" Merkmal auf die Majuskelpraxis auswirkt, z.B. *ein jeder, der eine – der andere*, aber **die einige* (s. 3.4).

Der **Individualitätsgrad** ist hingegen sowohl bei den Indefinita i.e.S. als auch bei den Quantifikativa eingeschränkt, da sie unterschiedliche Unbestimmtheitsgrade abdecken: So fassen *alle(s), jeder, keiner, nichts* und *niemand* die Bezugsobjekte zu einer Gesamtheit zusammen und sind folglich nicht individuierend. Fälle wie *jemand* beziehen sich zwar auf eine singularische Entität, erlauben aber anders als bspw. substantivisch gebrauchte Demonstrativa keine Identifizierung (s. (4)(a)-(b)); bei *einige* in (4)(c) wiederum erfolgt eine kontextabhängige Selektion (vgl. Helbig & Buscha 2017: 209–210). Sind also Referentialität und Individualität für den pronominalen Majuskelgebrauch einschlägig, wäre bei den Demonstrativa eine vermehrte Großschreibung zu erwarten.

(4) (a) *Es hat* ***jemand*** *angerufen und erzählt, dass Hamburger Studierende in Mainz auf Exkursion waren.*
(b) Identifizierung: *Diese haben das Gutenberg-Museum besucht.*
(c) Selektion: *Einige [von ihnen] waren anschließend in einer Mainzer Weinstube.*

Im nun folgenden Abschnitt 3 soll dieses komplexe Geflecht an interagierenden Faktoren entwirrt und eine Hierarchisierung der einzelnen majuskelauslösenden Determinanten bei der Etablierung der pronominalen Majuskel für das Fazit in Abschnitt 4 erzielt werden.

3 Pronominagroßschreibung im 16./17. Jh.

Der nachfolgenden Analyse liegen die 56 Hexenverhörprotokolle aus der Edition von Macha et al. (2005) zugrunde. Die handschriftlich überlieferten Texte aus der 2. Hälfte des 16. und 1. Hälfte des 17. Jhs. lassen sich sechs Regionen zuordnen: westliches bzw. östliches Nord-, Mittel- und Süddeutschland. Dabei sind die drei Großräume Nord-, Mittel- und Süddtld. mit zwischen 17 und 21 Protokollen bzw. mit je ca. 30.000 Textwörtern etwa gleich stark im Korpus vertreten, vgl. im Folgenden Tabelle 2.

Tab. 2: Verteilung der Hexenverhörprotokolle nach Raum und Zeit (Tokens in Klammern).

	westliches			**östliches**			**Großraum ges.**
	16. Jh.	**17. Jh.**	**ges.**	**16. Jh.**	**17. Jh.**	**ges.**	
Nord- dtld.	4 (4.156)	12 (18.368)	16 (22.524)	1 (1.341)	4 (7.162)	5 (8.503)	21 (31.027)
Mittel- dtld.	2 (3.059)	11 (17.352)	13 (20.411)	1 (1.863)	3 (4.303)	4 (6.166)	17 (26.577)
Süd- dtld.	2 (2.034)	7 (12.603)	9 (14.637)	1 (2.440)	8 (14.438)	9 (16.878)	18 (31.515)
ges.	8 (9.249)	30 (48.323)	38 (57.572)	3 (5.644)	15 (25.903)	18 (31.547)	**56 (89.119)**

Dies ändert sich einerseits in Hinblick auf die West-Ost-Unterscheidung, wo mit Ausnahme des süddt. Raumes (9:9 Protokollen bzw. je ca. 15.000 Tokens) die westlichen Regionen deutlich stärker repräsentiert sind als ihre östlichen Pendants; andererseits in Bezug auf den Faktor Zeit, zumal die Protokolle mehrheitlich aus der 1. Hälfte des 17. Jhs. stammen (11:45): Hier steht mit rund 75.000 Tokens ein um das Fünffache größeres Textkorpus zur Verfügung.

Insgesamt finden sich im Gesamtkorpus 1.548 satzinterne Großschreibungsbelege für die unter Tabelle 1 genannten Pronomina, wovon 522 auf die Demonstrativa, 1.036 auf die Indefinita und Quantifikativa entfallen. Wie Tabelle 3 zeigt, stammt das Gros der Belege in beiden pronominalen Subklassen aus dem 17. Jh. (zu den einzelnen Pronomina s. Tabelle 7).

Tab. 3: Häufigkeitsverteilung der Demonstrativa und Indefinita nach Jahrhundert.

		Belege		Anteil am Korpus	
	n	**16. Jh.**	**17. Jh.**	**16. Jh.**	**17. Jh.**
DEM	522	74 (14%)	448 (86%)	0,5 %	0,6 %
INDEF	1.036	127 (12%)	668 (88%)	0,85 %	0,9 %
ges.	1.558	201 (13%)	1.116 (87%)	0,7 %	0,75 %

Diese Ungleichverteilung der absoluten Belegzahlen nach Jahrhundert, die den unterschiedlichen Datenmengen geschuldet ist (s. Tabelle 2), relativiert sich jedoch mit Hinblick auf das relative Vorkommen der beiden Pronominalklassen nach Jahrhundert: So machen die Demonstrativa jeweils 0,5% bzw. 0,6% am Gesamtkorpus aus, die Indefinita inkl. Quantifikativa 0,85% bzw. 0,9%, vgl. Tabelle 3.

Auch bezüglich der sechs Großräume, denen ebenfalls unterschiedlich große Datenmengen zugrunde liegen, variieren die relativen Vorkommen der Pronomina kaum: Bei den Demonstrativa liegt der prozentuale Anteil zwischen 0,5% und 0,7% pro Region (Ausreißer min. 0,3% westl. Süddtld., max. 0,9% im östl. Norddtld.), bei den Indefinita und Quantifikativa bei rund 1% in Norddtld. und westl. Mitteldltd. bzw. 1,3% in den übrigen drei Regionen. Damit liegen vergleichbar hohe bzw. niedrige Werte vor, vgl. Tabelle 4.

Tab. 4: Anteil der Demonstrativa und Indefinita am Gesamtkorpus nach Region.

	Norddtld.		Mitteldtld.		Süddtld.	
	westl.	**östl.**	**westl.**	**östl.**	**westl.**	**östl.**
DEM	0,7% (156)	0,9% (77)	0,6% (127)	0,5% (28)	0,3% (48)	0,5% (86)
INDEF	1% (214)	1,1% (95)	1,1% (219)	1,4% (85)	1,3% (190)	1,3% (218)

Mit Blick auf die Groß- und Kleinschreibung weist die große Mehrheit der Belege, nämlich 92% (n = 1.411), satzintern die erwartbare Minuskelschreibung auf (s. auch Tabelle 6). Nichtsdestotrotz liegt hier die SiGS mit 8% (n = 126) weitaus höher, als dies bisherige Studien nahelegen: So registriert Moulin (1990: 252–258) in Luthers handschriftlichen Briefen aus der 1. Hälfte des 16. Jhs. einen verschwindend geringen Anteil von 0,5% an großgeschriebenen Pronomina, der fast ausschließlich auf Possessiva entfällt (nie jedoch auf Indefinita oder Demonstrativa). Vergleichbare Werte finden sich auch in deutschsprachigen Bibeldrucken aus dieser Zeit (s. Risse

1980).[6] Ein ähnliches Bild zeichnet sich auch in gedruckten Texten nicht-biblischen Charakters zwischen 1500 und 1710 ab: Bis ca. 1620 liegt die Pronominagroßschreibung (deutlich) unter 1%, zwischen 1620 und 1710 bei maximal 1,7% (vgl. Bergmann & Nerius 1998: 731–734).

Fächert man die 126 Großschreibbelege aus dem Gesamtkorpus der Hexenverhörprotokolle nach den sechs **Regionen** auf, ergibt sich ein weitgehend gleichmäßiges Bild, vgl. Tabelle 5: Mit Ausnahme des östlichen Norddeutschlands, das mit nur 2% SiGS-Anteil vollkommen ausschert[7], weisen die übrigen fünf Regionen Werte zwischen 8% und 11% auf. Diese sind vergleichbar mit denen bei Schutzeichel & Szczepaniak (2015: 162), die für den gesamtnorddeutschen Raum einen Anteil von 13,7% satzinterner Großschreibung für die Wortart der Pronomina verzeichnen.[8] Nur zum Vergleich: Bei den Appellativa (ohne Berufsbezeichnungen) wird die Majuskel im norddt. Raum mit 27% „nur" etwa doppelt so häufig gesetzt wie bei Pronomina.

Tab. 5: : Pronominaler Majuskelgebrauch im Gesamtkorpus nach Region.

	Norddtld.		Mitteldtld.		Süddtld.	
	westl.	**östl.**	**westl.**	**östl.**	**westl.**	**östl.**
DEM	4% (156)	--- (77)	5,5% (127)	4% (28)	12,5% (48)	2% (86)
INDEF	15% (214)	3% (95)	11% (219)	11% (85)	7% (190)	12% (218)

Ein genauer Blick auf die Verteilung der Majuskelschreibungen über die beiden **pronominalen Subklassen** legt ihre unterschiedliche Affinität für die satzinterne Majuskel an den Tag (wobei hier noch substantivische und adjektivische Kontexte zusammengefasst sind): Bezogen auf die insgesamt 126 Majuskelbelege gehen davon 106 (= 84%) auf das Konto der Indefinita und Quantifikativa, nur 20 (= 16%) auf das der Demonstrativa. Damit scheint hohe Referentialität allein, wie sie bei letzteren gegeben ist, kein entscheidender Majuskelauslöser zu sein.

6 Der genaue Wert lässt sich für die Pronomina leider nicht ermitteln, da Risse (1980) diese nicht wie die Hauptwortarten (Substantive, Adjektive, Verben) separat ausweist, sondern unter die Kategorie „übrige Wortarten" subsummiert. Die Werte liegen jedoch nie höher als 0,3%.

7 Von den insgesamt fünf Texten aus dieser Region (Perleberg 1588, Güstrow 1615, Blankensee 1619, Stralsund 1630, Crivitz 1642) weisen nur die ersten beiden keinerlei SiGS-Belege für die untersuchten Pronomina auf.

8 Die Zahlen basieren auf insgesamt sechs Protokollen: Jever 1598, Meldorf 1618, Alme 1630 für das westliche, Perleberg 1588, Güstrow 1615, Stralsund 1630 für das östliche Norddtld.

Bezieht man den **Faktor Zeit** mit ein, so überwiegt der Gesamtanteil an pronominalen Majuskelsetzungen mit 17% zur 2. H. des 16. Jhs. deutlich gegenüber dem angehenden 17. Jh. mit nur 7%. In beiden pronominalen Subklassen reduziert sich somit der SiGS-Anteil beim Übergang zum 17. Jh. um knapp die Hälfte, von 7% auf 3,6% bei den Demonstrativa bzw. von 18% auf 9% bei den Indefinita, vgl. Tabelle 6.

Tab. 6: Majuskelgebrauch bei Demonstrativa und Indefinita im 16. und 17. Jh.

	Belege		2. H. 16. Jh.			1. H. 17. Jh.			SiGS	
	ges.	**in %**	**ges.**	**SiGS**	**in %**	**ges.**	**SiGS**	**in %**	**ges.**	**in %**
DEM	522	34%	74	5	7%	447	16	3,6%	20	4%
INDEF	1.036	66%	166	30	18%	850	76	9%	106	10,4%
ges.	1.548	100%	240	35	14,5%	1.297	92	7%	126	8%

Tabelle 7, die nun den Majuskelgebrauch für die einzelnen Pronomina nach Subklasse aufschlüsselt, illustriert, dass die Großschreibung generell stark pronomenspezifisch ist. So sind z.B. die Demonstrativa *der-/die-/dasjenige* und *jener* mit SiGS-Werten von mindestens 75% sehr majuskelaffin, während *der-/die-/ dasselbe* und *dieser* nur ausnahmsweise oder gar nicht mit einem Großbuchstaben versehen werden. Dabei sind es interessanterweise die niedrigfrequenten Demonstrativa *X-jenige* (n = 18) und *jen-* (n = 4), die gegenüber den frequenzstarken *dies-* und *X-selbe* großgeschrieben werden (> 200 Tokens; s. hierzu auch 3.1). Auch die einzelnen Quantifikativa und Indefinita i.e.S. divergieren teils sehr stark in ihrem Großschreibverhalten. Hier rangieren die SiGS-Werte zwischen Null (*einige*, *manche*) und 65% (*jeder*), vgl. Tabelle 7.

Diese pronomenspezifischen Unterschiede gilt es im Folgenden unter Hinzunahme des konkreten syntaktischen Kontextes (substantivisch vs. adjektivisch) genauer zu untersuchen (3.1). In einem nächsten Schritt wird für die substantivischen Pronomina Belebtheit als majuskelbefördernder Faktor überprüft (3.2). Da die adjektivisch gebrauchten Pronomina ebenfalls Großschreibungstendenzen aufweisen, gilt es hierfür nach weiteren majuskelauslösenden Faktoren zu suchen (3.3). Abschließend werden weitere Auffälligkeiten und Einflussgrößen, z.B. Idiolektalität, bei der pronominalen Majuskelsetzungspraxis betrachtet und diskutiert (3.4).

Tab. 7: Majuskelschreibungen der einzelnen Pronomina.

	Pronomen	n_{ges}	SiGS_{ges}	SiGS-Anteil
DEM.	*derjenige*	18	15	83%
	derselbe	279	2	< 1%
	dieser	220	---	---
	jener	4	3	75%
QUANT.	*alle*	222	22	10%
	andere	163	23	14%
	einige	10	---	---
	jeder	20	13	65%
	keiner	202	24	12%
	manche	1	---	---
	viele[9]	25	---	---
INDEF. i.e.S.	*einer*	62	2	3%
	etwas	55	1	2%
	jedermann	5	3	60%
	jemand	11	8	73%
	nichts	187	---	---

3.1 Substantivischer versus adjektivischer Gebrauch

Ausgehend von der Beobachtung von Tesch (1890: 86–87), wonach für das 19. Jh. eine erhöhte Majuskelsetzung beim substantivischen Gebrauch der Demonstrativa und Indefinita erfolgt, gilt es im Folgenden zu überprüfen, ob und inwieweit diese Korrelation auch für das ausgehende 16. und angehende 17. Jh. Bestand hat (s. auch 2.2). Legt man hierfür die Gesamtzahl der SiGS-Belege und ihre Verteilung auf den substantivischen vs. adjektivischen Gebrauch zugrunde, hat der syntaktisch-funktionale Verwendungskontext als gemeinsamer majuskelbefördernder Faktor nur eingeschränkte Gültigkeit, vgl. im Folgenden Tabelle 8.

9 Bei <v/V> ist in den Handschriften eine Unterscheidung zwischen Majuskel und Minuskel oft schwer zu treffen. Die Edition von Macha et al. (2005: Anm. 2, XXIII) hat im Zweifelsfall zugunsten der Minuskel transliteriert, was möglicherweise das Fehlen jeglicher Großschreibungen bei *viel-* mit erklären könnte (s. auch Szczepaniak & Barteld 2016: 48–49). Zur selben Problematik bei <z/Z> und <h/H> s. auch Fußnote 14.

Tab. 8: Majuskelanteil nach syntaktisch-funktionalem Kontext und Jahrhundert.

	2. H. 16. Jh.		1. H. 17. Jh.		n_{ges}	Types
	subst.	adj.	subst.	adj.		
DEM	12,5% (4/32)	2,4% (1/42)	5% (14/280)	1,2% (2/167)	521	*dies-, jen-; der/die/dasselbe, -jenige*
QUANT	14% (4/28)	25% (19/75)	10% (18/183)	11,5% (41/357)	643	*alle, ander-, einige, jed-, kein-, manch-, viele*
INDEF i.e.S.	11% (7/63)	---	5,5% (17/310)	---	373	*eine(r), etwas, jedermann, jemand, nichts, niemand*

(unterstrichene Pronomina weisen nur Minuskelschreibungen auf)

Während die Demonstrativa nahezu ausschließlich im substantivischen Kontext großgeschrieben werden (z.B. 12,5% vs. 2,4% im 16. Jh.), liegen bei den Quantifikativa eher spiegelbildliche Verhältnisse vor: So ist die Majuskel bei adjektivischem Gebrauch fast doppelt so häufig wie im substantivischen (25% vs. 14% im 16. Jh.) oder überwiegt zumindest leicht gegenüber diesem (11,5% vs. 10% im 17. Jh.). Die Indefinita i.e.S. weisen dagegen in ihrer Entwicklung vergleichbare SiGS-Werte auf wie die substantivisch verwendeten Demonstrativa (z.B. 5,5% bzw. 5% im 17. Jh.). Nur im 16. Jh. ist der Anteil an Majuskelschreibungen im substantivischen Gebrauch mit rund 12% über alle drei Gruppen vergleichbar hoch, s. Tabelle 8. Konkrete Beispiele aus den ausgewerteten Protokollen finden sich für diese drei pronominalen Gruppen unter (5)(a)-(c) (Hervorhebungen: J.N.).[10]

(5) (a) Demonstrativa

substantivisch: *[...] das dan bey **Jenen** <...> spottlich where [...]* (Hamm 1592)

adjektivisch: *Erfragt ob sie **Jenen** Schweyßdhall auch woll khendt [...]* (Hamm 1592)

(b) Quantifikativa

substantivisch: *[...] sie wolle **Alles** sagenn, was sie gethan hette.* (Georgenthal 1597)

adjektivisch: *[...] Gott Vnd **Alle** seine heiligen Verleichnen [...]* (Alme 1630)

(c) Indefinita i.e.S. (nur substantivisch)

10 Alle weiteren Hervorhebungen in den Sprachbeispielen stammen von mir.

[...] hette aber ***Nimandt*** *verzaubert [...]* (Friedberg 1620)
[...] vnd ***Jederman*** *wuste wol w[as] seiner vorig[en] frawen gemangelt.* (Helmstedt 1579)

Dieses Gesamtbild lässt sich feiner differenzieren, wenn man das Majuskelverhalten nach den einzelnen Types auffächert, vgl. Tabelle 9:

Tab. 9: : Majuskelgebrauch der Demonstrativa nach syntaktischem Kontext.

	n_{ges}	$SiGS_{ges}$	$SiGS_{subst.}$	$SiGS_{adj.}$
derjenige	18	15	13/15	2/3
derselbe	279	2	2/243	0/36
dies-	220	---	0/51	0/169
jen-	4	4	3/3	1/1

So entfallen zwar bei den **Demonstrativa** die Großschreibungen fast ausnahmslos auf den substantivischen Gebrauch (in 18 von 21 Fällen); wirklich konsequent erfolgt die Majuskelsetzung allerdings nur bei *derjenige* mit 87%, das aber auch in adjektivischer Verwendung meist großgeschrieben wird, vgl. *durch die Jenige Persohnen* (Schweinfurt 1616, s. auch Fußnote 13 und 3.4). Die SiGS-Belege von sporadisch belegtem *jen-* betreffen hingegen nur ein einziges Protokoll (Hamm 1592) und sind daher wohl eher idiolektal zu interpretieren (s. auch 3.4).

Bei den **Quantifikativa** wiederum gehen die Majuskelschreibungen zwar absolut gesehen mehrheitlich auf das Konto der adjektivischen Verwendungskontexte, was aber prozentual betrachtet zumindest für *ander-*, *jed-* und *kein-* zu relativieren ist, vgl. Tabelle 10: Während letzteres als einziges im substantivischen Kontext häufiger großgeschrieben wird als im adjektivischen (20%:11%), halten sich die SiGS-Anteile bei *ander-* und *jed-* in etwa die Waage, 12%:16% bzw. 63%:67%. Im direkten Vergleich kann man nur bei *jed-* von einer vermehrten Majuskelsetzung sprechen. Ob dies mitunter mit seiner distributiven Semantik und damit im Vergleich z.B. zu kollektivem *alle* stärker individuierendem Charakter (‚jeder einzelne') zu begründen ist, bedarf weiterer empirischer Untermauerung. Sicher ist, wie in 3.4 noch gezeigt wird, dass die Buchstabenform eine majuskelauslösende Rolle hat (zu den einzelnen Indefinita i.e.S. s. 3.2.).

Tab. 10: Majuskelgebrauch der Quantifikativa nach syntaktischem Kontext.

	n_{ges}	$SiGS_{ges}$	Anteil $SiGS_{subst.}$	Anteil $SiGS_{adj.}$
alle	222	22	4/110 (4%)	18/112 (16%)
ander-	163	23	9/73 (12%)	14/90 (16%)
einige	10	---	---	0/10 (---)
jed-	20	13	5/8 (63%)	8/12 (67%)
kein-	202	24	4/20 (20%)	20/182 (11%)
manch-	1	---	---	0/1 (---)
viel-	25	---	---	0/25 (---)

Die Befunde aus Tabellen 9–10 werfen die Frage auf, ob das SiGS-Verhalten dieser Pronomina durch andere Faktoren stärker beeinflusst wird. So wäre z.B. einerseits denkbar, dass der unterschiedlich stark ausgeprägte Majuskelgebrauch in substantivischen Kontexten mit dem Faktor der Belebtheit korreliert, d.h. niedrige SiGS-Werte deshalb vorliegen, weil die Pronomen mehrheitlich auf Dinge bzw. Sachverhalte referieren und weniger auf Personen (z.B. bei *dies-* oder *alle*; s. 3.2). Andererseits ist nach möglichen Ursachen für die relativ häufig anzutreffende Großschreibung bei adjektivischem Gebrauch zu suchen, wie er u.a. bei *alle* vorliegt: Hier wäre etwa das von Weber (1958) und Wegera (1996) konstatierte Motiv der gruppen- bzw. wortpaarinitialen Majuskelschreibung zu erwägen, das in Kombinationen aus [Adjektivattribut + Substantiv] zur Auszeichnung des Anfangsrandes und nicht des Kerns der NP dient (s. 3.3).

3.2 Belebtheitsgesteuerter Majuskelgebrauch

Anknüpfend an die belebtheitsgesteuerte Ausdehnung der satzinternen Majuskel bei den Substantiven und die Beobachtung von Ewald & Nerius (1990), wonach die Großschreibung substantivischer Pronomina im 19. Jh. besonders bei der Referenz auf Personen erfolgt, ist mit einem vergleichbaren Zusammenhang für die pronominale Majuskelsetzung im 16./17. Jh. zu rechnen. Die nachfolgenden Tabellen 11–12 zeigen neben dem quantitativen Verhältnis von adjektivischem und substantivischem Gebrauch die Vorkommenshäufigkeit der Großschreibungen im substantivischen Kontext und ordnen diese den Belebtheitskategorien zu: Dabei wird nur zwischen „menschlich/belebt" („mb") und „unbelebt" („ub") unterschieden, da die untersuchten Pronomina im zugrundeliegenden Korpus äußerst selten auf belebte, nicht-menschliche Entitäten referieren.

So kann bei den ohnehin nicht besonders majuskelaffinen **Demonstrativa** ein belebtheitsgesteuerter Gebrauch der satzinternen Majuskel ausgeschlossen werden, vgl. Tabelle 11.

Tab. 11: Majuskelgebrauch bei den Demonstrativa nach Belebtheit.

DEM	n_{subst}	n_{adj}	$SiGS_{subst.}$	SiGS-Anteil mb	SiGS-Anteil ub
derselbe	243	36	2	1/194 (0,5%)	1/50 (2%)
derjenige	15	3	13	7/9 (78%)	6/6 (100%)
dies-	51	170	0	0/16 (---)	0/35 (---)
jen-	1	3	0	---	0/1 (---)
gesamt:	310	212	15	8/219 (4%)	7/92 (8%)

Frequentes *derselbe* wird trotz nahezu ausschließlicher Referenz auf Personen (178 von 243 Fällen) fast ausnahmslos kleingeschrieben, vgl. die Beispiele unter (6).

(6) (a) *Sie wollt Auch Ihre Töchter offentlich entschuldigt habenn, das sie* ***dieselben*** *nicht* [d.h. ihre Töchter] *geleret hette [...]* (Georgenthal 1597)
(b) *[...] wo sie den Leüb Christi habe [...] er Hingegangen* ***Denselbigen*** [d.h. den Leib Christi] *genommen.* (Rosenfeld 1603)

Bei niedrigfrequentem *derjenige* wiederum erfolgt die Großschreibung in etwa gleichen Anteilen bei Referenz auf unbelebte Objekte bzw. Sachverhalte (6 von 6) wie auf Personen (7 von 9, s. Tabelle 11), vgl. (7)(a)-(b).

(7) (a) *Höllin verleügnet alles* ***d[as] Jenig*** *[...]*(Nördlingen 1593)
(b) *[...] wolle* ***die Jenigen*** *sprechen, die sie beklafft [...]* (Lemgo 1632)

Dieser Befund – gepaart mit der Tatsache, dass prosubstantivisches *dieser* nie großgeschrieben wird[11] – dürfte den inhibitorischen Effekt der Tokenfrequenz auf den Majuskelgebrauch i.S.v. Barteld, Hartmann & Szczepaniak (2016) widerspiegeln: Bei substantivisch gebrauchtem *dieser* ist wohl „analogischer" Einfluss des frequenten attributiven Pendants zu veranschlagen (z.B. *diesen tantz, diesem*

11 Substantivisch gebrauchtes *jener* erlaubt dagegen keine Generalisierungen, da es nur einmalig im Korpus verzeichnet ist, s. auch Tabelle 7.

segen, Wernigerode 1597); es ist mehr als dreimal so häufig belegt (170 vs. 51 Tokens, s. auch Tabelle 11). Bei *derselbe* ist zwar der attributive Gebrauch (z.B. *van demsuluen kindeken*, Meldorf 1618) eher die Ausnahme (36 vs. 243 Tokens), dafür dürfte sich die relativ konsequente Minuskelschreibung bei *derselbe* an der Kleinschreibung des hochfrequenten Definitartikels orientieren (4.256 Tokens)[12]. Hierfür spricht, dass dieser auch als Erstbestandteil von *derjenige* immer kleingeschrieben wird: Es ist nämlich stets das pronominale Element, das bei vorliegender Getrenntschreibung die Majuskel aufweist, z.B. <*der Jenige, den Jenigen, d[as] Jenig*>, aber <*derjenigen*> (s. auch 3.4).[13]

Bei den **Quantifikativa** entfallen die insgesamt 22 Majuskelschreibungen etwas häufiger auf personenbezogene Kontexte (13:9 Belegen), wodurch der SiGS-Anteil mit 12% gegenüber 8% den belebtheitsgesteuerten Gebrauch insgesamt zu bestätigen scheint, vgl. Tabelle 12 (*einige* und *mancher* sind nicht substantivisch belegt, *viele* wird nur kleingeschrieben, s. auch Fußnote 9).

Tab. 12: Majuskelgebrauch bei den Quantifikativa nach Belebtheit.

QUANT	n_{subst}	n_{adj}	SiGS$_{subst.}$	SiGS-Anteil mb	SiGS-Anteil ub
alle	107	118	3	0/31 (---)	3/76 (4%)
ander-	79	92	10	5/52 (10%)	5/27 (19%)
jede-	8	12	5	5/8 (63%)	---
kein-	21	182	4	3/14 (21%)	1/7 (14%)
viel-	2	25	0	---	0/2 (---)
gesamt	217	429	22	13/105 (12%)	9/112 (8%)

Für diese Verteilung sind aber vornehmlich *keine(r)* und *jede(r)* verantwortlich, deren Majuskelbelege i.W. bei Referenz auf Personen entfallen (s. (8)-(11)(a)), während die Großschreibungen bei *andere(r)* eher und bei *alle* nur dingbezogene Kontexte betreffen (s. (8)-(11)(b)) (s. auch Tabelle 12).

(8) (a) *[...] werde **Keiner** sagen, das er deren gegraben [...]* (Dillenburg 1631)
(b) *[...] Man werde ia **Keinß** verbren[nen] lassen [...]* (Mergentheim 1629)

12 Für die Frequenzermittlung möchte ich Stefan Hartmann (Bamberg) herzlich danken.

13 Streng genommen handelt es sich hierbei um Binnenmajuskelschreibungen, die jedoch auf der graphischen Oberflächenstruktur durch das gesetzte Spatium kaschiert werden. Alle dreizehn in Tabelle 11 als satzintern ausgewiesenen Großschreibungsbelege von *derjenige* betreffen ausschließlich solche Fälle.

(9) (a) *[...] daß* ***alle*** *fur einen vnd einer fur* ***alle*** *stehen [...]*(Osnabrück 1636)
(b) *[...] Ihr Auch* ***Alles*** *vorher gesagtt [...]* (Wernigerode 1597)

(10) (a) *[...] daß* ***alle*** *fur einen vnd einer fur* ***alle*** *stehen [...]*(Osnabrück 1636)
(b) *Ihr Auch* ***Alles*** *vorher gesagtt [...]* (Wernigerode 1597)

(11) (a) *[...] damit der* ***Andere*** *desto ehe sawer möchte werden.* (Schweinfurt 1616)
(b) *[...] wie Alles* ***Andere*** *für ein gespött gehalten.* (Schweinfurt 1616)

Weshalb Belebtheit die Majuskelsetzung bei den Quantifikativa kaum steuert, bleibt daher offen. Möglicherweise spielt auch die Buchstabenform eine Rolle, d.h. die Distinktivität von Minuskel und Majuskel i.S.v. Szczepaniak & Barteld (2016: 55). Dies legen zumindest sämtliche <J>-Schreibungen nahe, s. Abschnitt 3.4. Für das 19. Jh. zeigt Ewald (1995: 91) allerdings, dass *alle*, *jeder* und *andere* in personenbezogenen Kontexten einen deutlichen Anstieg zu verzeichnen haben: *alle* weist einen durchschnittlichen SiGS-Anteil von 80% auf, *jeder* von 70% und *andere* von 58%. Damit weisen zumindest die ersten beiden vergleichbar hohe SiGS-Werte auf wie *jemand* und *jedermann* im 16./17. Jh. (s.u. (12)(a)).

Eindeutig belebtheitsgesteuert ist dagegen der Gebrauch der satzinternen Majuskel bei den Indefinita i.e.S., die in (12) von rechts nach links mit zunehmendem SiGS-Anteil (absolute Zahlen in Klammern) angeordnet sind: Dabei werden den Ergebnissen für das 16./17. Jh. ((12)(a)) die von Ewald (1995: 92) aus dem 19. Jh. für *jemand* und *niemand* vergleichend gegenübergestellt ((12)(b), für *etwas*, *nichts* und *eine(r)* liegen keine Werte vor).

(12) (a) 16./17. Jh.

73%	60%	20%	3%	2%	0%
jemand	*jedermann*	*niemand*	*eine(r)*	*etwas*	*nichts*
(8/11)	(3/5)	(10/50)	(2/62)	(1/55)	(0/187)

(b) 19. Jh.

89%	84%
jemand	*niemand*
(46/54)	(73/88)

Während im 16./17. Jh. sächliches *etwas* und *nichts* so gut wie nie großgeschrieben werden, liegen die Werte bei den personenbezogenen Fällen mit Ausnahme von *eine(r)* zwischen 20% bei *niemand* und 73% bei *jemand*. Dass letzteres absoluter Spitzenreiter ist, bestätigt die Annahme in 2.2, dass die semantische Nähe zu Substantiven in Form inhärenter Belebtheit und die zu substantivischen NPs vom Typ [*eine Person*]$_{NP}$ für den Majuskelgebrauch ausschlaggebend ist. *Niemand* hat hingegen eine kollektive Semantik, die sich hinderlich auf die Majuskelsetzung auswirken könnte, s. (12)(a). Das ändert sich im 19. Jh., wo *niemand* mit 84% SiGS-Anteil fast vergleichbar hohe Werte erzielt wie *jemand* mit 89%, s. (12)(b). Möglicherweise tritt hier die kollektive Semantik von *niemand* zurück, sodass die Nähe zu *jemand* als dessen positives Gegenstück ausschlaggebend ist. Diese Vermutung gilt es allerdings an einer breiten diachronen Basis zu überprüfen.

Zurück zum 16./17. Jh.: Bei *eine(r)*, das mit 62 Tokens nur selten in den Hexenverhörprotokollen substantivisch belegt ist, dürfte sich die tendenzielle Minuskelschreibung an der generellen Kleinschreibung des deutlich häufigeren Vorkommens als Indefinitartikel (und Numeral) *ein(-)* orientieren, die 1.391 Tokens zu verbuchen hat, s. (12)(a). Bei *jedermann* könnte womöglich die noch transparente substantivische Basis *-mann* mit ausschlaggebend sein. Interessant in diesem Zusammenhang ist das Großschreibverhalten von *man*, das hierzu eigens erhoben wurde: Es wird trotz ausschließlicher Referenz auf Personen stets kleingeschrieben (n = 143), was in der Vermeidung von Homographie mit dem im Korpus stets großgeschriebenen Appellativ <Man(n)> begründet liegen dürfte, wie Ewald (1995: 92) schon für das 19. Jh. vermutet.

3.3 Wortgruppeninitiale Großschreibung

Wie wir in Abschnitt 3.1 bereits gesehen haben, erfolgt die Majuskelsetzung vergleichsweise häufig in attributiven Kontexten und weist dadurch Parallelen zur temporären Großschreibung attributiver Adjektive auf (s. 2.1). Vor diesem Hintergrund erscheint es lohnenswert, einen genauen Blick auf die NP-Struktur zu werfen, in der Demonstrativa und Quantifikativa erscheinen. Dabei wurden vier Groß- und Kleinschreibungskombinationen innerhalb der NP unterschieden (Hervorhebungen J.N.):

- Großschreibung des ersten Attributs und des NP-Kerns (G_G), z.B. *er stünde* ***Keines Morgens*** *vff* (Dillenburg 1631);
- Großschreibung des ersten Attributs und Kleinschreibung des NP-Kerns (G_K), z.B. *ich hebbe* ***Kein*** *<u>zauberen</u>*[14] *gelernet* (Minden 1614);

14 Besonders bei <z/Z>, aber auch bei <h/H> und <v/V> ist in den Handschriften eine Unterscheidung zwischen Majuskel und Minuskel vielfach nicht möglich, weshalb sich Macha et al. (2005, Anm. 2, XXIII) bei der Transliteration im Zweifelsfall zugunsten der Minuskel entschieden haben. Diese Editionspraxis könnte mitunter die Auswertung in Tabelle 13, bei der NP-Kerne mit allen Anfangsbuchstaben berücksichtigt worden sind, leicht verzerren.

- Kleinschreibung des ersten Attributs und Großschreibung des NP-Kerns (K_G), z.B. *habe sie kheine* **Kürschen** *wollen brechen Lassenn* (Rosenfeld 1603);
- Kleinschreibung des ersten Attributs und des NP-Kerns (K_K): z.B. *hab sie nie kein fröhliche zeit mehr gehabt* (Messkirch 1644).

Der Unterstrich signalisiert, dass wie im letztgenannten Beispiel zwischen Erstelement und NP-Kern prinzipiell auch weitere Attribute stehen können. Da die NP-Komplexität keinen Einfluss auf den Gesamtbefund in Tabelle 13 hat, wird im Folgenden nicht nach weiteren Attributen differenziert.[15]

Wie Tabelle 13 zeigt, dominiert unabhängig vom Zeitfaktor und Pronomentyp die Kleinschreibung des ersten NP-Attributs und seines dazugehörigen Kerns mit rund 60%, z.B. *diß pferdt* (Hamm 1592), *diese wort* (Crivitz 1642), *ein ander man* (Hamm 1592), *andere leuth* (Friedberg 1620). Der spiegelverkehrte Fall, die Großschreibung von Erstelement und NP-Kern (Typ „G_G"), ist dagegen nur vereinzelt dokumentiert, vgl. z.B. *Dieser Bürckh* (Rosenfeld 1603), *Jenen Schweyßdhall* (Hamm 1592) und *deß Andern Morgens* (Schweinfurt 1616).

Tab. 13: Majuskelgebrauch attributiv verwendeter Demonstrativa und Quantifikativa in Abhängigkeit von der Groß-/Kleinschreibung des NP-Kerns.

	Demonstrativa (*dies-, jen-, X-jenige, X-selbe*)					**Quantifikativa** (*all-, ander-, jed-, kein-, viel-*)				
Jh.	**G_G**	**G_K**	**K_G**	**K_K**	**ges.**	**G_G**	**G_K**	**K_G**	**K_K**	**ges.**
16.	2% (1)	--- (0)	31% (13)	**67% (28)**	100% (42)	--- (0)	25% (19)	11% (8)	**64% (48)**	100% (75)
17.	1% (2)	0,5% (1)	42% (70)	**56,5% (95)**	100% (168)	3,5% (12)	8% (29)	26,5% (93)	**62% (219)**	100% (353)
n =	3	1	83	123	210	12	48	101	267	428

Viel interessanter sind die Unterschiede zwischen Demonstrativa und Quantifikativa bezüglich der Konstellationen „G_K" (Typ *Kein zauberen*) und „K_G" (Typ *kheine Kürschen*), wie die grauen Hervorhebungen in Tabelle 13 zeigen: Bei den adjektivisch verwendeten Demonstrativa variiert nur die Schreibung des NP-Kerns zwischen Majuskel und Minuskel, vgl. *dießer Dandtz* (Hamm 1592), *diesen tantz* (Wernigerode 1597), *dißes Laster* (Messkirch 1644), *dises laster*

15 Die komplexeste NP mit adjektivisch gebrauchten Demonstrativa/Quantifikativa umfasst im Korpus 4 Elemente, z.B. [...] *seindt alle vorangeschribne bekhendte* ***Articul*** (Rosenfeld 1603).

(Reichertshofen 1629), *derselb[en] Nacht* (Georgenthal 1597), *dieselbig nacht* (Riedlingen 1596), die „G_K"-Konstellation dagegen findet sich praktisch nicht. Dieser Typ ist wiederum bei den attributiv verwendeten Quantifikativa mit 25% die zweithäufigste Kombination im 16. Jh., im 17. Jh. läuft ihr dagegen der Typ „K_G" diesen Rang ab (26,5% vs. 8%, s. Tabelle 13), vgl. auch die Beispiele für adjektivisiches *all-* unter (13).

(13) Wortgruppeninitiale Groß- und Kleinschreibungen von *all-*

K_K:	*[...] mit allem fleiß*	(Jever 1592)
K_G:	*[...] Inn **alle** Öwigkhait*	(Leonberg 1641)
G_K:	*[...] sie habe **Alle** stücke*	(Georgenthal 1597)
G_G:	*[...] wie **Alles** Andere*	(Schweinfurt 1616)

Dieser Wandel (d.h. die zunehmende Kleinschreibung des ersten Attributs) hängt möglicherweise mit der zunehmenden Fixierung der satzinternen Majuskel auf Substantive und damit auch auf NP-Kerne zusammen (s. 2.1).

3.4 Weitere Majuskelauslöser

Abschließend sollen weitere Auffälligkeiten der Majuskelsetzungspraxis in den Blick genommen werden, die sich weder auf den syntaktisch-funktionalen Kontext und die Frequenzverhältnisse zwischen substantivischem und attributivem Gebrauch (3.1) noch auf den Belebheitsfaktor (3.2) oder die NP-Struktur (3.3) zurückführen lassen. Hierzu zählen die Rolle substantivischer Begleiter, die Buchstabenform und idiolektale Besonderheiten.

Schon Ewald & Nerius (1990: 48–52) weisen auf den möglichen Einfluss nominaler Begleiter, allen voran des Artikels, auf die Majuskelsetzung hin. Tatsächlich scheint dieser pseudosubstantivische Kontext bei der Großschreibung von *der-/die-/dasjenige* eine Rolle zu spielen: So wird die Majuskel ausschließlich bei Getrenntschreibung von Definitartikel und *-jenige* gesetzt und betrifft damit den pronominalen Bestandteil (vgl. dagegen <denienigen, derjenigen>, Köln 1629 bzw. Leipzig 1640). Diese oberflächenstrukturelle Nähe zu NP-Konstruktionen aus [Artikel + Substantiv] führt auch zur mehrheitlichen Großschreibung dieses Pronomens im attributiven Gebrauch, und zwar – wie in 3.3 schon gezeigt wurde – unabhängig von der Klein- bzw. Großschreibung des dazugehörigen NP-Kerns. Strukturell ähnliches *der-/die-/dasselbe* wird hingegen fast ausnahmslos zusammengeschrieben (in 269 von 279 Fällen), wodurch eine oberflächenstrukturelle Ähnlichkeit zu entsprechenden NP-Konstruktionen fehlt, was dementsprechend zu einer nahezu exklusiven Kleinschreibung führt (s. 3.1). Noch entscheidender als der pseudosubstantivische Kontext dürfte im Fall von *der-/die-/dasjenige* die Wahl des **Buchstabens** zur Realisierung von [j], die im Frühneuhochdeutschen zwischen <j> und <i> schwankt, sein, d.h. einen Einfluss auf die Majuskelsetzungspraxis ausüben, und zwar ungeachtet des substantivischen wie adjektivischen Gebrauchskontextes (s. Szczepaniak & Barteld 2016): Minuskelsetzungen betreffen stets die Schreibung mit initialem <i> statt <j>, sofern Getrenntschreibung vorliegt: Typ <*die Jenigen*> (n = 15) vs. Typ <*die ienig[en]*> (n = 1) , aber <*derjenigen*> (n = 1), <*denienigen*> (n = 1). Diesen Befund bestätigen zudem die Kleinschreibungen bei *jemand, jedermann, jeder* und *jener*, die stets mit initialem <i-> einhergehen (sonst immer <J->), vgl. die Gegenüberstellung der Beispiele unter (14)(a)-(d).

(14) (a) *jedermann* (nur substantivisch)
*[...] vnd **Jederman** wuste wol w[as] seiner vorig[en] frawen gemangelt.* (Helmstedt 1579)
*[...] vnd **iederman** lustig gewesen [...]* (Reichenberg 1653)

(b) *jemand* (nur substantivisch)
*[...] oder **Jemand**[en] darin lesen zu laßen?* (Dillenburg 1631)
*[...] so es genomen+ darin **iemande** seh[en] [...]* (Stralsund 1630)

(c) *jede-*
subst.: *Aber ist **Jede** ob Ihrer mainung[en] [ver]blib[en] [...]* (Augsburg 1625)
subst.: *[...] hette ein **ieder** leicht zugedencken [...]* (Rosenburg 1618)
adj.: *[...] vnd **Jedes** mahll durch das fenster [...] zu Ihr kohmen* (Wernigerode 1597)
adj.: *[...] were **iedes** malß ein halb metzlein korns heruntergefallen [...]* (Meiningen 1611)

(d) *jene-*
subst.: *[...] das dan bey **Jenen** <...> spottlich where* [...] (Hamm 1592)
subst.: *Es hatt aber so wenig dieses als **ienes** die warheit [...] aus ihr bringen können* (Göttingen 1649)
adj.: *Erfragt ob sie **Jenen** Schweyßdhall auch woll khendt [...]* (Hamm 1592) [adj.: keine <i>-Schreibung (s. auch Tabelle 13)]

Diesen Zusammenhang zwischen initialem Majuskelgebrauch und Buchstabenform (<j/J> vs. <i/I>) fasst Tabelle 14 abschließend zusammen.

Tab. 14: Majuskelgebrauch für [j] je nach Anfangsbuchstabe (<j/J> vs. <i/I>).

Pronomen	n	<J-	<j-	<I-	<i-
jemand	11	9	2	---	1
jedermann	5	3	---	---	2
jede-	20	13	1	---	6
jene-	4	3	---	---	1
*X-jenige**	16	15	---	---	1

(* nur bei Getrenntschreibung)

Schließlich weisen die einzelnen Protokolle bezüglich des Majuskelgebrauchs, ähnlich wie das Schutzeichel & Szczepaniak (2015) für den norddt. Raum nachgewiesen haben, ein hohes Maß an **idiolektaler Variation** auf. Auch im Gesamtkorpus zeichnen sich ausgewählte Protokolle durch einen überproportional hohen Anteil an pronominalen Großschreibungen aus:[16] Absoluter Spitzenreiter ist Schweinfurt 1616 (östl. Süddtld.) mit 46%, gefolgt von Dillenburg 1631 (westl. Mitteldtld.) mit 38,5%, Rosenfeld 1603 (westl. Süddtld.) mit 25%, Georgenthal 1597 (östl. Mitteldtdl.) mit 22,5% sowie Lemgo 1632 (westl. Norddtld.) mit 18%. Mit Ausnahme des Protokolls von Rosenfeld 1603 entfallen die Großschreibungen zumeist auf drei verschiedene Types (s. Fettdruck in Tabelle 15). Dem Gesamtbefund aus Abschnitt 3 entsprechend, wonach die untersuchten Pronomina im östlichen Norddtld. kaum großgeschrieben werden (2%, s. Tabelle 5), fällt kein einziges Protokoll aus dieser Region durch eine übermäßige Majuskelsetzung auf.

16 Um die Aussagekraft trotz vergleichsweise niedriger Belegzahlen zu erhöhen, wurden aus jeder Region nur Protokolle berücksichtigt mit folgenden Kriterien: (1) mindestens 25 Pronominabelege, (2) mindestens 5 verschiedene Pronominatypes sowie (3) mindestens 5 Pronominagroßschreibungen.

Tab. 15: Idiolektalität des Majuskelgebrauchs bei Pronomina.

Protokoll	SiGS-Anteil	belegte Types
Schweinfurt 1616	46% (13/28)	***alle, ander-, derjenige,*** *derselbe, dies-, kein-*
Dillenburg 1631	38,5% (10/26)	*alle, ander-,* ***derjenige,*** *derselbe, dies-,* ***jemand, kein-,*** *viele*
Rosenfeld 1603	25% (7/28)	***alle, ander-, derselbe,*** *dies-,* ***jed-, kein-,*** *niemand*
Georgenthal 1597	22,5% (7/31)	***alle, ander-,*** *derselbe, dies-, einige, kein-,* ***niemand,*** *viele*
Lemgo 1632	18% (5/28)	*alle,* ***ander-, derjenige,*** *derselbe, dies-, kein-*

Zu überprüfen wäre in diesem Zusammenhang, ob die hohen pronominalen SiGS-Werte dieser Protokolle aus einem generellen pleonastischen Gebrauch der satzinternen Majuskel herrühren, der sich (noch?) nicht auf die Substantivwortart konzentriert.

4 Fazit: *das Eine groß – das andere klein?*

Die vorliegende Untersuchung der Majuskelsetzungspraxis von Demonstrativa, Quantifikativa und Indefinita i.e.S. am Beispiel der Hexenverhörprotokolle des 16./17. Jhs. hat gezeigt, dass hier der SiGS-Gebrauch mit einem Anteil von 9% im Schnitt deutlich höher liegt, als dies bisherige Studien für Drucke aus derselben Zeit nahegelegt haben (Abschnitt 3). Dabei liegt der SiGS-Anteil im 16. Jh. noch doppelt so hoch wie im 17. Jh., während der Faktor Region mit Ausnahme idiolektaler Ausreißer (s. 3.4) kaum einen Einfluss zu haben scheint: Nur das östliche Norddtld. schert mit einer extrem niedrigen Großschreibungsrate aus.

Klare Unterschiede bezüglich der Majuskelaffinität zeigen sich dagegen im Hinblick auf die drei pronominalen Subklassen: Die Demonstrativa werden deutlich seltener großgeschrieben als Indefinita i.e.S. und Quantifikativa, was hohe Referentialität, wie sie bei ersteren gegeben ist, zumindest im pronominalen Bereich als majuskelauslösenden Faktor ausscheiden lässt. Viel entscheidender ist die wortkategorielle Nähe zum Substantiv, die sich v.a. durch eine belebtheitsgesteuerte Majuskelpraxis manifestiert (s. 3.2). Dabei sind es allen voran die personenbezogenen Indefinita i.e.S. wie *jemand* und *jedermann*, die besonders häufig großgeschrieben werden. Ihnen sind Belebtheit und Genusfestigkeit ähnlich wie Substantiven inhärent, und auch semantisch unterscheiden sie sich kaum von substantivischen NPs wie [*eine Person*]$_{NP}$. Dagegen scheint sich eine kollektive Semantik wie bei *niemand* hemmend auf die Majuskelsetzung auszuwirken, was substantivisch gebrauchte Quantifikativa wie *alle*, *viele* etc. bestätigen. Insofern wirkt auch Individuiertheit mit ein. Dieser Befund scheint auch die von Ewald (1995: 98) aufgeworfene, „aber kaum schlüssig begründet[e]" Frage nach der „‚Selektivität' der Großschreibung im Bereich der substantivischen Pronomen", die sich auch im 19. Jh. i.W. auf die Gruppe der Indefinita beschränkt, zu beantworten. Gerade die Indefinita i.e.S. zählen zur Peripherie der Pronomina (2.2) und dürften daher empfänglicher für die satzinterne Majuskel sein als ihre prototypischen Vertreter (z.B. Demonstrativa). Der syntaktisch-funktionale Kontext kommt bei den nur substantivisch gebrauchten Indefinita i.e.S. sicherlich verstärkend hinzu, ist aber generell kein guter Prädikator für die satzinterne Majuskel (s. 3.1): Er greift nur z.T. bei den Demonstrativa, nicht jedoch bei den Quantifikativa, die auch in attributiver Verwendung relativ häufig großgeschrieben werden, und dies unabhängig von der Majuskelsetzung beim dazugehörigen NP-Kern (s. 3.3).

Die Befunde spiegeln auch den inhibitorischen Einfluss von Frequenz auf den Majuskelgebrauch wider, indem die Demonstrativa und Quantifikativa tendenziell kleingeschrieben werden, die vornehmlich attributiv verwendet werden und hier eine Minuskel aufweisen, z.B. *dies-* (s. 3.1). Darüber hinaus sind nominale Begleiter in pseudosubstantivischen Kontexten majuskelbefördernd (vgl. <der Jenige>), werden jedoch vom Faktor Buchstabe noch übertrumpft: So wird das <J> im Gegensatz zu seinem Allograph <i> ausnahmslos großgeschrieben (s. 3.4). Alles in allem ist die Setzung der satzinternen Majuskel am wahrscheinlichsten, wenn die Faktoren inhärente Belebtheit und inhärentes Genus, substantivischer Gebrauch, „untypisches" Pronomen und initiales <J> zusammentreffen, wie dies bei *jemand* der Fall ist.

Literatur

ARS [Amtliche Rechtschreibregeln] = *Deutsche Rechtschreibung. Regeln und Wörterverzeichnis. Amtliche Regelung.* Hrsg. vom Rat für deutsche Rechtschreibung. Tübingen: Narr. http://www.rechtschreibrat.com/DOX/rfdr_Regeln_2006.pdf (10.08.2018).

Barteld, Fabian, Stefan Hartmann & Renata Szczepaniak (2016): The usage and spread of sentence-internal capitalization in Early New High German: A multifactorial approach. *Folia Linguistica* 50 (2), 385–412.

Bergmann, Rolf (1999): Zur Herausbildung der deutschen Substantivgroßschreibung. Ergebnisse des Bamberg-Rostocker Projekts. In Walter Hoffmann, Jürgen Macha, Klaus J. Mattheier & Hans-Joachim Solms (Hrsg.), *Das Frühneuhochdeutsche als sprachgeschichtliche Epoche: Werner Besch zum 70. Geburtstag*, 59–79. Frankfurt a.M.: Peter Lang.

Bergmann, Rolf & Dieter Nerius (1998): *Die Entwicklung der Großschreibung im Deutschen von 1500 bis 1700*, 2 Bände. Heidelberg: Winter.

Bredel, Ursula (2006): Die Herausbildung des syntaktischen Prinzips in der Historiogenese und in der Ontogenese der Schrift. In Ursula Bredel & Hartmut Günther (Hrsg.), *Orthographietheorie und Rechtschreibunterricht*, 139–163. Tübingen: Max Niemeyer.

Bybee, Joan L. (2010): *Language, Usage and Cognition*. Cambridge: CUP.

Daneš, František (1982): Zur Theorie des sprachlichen Zeichensystems. In Jürgen Scharnhorst & Erika Ising (Hrsg.), *Grundlagen der Sprachkultur. Beiträge der Prager Linguistik zur Sprachtheorie und Sprachpflege. Teil 2*, 132–173. Berlin: Akademie-Verlag.

Duden (2016): *Die Grammatik. Unentbehrlich für gutes Deutsch*. 9. Aufl. Berlin: Bibliographisches Institut.

Ewald, Petra (1995): *Der Eine* und *der Andere*. Zu einer wortartübergreifenden Großschreibungstendenz im 19. Jahrhundert. In Petra Ewald & Karl-Ernst Sommerfeldt (Hrsg.), *Beiträge zur Schriftlinguistik. FS für Dieter Nerius*, 89–101. Frankfurt a.M. u.a.: Peter Lang.

Ewald, Petra & Dieter Nerius (1990): *Die Groß- und Kleinschreibung im Deutschen*. 2. Aufl. Leipzig: Bibliographisches Institut.

Graefen, Gabriele (2009): Pronomina. In Ludger Hoffmann (Hrsg.), *Handbuch der deutschen Wortarten*, 657–705. Berlin, New York: De Gruyter.

Haspelmath, Martin (1997): *Indefinite Pronouns*. Oxford: Clarendon Press.

Helbig, Gerhard & Joachim Buscha (2017): *Deutsche Grammatik. Ein Handbuch für den Ausländerunterricht*. Stuttgart: Klett.

Hentschel, Elke (Hrsg.) (2010): *Deutsche Grammatik*. Berlin, New York: De Gruyter.

Hentschel, Elke & Harald Weydt (2013): *Handbuch der deutschen Grammatik*. 4., vollständig überarbeitete Auflage. Berlin, Boston: De Gruyter.

Kempf, Luise (2017): *Englåndisch, Hamburgisch, Lutherisch* – Degrees of onymicity reflected in the history of German *-isch*-derivation. *Folia Linguistica* 51 (2) (Special Issue: The Morphosyntax of Proper Names), 391–417.

Knobloch, Clemens & Burkhard Schaeder (2000): Kriterien für die Definition von Wortarten. In Geert Booij, Christian Lehmann & Joachim Mudgan (Hrsg.), *Morphologie. Ein internationales Handbuch zur Flexion und Wortbildung. 1. Halbband. HSK 17.1*, 674–692. Berlin, New York: De Gruyter.

Maas, Utz (1992): *Grundzüge der deutschen Orthographie*. Tübingen: Niemeyer.

Maas, Utz (1995): Einige Grundannahmen zur Analyse der Groß- und Kleinschreibung im Deutschen, insbesondere zu ihrer Grammatikalisierung in der Frühen Neuzeit. In Gotthard Lerchner, Marianne Schröder & Ulla Fix (Hrsg.), *Chronologische, areale und situative Varietäten des Deutschen in der Sprachhistoriographie*, 85–100. Frankfurt a.M.: Peter Lang.

Macha, Jürgen (2005): Redewiedergabe in Verhörprotokollen und der Hintergrund gesprochener Sprache. In Sabine Krämer & Norbert Richard Wolf (Hrsg.), *Bayerische Dialektologie. Akten der Internationalen Dialektologischen Konferenz 26.-28. Februar 2002*, 171–178. Heidelberg: Winter.

Macha, Jürgen, Elvira Topalović, Iris Hille, Uta Nolting & Anja Wilke (2005): *Deutsche Kanzleisprache in Hexenverhörprotokollen der Frühen Neuzeit*. 2 Bde. Berlin, New York: De Gruyter.

Mentrup, Wolfgang (1979): Großschreibung aus Ehrerbietung – wiewol dieses nicht zur orthographie, sondern zur Klugheit... gehöret. In Heinrich Löffler, Karl Pestalozzi & Martin Stern (Hrsg.), *Standard und Dialekt. Studien zur gesprochenen und geschriebenen Gegenwartssprache. FS für Heinz Rupp zum 60. Geburtstag*, 13–53. Bern, München: Francke.

Moulin, Claudine (1990): *Der Majuskelgebrauch in Luthers deutschen Briefen (1517–1546)*. Heidelberg: Winter.

Müller, Hans-Georg (2016): *Der Majuskelgebrauch im Deutschen: Groß- und Kleinschreibung theoretisch, empirisch, ontogenetisch*. Berlin, Boston: De Gruyter.

Rädle, Karin (2003): *Groß- und Kleinschreibung des Deutschen im 19. Jahrhundert. Die Entwicklung des Regelsystems zwischen Reformierung und Normierung*. Heidelberg: Winter.

Risse, Ursula (1980): *Untersuchungen zum Gebrauch der Majuskel in deutschsprachigen Bibeln des 16. Jahrhunderts: Ein historischer Beitrag zur Diskussion um die Substantivgroßschreibung*. Heidelberg: Winter.

Schutzeichel, Marc & Renata Szczepaniak (2015): Die Durchsetzung der satzinternen Großschreibung in Norddeutschland am Beispiel der Hexenverhörprotokolle. In Markus Hundt & Alexander (Hrsg.), *Deutsch im Norden. Varietäten des norddeutschen Raumes*, 151–167. Berlin, Boston: De Gruyter.

Szczepaniak, Renata (2011): Gemeinsame Entwicklungspfade im Spracherwerb und im Sprachwandel? Kognitive Grundlagen der onto- und historiogenetischen Entwicklung der satzinternen Großschreibung. In Klaus-Michael Köpcke & Arne Ziegler (Hrsg.), *Grammatik – Lehren, Lernen, Verstehen*, 341–360. Berlin: De Gruyter.

Szczepaniak, Renata & Fabian Barteld (2016): Hexenverhörprotokolle als sprachhistorisches Korpus. In Sarah Kwekkeboom & Sandra Waldenberger (Hrsg.), *PerspektivWechsel oder: Die Wiederentdeckung der Philologie. Bd. 1 Sprachdaten und Grundlagenforschung in Historischer Linguistik*, 43–70. Berlin: Erich Schmidt.

Tesch, Peter (1890): *Die Lehre vom Gebrauch der großen Anfangsbuchstaben in den Anweisungen für die neuhochdeutsche Rechtschreibung: Eine Quellenstudie*. Neuwied, Leipzig: Louis Heuser.

Voeste, Anja (2013): Den Leser im Blick. Die Professionalisierung des Setzerhandwerks im 16. Jahrhundert und ihre Auswirkungen auf die Orthographie der Druckausgaben der »Melusine«. In Ursula Rautenberg & Heidrun Stein-Kecks (Hrsg.), *Zeichensprachen des literarischen Buchs in der frühen Neuzeit. Die »Melusine« des Thüring von Ringoltingen*, 141–162. Berlin, Boston: De Gruyter.

Weber, Walter Rudolf (1958): *Das Aufkommen der Substantivgroßschreibung im Deutschen: Ein historisch-kritischer Versuch*. München: Uni-Druck.

Wegera, Klaus-Peter (1996): Zur Geschichte der Adjektivgroßschreibung im Deutschen: Entwicklung und Motive. *Zeitschrift für Deutsche Philologie* 115, 382–392.

Zifonun, Gisela (2001): *Grammatik des Deutschen im europäischen Vergleich. Das Pronomen. Teil I: Überblick und Personalpronomen*. Mannheim: Institut für Deutsche Sprache.

Zifonun, Gisela (2005): Sowohl Determinativ als auch Pronomen? Sprachvergleichende Beobachtungen zu *dieser*, *aller* und Konsorten. *Deutsche Sprache* 2005 (3), 195–219.

Zifonun, Gisela (2007): *Zur Grammatik des Deutschen im europäischen Vergleich. Das Pronomen. Teil IV: Indefinita im weiteren Sinne*. Mannheim: Institut für Deutsche Sprache.

Zifonun, Gisela (2017): Pronomina. In Lutz Gunkel, Adriano Murelli & Susan Schlotthauer (Hrsg.), *Grammatik des Deutschen im europäischen Vergleich. Das Nominal*. Unter Mitarbeit von Christine Günther und Ursula Hoberg, 519–799. Berlin, Boston: De Gruyter.

Lisa Dücker, Stefan Hartmann, Renata Szczepaniak

Satzinterne Großschreibung von Substantiven und Substantivierungen in Hexenverhörprotokollen

Eine multifaktorielle Analyse des Majuskelgebrauchs. Pragmatische, semantische und syntaktische Einflussfaktoren

Abstract: Dieser Beitrag fasst wesentliche Forschungsergebnisse des Projekts „Die Entwicklung der satzinternen Großschreibung im Deutschen" (SiGS) zusammen und fügt weitere, bisher noch nicht systematisch untersuchte soziopragmatische Aspekte hinzu. Dabei wird zunächst das Korpus aus Hexenverhörprotokollen vorgestellt, auf das sich die Untersuchung stützt. Anschließend werden Hauptergebnisse bisheriger Forschung zu Einflussfaktoren, die die satzinterne Majuskelsetzung in ihrer Entstehungszeit steuern, zusammengefasst. Auf Grundlage des 56 Hexenverhörprotokolle umfassenden SiGS-Korpus wird gezeigt, dass die Faktoren (v.a. Wortart und Wortsemantik), die zuvor für gedruckte Texte herausgearbeitet wurden, auch bei handschriftlichen Texten eine zentrale Rolle spielen, sich jedoch auch weitere, bislang unberücksichtigt gebliebene Faktoren aufzeigen lassen. Diese sind Wortfrequenz, syntaktische Funktion und semantische Rolle. Insbesondere wird detailliert auf die soziopragmatische Funktion der Groß- und Kleinschreibung eingegangen: So zeigt sich im Korpus bspw. deutlich, dass Frauenbezeichnungen signifikant häufiger kleingeschrieben werden als Bezeichnungen, die auf Männer referieren. Auch wird bei Bezeichnungen für Personen mit niedriger sozialer Stellung häufig die Kleinschreibung gewählt.

Keywords: satzinterne Großschreibung, Soziopragmatik, Sprache und Diskriminierung

Lisa Dücker, Otto-Friedrich-Universität Bamberg, lisa.duecker@uni-bamberg.de
Stefan Hartmann, Heinrich-Heine-Universität Düsseldorf, hartmast@hhu.de
Renata Szczepaniak, Otto-Friedrich-Universität Bamberg, renata.szczepaniak@uni-bamberg.de

https://doi.org/10.1515/9783110679649-005

1 Einleitung

Frühneuzeitliche Hexenverhörprotokolle sind für Sprachwandeluntersuchungen von nicht zu unterschätzendem Wert. Sie stellen handschriftliche Produkte von versierten Schreibern in der stark formalisierten Kommunikation der Hexenverhöre dar. Da sie entweder als direkte Mitschriften oder spätere Abschriften überliefert sind, repräsentieren sie unterschiedliche Grade der schriftlichen Spontaneität, unterscheiden sich aber trotzdem stark von intensiv geplanten Druckschriften. Dank dieses (relativen) Online-Charakters bilden sie deutlicher als Drucke den Schreibhabitus einzelner Individuen ab, wodurch sie sich bestens dafür eignen, die bestehende graphematische Variabilität (hier in Bezug auf die Setzung der satzinternen Großschreibung) zu erfassen. Vor diesem Hintergrund wird in diesem Beitrag die Schreibvariation hinsichtlich der die Majuskelsetzung fördernden bzw. blockierenden Faktoren bei Substantiven und Substantivierungen untersucht. Die Hexenverhörprotokolle sind in der für die Entwicklung der Großschreibung entscheidenden Phase (16. und 17. Jh.) entstanden, sodass das Schreibverhalten der Protokollanten vor dem Hintergrund der sich vollziehenden Durchsetzung der satzinternen Großschreibung betrachtet werden kann.

Als Grundlage für die Untersuchung dienen die von Macha et al. (2005) edierten Hexenverhörprotokolle, die einer sorgfältigen mehrschichtigen Annotation[1] unterzogen worden sind. Das Korpus und die Annotation werden in Abschnitt 2 vorgestellt. Anschließend werden in Abschnitt 3 die in der bisherigen Forschung

---

1 Diese Annotation wird im Rahmen des von der Deutschen Forschungsgemeinschaft finanzierten Projekts zur „Entwicklung der satzinternen Großschreibung im Deutschen" (SZ 280/2-1 und KO 909/12-1 von 2013 bis 2014 und SZ 280/2-3 von 2017 bis 2019) durchgeführt, s. https://www.uni-bamberg.de/germ-ling/forschung/projekte/dfg-projekt-sigs-entwicklung-der-satzinternen-grossschreibung/. AnnotatorInnen in der ersten Projektphase (2013–2014): Annemarie Bischoff, Lisa Dücker, Julia Hübner, Johanna Legrum, Katja Politt, Nicolai Pudimat, Eleonore Schmitt, Annika Vieregge und Nicholas Wieling. Annotatorinnen in der zweiten Projektphase (2017–2019): Kristina Albert, Aleksa Krieg, Sophie Mühlenberg, Anna Müller, Merle Pfau, Aki Schünemann, Tanja Stevanović und Fiona Walter.

diskutierten Funktionen der Großschreibung in der Durchsetzungs-/Variationsphase des 16./17. Jhs. präsentiert. Dabei wird ein Szenario der historischen Entwicklung skizziert, das für die Auswertung der Majuskelsetzung in den Hexenverhörprotokollen in Abschnitt 4 den Rahmen bilden wird. Das hier vorgestellte, multifaktorielle Modell der Majuskelsetzung in Hexenverhörprotokollen zeigt den Einfluss von syntaktischen, semantischen, kognitiven und pragmatischen Kategorien auf die Großschreibung von Substantiven und Substantivierungen. Die berücksichtigten Faktoren sind Belebtheit sowie die in der bisherigen Forschung nicht diskutierten Kategorien Frequenz, Agentivität und syntaktische Funktionen, die wir in Zusammenhang mit dem theoretischen Konzept der Salienz diskutieren. Abschnitt 5 beleuchtet die bisher nicht beachtete soziopragmatisch bedingte Kleinschreibung.

2 Korpus und Annotation

Als Untersuchungsgrundlage dienen in diesem Beitrag alle 56 von Macha et al. (2005) edierten Hexenverhörprotokolle, die aus der Zeit der intensivierten Hexenverfolgung von der 2. Hälfte des 16. bis zur Mitte des 17. Jhs. stammen. Das Korpus besteht aus direkten Mit- oder späteren Abschriften. Macha et al. (2005) konnten für etwa die Hälfte der Protokolle feststellen, dass sie aus jeweils einer Schreiberhand stammen. In seltenen Fällen sind die Protokolle nachweislich von zwei Schreibern verfasst. Die regionale Verteilung der Korpustexte ist in Abbildung 1 dargestellt. Jeder Punkt auf der Karte stellt ein Protokoll dar, das jeweils mit einer Sigle aus Entstehungsort und -zeit repräsentiert wird. Die folgenden Untersuchungen nehmen, wenn nicht anders angegeben, Bezug auf dieses Gesamtkorpus. Zum Testen neuer Hypothesen (in Abschnitt 5) wird auf ein räumlich, zeitlich und in Bezug auf Textumfang ausgewogenes Kernkorpus von 18 Protokollen zurückgegriffen (zur Beschaffenheit des Kernkorpus s. Szczepaniak & Barteld 2016: 46–47). Da sich bei der Kanzleikursive die Groß- und Kleinbuchstaben für <h,v,z> formal nicht unterscheiden, werden Wörter, die mit diesen Graphemen beginnen, aus der Untersuchung ausgenommen (Genaueres s. Szczepaniak & Barteld 2016).

Abb. 1: Die regionale Verteilung der untersuchten Hexenverhörprotokolle.

Aufgrund der Annahme, dass für die Entwicklung der Großschreibung die Belebtheit von besonderer Bedeutung ist, wurde ein sehr detailliertes Annotationsschema entwickelt (s. Barteld, Hartmann & Szczepaniak 2016), das auf die inhaltlichen Besonderheiten der Hexenverhörprotokolle Rücksicht nimmt (vgl. Tabelle 1). So wird aufgrund der häufigen Erwähnung von übernatürlichen Entitäten wie *Gott* und *Teufel* oberhalb von *menschlich* eine weitere Kategorie *übermenschlich* angesetzt, die sich in *übermenschlich (positiv)* und *übermenschlich (negativ)* aufteilt. Das feinkörnige Annotationsschema, das neben dem Belebtheits- auch den Individuiertheitsgrad berücksichtigt, lässt sich in grobkörnigere Kategorien herunterbrechen, die sich angesichts der für einige Subkategorien sehr geringen Datenmengen besser für die quantitative Analyse eignen. Zwei Stufen der grobkörnigeren Kategorieneinteilungen sind in Tabelle 1 dargestellt.

Tab. 1: Annotationsschema für Belebtheit im SiGS-Korpus.

Belebtheitskategorie (feinkörnig)	**Belebtheitskategorie (grobkörniger)**	**Belebtheitskategorie (zweistufig)**
Übermenschlich (positiv)	übermenschlich	belebt
Übermenschlich (negativ)		
Menschlich	menschlich	
Menschlich (Kollektivum)		
Tierisch	tierisch	
Tierisch (Kollektivum)		
Konkret	konkret	unbelebt
Konkret (Körperteil)		
Konkret (Ort)		
Konkret (Kollektivum)		
Abstrakt	abstrakt	

Neben Annotationen auf der Wortebene liegt für das gesamte SiGS-Korpus auch eine Annotation auf der Phrasenebene vor: Alle Nominalphrasen, die das Subjekt oder Objekt eines Satzes bilden, wurden auf ihre syntaktische Funktion und semantische Rolle hin annotiert. Die Annotation der semantischen Rollen basiert dabei auf einem prototypenorientierten Modell nach Dowty (1991; s. Abschnitt 3).

3 Funktionen der Großschreibung – Forschungsüberblick

Die heutige deutsche Standardorthographie zeichnet sich dadurch aus, dass sie sowohl eine pragmatisch wie syntaktisch – und peripher auch lexikalisch – bezogene satzinterne Großschreibung kennt. Die pragmatische Großschreibung betrifft in der heutigen Standardorthographie v.a. die Auszeichnung der Höflichkeitspronomina; die syntaktische führt zur Großschreibung jedes Kopfs einer Nominalphrase: *das große Haus, ohne Wenn und Aber*; die periphere lexikalische äußert sich in Großschreibung von inkorporierten nominalen Stämmen in N+V-Komposita, z.B. *Rad fahren* (s. Günther & Gaebert 2011). Die heutige Setzung der satzinternen Großschreibung resultiert aus einer langen historischen Entwicklung und einer darauf reagierenden (ortho-)graphischen Regelung (zur Geschichte der Normkodifizierung s. Mentrup 1979, Nerius 2003, Maas 2011).

Dabei beginnt die Entwicklung bereits im Althochdeutschen (Ahd.). In dieser Zeit wird die vorherrschende karolingische Minuskelschrift durch den Einsatz von Buchstaben aus älteren Majuskelschriften erweitert. Dies ermöglicht die Hervorhebung einzelner Wörter (s. Bergmann & Nerius 1998: 3). Dabei können ganz allgemein zwei Arten der Hervorhebung unterschieden werden (s. Maas 2007): Zur Textstrukturierung werden seit dem Ahd. die Anfänge von Texten, Absätzen, Zeilen und Versen durch Großschreibung markiert. Die satzinterne Majuskel wird zur inhaltlichen Hervorhebung, allem voran zur Markierung von Personennamen, eingesetzt, so dass man hier eine Großschreibung bei hohem Individuiertheitsgrad annehmen kann (Weber 1958, Labs-Ehlert 1993). Raible (1991: 32) sieht vor allem die Systematisierung der Interpunktionszeichen als Auslöser dafür, dass die Majuskel sich von der Markierung größerer syntaktischer Einheiten löst und nun auch für die Hervorhebung einzelner Wörter im Satzinneren verwendet werden kann.

Die entscheidende Phase für die Ausbreitung der satzinternen Großschreibung fällt in die frühneuhochdeutsche (frnhd.) Sprachperiode, in der die Schrift als offizielles und privates Kommunikationsmedium an Bedeutung gewonnen hat. Beigetragen haben dazu die Erfindung des Buchdrucks, die das Herstellen und Vervielfältigen von Texten ermöglicht hat, und die Entwicklung des modernen Staates mit seiner Bürokratie, die literate Bürger forderte (s. Barteld, Hartmann & Szczepaniak 2016). In der bisherigen Forschung, die sich hauptsächlich auf die Majuskelsetzung in gedruckten Texten konzentriert hat (Bergmann & Nerius 1998, Wegera 1996), zeigt sich eine Entwicklung der Großschreibung, die mit der pragmatisch bedingten Majuskelsetzung v.a. zum Ausdruck von Ehrerbietung und zur inhaltlichen Hervorhebung startet und sich dann entlang der Belebtheitsskala (von menschlich über konkret zu abstrakt) zum nominalen Marker entwickelt. Die zwischenzeitlich relativ häufige Adjektivgroßschreibung wird im 17. Jh. allmählich abgebaut. Die heutige Großschreibung von Kernen der Nominalphrasen wird durch spätere Normkodifizierung unterstützt. Maas (1995) spricht in diesem Zusammenhang von Grammatikalisierung, da eine Phase pragmatischer Konditionierung durch die semantische, morphologische und später syntaktische Konditionierung abgelöst wird.

In Anlehnung an die bisherige Forschung gehen wir davon aus, dass es in der Zeit der Schreibvariation möglich war, durch die Majuskelsetzung den (textuellen, konzeptionellen, pragmatischen oder semantischen) Salienzgrad einzelner Wörter abzubilden. Den vieldiskutierten Begriff der Salienz definiert Ellis (2016: 342) als „the ability of a stimulus to stand out from the rest". Schmid & Günther (2016) zeigen, dass sich die Salienz eines Stimulus aus dem Abgleich mit unmittelbar kontextbedingten oder aber im Langzeitgedächtnis gespeicherten *Erwartungen* ergibt. Dabei argumentieren sie, dass sich Salienz aus der Verletzung von Erwartungen und einem damit einhergehenden Überraschungseffekt ergeben kann.[2] So führt auch Auer (2014: 10) Salienz explizit auf die *Differenz* zwischen Wahrnehmung und Erwartung zurück. Wie häufig man einem Stimulus begegnet, ist dabei nur mittelbar relevant. Eine zentrale Rolle spielt indes die Erwartungshaltung des oder der Wahrnehmenden. So weist er darauf hin, dass „die Auffälligkeit eines Stimulus auch von der Motivation des wahrnehmenden Subjekts abhängig ist und daher emotionale und motivationale Komponenten hat" (Auer 2014: 10).

Der Salienzbegriff wird häufig auch unmittelbar mit dem für diese Untersuchung zentralen Konzept der Belebtheit in Verbindung gebracht, da sich belebte Entitäten etwa durch Bewegung und Geräusche von der unbelebten Umgebung abheben und somit ein hohes Maß an perzeptueller Salienz aufweisen (s. z.B. Lempert 1990, Yamamoto 1999, Ellis 2016). Weiterhin lässt sich das Salienzkonzept unschwer aus der perzeptuell-kognitiven Welt auf andere Domänen übertragen, etwa auf soziale und kulturelle Gegebenheiten. So ist – gerade im ideengeschichtlichen Kontext der Frühen Neuzeit – von einem hohen Salienzgrad bei Personen in gehobener sozialer Stellung auszugehen, der sich im Falle der Großschreibung darin äußert, dass in der frühen Phase der Entwicklung Nomina sacra sowie Rang- und Titelbezeichnungen eher großgeschrieben werden als andere Personenbezeichnungen. Ihre soziale Salienz schlägt sich somit in „physiologischer Salienz" nieder. Darunter versteht Auer (2014: 9) eine Auffälligkeit, die in der Physiologie der Wahrnehmung begründet liegt, und nennt als Beispiele aus dem Bereich der Phonologie „längere Dauer, stärkere Grundfrequenzbewegung

2 Allerdings kann sich Salienz nach Schmid & Günther (2016) umgekehrt auch aus einem hohen Maß an kognitiver Verankerung, mithin aus der Erfüllung von Erwartungen, ergeben; hier orientieren wir uns jedoch an der verbreiteteren Auffassung, dass Salienz eine Differenz zwischen Erwartung und Wahrnehmung voraussetzt.

und höhere Intensität (Lautstärke)", die jeweils der Hervorhebung dienen. Auf graphematischer Ebene erfüllt die satzinterne Großschreibung eine solche Hervorhebungsfunktion. Diesbezüglich stellt Kaempfert (1980: 80) in seiner Untersuchung von Texten aus dem 16. Jh. fest, dass die Majuskelsetzung „ständisch verteilt" ist: „Die Großschreibung hängt nicht an dem besonderen Rang der jeweils bezeichneten Person, sondern am sozialen, allgemeinen Rang der Institution oder Rolle" (Kaempfert 1980: 87). So kann er zeigen, dass *König* und *Ritter* häufiger großgeschrieben werden als *Knecht* oder *Bauer*. Wörter wie *Gemahl* oder *Tochter*, die nicht direkt auf den sozialen Rang ihrer Referenten verweisen, werden weitgehend kleingeschrieben, auch wenn es sich dabei um Menschen hohen Ranges oder großer textthematischer Bedeutung handelt. Auch Weber (1958: 245) kann zeigen, dass in den von ihm untersuchten Texten *Meister* und *Obervogt* häufiger großgeschrieben werden als *Lehrjunge* und *Untervogt*, worin er die „soziale Stufenleiter" widergespiegelt sieht.

Die in unserem Korpus festzustellende, teils sehr konsequente Kleinschreibung negativ konnotierter Lexeme wie *gespiele* (s.u. Abschnitte 4 und 5) ist indes wohl weniger durch einen geringeren Salienzgrad des Denotats als vielmehr mit evaluativer Funktion der Großschreibung zu erklären, so dass dem höchst negativ konnotierten Begriff die physiologische Salienz gleichsam verwehrt wird. In Abschnitt 5 werden wir argumentieren, dass dies nicht nur für dezidiert negativ besetzte Lexeme gilt, sondern auch für Frauenbezeichnungen, was darauf hindeutet, dass hier patriarchale Gesellschaftsstrukturen in der Schrift widergespiegelt werden. In diesen Fällen bildet die Großschreibung soziopragmatische Verhältnisse ab.

Auch in anderen Bereichen ist zu erwarten, dass nicht der Belebtheitsstatus allein über die Salienz eines Nomens entscheidet. So ist denkbar, dass Kinder, die zum einen in der sozialen Hierarchie den Erwachsenen untergeordnet und zum anderen in den Hexenverhörprotokollen oft Opfer von Schadenszaubern waren, als weniger agentiv als Erwachsene konzeptualisiert wurden. So wird beispielsweise das Lemma *kind* im SiGS-Kernkorpus wesentlich seltener mit Majuskel geschrieben, als aufgrund seines Belebtheitsstatus zu erwarten wäre (vgl. Barteld, Hartmann & Szczepaniak 2016: 406).

Dies führt uns zu der Annahme, dass neben Belebtheit auch Agentivität für die Auszeichnung mit einer Majuskel eine wichtige Rolle spielt. Als Agentivität bezeichnen wir eine kognitive Kategorie, die den Partizipationsgrad eines Referenten an der beschriebenen Handlung betrifft (s. dazu Lehmann, Shin & Verhoeven 2004). In unserem Korpus ist die Agentivität mit Hilfe semantischer Proto-Rollen operationalisiert, wobei wir basierend auf Dowty (1991) zwischen Proto-Agens, Proto-Patiens, Stativ, Experiencer und Stimulus unterscheiden. So hat ein Proto-Agens wie <Gott> in (1) die Kontrolle über die Handlung, während ein Proto-Patiens <Gnade> von ihr affiziert wird. Der Experiencer wie <Sein Sohn> in (2) ist hingegen lediglich unter dem Einfluss eines Stimulus in das im Prädikat ausgedrückte Geschehen involviert. Stative Partizipanten wie <Schwartz zeugk> in (3) unterliegen lediglich der Zuschreibung von Eigenschaften. In Abbildung 2 werden die Kriterien aufgelistet, nach denen die Zuordnung des Agentivitätsgrads vorgenommen wurde.

(1) ***Gott***$_{\text{agens}}$ *Gebe* ***Gnade***$_{\text{patiens}}$ (Memmingen 1665)

(2) *Sein* ***Sohn***$_{\text{experiencer}}$ *aber hette die* ***hunde***$_{\text{stimulus}}$ *wohl gesehen* (Meiningen 1611)

(3) *das ihr bule Schwartz* ***zeugk***$_{\text{stativ}}$ [...] *angehabt* (Crivitz 1642)

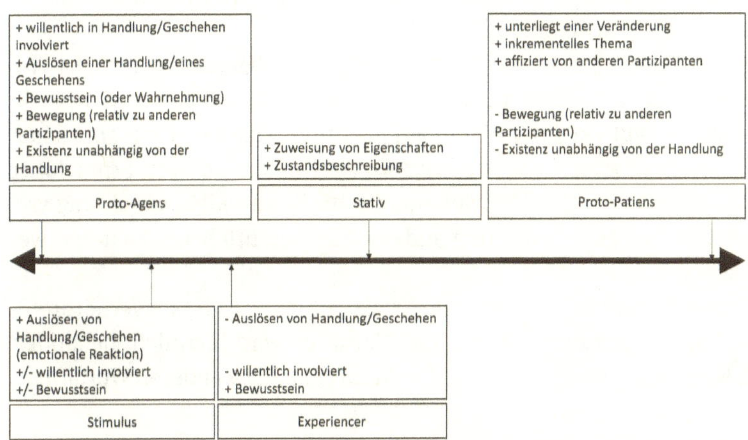

Abb. 2: Die Eigenschaften semantischer Rollen in Anlehnung an Dowty (1991).

Neben der konzeptionellen Hierarchie der Partizipanten betrachten wir in diesem Beitrag den Einfluss der syntaktischen Kodierung. Ausgehend von der Beobachtung, dass es im Deutschen (und auch universell) eine Subjekt-vor-Objekt-Präferenz gibt (s. De Cuypere 2008: 167), nehmen wir an, dass sich die prototypische Reihenfolge des Auftretens der Satzglieder (Subjekt > Objekt > Adverbial) sowie ihre morphologische Realisierung (v.a. Kasus) auf die Majuskelsetzung auswirkt. Daher lautet die Ausgangshypothese, dass das prototypischerweise im Vorfeld stehende, morphologisch unmarkierte Subjekt (unabhängig davon, welche semantische Rolle darin kodiert ist) eher zur Großschreibung tendiert als das prototypischerweise im Mittelfeld stehende, im obliquen Kasus realisierte Objekt, dem es hierarchisch übergeordnet ist (s. z.B. Lehmann et al. 2004).

Beide Faktoren, syntaktische Kodierung und semantische Rolle, können gemeinsam und einander verstärkend wirken, wenn z.B. im Subjekt Agens kodiert wird, vgl. *Meine Nachbarin malt ein Porträt*. In diesem Fall erwarten wir eine überdurchschnittlich häufige Großschreibung. Die Faktoren können sich aber auch zuwiderlaufen, wenn im Subjekt Experiencer oder gar Patiens platziert sind, z.B. *Meine Nachbarin liebt Sprachen; meine Nachbarin wird befördert*. Hier ist mehr Kleinschreibung erwartbar, da im Subjekt eine semantische Rolle kodiert ist, die mit einem geringen Partizipationsgrad verbunden ist.

Des Weiteren lässt unsere Pilotstudie in Barteld, Hartmann & Szczepaniak (2016) zusätzlich eine soziopragmatische Steuerung der Großschreibung vermuten, die auf unterschiedlicher Salienz der sozialen Geschlechter basiert. So deutet sich, wie bereits erwähnt, in unserem Korpus ein eindeutiger Bias zugunsten der Großschreibung von männlichen Personen an (s. Barteld, Hartmann & Szczepaniak 2016: 391; s. auch Abschnitt 5).

Ein weiterer Faktor, den wir in dieser Untersuchung berücksichtigen, ist Frequenz. Wie wir in Barteld, Hartmann & Szczepaniak (2016) zeigen konnten, wirkt sich die Gebrauchshäufigkeit der Wörter auf die Durchsetzung ihrer graphischen Gestalt aus. Häufig gebrauchte Wörter sind weniger salient und verharren daher eher in einer graphischen Gestalt, während die Groß- und Kleinschreibung von infrequenten Wörtern die Auswirkung anderer hier beschriebener Faktoren weniger blockiert (vgl. Auer 2014).

Diese Studie betrachtet die nominale Großschreibung in Hexenverhörprotokollen. Der Majuskelgebrauch bei anderen Wortarten wird hier nicht behandelt (vgl. jedoch Nowak, in diesem Band, zur Großschreibung bei anderen Wortarten).

4 Majuskelsetzung in Hexenverhörprotokollen

Hexenverhörprotokolle haben sich als aufschlussreiche Quelle zur Untersuchung der satzinternen Großschreibung in handgeschriebenen Texten erwiesen (s. auch andere Beiträge in diesem Band, insbes. Dücker und Nowak). Ihre große Attraktivität liegt in der individuellen Produktion, die den Variationsgrad in der Schrift gut abbilden kann (vgl. Abschnitt 4.1). In Abschnitt 4.2 werden wir mit Hilfe eines gemischten binomialen Regressionsmodells zeigen, dass trotz der großen interindividuellen Variabilität der Einfluss von Belebtheit auch in den Hexenverhörprotokollen gut nachweisbar ist. Dabei berücksichtigt das Modell auch die Auswirkung der Gebrauchshäufigkeit. Anhand einer *Hierarchical Configural Frequency Analysis* können wir in Abschnitt 4.3 zeigen, dass neben der Belebtheit auch der Agentivitätsgrad der Referenten und die syntaktische Funktion die von uns erwarteten Auswirkungen zeigen, was darauf hindeutet, dass die Großschreibung von der kognitiven Salienz beeinflusst wird. Eine weitere explorative Methode, die Kollostruktionsanalyse, wird in Abschnitt 4 angewandt, um die Affinität einzelner Lexeme zur Groß- und Kleinschreibung herauszuarbeiten.

4.1 Idiolektale Einflüsse

Hexenverhörprotokolle bilden eine vergleichsweise breit gefächerte Datenbasis aus handschriftlichen Texten, die aus individueller Schreiberhand stammen. Sie dokumentieren ein sehr hohes Maß an idiolektaler Schreibvariation, die in der bisherigen Forschung nicht erfasst werden konnte.[3] Die Breite der idiolektalen Variation (bei insgesamt sehr geübten Gerichtsschreibern) beim Gebrauch der Substantivgroßschreibung wird in Abbildung 3 deutlich. Diese zeigt den Anteil großgeschriebener Substantive an allen eindeutig appellativischen Nomina pro Protokoll, der zwischen nur knapp 3% in Göttingen 1649 und fast 81% in Ostrau 1628 beträgt. Dabei lassen sich keine klaren zeitlichen oder geographischen Trends ausmachen – einige recht frühe Texte weisen schon sehr viel Großschreibung auf, während der Text mit dem geringsten Anteil an satzinterner Substantivgroßschreibung zugleich einer der spätesten Texte im gesamten Korpus ist. Auch die Beobachtung von Bergmann & Nerius (1998), dass sich die Großschreibung bei gedruckten Texten vom Süden in den Westen und Norden ausbreitet, lässt sich für die hier untersuchten handschriftlichen Hexenverhörprotokolle nicht bestätigen. Statt geographischer finden wir eine idiolektale Variation, die die Wirkung von Belebtheit als Steuerungsfaktor schwächt. So zeigen Schutzeichel & Szczepaniak (2015: 165), dass in Alme 1630 Belebtheit keinen Einfluss auf die Großschreibung hat: Der Anteil großgeschriebener Nomina ist bei belebten Referenten ebenso gering wie bei unbelebten und liegt jeweils bei weniger als 40%. Dies ist angesichts der Produktionszeit beachtlich: Im selben Zeitraum zeigen Drucke eine abgeschlossene Durchsetzung der Großschreibung von belebten und konkreten Entitäten und eine über 60% liegende Großschreibung von Abstrakta (s. Bergmann 1999).

3 Zwar liegt mit Moulin (1990) bereits eine Analyse handgeschriebener Texte aus der ersten Hälfte des 16. Jhs. vor, die sich aber nur auf die Briefe von Martin Luther stützt.

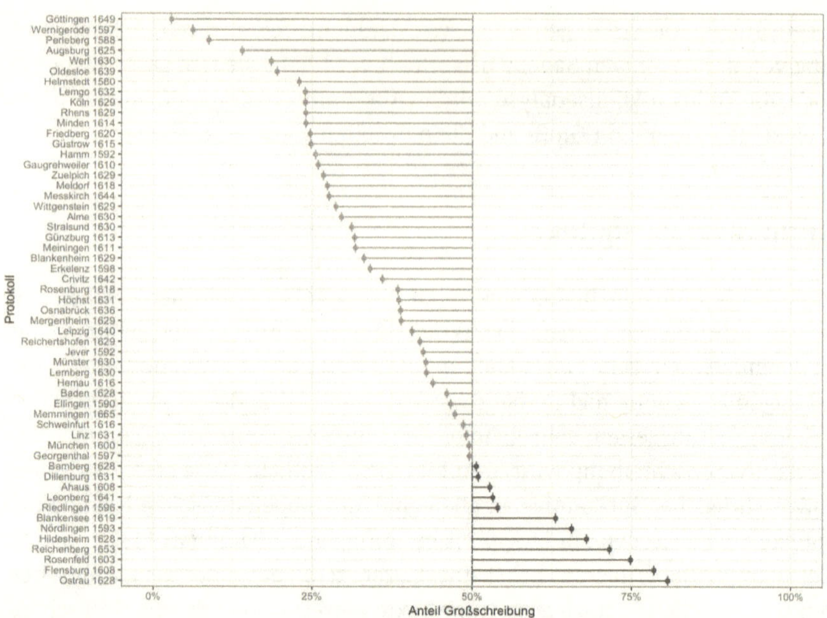

Abb. 3: Anteil großgeschriebener Substantive pro Protokoll (sortiert nach %).

4.2 Einfluss von Belebtheit und Wortfrequenz (Gemischtes Modell für das Gesamtkorpus)

Wie bei Barteld, Hartmann & Szczepaniak (2016) dienen für die nachfolgende Analyse des SiGS-Gesamtkorpus nur Appellativa – samt Nominalisierungen – als Datengrundlage. Eigennamen, die in den Protokollen meist großgeschrieben werden, und die von diesen nur schwer unterscheidbaren Berufsbezeichnungen gehen in die Analyse nicht ein (s. Barteld, Hartmann & Szczepaniak 2016: 394). Eine Reihe von Tokens musste aus der Analyse ausgeschlossen werden: Erstens alle Belege, die mit <h>, <v> und <z> beginnen, da bei diesen Buchstaben die Groß- und Kleinschreibung in den Handschriften nicht zu bestimmen ist; zweitens Belege, die nicht über eine Lemmaannotation verfügen[4], sowie drittens na-

4 Da bei der Lemmatisierung die Lemmata aus dem Deutschen Wörterbuch (DWB) zugrundegelegt wurden, sind Wörter, die nicht im DWB verzeichnet sind, nur mit einem Platzhalter (<*>) lemmatisiert. Für weitere Informationen zu Tokenisierung, Lemmatisierung und Annotation vgl.

türlich sämtliche satzinitial stehenden Nomina. Insgesamt gehen damit 9.071 Belege in die Analyse ein, die sich wie in Tabelle 2 gezeigt auf die einzelnen Belebtheitskategorien verteilen und von denen insgesamt 3.629 (40 %) großgeschrieben werden.

Tab. 2: Verteilung von Groß- und Kleinschreibung auf die einzelnen Belebtheitskategorien im SiGS-Korpus.

	über-menschlich	**menschlich**	**tierisch**	**konkret**	**abstrakt**
Klein-schreibung	196	1004	1652	268	2322
Groß-schreibung	397	982	1012	111	1127

An die Daten wurde ein binomiales gemischtes Modell angepasst (s. z.B. Gelman & Hill 2007: 116–118), wobei „Großschreibung" als abhängige Variable fungiert. Die gesamte Modellspezifikation ist in (4) angegeben.

(4) Großschreibung~Belebtheit*LogFreq+(1+Belebtheit|Protokoll) + (1|Lemma)

Als Prädiktoren (d.h. als angenommene Einflussfaktoren für die Groß- bzw. Kleinschreibung) gehen „Belebtheit" und „Frequenz" ins Modell ein. Die feinkörnige zwölfstufige Belebtheitsannotation im Korpus (s. Tabelle 1) wird dabei auf eine fünfstufige Kategorisierung heruntergebrochen (*abstrakt*, *konkret*, *tierisch*, *menschlich*, *übermenschlich*), da die volle Belebtheitsannotation zu einem rangdefizienten Modell führen würde, d.h. zu einem Modell, das zu wenige Datenpunkte für die Parameter enthält, die es schätzen soll, und das damit wenig aussagekräftig wäre. Die Variable „Frequenz" geht logarithmisch zur Basis 10 transformiert in das Modell ein, was zu einer weniger schiefen Verteilung führt und verhindert, dass Ausreißer das Ergebnis allzu stark beeinflussen (s. Baayen 2008: 31). Als zufällige Effekte gehen „Protokoll" und „Lemma" in das Modell ein. „Protokoll" dient dabei als Annäherung an die Zielvariable „Schreiber". Dies

Barteld, Szczepaniak & Zinsmeister (2014), Barteld, Hartmann & Szczepaniak (2016) sowie Szczepaniak & Barteld (2016).

kann deshalb nur eine Annäherung sein, weil, wie in Abschnitt 2 dargelegt, erstens einige wenige Protokolle von mehr als einem Schreiber stammen und es sich zweitens bei vielen Protokollen nur um Abschriften handelt, die möglicherweise von einem zweiten Schreiber angefertigt wurden. Da aber bei vielen Protokollen die Anzahl der Schreiber unbekannt ist und somit auch der Wechsel der Schreiberhand im Protokoll nicht genau nachvollzogen werden kann, gehen wir von der idealisierenden Annahme aus, dass jedes Protokoll einen „Schreibidiolekt" widerspiegelt. Der zufällige Effekt „Protokoll" geht dabei in Form von *random intercepts* ins Modell ein, d.h. das Modell berechnet für jedes Protokoll eine eigene Regressionsgerade, so dass pro Protokoll der Schnittpunkt mit der y-Achse (*intercept*) variieren kann. So kann das Modell für Schreiber, die insgesamt sehr viel Großschreibung verwenden, höhere Werte vorhersagen als für Schreiber, die kaum von der Großschreibung Gebrauch machen. Diesen idiolektalen Einflüssen wird zusätzlich mit *random slopes* für die Variable „Belebtheit" Rechnung getragen, d.h. die Schräge der einzelnen Regressionsgeraden kann variieren und somit der Tatsache Rechnung tragen, dass der Faktor der Belebtheit bei manchen Schreibern einen größeren Einfluss auf die Wahl zwischen Groß- und Kleinschreibung ausübt als bei anderen (vgl. auch die qualitative Analyse weiter unten).

Die Analyse wurde in R (R Core Team 2016) mit dem Paket lme4 (Bates et al. 2015) durchgeführt. Tabelle 3 zeigt die Koefffizientenschätzungen des Modells zusammen mit dem jeweiligen Standardfehler und dem z-Wert.[5] Mit Hilfe sogenannter Likelihood-Ratio-Tests kann das verwendete Modell in (4) mit Nullmodellen verglichen werden, also Modellen, in denen gegenüber dem eigentlichen Modell Faktoren weggelassen werden. Die Tests zeigen für unser Modell, dass sämtliche feste und zufällige Effekte einschließlich der *random slopes* im Vergleich zu den jeweiligen Nullmodellen zu einer signifikant besseren Modellpassung führen. Insbesondere beschreibt das verwendete Modell die Daten signifikant besser als ein Nullmodell ohne die Interaktion zwischen Belebtheit und Frequenz (χ^2=15,0, p<0,01) und ein Nullmodell, das ganz ohne die Prädiktoren „Belebtheit" und „Frequenz" auskommt und lediglich „Protokoll" und „Lemma" als zufällige Effekte hat (χ^2=371,45, p<0,001).

5 Der z-Wert ist der Quotient aus Regressionskoeffizient und Standardfehler. Hier und in der folgenden Tabelle wird bei sehr kleinen Werten die sog. wissenschaftliche Notation verwendet, z.B. 1,50E-15. Dabei ist E-15 zu lesen als „mal 10^{-15}".

Tab. 3: Koeffizienten des binomialen gemischten Modells, *** = höchst signifikant (< 0,001), ** = hochsignifikant (< 0,01), * = signifikant (< 0,05), . = marginal signifikant (< 0,10).

	Schätz-wert	Standard-fehler	z-Wert	Pr(>|z|)
(Intercept)	-1,8	0,23	-7,9	3,7E-15***
Belebtheit_übermenschlich	3,5	1,2	2,9	0,0036**
Belebtheit_menschlich	1,6	0,37	4,4	1,3E-05***
Belebtheit_konkret	0,56	0,57	0,97	0,33
Belebtheit_tierisch	1,1	0,25	4,7	2,9E-06***
LogFreq	0,28	0,18	1,5	0,13
Belebtheit_überm:LogFreq	-1,8	0,7	-2,5	0,011*
Belebtheit_menschl:LogFreq	-0,16	0,27	-0,6	0,55
Belebtheit_konkret:LogFreq	-0,34	0,51	-0,67	0,5
Belebtheit_tierisch:LogFreq	-0,62	0,21	-2,9	0,0036**

Als weitere Kriterien, um zu überprüfen, wie gut das Modell zu den Daten passt (*goodness of fit*), können der Konkordanzindex C und Somers' $D_{x,y}$ herangezogenen werden. Ersterer vergleicht die vom Modell vorhergesagten Wahrscheinlichkeiten mit den tatsächlichen Werten, während der letztgenannte Wert eine Rangkorrelation zwischen den vorhergesagten Wahrscheinlichkeiten und den tatsächlichen Werten angibt (s. Baayen 2008: 204). Beide Maße nehmen Werte zwischen 0 und 1 an. Während bei $D_{x,y}$ der Wert 0 darauf schließen lässt, dass die Vorhersagen rein zufällig sind, und der höchstmögliche Wert von 1 eine perfekte Vorhersagegenauigkeit anzeigt, weist bei *C* ein Wert von 0,5 auf zufällige Vorhersagen hin. Ist der Wert 1, so lässt dies ebenfalls auf eine hohe Vorhersagegenauigkeit schließen; sehr niedrige Werte würden hier darauf hindeuten, dass das Modell in den meisten Fällen das genaue Gegenteil des Beobachteten vorhersagt (z.B. Großschreibung, wo eigentlich Kleinschreibung zu beobachten ist). Beide Maße fallen für das hier vorgestellte Modell sehr hoch aus (C=0,93, $D_{x,y}$=0,87).

Wenn wir die Schätzwerte in Tabelle 3 betrachten, fällt auf, dass die Belebtheit erwartungsgemäß einen Einfluss auf die Großschreibung hat, dass Belebtheit aber zugleich mit Frequenz interagiert. Beim kategorialen Prädiktor „Belebtheit“ wird als Basiskategorie „abstrakt“ angesetzt, d.h. das Modell sagt voraus, dass z.B. die Variablenausprägung „Belebtheit_konkret“, deren Schätzwert positiv ist, gegenüber der Basiskategorie „Belebtheit_abstrakt“ (= Intercept in Tabelle 3) zu einem Anstieg der Wahrscheinlichkeit führt, dass die abhängige Variable „Großschreibung“ die Ausprägung „groß“ aufweist. Gleiches gilt für die verbleibenden Belebtheitskategorien. Hier ist jedoch bei der Interpretation Vorsicht geboten, denn bei Prädiktoren, die in signifikante Interaktionen involviert sind, können die Schätzwerte der dazugehörigen einfachen Effekte zumeist nicht direkt interpretiert werden, insbesondere dann, wenn es sich um eine sog. disordinale Interaktion handelt, sich also die Regressionslinien überschneiden. Wie Abbildung 4 zeigt, ist dies bei der Interaktion von Belebtheit und Frequenz der Fall: Während für abstrakte, tierische und menschliche Entitäten der Anteil an großgeschriebenen Lexemen mit zunehmender Frequenz steigt, sinkt er für konkrete und insbesondere übermenschliche Entitäten. Dies kann als Hinweis darauf gedeutet werden, dass die Großschreibung, wie wir in den folgenden Abschnitten noch näher ausführen werden, in hohem Maße lexemspezifisch ist: So ist das mit Abstand häufigste Lexem in der Kategorie „übermenschlich“ das häufig kleingeschriebene Wort *teufel* (258 Belege), bei den Konkreta die überwiegend kleingeschriebenen Lemmata *salbe* (51 Belege), *leib* (41 Belege) und *sache* (26 Belege).[6] In der Kategorie „menschlich“ sind die häufigsten Lemmata die zumeist kleingeschriebenen Wörter *frau* und *weib* (197 bzw. 130 Belege), aber auch überwiegend großgeschriebene wie *mann* und *mutter* (119 bzw. 118 Belege). Deshalb bleibt die Schätzung des Modells auch für hochfrequente Lemmata in der Kategorie „menschlich“ im mittleren Bereich, sagt also ungefähr eine 50:50-Chance voraus, dass ein Wort groß- oder kleingeschrieben wird.

6 Im Falle von *leib* und *sache* sind einige Belege kontextbedingt auch anderen Belebtheitskategorien (menschlich bzw. abstrakt) zugeordnet. Hier sind nur diejenigen Belege gezählt, die der Kategorie „konkret“ zugeordnet sind.

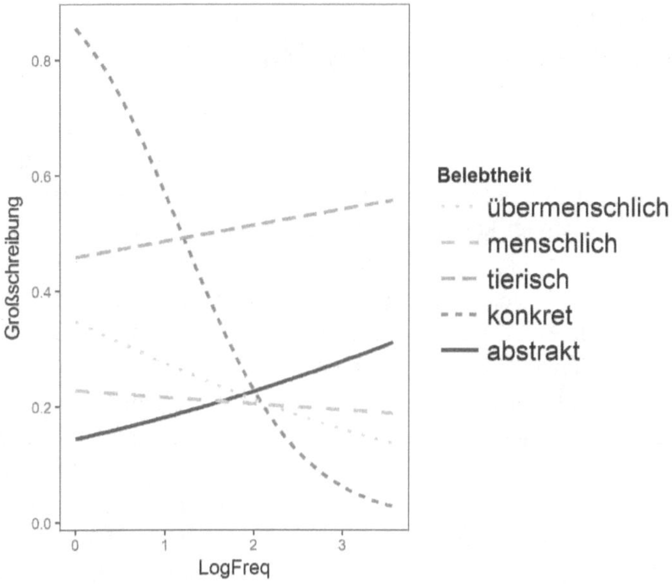

Abb. 4: Interaktion von Belebtheit und Frequenz im gemischten Modell.

Bei den ohnehin sehr infrequenten tierischen Entitäten (insgesamt 315 Belege) sind ebenfalls nur geringe Unterschiede im Anteil der Großschreibung zwischen hoher und niedriger Frequenz festzustellen. Bei den Abstrakta fällt auf, dass die Wahrscheinlichkeit, dass Großschreibung auftritt, mit zunehmender Frequenz deutlich ansteigt. Hier finden sich unter den häufigsten Lexemen unter anderem *jahr* (s. dazu u. Abschnitt 4.4) sowie das ebenfalls häufig großgeschriebene Wort *tanz*.

Ungeachtet der individuellen Variation liefern unsere Daten Evidenz dafür, dass Belebtheit einen wichtigen Steuerungsfaktor bei der Großschreibung darstellt. Ein hoher Belebtheitsgrad bringt eine hohe kognitive Salienz der Entitäten mit sich. Zudem finden sich gerade unter den menschlichen und übermenschlichen Entitäten viele thematisch saliente und daher auch frequente Lemmata, die folgerichtig zur Großschreibung tendieren, während sich unter den abstrakten und konkreten Entitäten häufiger infrequente Lexeme finden, die stark zwischen Groß- und Kleinschreibung variieren, insgesamt aber eher zur Kleinschreibung tendieren (s. Dücker, Hartmann & Szczepaniak im Ersch.)

4.3 Semantische Rolle und syntaktische Funktion (Hierarchical Configural Frequency Analysis im Gesamtkorpus)

Im Folgenden beziehen wir mit semantischen Rollen und syntaktischen Funktionen zwei weitere Faktoren ein, auf die hin das SiGS-Gesamtkorpus systematisch annotiert wurde. Da von einem komplexen Interaktionsgeflecht zwischen den unterschiedlichen Variablen – insbesondere zwischen semantischer Rolle, syntaktischer Funktion und Belebtheit – ausgegangen werden kann (es ist zu erwarten, dass die syntaktische Funktion „Subjekt" mit der semantischen Rolle „Agens" korreliert und tendenziell eher mit belebten Entitäten gefüllt wird), bietet sich hier eine eher explorativ orientierte Analysemethode an, nämlich eine hierarchische Konfigurationsfrequenzanalyse (*Hierarchical Configural Frequency Analysis*, kurz HCFA). Die HCFA vergleicht die Distribution aller Konfigurationen, die im jeweiligen Datensatz zu finden sind, über Chi-Quadrat-Tests mit den Frequenzen, die bei einer Zufallsverteilung zu erwarten wären. Auf diese Weise werden sogenannte „Types" und „Antitypes" identifiziert, also Konfigurationen, die signifikant häufiger oder signifikant seltener im Datensatz auftreten, als man es bei einer Zufallsverteilung erwarten würde (s. z.B. Hilpert 2013: 56). Die Analyse wurde mit dem R-Skript *hcfa 3.2* von Gries (2004) durchgeführt. Tabelle 4 zeigt alle signifikanten Types und Antitypes für Konfigurationen, an denen alle berücksichtigten Variablen (Belebtheit, semantische Rolle, syntaktische Funktion und Schreibung) beteiligt sind.[7] Types und Antitypes werden dort nach ihren jeweiligen *p*-Werten sortiert getrennt aufgelistet. Die Nummerierung in der Spalte ganz links dient lediglich dem Verweis im Text. Diejenigen Types und Antitypes, an denen die Variable „Schreibung" mit der Ausprägung „groß" beteiligt ist, sind zur besseren Lesbarkeit durch Kapitälchen und Fettdruck hervorgehoben.

7 Bei einer Matrix mit *n* Variablen berücksichtigt HCFA als „Konfigurationen" zusätzlich auch einzelne Variablen sowie Konfigurationen von 2, 3, ..., n Variablen; so erweist sich z.B. auch „Belebtheit=menschlich" (1 Variable) allein als signifikanter Type, ebenso „Belebtheit=menschlich, Syntakt. Funktion=Subjekt" (2 Variablen). Diese Konfigurationen werden hier nicht aufgelistet.

Tab. 4: Ergebnisse einer *Hierarchical Configural Frequency Analysis* auf Grundlage des SiGS-Gesamtkorpus. Oben: Types; unten: Antitypes. Konfigurationen, in denen Großschreibung als Type oder Antitype vorkommt, sind grau hinterlegt.

Nr.	Belebtheit	Sem. Rolle	Syn. Funktion	Schreibung	Beob. Freq	Erw. Freq.	χ^2
		Types (Beobachtete Frequenz > Erwartete Frequenz)					
1	**menschlich**	**Agens**	**Subjekt**	**GROSS**	**222**	**28.87**	**1291.78**
2	menschlich	Agens	Subjekt	klein	228	48.44	665.60
3	abstrakt	Patiens	Objekt	klein	410	185.20	272.86
4	konkret	Patiens	Objekt	klein	389	198.18	183.73
5	**menschlich**	**stativ**	**Subjekt**	**GROSS**	**84**	**24.92**	**140.09**
6	**menschlich**	**experiencer**	**Subjekt**	**GROSS**	**21**	**2.32**	**150.68**
7	**tierisch**	**Patiens**	**Objekt**	**GROSS**	**66**	**28.42**	**49.71**
8	konkret	stativ	Subjekt	klein	58	27.92	32.42
9	menschlich	stativ	Subjekt	klein	76	41.80	27.97
10	**konkret**	**Patiens**	**Objekt**	**GROSS**	**167**	**118.13**	**20.22**
		Antitypes (Beobachtete Frequenz < Erwartete Frequenz)					
11	menschlich	Agens	Objekt	klein	2	82.06	78.11
12	menschlich	Patiens	Subjekt	klein	52	175.18	86.62
13	konkret	Agens	Objekt	klein	0	54.80	54.80
14	abstrakt	Agens	Objekt	klein	0	51.21	51.21
15	**menschlich**	**Patiens**	**Subjekt**	**GROSS**	**27**	**104.42**	**57.40**
16	**menschlich**	**Agens**	**Objekt**	**GROSS**	**2**	**48.91**	**45.00**
17	konkret	Patiens	Subjekt	klein	40	116.98	50.66
18	**abstrakt**	**Patiens**	**Subjekt**	**GROSS**	**13**	**65.16**	**41.76**
19	**konkret**	**Agens**	**Objekt**	**GROSS**	**0**	**32.66**	**32.66**
20	**abstrakt**	**Agens**	**Objekt**	**GROSS**	**0**	**30.52**	**30.52**
21	**konkret**	**Patiens**	**Subjekt**	**GROSS**	**19**	**69.73**	**36.91**
22	menschlich	Patiens	Objekt	klein	188	296.77	39.87
23	menschlich	stativ	Objekt	klein	21	70.82	35.05
24	abstrakt	Patiens	Subjekt	klein	53	109.32	29.02
25	**abstrakt**	**stativ**	**Objekt**	**GROSS**	**4**	**26.34**	**18.95**
26	**menschlich**	**stativ**	**Objekt**	**GROSS**	**15**	**42.21**	**17.54**
27	tierisch	Agens	Objekt	klein	0	13.18	13.18
28	konkret	Agens	Subjekt	klein	14	32.35	10.41
29	**tierisch**	**Agens**	**Objekt**	**GROSS**	**0**	**7.86**	**7.86**

Erwartungsgemäß stellt die Konfiguration „menschlich – Agens – Subjekt – groß" den signifikantesten Type in den Daten dar. Dass die Konfiguration „menschlich – Agens – Subjekt – klein" ebenfalls unter den Types zu finden ist, lässt sich damit erklären, dass die HCFA die groß- und kleingeschriebenen Daten nicht getrennt analysiert, sondern alle Merkmalskonfigurationen gleichwertig behandelt und ihre Frequenz in den Daten mit ihrer erwarteten Frequenz bei einer Zufallsverteilung vergleicht.[8] Da die Merkmalskonfiguration „menschlich – Agens – Subjekt" aus offensichtlichen Gründen hochfrequent ist, wird sie sowohl in Kombination mit Groß- (1) als auch mit Kleinschreibung (2) als signifikanter Type identifiziert.

Der Type „abstrakt – Patiens – Objekt – klein" (3) und der Type „konkret – Patiens – Objekt – klein" (4) bestätigen ebenfalls unsere Erwartungen, da die Kleinschreibung hier mit Konkreta bzw. Abstrakta mit Patiensrolle in der Objektfunktion assoziiert ist. Zwar findet sich auch hier die entsprechende Kombination mit Großschreibung unter den Types (10), doch ist die Assoziation mit der Kleinschreibung insgesamt deutlich stärker. Somit zeigt sich tendenziell, dass sich Salienzfaktoren – d.h. Belebtheit, Agentivität und die syntaktische Funktion – auf die Groß-/Kleinschreibung auswirken, indem sie die Großschreibung bei hohem Belebtheits- und Agentivitätsgrad sowie bei hierarchisch höherstehender syntaktischer Funktion begünstigen. Die Relevanz der thematischen Salienz schlägt sich im siebten Type „tierisch – Patiens – Objekt – groß" nieder, denn diese Merkmalskonfiguration weisen im Kontext der Hexenverhörprotokolle zumeist Lexeme auf, die sich auf Tiere beziehen, die den Zeugenaussagen zufolge Opfer der den Angeklagten unterstellten Delikte geworden sein sollen:

(5) *... hab Sy obgemeltem Amman zu Möringen* ***ein Kälblin*** *mit der ruot geschlagen, das eß negsten morgenß daruon gestorben* (Riedlingen 1596)

(6) *Etwa vor ainem Jahr , habe Sie [...]* ***ain Khu*** *geschlagen, vnd ertödtet* (Baden-Baden 1628)

(7) *... das sie einsmals alhie beim Sehe* ***eine Ganß*** *entwendet...* (Crivitz 1642)

Im Bereich der Antitypes zeigt sich vor allem, dass bestimmte Konfigurationen wie „menschlich – Patiens – Subjekt" (12, 15), „konkret – Agens – Objekt" (13,

8 Aus demselben Grund eignet sich die HCFA auch wirklich nur als explorative Methode, denn die Nullhypothese einer Gleichverteilung bzw. zufälligen Verteilung der Konfigurationen ist hier, wenngleich sie immer eine Idealisierung darstellt, linguistisch noch unplausibler als in anderen Fällen (s. hierzu auch Kilgarriff 2005).

19), „abstrakt – Agens – Objekt" (14, 20), „konkret – Patiens – Subjekt" (17, 21) vergleichsweise selten bis gar nicht belegt sind und dabei keine Präferenzen bezüglich der Groß-/Kleinschreibung aufweisen: Sie werden sowohl in Kombination mit „Schreibung = groß" als auch mit „Schreibung = klein" als Antitypes identifiziert.

4.4 Lemma als Einflussfaktor (Kollostruktionsanalyse im Gesamtkorpus)

Während sowohl das binomiale gemischte Modell als auch die HCFA durch die inhärent multifaktoriale Methodik potentielle Unterschiede zwischen einzelnen Lemmata durchaus miteinbeziehen, können sie nur bedingt Auskunft darüber geben, welche Lemmata überzufällig häufig oder überzufällig selten mit Groß- bzw. Kleinschreibung auftreten (s. aber Barteld, Hartmann & Szczepaniak 2016: 404–406). Eine solche Möglichkeit bietet indes die distinktive Kollexemanalyse (s. Gries & Stefanowitsch 2004), die gewöhnlich verwendet wird, um zwei konkurrierende (meist syntaktische) Konstruktionen miteinander zu vergleichen, etwa die Ditransitiv- und *caused-motion*-Konstruktion im Englischen: *She brought me a book* vs. *She brought a book to me*. Mit Hilfe der distinktiven Kollexemanalyse kann man vergleichen, welche Füllwerte überzufällig häufig in den Leerstellen einer der Konstruktionen, die miteinander verglichen werden, auftreten (z.B. welche Verben signifikant häufiger in der Ditransitivkonstruktion auftreten und welche häufiger in der *caused-motion*-Konstruktion).

Diese Methode lässt sich auch anwenden, um Lemmata zu identifizieren, die im SiGS-Gesamtkorpus besonders häufig mit Groß- oder mit Kleinschreibung auftreten. Die Analyse wurde mit dem R-Paket *collostructions* (Flach 2017) durchgeführt, als Assoziationsmaß wurde die Log-Likelihood Ratio G^2 (Dunning 1993) gewählt, die als solides und robustes Maß gilt (s. Evert 2005: 21).[9] Tabelle 5 zeigt zunächst diejenigen Lemmata, die am stärksten mit der Großschreibung assoziiert sind. Hier zeigt sich, mit Ausnahme von *Jahr*[10], erneut deutlich der Einfluss der Belebtheit, da unter diesen Lemmata insbesondere menschliche und übermenschliche Entitäten zu finden sind. Dazu können z.T. auch Lexeme wie *gericht*

9 Die Log-Likelihood Ratio ist ein Assoziationsmaß; die zugrundeliegende Logik ist ähnlich wie beim Chi-Quadrat-Test, der unter 4.3 bei der HCFA angewandt wurde. Für einen Vergleich unterschiedlicher Assoziationsmaße s. z.B. Wiechmann (2008).

10 Auch Weber (1958: 164) berichtet schon früh von einem sehr hohen Anteil an Großschreibung für *Jahr*, vor allem im Kontext der Bezugnahme auf konkrete Jahreszahlen. Er nimmt dabei einen Einfluss lateinischer Urkunden an, in denen die Jahreszahl an exponierter Stelle steht.

oder *amt* gezählt werden, wenn sie metonymisch verwendet werden und somit ein Menschenkollektiv bezeichnen. Darüber hinaus lassen die Lemmata auch darauf schließen, dass die Majuskel zur pragmatischen Hervorhebung verwendet wird, um Elemente hervorzuheben, die in den protokollierten Aussagen von besonderer Relevanz sind, etwa das für das Zaubern verwendete *Pulver*, das in mehreren Protokollen eine zentrale Rolle spielt, wie etwa Beispiel (8) zeigt. Die Großschreibung unterstreicht die textuelle Salienz dieser Wörter.

(8) *Item daß Sie solches* ***Pulfer*** *einem Kind gebraucht, alß Sie allein in der Stuben gewesen, vnd habs Ihm dem Kind aus deß Teüfels geheisß vnderlegt, daß es sterben müessen.* (Memmingen 1665)

Tab. 5: Resultat einer distinktiven Kollexemanalyse auf Grundlage aller eindeutig appellativischen Substantive im Gesamtkorpus. Hier: Lemmata, die hochsignifikant häufiger als erwartet großgeschrieben werden.

Lemma	Freq. GROSS	Freq. klein	G^2	Signifikanz
jahr	293	24	399.0303	*****
gott	195	22	239.37341	*****
mann	113	22	109.23916	*****
person	59	12	55.32159	*****
sohn	52	15	38.84896	*****
gericht	25	2	33.24004	*****
junge	18	0	32.69687	*****
rosz	15	0	27.24011	*****
teufel	159	128	27.12399	*****
name	32	8	26.39225	*****
satan	13	0	23.6039	*****
amt	12	0	21.78627	*****
pulver	22	4	21.7719	*****
ross	11	0	19.96898	*****
mutter	74	51	18.18434	****
bub	10	0	18.152	****
doctor	10	0	18.152	****
elb ‚Elb, Elfe‘	9	0	16.33535	****
mensch	35	17	15.42424	****

Dass nicht Belebtheit allein für die Majuskelsetzung ausschlaggebend ist, zeigt ein Blick auf die dissoziierten Types, d.h. diejenigen Lemmata, die signifikant häufiger als erwartet kleingeschrieben werden. Auch hier finden sich belebte Entitäten, die in Tabelle 6 aufgeführt sind. Unter ihnen finden sich auch überraschend viele Personenbezeichnungen, wobei es bezeichnenderweise vor allem Wörter sind, mit denen Frauen bezeichnet werden, bei denen die Kleinschreibung bevorzugt gewählt wird: *mägdlein, weib, mädel, frau, tochter*. Darüber hinaus finden sich Wörter mit negativer Konnotation wie *feind, gespiele* und (*der/die*) *böse*; Letztere beziehen sich zumeist auf den Teufel, wie in (9), bisweilen aber auch auf andere Personen, wie in (10). (Darüber hinaus gehen natürlich auch Belege für weitere Nominalisierungen wie *etwas Böses* in die Analyse mit ein.)

(9) ***der bose*** *wehre vor einem Jahr vngfehr Im Sommer des nachmittags In Ihrem garden ahm Falder In gstalt Ihres Jetzigen Ehmans zu Ihro kommen* (Linz 1631)

(10) *Ihr muetter habe gemaint, man solle* ***die böß*** *vnd das Annale verbrennen* (Augsburg 1625)

Diese Ergebnisse zeigen deutlich, dass soziopragmatische und evaluative Faktoren beim Gebrauch der satzinternen Majuskel von nicht zu unterschätzender Bedeutung sind. Abschnitt 5 widmet sich der qualitativen Analyse dieser Befunde.

Tab. 6: Resultat einer distinktiven Kollexemanalyse, hier: Lemmata, die signifikant häufiger als erwartet kleingeschrieben auftreten (nur Substantive, die auf belebte Entitäten referieren können).

Lemma	Freq. klein	Freq. GROSS	G^2	Signifikanz
mägdlein	21	0	21.75535	*****
weib	103	30	19.20364	****
feind	52	9	19.17601	****
biest	17	0	17.60643	****
leute	61	14	16.4076	****
mädel	14	1	8.95909	**
böse	29	7	7.2515	**
geselle	7	0	7.24452	**
frau	147	69	6.7241	**
tochter	51	18	6.23701	*
alte	6	0	6.20915	*

Lemma	Freq. klein	Freq. GROSS	G^2	Signifikanz
gespiele	16	3	5.42714	*
dreifaltigkeit	4	0	4.13884	*
ochse	4	0	4.13884	*

5 Soziopragmatische/Evaluative Kleinschreibung (Kernkorpus)

Eine systematische Analyse aller Personenbezeichnungen im SiGS-Kernkorpus bestätigt, dass Substantive, die auf Frauen referieren, signifikant häufiger kleingeschrieben werden als solche, die Männer bezeichnen. Für die Analyse wurden sämtliche Personenbezeichnungen in den 18 Protokollen des Kernkorpus von zwei AnnotatorInnen als „männlich" oder „weiblich" annotiert.[11] Alle Personenbezeichnungen, die sich nicht eindeutig einem Geschlecht zuordnen ließen, gingen nicht in die Analyse ein, sodass insgesamt 583 Tokens (135 Types) analysiert wurden. Wie Abbildung 4 zeigt, sind bei Frauenbezeichnungen Groß- und Kleinschreibung ungefähr gleich verteilt, während bei Männerbezeichnungen die Großschreibung klar dominiert. Der Unterschied ist statistisch hochsignifikant (χ^2=27,49, p<0,001), allerdings ist die Effektgröße, die die Stärke des Effekts unabhängig von der Stichprobengröße quantifiziert, relativ klein (ϕ=0,22). Dennoch lassen die Daten darauf schließen, dass vom Hervorhebungseffekt, der durch die Majuskelsetzung erzielt wird, bei Männerbezeichnungen deutlich häufiger Gebrauch gemacht wird.

Abbildung 5 zeigt den Anteil an großgeschriebenen Tokens für diejenigen Personenbezeichnungen, die mindestens zehnmal im SiGS-Kernkorpus belegt sind. Die drei am häufigsten großgeschriebenen Lemmata *richter*, *junge* und *mann* referieren ausschließlich auf Männer. Das Lemma *buhle* bezeichnet in 20 von 26 Fällen einen Mann, in den übrigen sechs Fällen eine *buhlin*.[12] Die vier Personenbezeichnungen, die am häufigsten kleingeschrieben auftreten, referieren

11 Die Übereinstimmung zwischen beiden Annotationen erwies sich als sehr hoch (Cohen's κ=0,96). In zwölf Fällen, in denen die Annotationen nicht übereinstimmten, konnte nach Überprüfung des Kontexts eine eindeutige Entscheidung getroffen werden.

12 Da sich, wie oben erwähnt, die Lemmaannotation am Grimmschen Wörterbuch (DWB) orientiert, wurden nur dann Lemmata mit Movierungssuffix vergeben, wenn es einen entsprechenden Eintrag im DWB gibt; ansonsten wurde das nicht-movierte Lemma vergeben.

durchweg auf Frauen: *weib, tochter, witwe, frau*. Wie Tabelle 7 zeigt, gibt es jedoch auch in diesem Bereich recht viel Variation zwischen den einzelnen Protokollen. Trotz der geringen Belegzahlen fällt insgesamt auf, dass mit wenigen Ausnahmen männliche Personenbezeichnungen deutlich häufiger sind (in zwei Protokollen kommen gar keine weiblichen Personenbezeichnungen vor) und in 13 der 18 Protokolle ein – teils deutlich – höherer prozentualer Anteil an Großschreibung bei Männerbezeichnungen zu verzeichnen ist. Auch hier kann es sich als aufschlussreich erweisen, einige der „Ausreißer" näher zu betrachten, bei denen die Großschreibung von Frauenbezeichnungen prozentual überwiegt. So wird in Gaugrehweiler 1610 von allen weiblichen Personenbezeichnungen ausschließlich das Lexem *amme* großgeschrieben, das viermal im Text vorkommt. Umgekehrt ist in Riedlingen 1596 der vergleichsweise geringe Anteil an Großschreibung bei Männerbezeichnungen auf die konsequente Kleinschreibung der Lemmata *buhle* und *gespiele* zurückzuführen, was wiederum mit der negativen Konnotation der im Kontext der Hexenverhörprotokolle auf den Teufel bezogenen Lexeme erklärt werden kann. In Rosenburg 1618 sind es auffälligerweise die movierten Formen *närrin* (1 Beleg, groß) und *schäferin* (4 Belege, alle groß), die großgeschrieben werden, während *tochter* (1 Beleg, klein) und *weib* (4 Belege, davon 3 klein) zur Kleinschreibung tendieren. In Güstrow 1615 schließlich ist generell ein hohes Maß an Variation zwischen Groß- und Kleinschreibung festzustellen: Hier treten Lexeme wie *frau* und *mutter*, aber auch *burgmann* sowohl groß- als auch kleingeschrieben auf.

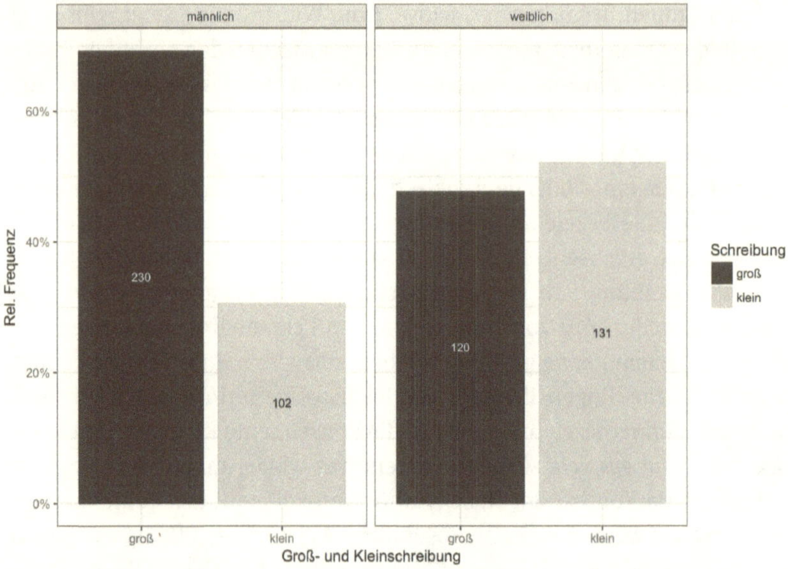

Abb. 5: Groß- und Kleinschreibung von Männer- und Frauenbezeichnungen im SiGS-Kernkorpus. Die beiden Panels zeigen die relativen Werte für Substantive mit männlichem und weiblichem Denotat; in beiden Panels summieren sich die groß- und kleingeschriebenen Daten auf 100%. Die Zahlen in den Balken geben die absoluten Werte an.

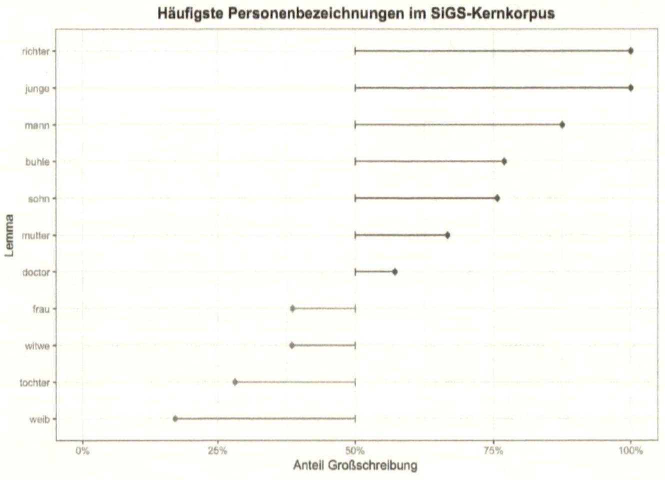

Abb. 6: Anteil der Großschreibung für Personenbezeichnungen mit mindestens 10 Tokens im SiGS-Kernkorpus.

Tab. 7: Anteil der Großschreibung bei männlichen und weiblichen Personenbezeichnungen im SiGS-Kernkorpus.

Protokoll	Geschlecht	Anteil
Alme 1630	männlich	5 / 13 (38,46 %)
	weiblich	5 / 17 (29,41 %)
Baden-Baden 1628	männlich	5 / 6 (83,33 %)
	weiblich	2 / 4 (50 %)
Bamberg 1628	männlich	15 / 22 (68,18 %)
	weiblich	9 / 26 (34,62 %)
Gaugrehweiler 1610	männlich	6 / 16 (37,5 %)
	weiblich	4 / 7 (57,14 %)
Georgenthal 1597	männlich	23 / 32 (71,88 %)
	weiblich	8 / 18 (44,44 %)
Günzburg 1613	männlich	5 / 8 (62,5 %)
Güstrow 1615	männlich	9 / 25 (36 %)
	weiblich	6 / 14 (42,86 %)
Hamm 1592	männlich	20 / 32 (62,5 %)
	weiblich	1 / 10 (10 %)
Jever 1592	männlich	16 / 19 (84,21 %)
	weiblich	13 / 21 (61,9 %)
Lemberg 1630	männlich	18 / 19 (94,74 %)
	weiblich	11 / 15 (73,33 %)
Meldorf 1618	männlich	1 / 2 (50 %)
	weiblich	4 / 14 (28,57 %)
München 1600	männlich	39 / 47 (82,98 %)
	weiblich	2 / 18 (11,11 %)
Ostrau 1628	männlich	11 / 11 (100 %)
	weiblich	8 / 8 (100 %)
Perleberg 1588	männlich	2 / 11 (18,18 %)
Riedlingen 1596	männlich	9 / 13 (69,23 %)
	weiblich	5 / 5 (100 %)
Rosenburg 1618	männlich	12 / 18 (66,67 %)
	weiblich	10 / 14 (71,43 %)
Schweinfurt 1616	männlich	22 / 26 (84,62 %)
	weiblich	19 / 23 (82,61 %)
Stralsund 1630	männlich	12 / 12 (100 %)
	weiblich	13 / 16 (81,25 %)

Die Tendenz zur Kleinschreibung von Frauenbezeichnungen kann in dieser besonderen Textsorte mit der Tatsache zusammenhängen, dass die Hexenverfolgung meist weibliche Opfer forderte, dass also die Protagonistinnen der Protokolle negativ beurteilte Personen waren. Dücker (2020) erweitert eine Pilotstudie von Schnee (2017) und untersucht, ob die Kleinschreibung von Frauenbezeichnungen im SiGS-Korpus stärker durch das Geschlecht beeinflusst ist oder durch die Rolle der jeweiligen Person im Prozess. In ihrer Untersuchung ordnet sie den erwähnten Frauen und Männern eine positive bzw. negative Rolle in der Diskurswelt der Protokolle zu. Unter der negativen Rolle werden Angeklagte und Denunzierte subsumiert, die positive umfasst Geschädigte, Klägerinnen und Kläger, Angehörige der Justizbehörde und Zeuginnen bzw. Zeugen. Dabei zeigt sich, dass die Konnotation der Rolle in der Diskurswelt keinen signifikanten Einfluss auf die Groß- bzw. Kleinschreibung von Männerbezeichnungen hat. Angeklagte Männer werden sogar häufiger großgeschrieben als Kläger oder Zeugen. Im Gegensatz dazu ist die Tendenz zur Kleinschreibung von angeklagten bzw. denunzierten Frauen signifikant stärker ausgeprägt als bei Frauen in positiven Rollen. Nur die Klägerinnen weisen in mehr als der Hälfte der Belege Großschreibung auf, während angeklagte Frauen in 66 % aller Belege kleingeschrieben werden. Bei den männlichen Personen hat zudem das Lemma einen wichtigen Einfluss: Auf die Großschreibung von *Mann* und *Sohn* hat die Konnotation der Rolle im Gerichtsprozess keinen signifikanten Einfluss – bspw. werden alle 15 Vorkommen von *Sohn* als Angeklagtem großgeschrieben. Bei den häufigen Frauenbezeichnungen *Frau*, *Weib*, *Mutter* und *Tochter* gibt es keinen Lemma-Effekt, sondern die Bewertung der Rolle, die diese Personen im Prozess haben, bestimmt über ihre Großschreibung (Dücker 2020: 44–45). Die hier vorgestellten Ergebnisse sprechen damit für eine evaluative Kleinschreibung von Frauen, die auf diese Weise die graphische Salienz (oder „physiologische Salienz" i.S.v. Auer 2014, s.o. Abschnitt 1) der männlichen Personenbezeichnungen sichert.

Angesichts der Tatsache, dass in den Protokollen eine Gesamttendenz zur Großschreibung von Personenbezeichnungen deutlich ist (s. Abschnitt 4.2), kann das hier beobachtete Verhalten bei der Schreibung von Frauenbezeichnungen als gegenläufige Auszeichnung durch Kleinschreibung verstanden werden, d.h. als graphische Diskriminierung. Interessanterweise fällt dies in die Zeit der fortschreitenden Pejorisierung von Frauenbezeichnungen (s. z.B. Nübling 2011). Auch unsere Daten zeigen, dass das Lemma *weib* in dem kurzen Zeitraum, in dem die Protokolle entstanden sind, an Frequenz verliert und von Rang 3 der frequentesten Substantive (nach *kind* und *kuh*) in den früheren Protokollen auf Rang 22 fällt. Dies deutet auf eine Reaktion auf die fortschreitende Pejorisierung hin, die bisher korpuslinguistisch nicht erfasst wurde. Das Lemma *frau* ist in der Periode ab 1620 das deutlich frequentere Substantiv und nimmt in der Lemmaliste für diesen Zeitraum ebenfalls Rang 3 ein (nach *teufel* und *mutter*, die Rang 1 und 2 belegen).

Die hier vorgestellten Beobachtungen, die sich als schriftliche Diskriminierung interpretieren lassen, fallen ebenso wie die Pejorisierung der Frauenbezeichnungen zusammen mit einer lexikographisch festgehaltenen Geschlechterstereotypisierung, die das weibliche Geschlecht deutlich abwertet (s. Warnke 1993). Es muss künftigen Studien überlassen bleiben, das Zusammenspiel zwischen negativer Stereotypisierung, lexikalischer Pejorisierung und graphischer Diskriminierung weiter aufzuarbeiten.

6 Zusammenfassung

Durch eine Kombination unterschiedlicher quantitativer Herangehensweisen mit qualitativen Analysen konnten wir in diesem Beitrag auf Grundlage eines Korpus aus 56 Hexenverhörprotokollen zeigen, wie eine komplexe Interaktion verschiedener Faktoren den Gebrauch der satzinternen Großschreibung in frühneuzeitlichen Handschriften beeinflusst. Als wesentlicher Einflussfaktor hat sich, wie schon in vorherigen Untersuchungen auf Grundlage gedruckter Texte, die Belebtheit der Referenten erwiesen. Darüber hinaus deuten die Daten aus dem SiGS-Korpus auf einen Einfluss der semantischen Rolle und syntaktischen Funktion des jeweiligen Nomens im Kontext hin. Eine wesentliche Rolle spielen jedoch darüber hinaus soziopragmatische Faktoren: So werden Männerbezeichnungen signifikant häufiger großgeschrieben als Frauenbezeichnungen. Dies lässt sich im Sinne einer evaluativen Kleinschreibung deuten, die in diametralem Gegensatz zur graphischen Hervorhebung von Männerbezeichnungen steht: Wie die quantitativen Auswertungen in diesem Beitrag gezeigt haben, machen diese das Gros der regelmäßig satzintern großgeschriebenen Lexeme im hier diskutierten Korpus aus.

Die hier vorgestellte Studie macht zugleich auch das Potential der Verwendung von Hexenverhörprotokollen als sprachhistorisches Korpus deutlich. Als vergleichsweise spontan produzierte Texte erlauben sie eine genauere Analyse des Sprach- bzw. Schriftgebrauchs einzelner Schreiber. Zudem ermöglichen sie es, sprachgeschichtliche Entwicklungen in engem Zusammenhang mit sozial- und kulturhistorischen Befunden zu untersuchen. An beide Punkte können zukünftige Studien anknüpfen und zum einen idiolektale Tendenzen genauer unter die Lupe nehmen, zum anderen die Hypothese der evaluativen Kleinschreibung näher untersuchen. Darüber hinaus könnte sich beispielsweise ein systematischer Vergleich mit anderen (handschriftlichen oder gedruckten) Textsorten als aufschlussreich erweisen, um zu erörtern, ob und inwieweit die hier dargelegten Befunde für Hexenverhörprotokolle spezifisch sind.

Literatur

Auer, Peter (2014): Anmerkungen zum Salienzbegriff in der Soziolinguistik. *Linguistik Online* 66 (4), 7–20.

Baayen, R. Harald (2008): *Analyzing Linguistic Data: A Practical Introduction to Statistics Using R.* Cambridge: Cambridge University Press.

Barteld, Fabian, Stefan Hartmann & Renata Szczepaniak (2016): The usage and spread of sentence-internal capitalization in Early New High German: A multifactorial approach. *Folia Linguistica* 50 (2), 385–412.

Barteld, Fabian, Renata Szczepaniak & Heike Zinsmeister (2014): The definition of tokens in relation to words and annotation tasks. In Verena Henrich, Erhard Hinrichs, Daniël de Kok, Petya Osenova & Adam Przepiórkowski (Hrsg.), *Proceedings of the Thirteenth International Workshop on Treebanks and Linguistic Theories*, 250–257. Tübingen: University of Tübingen.

Bates, Douglas, Martin Mächler, Ben Bolker & Steve Walker (2015): Fitting Linear Mixed-Effects Models Using lme4. *Journal of Statistical Software* 67 (1), 1–48.

Bergmann, Rolf (1999): Zur Herausbildung der deutschen Substantivgroßschreibung. Ergebnisse des Bamberg-Rostocker Projekts. In Walter Hoffmann (Hrsg.), *Das Frühneuhochdeutsche als sprachgeschichtliche Epoche. Werner Besch zum 70. Geburtstag*, 59–80. Frankfurt am Main: Lang.

Bergmann, Rolf & Dieter Nerius (1998): *Die Entwicklung der Großschreibung im Deutschen von 1500 bis 1710.* Heidelberg: Winter.

De Cuypere, Ludovic (2008): *Limiting the iconic: from the metatheoretical foundation to the creative possibilities of iconicicy in language.* Amsterdam, Philadelphia: John Benjamins.

Dowty, David (1991): Thematic Proto-Roles and Argument Selection. *Language* 67(3), 547–619.

Dücker, Lisa (2020): Großschreibung von Personenbezeichnungen in Hexenverhörprotokollen – eine Analyse von Gender, Lemma und Rolle im Gerichtsprozess. In Astrid Schütz, Renata Szczepaniak & Mona Hess (Hrsg.), *Kolloquium Forschende Frauen 2019. Beiträge Bamberger Nachwuchswissenschaftlerinnen.* Band 11, 31–50. Bamberg: University of Bamberg Press. Online verfügbar unter https://fis.uni-bamberg.de/bitstream/uniba/47039/3/fisba47039.pdf.

Dücker, Lisa, Stefan Hartmann & Renata Szczepaniak (im Ersch.): The emergence of sentence-internal capitalization in Early New High German: Towards a multifactorial quantitative account. Erscheint in Marco Condorelli (Hrsg.), *Advances in Diachronic Orthography.* Cambridge: Cambridge University Press.

Dunning, Ted (1993): Accurate Methods for the Statistics of Surprise and Coincidence. *Computational Linguistics* 19 (1), 69–74.

Ellis, Nick C. (2016): Salience, cognition, language complexity and complex adaptive systems. *Studies in Second Language Acquisition* 38, 341–351.

Evert, Stefan (2005): *The statistics of word cooccurrences. Word pairs and collocations*. Disseration, Universität Stuttgart.

Flach, Susanne (2017): *collostructions: An R Implementation for the Family of Collostructional Methods*. www.bit.ly/sflach (abgerufen am 31.07.2018).

Gelman, Andrew & Jennifer Hill (2007): *Data analysis using regression and multilevel/hierarchical models*. Cambridge: Cambridge University Press.

Gries, Stefan Th. (2004): HCFA 3.2 – A Program for Hierarchical Configural Frequency Analysis for R.

Gries, Stefan Th. & Anatol Stefanowitsch (2004): Extending Collostructional Analysis: A Corpus-Based Perspective on "Alternations." *International Journal of Corpus Linguistics* 9 (1), 97–129.

Günther, Hartmut & Désirée-Kathrin Gaebert (2011): Das System der Groß- und Kleinschreibung. In Ursula Bredel & Thilo Reißig (Hrsg.), *Weiterführender Orthographieerwerb*, 96–106. Baltmannsweiler: Schneider-Verlag Hohengehren.

Hilpert, Martin (2013): *Constructional Change in English: Developments in Allomorphy, Word Formation, and Syntax*. Cambridge: Cambridge University Press.

Kaempfert, Manfred (1980): Motive der Substantiv-Großschreibung. Beobachtungen an Drucken des 16. Jahrhunderts. *Zeitschrift für deutsche Philologie* 99, 72–99.

Kilgarriff, Adam (2005): Language is never, ever, ever random. *Corpus Linguistics and Linguistic Theory* 1 (2), 263–276.

Labs-Ehlert, Brigitte (1993): *Versalschreibung in althochdeutschen Sprachdenkmälern. Ein Beitrag über die Anfänge der Großschreibung im Deutschen unter Berücksichtigung der Schriftgeschichte*. Göppingen: Kümmerle.

Lehmann, Christian, Yong-Min Shin & Elisabeth Verhoeven (2004): *Person prominence and relation prominence. On the typology of syntactic relations with particular reference to Yucatec Maya*. Erfurt: Seminar für Sprachwissenschaft.

Lempert, Henrietta (1990): Acquisition of passives: the role of patient animacy, salience, and lexical accessibility. *Journal of Child Language* 17 (3), 677–696.

Maas, Utz (1995): Einige Grundannahmen zur Analyse der Groß- und Kleinschreibung im Deutschen, insbesondere zu ihrer Grammatikalisierung in der Frühen Neuzeit. In Gotthard Lerchner, Marianne Schröder & Ulla Fix (Hrsg.), *Chronologische, areale und situative Varietäten des Deutschen in der Sprachhistoriographie. Festschrift für Rudolf Große* (Leipziger Arbeiten zur Sprach- und Kommunikationsgeschichte 2), 85–100. Frankfurt am Main u.a.: Peter Lang.

Maas, Utz (2007): Die Grammatikalisierung der satzinternen Großschreibung. Zur schriftkulturellen Dimension der Orthographieentwicklung. In Angelika Redder (Hrsg.), *Diskurse und Texte. Festschrift für Konrad Ehlich zum 65. Geburtstag*, 385–399. Tübingen: Stauffenburg-Verlag (Stauffenburg-Festschriften).

Maas, Utz (2011): Zur Geschichte der deutschen Orthographie. In Ursula Bredel & Thilo Reißig (Hrsg.), *Weiterführender Orthographieerwerb*, 10–47. Baltmannsweiler: Schneider-Verlag Hohengehren.

Macha, Jürgen, Elvira Topalović, Iris Hille, Uta Nolting & Anja Wilke (Hrsg.) (2005): *Deutsche Kanzleisprache in Hexenverhörprotokollen der Frühen Neuzeit. Bd. 1: Auswahledition*. Berlin, New York: De Gruyter.

Mentrup, Wolfgang (1979): *Die Groß- und Kleinschreibung im Deutschen und ihre Regeln. Historische Entwicklung und Vorschlag zur Neuregelung*. Tübingen: Narr.

Moulin, Claudine (1990): *Der Majuskelgebrauch in Luthers Deutschen Briefen (1517–1546)*. Heidelberg: Winter.

Nerius, Dieter (2003): Graphematische Entwicklungstendenzen in der Geschichte des Deutschen. In Werner Besch, Gerold Ungeheuer, Armin Burkhardt (Hrsg.), *Sprachgeschichte. Ein Handbuch zur Geschichte der deutschen Sprache und ihrer Erforschung*, 2461–2472. (Handbücher zur Sprach- und Kommunikationsgeschichte Bd. 2.3). Berlin: De Gruyter.

Nübling, Damaris (2011): Von der „Jungfrau" zur „Magd", vom „Mädchen" zur „Prostituierten". Die Pejorisierung der Frauenbezeichnungen als Zerrspiegel der Kultur und als Effekt männlicher Galanterie? In Jörg Riecke (Hrsg.), *Historische Semantik*, 344–359. (Jahrbuch für germanistische Sprachgeschichte 2). Berlin, Boston: De Gruyter,.

R Core Team (2016): *R: A Language and Environment for Statistical Computing*. Wien: R Foundation for Statistical Computing. https://www.R-project.org/.

Raible, Wolfgang (1991): *Zur Entwicklung von Alphabet-Schriften. Is fecit cui prodest.* Vorgetragen am 21. April 1990. Heidelberg: Winter.

Schmid, Hans-Jörg & Franziska Günther (2016): Toward a Unified Socio-Cognitive Framework for Salience in Language. *Frontiers in Psychology* 7. doi:10.3389/fpsyg.2016.01110.

Schnee, Lena (2017): *Gender und Großschreibung. Misogyner Einfluss in der Entwicklung der satzinternen Großschreibung im Frühneuhochdeutschen.* Unveröffentlichte Seminararbeit, Universität Hamburg.

Schutzeichel, Marc & Renata Szczepaniak (2015): Die Durchsetzung der satzinternen Großschreibung in Norddeutschland am Beispiel der Hexenverhörprotokolle. In Markus Hundt & Alexander Lasch (Hrsg.), *Deutsch im Norden. Varietäten des norddeutschen Raumes im Spiegel der germanistischen Sprachgeschichtsschreibung*, 151–167. (Jahrbuch für germanistische Sprachgeschichte 6). Berlin, Boston: De Gruyter.

Szczepaniak, Renata & Fabian Barteld (2016): Hexenverhörprotokolle als sprachhistorisches Korpus. In Sarah Kwekkeboom & Sandra Waldenberger (Hrsg.), *PerspektivWechsel oder: Die Wiederentdeckung der Philologie. Bd. 1 Sprachdaten und Grundlagenforschung in Historischer Linguistik*, 43–70. Berlin: Erich Schmidt.

Voltmer, Rita (2006): Vom getrübten Blick auf die frühneuzeitlichen Hexenverfolgungen – Versuch einer Klärung. *Magister Botanicus Magische Blätter* 8, 61–72.

Warnke, Ingo (1993): Zur Belegung von ‚Frau' und ‚Weib' in historischen deutschen Wörterbüchern des 16. und 17. Jahrhunderts. In Britta Hufeisen (Hrsg.), *„Das Weib soll schweigen ..." Beiträge zur linguistischen Frauenforschung*, 127–152. Frankfurt: Peter Lang.

Weber, Walter Rudolf (1958): *Das Aufkommen der Substantivgroßschreibung im Deutschen: Ein historisch-kritischer Versuch.* München: Uni-Druck.

Wegera, Klaus-Peter (1996): Zur Geschichte der Adjektivgroßschreibung im Deutschen: Entwicklung und Motive. *Zeitschrift für deutsche Philologie* 115, 382–392.

Wiechmann, Daniel (2008): On the computation of collostruction strength: Testing measures of association as expressions of lexical bias. *Corpus Linguistics and Linguistic Theory* 4(2), 253–290.

Yamamoto, Mutsumi (1999): *Animacy and reference. A cognitive approach to corpus linguistics.* Amsterdam, Philadelphia: John Benjamins.

Internetquellen:

DWB = Deutsches Wörterbuch von Jakob Grimm und Wilhelm Grimm (Der digitale Grimm). http://dwb.uni-trier.de

Lisa Dücker

Die Majuskelsetzung in der Genitivphrase in der Frühen Neuzeit

Ein Fall von Grenzmarkierung?

Abstract: Der vorliegende Beitrag analysiert die Majuskelsetzung in Genitivphrasen in einem frühneuzeitlichen Korpus aus handschriftlichen Hexenverhörprotokollen. Der Fokus liegt dabei auf der Funktion der Majuskel als Marker von syntaktischen Grenzen, wie sie von Maas (1995, 2007) vorgeschlagen wurde. Insgesamt werden drei unterschiedliche Bezugsgrößen für die Grenzmarkierung untersucht: Die Nominalklammer nach Ronneberger-Sibold (1991, 2010a, 2010b), das Satzglied und die einfache Genitivphrase aus Attribut und Bezugsnomen. Die Ergebnisse der Untersuchung zeigen, dass Majuskeln nicht systematisch zur Grenzmarkierung eingesetzt werden. Sie treten allerdings häufig innerhalb komplexer syntaktischer Strukturen auf. Für die Großschreibung bei den Genitivphrasen ist statt der Grenzmarkierung der Status eines Substantivs als Genitivattribut oder Bezugsnomen ausschlaggebend: Während erstere beinahe durchgehend mit Majuskel geschrieben werden, erscheinen letztere meistens kleingeschrieben.

Keywords: Graphematik, Majuskelsetzung, Nominalklammer, Genitivattribut.

1 Einleitung

Das Deutsche hat im Laufe seiner Geschichte zahlreiche Strategien zur Markierung morphologischer und syntaktischer Grenzen entwickelt. Der vorliegende Beitrag eruiert anhand einer Korpusuntersuchung von Genitivphrasen in frühneuzeitlichen handschriftlichen Hexenverhörprotokollen, ob auch die Entwicklung der satzinternen Großschreibung von dem Bedürfnis nach Grenzmarkierung geleitet ist. Dabei werden verschiedene mögliche Bezugsgrößen untersucht: die Nominalklammer, das Satzglied und die einfache Genitivphrase.

Szczepaniak & Barteld (2016: 51) stellen im Zuge ihrer Untersuchung der Majuskelsetzung im SiGS-Kernkorpus fest, dass es in der Forschung zur Ent-

Lisa Dücker, Otto-Friedrich-Universität Bamberg, lisa.duecker@uni-bamberg.de

https://doi.org/10.1515/9783110679649-006

wicklung der satzinternen Großschreibung im Deutschen noch keine systematischen Untersuchungen zum Einfluss des Aufbaus der Nominalphrase (NP) gegeben hat. Maas (1995) legt zwar eine Untersuchung mit Fokus auf den rechten Rand komplexer nominaler Satzglieder vor, diese bleibt jedoch über weite Strecken impressionistisch (vgl. Maas 2007: 392). Der vorliegende Beitrag will die bei Maas (1995, 2007) aufgestellte These, dass die Entwicklung der satzinternen Großschreibung von syntaktischen Faktoren gesteuert ist und zunächst die rechten Ränder komplexer NPs erfasst, anhand von Korpusdaten überprüfen. Untersuchungsgegenstand sind NPs mit voran- oder nachgestelltem Genitivattribut (*des Bäckers Katze*). Anhand dieser Phrasen, die mindestens zwei Substantive enthalten, sollen das Satzglied, die Nominalklammer und die Genitivphrase (GP) als Domänen der satzinternen Großschreibung analysiert werden. Auch Erweiterungen am rechten Phrasenrand wie Appositionen, Koordinationen oder postnominale Präpositionalattribute werden miteinbezogen.

Kap. 2 vollzieht die Entwicklung und Festigung der Nominalklammer im Deutschen nach. Bisherige Forschung zur Entwicklung der Majuskelsetzung wird in Kap. 3 im Lichte der syntaktischen Grenzmarkierung betrachtet. Kap. 4 stellt die beiden syntaktischen Bezugsgrößen Nominalklammer und Satzglied gegenüber, die für die empirische Untersuchung zentral sind. Kap. 5 rekapituliert den Einfluss der Belebtheit auf die Entwicklung der satzinternen Großschreibung. Kap. 6.1 und 6.2 stellen das Untersuchungskorpus und die Methode vor, bevor in Kap. 6.3 nacheinander die Majuskelsetzung am rechten Rand der Nominalklammer, des Satzglieds und der Genitivphrase ausgewertet wird. Kap. 6.3.4 beschäftigt sich mit weiteren Einflussfaktoren wie dem Attributstatus eines Substantivs und Belebtheit.

2 Die Entstehung der Nominalklammer im Deutschen

In der Geschichte des Deutschen haben viele Wandelprozesse auf unterschiedlichen sprachlichen Ebenen dazu geführt, dass das heutige Deutsche eine Vielzahl verschiedener Klammerstrukturen aufweist. Ronneberger-Sibold (2010b) versteht diese Tendenz zur Klammerbildung im Deutschen u.a. als Dekodierungshilfe für die Leserschaft, die sich somit auch bei (im Gegensatz zu Sprachen wie dem Lateinischen) reduziertem Flexionsreichtum und Fehlen einer festen Wortstellung in komplexen Sätzen zurechtfinden kann:

> Das klammernde Verfahren besteht darin, dass bestimmte Bestandteile eines Satzes so von zwei Grenzsignalen umschlossen werden, dass der Hörer/Leser aus dem Auftreten des ersten Signals mit sehr großer Wahrscheinlichkeit schließen kann, dass der betreffende Bestandteil erst dann beendet sein wird, wenn das passende zweite Signal in der Sprechkette erscheint. (Ronneberger-Sibold 2010b: 87)

Eine im Vergleich mit anderen Klammern wie der Satzklammer relativ variable und gleichzeitig sehr komplexe Klammer ist die Nominalklammer. Diese besteht aus zwei kongruenten Flexionsformen: einem Determinierer und einem Substantiv (Ronneberger-Sibold 2010b: 89). Es handelt sich somit um eine diskontinuierliche Klammer, bei der die Bestandteile der Klammer trotz Distanzstellung eine Einheit bilden. Den rechten Klammerrand bildet dabei insbesondere das Genus des Substantivs. So kann eine Nominalklammer nicht durch ein beliebiges Substantiv geschlossen werden, sondern nur durch eines mit dem gleichen Genus, das auch der Determinierer aufweist. Diese Eigenschaft eignet sich laut Ronneberger-Sibold (2010a: 731) diachron gesehen besonders gut zur Schließung der Klammer, da es sich dabei um ein dem Substantiv inhärentes semantisches Merkmal handelt, das vor dem Abbau durch phonologische Wandelprozesse geschützt ist.

(1) *ein großer Bär*

Im Beispielsatz (1) wird die Nominalklammer durch die Flexion des unbestimmten Artikels *ein* geöffnet. Diese suggeriert, dass die Klammer erst mit dem kongruierenden Substantiv geschlossen wird. Da die Flexionsendung des Artikelworts in den meisten Fällen nicht eineindeutig ist, liegt häufig eine kooperative Flexion von Artikelwort und Adjektiven vor (vgl. Szczepaniak 2010: 133). Das bedeutet, dass weder das Artikelwort noch das Adjektiv allein alle Informationen über die Flexion des Bezugsnomens enthalten. So eröffnet der Artikel *ein* in (1) die Möglichkeit, dass das dazugehörige Substantiv ein Neutrum Singular im Akkusativ oder Nominativ oder ein Maskulinum Singular im Nominativ ist. Erst durch das Adjektiv *großer* wird die Flexion eindeutig auf Maskulinum Singular Nominativ festgelegt. *Bär* erfüllt die von *ein* geweckten Erwartungen, da es eben diese Flexion aufweist. Diese kooperative Flexion ist seit dem Mhd. ein fester Bestandteil des Deutschen (vgl. Szczepaniak 2010: 129–130).

In der Geschichte des Deutschen haben viele verschiedene Prozesse dazu beigetragen, die Nominalklammer in dem Maße zu profilieren, wie wir sie heute vorfinden. Ronneberger-Sibold (2010b: 112–114) zählt 13 Wandelphänomene aus Syntax, Phonologie und Morphologie auf, die seit voralthochdeutscher Zeit in einer Art scheinbarer Konspiration auf eine Stärkung der Nominalklammer hingewirkt haben.[1] Viele die Flexion betreffenden Wandelprozesse hatten zur Folge, dass die Kongruenz zwischen Artikelwort und Kernsubstantiv so eindeutig wie möglich ausgedrückt wurde – zumindest in Kombination. Ronneberger-Sibold (2010a) zählt bspw. die Profilierung des Numerus, u.a. durch Funktionalisierung des Pluralumlauts, dazu. Zudem profitiert laut Ronneberger-Sibold (2010b: 104–105) die Nominalklammer von der Blockierung einiger phonologischer Prozesse, die v.a. die Adjektivflexion betreffen, da bspw. durch die Nicht-Apokopierung der starken Adjektive und die Erhaltung unterschiedlicher Flexionen für attributive und prädikative Adjektive mögliche Ambiguität an ihren Rändern verhindert wurde.

Auch der Stellungswandel der Genitivattribute in die postnominale Stellung[2] bei gleichzeitiger Voranstellung von adjektivischen und partizipialen Attributen gilt als klammerstärkende Entwicklung. Diese letzten beiden Prozesse, die auf den ersten Blick widersprüchlich erscheinen mögen, haben dazu geführt, dass alle mit dem Kernsubstantiv kongruierenden Attribute im Neuhochdeutschen zwischen Artikelwort und Substantiv stehen, während die nicht-kongruierenden Attribute (dazu gehören neben den Genitivattributen auch Präpositionalattribute, Relativsätze und Mengenangaben) in die Poststellung gedrängt werden, sodass sie nun außerhalb der Nominalklammer stehen. Ronneberger-Sibold (2010b: 89) spricht in diesem Zuge von der Nominalklammer auch als „Kongruenzklammer“, die nur flektierende Elemente einschließt und nicht-flektierende Attribute nach rechts ausklammert.

Der Stellungswandel der Genitivattribute von der Prä- in die Poststellung beginnt bereits im Ahd. Während sie im Mhd. noch vorwiegend in Voranstellung auftreten, werden Ende des 15. Jhs. sowohl unbelebte Entitäten als auch belebte Appellativa überwiegend nachgestellt (vgl. Demske 2001). Auch wenn die Stellung der Genitivattribute weiterhin variabel bleibt, ist die Einklammerung der nicht-kongruenten Genitivattribute seit Beginn des 16. Jhs. als markiert zu werten (vgl. Demske 2001: 216, Kopf 2018: 88).

Die Stellung des flektierenden attributiven Adjektivs, die im Ahd. noch relativ frei ist, wird zum Mhd. hin weitgehend auf die pränominale Stellung festge-

---

1 Wie Ronneberger-Sibold mehrfach betont, ist das Ziel dieser sehr unterschiedlichen Entwicklungen nicht die Stärkung der Nominalklammer, aber bei Entwicklungen wie der Numerusprofilierung wird auch der Rand der Nominalklammer gestärkt. Andererseits ist nicht auszuschließen, dass durch die Nominalklammer unterschiedliche Sprachwandelprozesse direkt oder indirekt motiviert oder zumindest vorangetrieben wurden (Ronneberger-Sibold 2010b: 114–115).

2 Ausgenommen sind davon im Nhd. neben Archaismen nur noch Eigennamen und eigennamenähnliche Appellativa (*Janas Boot*, *Gottes Segen*).

legt (vgl. Lötscher 1990: 19). Die postnominalen attributiven Adjektive treten hingegen in der Regel in unflektierter Form auf, ebenso wie die prädikativen Adjektive, die bereits im Mittelhochdeutschen nur noch selten flektieren und die Fähigkeit zur Flexion im Laufe des Frühneuhochdeutschen weitgehend verlieren (vgl. Solms & Wegera 1991: 212–214, Fleischer 2007). Gegen Ende des 15 Jhs. bildet sich so bereits eine klare Struktur in der Nominalphrase heraus: „erweiterte Attribute vor, Genitivattribute nach" (Schneider-Mizony 2000: 274). In der Folge wird die Nominalklammer massiv ausgedehnt und auch erweiterte Partizipialattribute treten erstmals in größerer Zahl innerhalb der Klammer auf, wie bspw. *der [durch einen Richter verurteilte] Mann* (vgl. Lötscher 1990: 14). Vor allem in der Kanzleisprache des 16. Jhs. verbreitet sich der Gebrauch komplexer Nominalphrasen rasch (vgl. Lötscher 1990: 22; 2016: 384).

Das 16. Jh. ist ebenfalls der Zeitraum, in dem sich die satzinterne Großschreibung bei Substantiven rasant ausbreitet (vgl. Bergmann 1999: 73; Maas 2011: 22). Ob auch diese Entwicklung im Dienste der Profilierung der Nominalklammer geschehen ist, soll der vorliegende Beitrag eruieren. Vieles deutet darauf hin, dass die Majuskel vor ihrer Funktionalisierung als Kennzeichnung der Wortart *Substantiv* (Nerius 2007: 200) überwiegend dazu gebraucht wurde, um syntaktische Grenzen zu markieren und Konstituenten voneinander abzutrennen, was laut Ronneberger-Sibold (1994: 115; 2010b: 95) auch die zentrale Aufgabe von Klammerstrukturen ist. Im nächsten Kapitel werde ich die grenzmarkierenden Funktionen, die die Majuskel seit althochdeutsscher Zeit übernimmt, zusammenfassen. Daran schließen sich Überlegungen dazu an, welche Grenze durch satzinterne Substantivgroßschreibung bei Nominalphrasen mit Genitivattribut markiert werden kann.

3 Majuskelsetzung als graphematische Grenzmarkierung

Den ältesten Belegen für Majuskelsetzung im Althochdeutschen wird traditionellerweise eine textgliedernde Funktion zugewiesen. So wurden räumlich eng zusammengeschriebene Texte durch Majuskeln voneinander abgetrennt und der Beginn einzelner Textabschnitte durch (teilweise reich verzierte und stark vergrößerte) Majuskeln hervorgehoben (vgl. Hotzenköcherle 1955: 32, Meisenburg 1990: 289, Nerius [4]2007: 196).

Auch die satzinitiale Großschreibung, die sich in gedruckten Texten zu Beginn des 16. Jhs. bereits weitgehend durchgesetzt hat (vgl. Nerius 2008: 2469,

Risse 1980: 28), wird zur Abtrennung von syntaktischen Einheiten verwendet. Moulin (1990: 182) und Bergmann & Nerius (1998) zeigen, dass in der Frühen Neuzeit nicht nur Ganz-, sondern auch Teilsätze oftmals mit einer Majuskel beginnen, unabhängig von der Interpunktion. In Luthers Briefen weist Moulin nach, dass Majuskeln vor allem an Grenzen zwischen Haupt- und Nebensätzen stehen, die weder durch Kommasetzung noch Subjunktionen gekennzeichnet sind. Mit zunehmender Durchsetzung der Abtrennung von Nebensätzen mit Komma schwindet bezeichnenderweise auch die Majuskelsetzung an der Teilsatzgrenze (vgl. Moulin 1990: 182).

Wenn Maas (2007: 391–392) die Vermutung formuliert, dass frühneuhochdeutsche Schreiber den Einsatz von Majuskeln als eine Art Kompensation für die im Vergleich zum Lateinischen spärliche Flexionsmorphologie einsetzen, dann meint er damit die Möglichkeit zur Grenzmarkierung von Konstituenten im Satz. In einer Zeit, in der Bildung immer auch Lateinunterricht bedeutete, fiel es den professionellen deutschsprachigen Schreibern schwer, die am Latein erlernten rhetorischen Strategien auf das Deutsche zu übertragen oder lateinische Texte in ihre eigene Muttersprache zu übersetzen, vor allem bei Texten mit komplexer Syntax (vgl. Maas 2007: 389–391). Der Grund dafür ist laut Maas (1995, 2007) vor allem in der Flexionsmorphologie zu suchen, die im Frühneuhochdeutschen weniger ausgeprägt ist als im Lateinischen. Wo in lateinischen Vorlagen die Konstituentengrenzen durch kongruente Flexionsformen markiert werden, bedienen sich die deutschen Schreiber hierfür der Majuskelsetzung. So kann der „Makel" der fehlenden Flexion dadurch abgeschwächt werden, dass für den Leser wenigstens die Grenzen der Satzglieder erkennbar sind. In einem späteren Aufsatz weist Maas (2011: 22–23) darauf hin, dass Majuskeln vornehmlich bei Substantiven gesetzt werden, die links durch Attribute erweitert sind. Bei nicht-attribuierten Substantiven wird die Majuskel hingegen aus ökonomischen Gründen ausgespart (Maas 2001: 23). Diese gehören auch zu den wenigen Substantiven, die nicht Teil einer Nominalklammer sind (s.u. Kap. 4). Aus dieser Großschreibungspraxis kann die Leserschaft in Sätzen, die aus komplexen Konstituenten bestehen, den Schluss ziehen, dass das Wortmaterial, das zwischen zwei Majuskeln steht (und kein Verb ist), jeweils dem nächsten großgeschriebenen Substantiv zugehörig ist und mit ihm zusammen ein Satzglied bildet.

Da die bisherige Forschung zeigt, dass viele verschiedene morphologische und syntaktische Merkmale zur Klammerprofilierung führten, liegt es nahe, dass sich auch die satzinterne Majuskelsetzung in den Dienst der Grenzmarkierung stellt, die bereits für die Abgrenzung größerer sprachlicher Einheiten (Texte, Abschnitte, Sätze) verwendet wird. Die Strukturierung komplexer Sätze durch Großschreibung von Konstituentengrenzen wäre für ungeübte Leser eine enorme Dekodierungshilfe. Zudem ist der Unterschied zwischen Majuskel und Minuskel in aller Regel eindeutig; hier gibt es anders als bei den Flexionsendungen keine Ambiguität.

Auch andere Lesehilfen kommen im Laufe der Frühen Neuzeit auf: Weitere Hilfestellungen für die ungeübte Leserschaft waren die Einführung von Seitennummerierungen, Kapitelüberschriften oder Markierungen vokalischer Länge (Voeste 2015: 256–257). Solche Leseerleichterungen galten als eine gute Strategie der Drucker, um sich auf dem stark expandierenden Buchmarkt zu positionieren (Maas 2011: 21).

4 Graphische Markierung welcher Einheiten?

Es stellt sich nun die Frage, welche syntaktische Einheit durch Majuskelsetzung markiert wird. Folgt man der Argumentation von Ronneberger-Sibold (2010b), wäre es folgerichtig, wenn auch die satzinterne Großschreibung zur Profilierung der Nominalklammer beitrüge. Nominalphrasen mit Genitivattribut (GP) stellen allerdings ein Problem für die Nominalklammer dar (Ronneberger-Sibold 2010b: 99): Da der Stellungswandel des Genitivattributs in die Nachstellung in der Frühen Neuzeit noch nicht abgeschlossen ist, stehen somit auch Attribute vor dem Substantiv, die nicht mit ihm kongruieren. Weder Genitivphrasen mit pränominalem Attribut (GPprä) noch solche mit postnominalem Genitiv (GPpost) werden in der Regel in Gänze von einer Nominalklammer eingeschlossen. Postnominale Genitivattribute sind wie alle postnominalen Attribute nicht Teil der Klammer, da sie nach dem Kernsubstantiv stehen und nicht mit ihm kongruieren. Vielmehr bildet das postnominale Genitivattribut eine eigene Kongruenzklammer – vorausgesetzt es enthält ein klammeröffnendes Element, was für appellativische postnominale Genitivattribute in der Frühen Neuzeit üblich ist. In (2) sind diese Strukturen durch eckige Klammern gekennzeichnet.

(2) [*Das Kind*] [*des Bäckers*]

(3) [*Des Bäckers*] *Kind*

Auch GPprä wie (3) werden nur teilweise von der Nominalklammer erfasst. Im Sinne der Kongruenzklammer wird die Klammer durch das erste Substantiv geschlossen, das in der Flexion mit dem klammeröffnenden Element übereinstimmt. Da in der GP das Artikelwort *des* mit dem vorangestellten Attribut *Bäckers* kongruiert, wird die Klammer also schon vor dem eigentlichen Kernsubstantiv *Kind* geschlossen. Eine Majuskelsetzung am rechten Rand der

Nominalklammer (<des Bäckers kind>) würde somit stets eine Verwischung der Strukturen innerhalb des Satzglieds mit sich bringen.

Es gibt jedoch zwei Konstruktionen, bei denen die gesamte GP von einer Nominalklammer umfasst wird. Das ist zum einen die Struktur, bei der sowohl das Kernsubstantiv als auch das Genitivattribut mit einem Artikel auftreten, die in Bsp. (4) dargestellt wird (vgl. Demske 1999: 167–168, 2001: 242). Solche Phrasen kommen im Neuhochdeutschen nicht mehr vor und sind bereits in der Frühen Neuzeit sehr selten (vgl. Pavlov 1983, Kopf 2018: 81–82). Zum anderen kann bei GPpost eine sog. Nominalklammer im weiteren Sinne nach Ronneberger-Sibold (2010b: 91) vorliegen, bei der die Klammer des Kernsubstantivs durch eine Präposition geöffnet wird (vgl. Bsp. (5)).[3]

(4) [*Diese* [*deß Papsts vnd Keysers*] *Zusammenkunft*] (Bsp. aus Demske 1999: 168)

(5) [*in* [*eines Manns*] *Gestalt*]

Maas (1995) wählt bei seiner syntaktischen Analyse der Großschreibung in Teilen der Lutherbibel von 1545 eine andere Bezugsgröße als die Nominalklammer. Für ihn gehören nicht nur Genitivattribut und Kernsubstantiv der gleichen Einheit an, sondern er schließt bei seiner Interpretation der Großschreibung als Grenzmarkierung ausdrücklich Rechtserweiterungen von Nominalphrasen wie Appositionen und Koordinationen sowie Präpositionalattribute mit ein (vgl. (6)–(9), die Maas (1995: 93) entnommen sind).

(6) *die töchter der Menschen*

(7) *mit meinem sohn Isaac*

(8) *da gab jm Jacob brat und das Linsengericht*

(9) *das geld für den Acker*

Die Bezuggsgröße ist bei Maas (1995) somit das gesamte Satzglied. Dieses umfasst jeweils alle Elemente eines Satzes, die dieselbe syntaktische Funktion erfüllen. Auch Appositionen oder Koordinationen zu einem Subjekt sind funktional gesehen Subjekte, die exakt dieselbe Funktion haben wie die Nominalphrase, auf die sie sich beziehen. So üben in (9) *brat* und *das Linsengericht* beide Substantive dieselbe syntaktische Funktion aus – beide fungieren hier als Akkusativobjekte.

3 Diese Strukturen werden im weiteren Verlauf der Untersuchung als Nominalklammer mit Präposition bezeichnet.

Es handelt sich also bei den von Maas vorgeschlagenen Einheiten nicht (wie bei den Nominalklammern im Sinne von Ronneberger-Sibold) um Kongruenzklammern, sondern man könnte von einer Funktionsklammer sprechen, da er vorschlägt, dass eine Majuskel das Ende einer sprachlichen Einheit markiert, deren Konstituenten gemeinsam eine syntaktische Funktion erfüllen. Dieser Ansatz bietet auch Raum für die Substantive, die nicht Teil einer Nominalklammer sind. In der Literatur, die für eine syntaktisch motivierte satzinterne Großschreibung argumentiert, steht immer der erweiterbare Kern einer Nominalphrase im Mittelpunkt der Betrachtung (vgl. Maas 1992). Damit ist hier nicht relevant, ob das Substantiv im konkreten Äußerungskontext in Begleitung eines Artikelworts oder eines Attributs auftritt, sondern ob es *potenziell möglich* ist, sie in diesem Satzzusammenhang zu attribuieren. Auf die Funktion als Satzglied hat die Attribuierung schließlich keinen Einfluss, wie (10) und (11) zeigen. Es sind jeweils die Elemente unterstrichen, die keine Nominalklammer bilden, aber trotzdem Satzgliedstatus haben. Das betrifft vor allem Stoffnomen und indefinite Substantive im Plural.

(10) *Ich mag Blumen.*

(11) *Gold ist teurer als Silber.*

Je nachdem, welche Bezugsgröße für die syntaktisch motivierte Großschreibung angenommen wird, variieren die Vorhersagen in Bezug darauf, welches Element mit Majuskel geschrieben wird. Zusätzlich dazu soll in dieser Untersuchung auch das semantische Merkmal der Belebtheit nicht außer Acht gelassen werden, deren Einfluss auf die Entwicklung der satzinternen Großschreibung im nächsten Kapitel zusammengefasst wird.

5 Semantische Motivation der Majuskelsetzung

Neben syntaktischen Faktoren wird außerdem eine Ausbreitung nach semantischen Eigenschaften angenommen. Aus der ursprünglichen Hervorhebungsfunktion von Majuskeln für wichtige Referenten, die im Althochdeutschen und Mittelhochdeutschen beobachtet wird (Szczepaniak 2011: 351, Rössler 1998: 206, Moser 1929), entwickelt sich zunächst die Eigennamengroßschreibung. Diese setzt sich in der ersten Hälfte des 16. Jhs. flächendeckend durch (Bergmann & Nerius 1998: 834). Ausgehend von den Eigennamen breitet sich die Majuskelsetzung auch bei Appellativa aus, die Menschen bezeichnen (Einwohnerbezeichnungen, Kollektivbezeichnungen für Menschen sowie deren Sammelorte).

Zudem werden zum Zeichen der Respektsbekundung Nomina sacra, aber auch zunehmend Titel und Bezeichnungen für menschliche Würdenträger mit Majuskel geschrieben (Risse 1980: 11–12; Szczepaniak 2011: 351; Dücker, Hartmann & Szczepaniak in diesem Band).

In ihrer großangelegten Studie auf Grundlage eines gedruckten Korpus aus Texten des 16. und 17. Jhs. zeigen Bergmann & Nerius (1998), wie sich die Großschreibung nach und nach auf die anderen Substantivklassen ausweitet. Dabei wird deutlich, dass die Belebtheit einer der entscheidenden Faktoren ist (vgl. auch Kaempfert 1980; Szczepaniak 2011) und sich die Majuskelsetzung entlang der Belebtheitsskala von menschlich über konkret bis zu abstrakten Referenten durchsetzt. Bereits gegen Ende des 16. Jhs. werden Bezeichnungen für menschliche Entitäten und Göttliches beinahe durchgehend großgeschrieben. Die Konkreta erreichen im Zeitschnitt um 1620 die 90%-Marke. Abstrakta erreichen diese bis zum Ende des Untersuchungszeitraums 1710 nicht (89% Großschreibung) (Bergmann 1999: 70).

Nun sind belebte Entitäten zwar häufig Kerne von Satzgliedern, aber längst nicht immer. Genitivattribute werden bspw. häufig von menschlichen Entitäten gebildet, da diese semantisch gesehen in der Lage sind, Dinge zu besitzen.[4] Maas (1995: 94) zufolge entsteht in solchen Phrasen ein „Zielkonflikt" bei der Großschreibung, da für einen optimalen Lesefluss nur eine Majuskel pro Konstituente vorkommen soll. Wenn nicht nur die rechten Ränder von Konstituenten großgeschrieben werden, sondern auch andere Substantive, kann es leicht zu Verwechslungen kommen. Laut Maas (1995: 94) wird dieser Konflikt so aufgelöst, dass nur eine Majuskel gesetzt wird, auch auf die Gefahr hin, die Grenzmarkierung zu verlieren. Die folgende Untersuchung wird deshalb zusätzlich zur syntaktischen Motivierung der Großschreibung auch das semantische Merkmal der Belebtheit betrachten, um empirisch zu prüfen, ob bei einem Zielkonflikt die syntaktische Grenzmarkierung oder ein hoher Belebtheitsgrad wichtiger für die Großschreibung ist.

4 Vgl. Petersen & Szczepaniak (2018: 128) und Petersen (2016), die einen entsprechenden Zusammenhang zwischen dem Besitz von veräußerbaren Entitäten und einem hohen Belebtheitsgrad des Substantivs in Attributposition für das Färöische feststellen.

6 Majuskelsetzung bei Genitivphrasen im SiGS-Korpus

In der folgenden Untersuchung wird der Versuch unternommen, herauszuarbeiten, welche Art der Grenzmarkierung durch die Majuskelsetzung in Genitivphrasen in (semi-) spontaner Handschriftlichkeit geleistet wird, ob es dabei zu Konflikten mit der semantisch motivierten Großschreibung kommt und wie dieser Konflikt aufgelöst wird.

Dazu wurden alle Phrasen mit Genitivattribut aus dem gesamten SiGS-Korpus (ggf. mit Rechtserweiterungen wie Appositionen oder Koordinationen) extrahiert und annotiert. Der Fokus liegt dabei zunächst auf der Großschreibung am rechten Rand der Nominalklammer, des Satzglieds und der aus Genitivattribut und Bezugsnomen ohne Rechtserweiterungen bestehenden Genitivphrase (GP). Anschließend wird diese syntaktisch motivierte Großschreibung in Kap. 6.3.4 mit der belebtheitsgesteuerten Majuskelsetzung kontrastiert.

In Anlehnung an Maas (2011) wird erwartet, dass komplexe Phrasen häufiger Majuskeln enthalten als weniger komplexe. Vor allem in Genitivphrasen ohne Nominalklammer oder Attribuierung wird nur wenig Großschreibung erwartet. Im Einklang mit der bisherigen Forschungsliteratur wird davon ausgegangen, dass die meisten Majuskeln am rechten Rand von entweder Nominalklammern oder Satzgliedern auftreten. Außerdem sollten belebte Entitäten häufig mit Majuskel geschrieben werden, unabhängig von ihrer Position innerhalb der Phrase.

Zunächst werden das SiGS-Korpus und die hier angewandte Methode vorgestellt. Anschließend wird die Majuskelsetzung in der Nominalklammer untersucht, gefolgt von der Großschreibung in Satzgliedern und der Genitivphrase. Dabei wird stets unterschieden zwischen Konstituenten, die nur eine Majuskel enthalten und solchen mit Mehrfachgroßschreibung.[5]

5 Die Anzahl der Majuskeln bezieht sich dabei ausschließlich auf die Substantive; Großschreibung von Adjektiven oder Artikelwörtern wird hier nicht betrachtet.

6.1 Das SiGS-Korpus

Das SiGS-Korpus[6] besteht aus 56 handschriftlichen Hexenverhörprotokollen, die der Edition von Macha et al. (2005) entnommen sind. Diese Texte wurden auf Grundlage der in Topalović, Hille & Macha (2007) zur Verfügung gestellten Dateien mit dem Korpustool GATE (Cunningham, Maynard & Bontcheva 2014) linguistisch aufbereitet und im Rahmen des SiGS-Projekts unter anderem tokenisiert, lemmatisiert und mit Annotationen für POS und Belebtheit, sowie für syntaktische Funktionen und semantische Rollen versehen. Unter diesen Texten befinden sich sowohl Mit- als auch Abschriften von Verhören, die für Gerichtsakten angefertigt wurden. Auch wenn es sich dabei nicht um spontan niedergeschriebene authentische Protokollierungen der Gerichtsverhandlungen handelt (vgl. Voltmer in diesem Band), sind diese Texte insofern als Ausdruck einer idiosynkratischen Schriftlichkeit zu verstehen, als Drucker und Lektoren keinen Einfluss auf die Textgestaltung hatten; im Gegensatz zu den bspw. von Maas (1995) untersuchten Texten (vgl. Topalović 2003; Schutzeichel & Szczepaniak 2015; Szczepaniak & Barteld 2016: 45). Soweit die Schreiber bekannt sind, handelt es sich um geübte, professionelle Schreiber.[7] Die Texte stammen aus der Zeit zwischen 1570 und 1665 und haben einen Umfang von jeweils ca. 550 bis 3.000 graphischen Token.[8] Eine ausführlichere Beschreibung des hier untersuchten Korpus findet sich in Schutzeichel & Szczepaniak (2015) und Dücker (2018).[9]

---

6 Das annotierte SiGS-Korpus ist im Rahmen des DFG-finanzierten Projekts zur „Entwicklung der satzinternen Großschreibung" (kurz: SiGS), das in der ersten Phase an zwei Universitäten angesiedelt war (Universität Hamburg und Westfälische Wilhelms-Universität Münster), entstanden (SZ 280/2-1 und KO 909/12-1). Münsteraner Gruppe: Klaus-Michael Köpcke, Marc Schutzeichel, Hamburger Gruppe: Fabian Barteld, Renata Szczepaniak. Die zweite Phase war bis September 2017 an der Universität Hamburg (Lisa Dücker, Stefan Hartmann, Renata Szczepaniak) angesiedelt und wurde im Jahr 2019 an der Otto-Friedrich-Universität Bamberg abgeschlossen (SZ 280/2-3). AnnotatorInnen: Kristina Albert, Annemarie Bischoff, Lisa Dücker, Julia Hübner, Aleksa Krieg, Johanna Legrum, Sophie Mühlenberg, Anna Müller, Merle Pfau, Katja Politt, Nicolai Pudimat, Eleonore Schmitt, Aki Schünemann, Tanja Stevanović, Annika Vieregge, Fiona Walter und Nicholas Wieling.

7 Macha et al. (2005) stellen jedem edierten Protokoll einen Apparat voraus, in dem unter anderem der bzw. die Urheber des jeweiligen Textes (wenn bekannt) genannt wird bzw. werden und eine Einschätzung, ob es sich um eine Mit- oder Abschrift handelt, zu finden ist.

8 Für das Vorgehen bei der Tokenisierung der SiGS-Texte vgl. Barteld, Szczepaniak & Zinsmeister (2014).

9 Das Korpus beinhaltet auch Texte aus Norddeutschland, die teilweise einen starken niederdeutschen Einfluss aufweisen. Da die bisherige Literatur zur Graphematik des Niederdeutschen (vgl. Prowatke 1987) keinen Hinweis auf eine vom Hochdeutschen divergierende Entwicklung

6.2 Methode

Für die folgende Untersuchung werden aus den Hexenverhörprotokollen alle Nominalphrasen, die aus einem Genitivattribut und dem dazugehörigen Kern bestehen, extrahiert. Als Unterscheidungskriterium zwischen Genitivphrasen und den sog. uneigentlichen Substantivkomposita, die sich zu der Zeit, aus der die Texte stammen, aus Phrasen mit vorangestelltem Genitivattribut entwickeln, gilt die Kongruenz mit Determinierern (vgl. Solling 2012, 2011; Dücker & Szczepaniak 2017; Dücker 2018). Kongruiert der Determinierer mit dem nominalen Zweitglied, wird die Konstruktion als Kompositum gewertet (vgl. Bsp. (12)). Auch Fälle wie (13) werden als eindeutige Komposita gewertet, da die Konstruktion mit Artikelsetzung bei beiden Substantiven (*vfm der hexen danß*) im SiGS-Korpus nicht belegt ist und somit davon ausgegangen werden kann, dass Fälle wie (13) nicht als mögliche Ellipsen von solchen Konstruktionen interpretiert werden können (vgl. aber Kopf 2018: 165).

In (14) liegt Kongruenz mit dem Erstglied vor (*Ins Theüfels*), weshalb die Phrase als pränominaler Genitiv gewertet wird. In (15) und (16) liegen ambige Konstruktionen vor: Da in (15) kein Determinierer vorhanden ist, kann keine Kongruenz festgestellt werden und in (16) ist eine Kongruenz von *der* sowohl mit dem Erstglied (*der stath*) also auch mit dem Zweitglied (*der Zimmerman*) möglich. Diese ambigen Phrasen werden von der Untersuchung ausgeschlossen. Nur die Strukturen in (14) und Phrasen mit postnominalem Genitiv wie (17) werden berücksichtigt.

(12) Kompositum: *wehre Er* [...] *an einem hexentanz gewesen* (Bamberg 1628)[10]

(13) Kompositum: *deroselben mit vfm hexen danß gefolgt?* (Köln 1629)

(14) pränominaler Genitiv (GPprä): *Ain khuo Ins Theüfels Nammen zu Todt geschlagenn* (Rosenfeld 1603)

(15) ambig durch fehlende Kongruenz: *seye es Pferdtsdreck gewesen* (Wittgenstein 1629):

(16) ambig durch unklare Kongruenz: *were der stath Zimmerman* (Lemgo 1632)

(17) postnominaler Genitiv (GPpost): *mit Ime 3. Jahr Im Standt der Ehe* [...] *gelebt* (Leonberg 1641)

der Großschreibung zeigt, werden diese Protokolle hier nicht gesondert ausgezeichnet, sondern als Teil des regulären Korpus behandelt.

10 Auf die zitierten Hexenverhörprotokolle wird mit einer Chiffre aus Entstehungsort und -zeit nach Macha et al. (2005) verwiesen.

Da die Großschreibung bei den Eigennamen im Untersuchungszeitraum bereits weitgehend durchgesetzt ist, werden Phrasen von der Untersuchung ausgeschlossen, bei denen das Attribut oder das Bezugsnomen von einem Eigennamen gebildet werden (18)). Eigennamen, die als Rechtserweiterungen fungieren, werden allerdings eingeschlossen, da im SiGS-Korpus beinahe ausschließlich Eigennamen in diesen Positionen belegt sind (vgl. (19)):

(18) *Des Römers Apele von Schnerckingen* (Messkirch 1644)

(19) *seiner Frawen Bruder hans König* (Dillenburg 1631)

In Fällen mit Rechtserweiterung wird für die Großschreibung jeweils das Wort am äußersten rechten Rand gezählt. Bei zweiteiligen Eigennamen ist das der Familienname, die Apposition in (19) wird also als majuskelhaltig gewertet, da *König* großgeschrieben wird. Bei Appositionen wird in dieser Untersuchung stets das links stehende Element als Kern und das rechts davon stehende als dessen Apposition interpretiert.

Im Rahmen dieser Untersuchung wird der Begriff der Nominalklammer auch auf solche Konstruktionen angewandt, bei denen das klammeröffnende Element von einer Präposition gebildet wird („Nominalklammern im weiteren Sinne", Ronneberger-Sibold 2010b: 91). Diese gibt dem Leser zwar keine Hinweise auf das Genus des in der Präpositionalphrase enthaltenen Substantivs, aber weckt Erwartungen in Hinblick auf den Kasus (vgl. Ronneberger-Sibold 2010b: 91). Da die Präpositionalphrase der Nominalphrase übergeordnet ist, bildet sie bei Phrasen mit pränominalem Genitivattribut eine Klammer um die gesamte Genitivphrase. In (20) wird die Klammer 1, die durch *in* geöffnet wird, von *nahmen* geschlossen. Darin enthalten ist die Klammer 2, die von *dess* und *Teuffels* gebildet wird. Die Klammer in Beispiel (21) wird von *vff* und *frauwen* gebildet. Da das vorangestellte Genitivattribut *anbeklagtinnenn* nicht von einem Artikelwort begleitet wird, bildet es keine eigene Nominalklammer, sondern ist nur Teil der übergeordneten Klammer mit Präposition.

(20) [$_1$*in* [$_2$*dess Teuffels*]$_2$ *nahmen*]$_1$ (Rhens 1629)

(21) [*vht anbeklagtinnenn eigenen beharligen bekentenisse*] (Meldorf 1618)

Wie die Unterscheidung zwischen Nominalklammer und Satzglied operationalisiert wird, zeigt das Beispiel (22), das ein sehr komplexes Satzglied darstellt. Als Rechtserweiterungen zu der Genitivphrase treten hier sowohl eine Koordination (*vndt herrn*) als auch eine Apposition (*herrn Johann Arnolden Grauen zu Mander-*

scheidt vndt Blackenheim) auf. Beide sind nur Teil des Satzglieds, das in Gänze in (22a) abgebildet ist, aber nicht der Nominalklammer oder Genitivphrase. In (22b) markiert die Klammer die Ränder der Genitivphrase. (22c) zeigt wiederum alle in dem Satzglied enthaltenen Nominalklammern, die für die vorliegende Untersuchung relevant sind.

(22) a. Satzglied: [*in Personlicher gegenwarth deß hochwolgebornen Grauen vndt herrn herrn Johann Arnolden Grauen zu Manderscheidt vndt Blanckenheim*] (Blankenheim 1629)

b. Genitivphrase: [*in Personlicher gegenwarth deß hochwolgebornen Grauen*] *vndt herrn herrn Johann Arnolden Grauen zu Manderscheidt vndt Blanckenheim*

c. Nominalklammern: [*in Personlicher gegenwarth*] [*deß hochwolgebornen Grauen*] *vndt herrn herrn Johann Arnolden Grauen zu Manderscheidt vndt Blanckenheim*

Die in den Hexenverhörprotokollen verwendete Kanzleikursive erlaubt prinzipiell eine Unterscheidung zwischen Majuskel und Minuskel. <h/H>, <v/V> und <z/Z> weisen jedoch keine unterschiedlichen Buchstabenformen für Majuskel und Minuskel auf, sodass groß- und kleingeschriebene Buchstaben nur sehr schwer voneinander unterschieden werden können (vgl. Macha et al. 2005: XXIII). Deshalb werden alle Wörter, die mit <h>, <v> oder <z> beginnen, von der Untersuchung ausgeschlossen. Dieses Verfahren führt zu unterschiedlichen Anzahlen von Attributen und Kernen bei der Darstellung der Ergebnisse.

6.3 Ergebnisse der Korpusuntersuchung

Im SiGS-Korpus finden sich insgesamt 822 Genitivphrasen. Davon enthalten 385 ausschließlich Appellativa.[11] Die Gesamtzahl sinkt auf n=289, wenn ausschließlich die Fälle gezählt werden, in denen sowohl für das Genitivattribut als auch für den Kern eindeutig der Majuskelstatus festgestellt werden kann. Tabelle 1 schlüsselt die Anzahl der Majuskeln in den betreffenden Phrasen (hier nur auf die einfache Genitivphrase ohne Rechtserweiterungen bezogen) auf.

11 Dabei wird *Gott* nicht zu den Appellativa gezählt, da sich das Lexem bzgl. unterschiedlicher Merkmale im Deutsch des 16. und 17. Jhs. eher wie ein Eigenname verhält (vgl. Kopf i.Vorb.).

Tab. 1: Majuskelsetzung in der einfachen GP im SiGS-Korpus (n=289).

	Anzahl	Prozentwert
Ohne Majuskel	58	20,1%
Eine Majuskel	135	46,7%
Zwei Majuskeln	96	33,2%

Auch wenn die Phrasen, die genau eine Majuskel enthalten, mit 46,7% den größten Anteil haben, ist auch Mehrfachgroßschreibung in knapp einem Drittel aller untersuchten Phrasen vorhanden. Maas' Ideal von einer Majuskel pro Satzglied lässt sich im SiGS-Korpus also nicht als Norm nachweisen.

Die Darstellung der Ergebnisse erfolgt im Folgenden getrennt nach der Größe der untersuchten syntaktischen Struktur. Zunächst wird in Kap. 6.3.1 die Nominalklammer als Domäne der Großschreibung betrachtet. Dabei werden Phrasen mit prä- und postnominalem Genitivattribut getrennt voneinander behandelt. Kap. 6.3.2 beschäftigt sich mit der Großschreibung als Grenzmarkierung des Satzglieds in Phrasen mit und ohne Rechtserweiterung. In Kap. 6.3.3 wird die einfache GP betrachtet. Kap. 6.3.4 stellt abschließend weitere Einflussfaktoren wie Belebtheit und vor allem den Status als Kopfnomen oder Attribut vor.

6.3.1 Großschreibung am rechten Rand der Nominalklammer

Im SiGS-Korpus kommen in Genitivphrasen insgesamt 687 Nominalklammern vor, in denen kein Eigenname das Attribut oder Bezugsnomen bildet. 264 von ihnen werden durch eine Präposition geöffnet. Damit sind 93% der Genitivattribute und Kerne Teil einer Nominalklammer, während 7% aller Substantive in Genitivphrasen keine eigene Klammer bilden. 44% aller Nominalklammern werden am rechten Rand mit einer Majuskel geschrieben, 56% der rechten Klammerränder werden hingegen kleingeschrieben. Damit ist das Verhältnis zwischen Groß- und Kleinschreibung am rechten Rand der Klammer relativ ausgeglichen. Im weiteren Verlauf dieses Kapitels wird überprüft, ob dies für alle Nominalklammern gleichermaßen gilt oder ob sich Unterschiede ergeben im Hinblick auf die Attributstellung, die Anzahl der an einer Genitivphrase beteiligten Nominalklammern sowie die Besetzung der linken Klammer durch eine Präposition.

Die Anzahl der an einer Genitivphrase beteiligten Nominalklammern ist variabel. (23) zeigt bspw. einen Satz, der eine Phrase ohne Nominalklammer enthält (durch Unterstreichung gekennzeichnet). Die Genitivphrase in (24) enthält eine Nominalklammer (gekennzeichnet durch eckige Klammern) und in (25) sind sowohl Genitivattribut als auch Bezugsnomen jeweils Teil einer Nominalklammer.

(23) *Sagt sie hat Articuls Inhalt gestern gehoert* (Werl 1630)

(24) *wie man [der bezauberten Kühen] Milch wiederbringen Könne, wiße nit auswendig* (Dillenburg 1631)

(25) *Seye [Ein Glidt] [Christlicher Kirchen]* (Leonberg 1641)

Die Ergebnisse in diesem Teilkapitel sind gegliedert nach Anzahl und Art der vorhandenen Nominalklammern. Phrasen ohne Nominalklammer werden nicht in die Untersuchung aufgenommen, da ihr Status als Genitivphrase oder Kompositum dank fehlender Kongruenz unklar ist (vgl. Kap. 6.2). Zunächst werden die Phrasen untersucht, bei denen das klammeröffnende Element ein Artikel oder Adjektiv ist. Im Anschluss daran werden die Nominalklammern untersucht, bei denen die linke Klammer von einer Präposition gebildet wird.

6.3.1.1 Nominalklammern ohne Präposition

Zunächst soll die Großschreibung am rechten Rand von Nominalklammern, die nicht durch eine Präposition geöffnet werden (also Nominalklammern im engeren Sinne nach Ronneberger-Sibold 2010b), näher betrachtet werden. Dabei werden Klammern, die ein Genitivattribut enthalten (Attributklammern), mit solchen verglichen, die einen Phrasenkern enthalten (Kernklammer). Wie Tabelle 2 zeigt, sind im SiGS-Korpus 317 Attributklammern und 53 Kernklammern belegt, für deren rechter Rand ein Majuskelstatus festgestellt werden kann. Dieses starke Ungleichgewicht rührt daher, dass die meisten Nominalklammern, die einen Phrasenkern enthalten, durch eine Präposition geöffnet werden. 210 dieser Nominalklammern (56,8%) werden am rechten Rand mit einer Majuskel markiert und 160 (43,2%) mit einer Minuskel.

Tab. 2: Majuskelsetzung am Klammerrand i.e.S. ($n=363$, $\chi^2=13{,}159$, $df=1$, $p<0{,}001$, $\varphi=0{,}2$).

	Großschreibung rechter Rand	Kleinschreibung rechter Rand	Gesamtzahl
Kernklammer	15	33	48
Attributklammer	190	125	315
Gesamtzahl	205	158	363

Obwohl das Verhältnis insgesamt ausgeglichen ist, gibt es offenbar Unterschiede zwischen Kernen und Attributen: Der rechte Rand von Kernklammern wird in zwei Dritteln aller Fälle kleingeschrieben (*die tag seines lebens*, München 1600). Attributklammer schließen hingegen in 60% (190) aller Belege mit einer Majuskel ab (*des Barbiers knecht*, Göttingen 1649).

Von den 25 Belegen für Phrasen mit zwei Nominalklammern im engeren Sinne wird in 16 Fällen keine Majuskel verwendet (vgl. Bsp. (26)); nur zwei Phrasen sind hingegen belegt, die wie Bsp. (27) Majuskelsetzung bei beiden Nominalklammern zeigen.

(26) [*Die anzall*] [*Ihrer samenkunfft*] (Hamm 1592)

(27) [*dem Nachrichter*] [*de Execution*] (Flensburg 1608)

Die Anzahl der Nominalklammern (ohne Präposition) und die Zugehörigkeit eines Substantivs zu einer solchen hat also keinen entscheidenden Einfluss darauf, ob ein Substantiv groß- oder kleingeschrieben wird. Vielmehr zeigt sich, dass Genitivattribut häufiger großgeschrieben werden als Phrasenkerne. Der rechte Rand der Nominalklammer ohne Präposition scheint also nicht als durch Majuskelsetzung zu markierende Grenze in Frage zu kommen.

6.3.1.2 Nominalklammern mit Präposition

Bei Phrasen mit pränominalem Genitivattribut umfasst die Nominalklammer die gesamte Genitivphrase aus Attribut und Bezugsnomen, wenn die Klammer von einer Präposition eröffnet wird: In (28) kongruiert die Präposition *in* mit dem Phrasenkern *aussag* und bildet so mit ihm gemeinsam eine Nominalklammer im weiteren Sinne nach Ronneberger-Sibold (2010b), in die eine weitere Nominalklammer (*deß Weibs*) eingebettet ist. Bei GPpost ist hingegen nicht die gesamte Genitivphrase Teil der Klammer, sondern sie wird mit dem Kern geschlossen. Das Genitivattribut ist hier also nicht Teil der Nominalklammer. In (29) kongruieren die Präposition *auß* und der Kern, *befelch*, miteinander und die Nominalklammer wird vor dem Attribut geschlossen, das eine eigene Klammer bildet.

(28) [*in* [*deß Weibs*] *aussag*] (Reichenberg 1653)

(29) [*auß befelch*] [*deß teufels*] (Reichertshofen 1629)

Im SiGS-Korpus finden sich insgesamt 162 Belege für GPprä, die mit einer Präposition geöffnet werden. Der rechte Rand dieser Nominalklammer wird in 44 Fällen großgeschrieben und in 95 Fällen klein. Bei 23 Belegen kann die Großschreibung nicht bestimmt werden. Das entspricht einem Anteil von 31,7% Majuskelsetzung bei den Kernklammern mit Präposition.[12] Die innerhalb dieser Klammern befindlichen Genitivattribute bilden in 158 Fällen eine eigene Nominalklammer. Der Rand dieser eingebetteten Attributklammer wird in 100 Belegen mit Majuskel geschrieben, in 53 Belegen mit Minuskel. Damit wird der Rand der eingebetteten Nominalklammer in 63,3% aller Genitivphrasen mit Majuskel geschrieben, während weniger als ein Drittel der rechten Grenzen der umschließenden Nominalklammer großgeschrieben werden.

Tab. 3: Majuskelsetzung bei Nominalklammern mit Präposition bei GPprä ($n=134$, $\chi^2=3{,}6157$, $df=1$, $p=0{,}06$, $\varphi=0{,}2$).

	Attributklammer groß	Attributklammer klein	Gesamtzahl
Kernklammer groß	34	10	44
Kernklammer klein	53	37	90
Gesamtzahl	87	47	134

Tabelle 3 enthält die Majuskelsetzung am Rand der Kernklammer und der darin enthaltenen Attributklammer in Kombination. Es zeigt sich kein statistisch signifikanter Unterschied in der Großschreibung bei durch Präposition geöffneten Kernklammern und den darin enthaltenen Attributklammern. Die Kombination aus Kleinschreibung bei der Kernklammer bei gleichzeitiger Großschreibung am Rand der Attributklammer ist mit 52 Belegen am häufigsten (vgl. (30)). Der umgekehrte Fall, d.h. Majuskelsetzung nur bei der größten Klammer bei Kleinschreibung der enthaltenen Substantive wie in Bsp. (31), ist mit nur neun Bele-

12 Bei dieser und den folgenden Prozentrechnungen wurden die nicht bestimmbaren Fälle nicht berücksichtigt (n=139).

gen mit Abstand am seltensten. Majuskelsetzung am Rand von beiden Klammern oder Kleinschreibung am Rand beider Klammern ist mit 33 bzw. 36 Belegen ungefähr gleich häufig vertreten.

Diese Verteilungen weisen darauf hin, dass große Nominalklammern, die kleinere Nominalklammern enthalten, bei der Grenzmarkierung durch Majuskelsetzung nicht priorisiert werden. Auch die Beobachtung, dass eingebettete Klammern oft mit Großschreibung abschließen, wenn die umschließende Klammer wie in Bsp. (30) mit einem kleingeschriebenen Substantiv endet, ist kein ideales Ergebnis für eine optische Leserführung. Diese Ergebnisse lassen vielmehr darauf schließen, dass die Nominalklammer keine Domäne der syntaktisch motivierten Majuskelsetzung ist.

(30) [$_1$*über* [$_2$*deß Stalls*]$_2$ *thür*]$_1$ (Schweinfurt 1616)

(31) [$_1$*an* [$_2$*ihres kindes*]$_2$ *Schleunigen Thode*]$_1$ (Ostrau 1628)

Die Klammeröffnung durch Präposition ist für Phrasen mit postnominalem Genitivattribut in 102 Fällen belegt. 13 dieser Belege weisen Majuskelsetzung am rechten Rand der Kernklammer auf und in 75 Fällen wird das klammerschließende Substantiv kleingeschrieben. In 14 Fällen kann der Majuskelstatus nicht bestimmt werden. Der Anteil der Majuskelsetzung liegt also nur bei 14,8% und damit noch niedriger als bei den durch Präposition eingeleiteten GPprä.

Tab. 4: Majuskelsetzung bei Genitivattributen mit und ohne Nominalklammer (n=335, χ^2=2,6359, df=1, p=0,1, φ=0,1).

	groß	**klein**	**Gesamtzahl**
Attribut mit Klammer	191	122	313
Attribut ohne Klammer	8	12	20
Gesamtzahl	199	134	333

Tab. 5: Majuskelsetzung bei Phrasenkernen mit und ohne Nominalklammer (n=328, χ^2=0,33841, df=1, p= 0,6, φ<0,1).

	groß	**klein**	**Gesamtzahl**
Kern mit Klammer	71	202	273
Kern ohne Klammer	17	38	55
Gesamtzahl	88	240	328

Die Analyse der Großschreibung am rechten Rand von Nominalklammern zeigt, dass diese nicht die entscheidende Domäne für die Grenzmarkierung durch Majuskel sind: Aus Tabelle 4 und Tabelle 5 kann man ablesen, dass für Substantive, die Teil einer Nominalklammer sind, die gleichen Großschreibungstendenzen gelten wie für diejenigen, die nicht Teil einer Klammer sind. Zudem suggerieren die Ergebnisse, dass der Status als Genitivattribut oder Bezugsnomen von großer Wichtigkeit ist, da die Attribute unabhängig von der Klammerstruktur zur Großschreibung neigen, während Kerne tendenziell eher kleingeschrieben werden.

6.3.2 Großschreibung am rechten Rand des Satzglieds

Nun wird die Großschreibung als Markierung des rechten Satzgliedrands in den Blick genommen. Wenn man unabhängig vom Auftreten einer Rechtserweiterung alle als Satzglieder fungierenden Genitivphrasen betrachtet, die weder als Genitivattribut noch als Bezugsnomen einen Eigennamen aufweisen, so ist der rechte Rand dieser Satzglieder in 126 Belegen (34,5%) mit einer Majuskel markiert (vgl. (32)) und in 239 Belegen (65,5%) steht dort eine Minuskel (vgl. (33)). In knapp zwei Dritteln aller Satzglieder wird Großschreibung also nicht verwendet, um den rechten Rand des Satzglieds anzuzeigen. Dieses Ergebnis spricht deutlich gegen die Annahmen von Maas (1995).

(32) *des hern Jungster Söngen Adolff* (Hamm 1592)

(33) *auß gehaiß deß teufels* (Reichertshofen 1629)

Auffällig ist bei den Satzgliedern mit einer Majuskel die Verteilung in Bezug auf die Stellung des Attributs (vgl. Tabelle 6). Bei 75 von 89 Phrasen mit pränominalem Genitivattribut wird der Satzgliedrand, der von dem Phrasenkern gebildet wird, kleingeschrieben. Steht hingegen das Genitivattribut in Poststellung, so werden 52 von 64 Substantive großgeschrieben. Insgesamt wird also das Genitivattribut am Satzgliedrand signifikant häufiger großgeschrieben als der Kern (bzw. Rechtserweiterungen davon).

Tab. 6: Majuskelsetzung am Satzgliedrand und Stellung des Attributs inkl. Rechtserweiterungen in Phrasen mit einer Majuskel (n=153, χ^2=62,51, df=1, p<0,001, φ=0,7).

	pränominaler Genitiv	**postnominaler Genitiv**	**Gesamtzahl**
Satzgliedrand groß	14	52	66
Satzgliedrand klein	75	12	87
Gesamtzahl	89	64	153

Um zu testen, ob neben der Stellung des Attributs auch die syntaktische Komplexität des Satzglieds einen Einfluss hat, wird im Folgenden untersucht, wie die Großschreibung des Rands mit dem Auftreten von Rechtserweiterungen interagiert. Im SiGS-Korpus kommen 36 Genitivphrasen vor, die nach rechts erweitert sind. Es handelt sich dabei um Appositionen und Koordinationen, die sowohl bei GPprä als auch bei GPpost auftreten.[13] Wie in Kap. 6.2 erwähnt wurde, handelt es sich bei den Rechtserweiterungen überwiegend um Eigennamen:

(34) *Ihres Maisters Bruoder* ***den Jacoben*** (Rosenfeld 1603)

(35) *seines sohns Außag* ***vndt bekandtnus*** (Schweinfurt 1616)

Tabelle 7 zeigt den Zusammenhang zwischen Rechtserweiterung und Majuskelsetzung am rechten Rand bei Satzgliedern, bei denen entweder das Genitivattribut oder der Phrasenkern großgeschrieben wird. Satzglieder ohne Rechtserweiterungen schließen zu knapp 39% mit einer Majuskel ab. In nach rechts erweiterten Satzgliedern wird das Substantiv am rechten Rand hingegen in 13 von 16 Belegen großgeschrieben. In komplexen Satzgliedern mit einer Majuskel wird diese also häufiger am rechten Rand gesetzt als in weniger komplexen Satzgliedern.

13 Wie in Beispiel (22) gezeigt wurde, kommen auch Phrasen mit mehrfacher Rechtserweiterung vor. Es sind außerdem Rechtserweiterungen mit präpositionalem Attribut belegt (bspw. *Leysens fraw in der Aw*, Bamberg 1628). Da diese jedoch ausschließlich bei eigennamenhaltigen Genitivphrasen auftreten, werden sie hier nicht weiter berücksichtigt.

Tab. 7: Großschreibung am Satzgliedrand und Rechtserweiterung in Satzgliedern mit genau einer Majuskel inkl. Rechtserweiterung (n=153, χ^2=8,9175, df=1, p<0,005, φ=0,3).

	mit Rechtserweiterung	ohne Rechtserweiterung	Gesamtzahl
Majuskel am Rand	13	53	66
Minuskel am Rand	3	84	87
Gesamtzahl	16	137	153

In Tabelle 8 sind neben den Satzgliedern mit einer Majuskel auch solche mit Mehrfachgroßschreibung oder durchgehender Kleinschreibung aufgeführt. Auch hier zeigt sich ein Unterschied zwischen den Komplexitätsgraden: Die komplexeren Satzglieder weisen im Vergleich zu den weniger komplexen Satzgliedern einen erhöhten Anteil an Majuskelsetzung am rechten Rand auf.

Tab. 8: Großschreibung am Satzgliedrand mit und ohne Rechtserweiterung bei Phrasen mit null, einer und zwei Majuskeln (n=365, χ^2=16,533, df=1, p<0,001, φ=0,2).

	mit Rechtserweiterung	ohne Rechtserweiterung	Gesamtzahl
Majuskel am Rand	21	105	126
Minuskel am Rand	9	230	239
Gesamtzahl	30	335	365

Dieser erhöhte Anteil an Großschreibung bei den Rechtserweiterungen kann damit erklärt werden, dass sich unter ihnen häufig Eigennamen befinden, vor allem bei Appositionen (vgl. (36)).

(36) *beiseins der Richteherrn* ***Licentiatus Kirchoff vnd Licentiatus Alersß*** (Münster 1630)

Den Ergebnissen aus dem SiGS-Korpus nach zu urteilen ist somit auch das Satzglied nicht die Domäne der Grenzmarkierung per Majuskelsetzung. Vielmehr zeigt sich wie bei der Nominalklammer, dass auch hier nur ungefähr ein Drittel aller rechten Ränder großgeschrieben werden. Erhöhte Anteile für Großschreibung am Rand des Satzglieds zeigen sich bei Genitivphrasen mit Rechtserweiterung, sowie beim Auftreten postnominaler Genitivattribute. Ersteres kann auf den hohen Anteil von Eigennamen unter den Rechtserweiterungen zurückgeführt werden, aber auch als Markierung einer höheren Komplexität interpretiert werden. Bei den GPpost scheint der Attributstatus des Substantivs relevanter zu sein als die Stellung. Dies zeigt sich auch darin, dass der höchste Anteil an Großschreibung bei pränominalen Genitivattributen zu finden ist.

6.3.3 Großschreibung in der Genitivphrase

Auch bei der Analyse der Großschreibung am rechten Rand der Genitivphrase werden zunächst Fälle wie (37) betrachtet, in denen genau eine Majuskel vorkommt. Anschließend werden Phrasen wie (38) untersucht, die zwei Majuskeln enthalten. Der Fokus liegt dabei auf dem Zusammenhang zwischen Majuskelsetzung und Rechtserweiterung.

(37) *ein kind der ewigen Seligkeit* (Leipzig 1640)

(38) *bey Gottes Blued* (Reichenberg 1653)

In den Genitivphrasen mit einer Majuskel wird der rechte Rand in 69 Fällen großgeschrieben (45,4%) und in 83 Fällen klein (54,6%). Tabelle 10 zeigt, dass Majuskelsetzung vor allem bei nachgestellten Genitivattributen auftritt. Steht am rechten Rand der Kern der Phrase, wird dieser hingegen in 83% der Belege kleingeschrieben.

Tab. 9: Stellung des Genitivattributs und Großschreibung in der Genitivphrase mit einer Majuskel (n=152, χ^2=67,814, df=1, p<0,001, φ=0,7).

Stellung des Attributs	Rechter Rand groß	Rechter Rand klein	Gesamtzahl
vorangestellt	15	74	89
nachgestellt	54	9	63
Gesamtzahl	69	83	152

Zusätzlich zur Stellung des Attributs hat das Auftreten von Rechtserweiterungen einen großen Einfluss auf die Majuskelsetzung, wie Tabelle 11 zeigt. Im Gegensatz zu Tabelle 8 und 9 geht es hier nicht um die Majuskelsetzung am Rand der Rechtserweiterung, sondern bei dem letzten Substantiv *vor* der Rechtserweiterung (also *Mans* und *Söngen* in Bsp. (39) und (40)).

Tab. 10: Großschreibung in Genitivphrasen mit einer Majuskel mit und ohne Rechtserweiterung ($n=152$, $\chi^2=17.65$, $df=1$, $p<0{,}001$, $\varphi=0{,}4$).

	mit Rechtserweiterung	**ohne Rechtserweiterung**	**Gesamtzahl**
Rechter Rand groß	15	54	69
Rechter Rand klein	0	83	83
Gesamtzahl	15	137	152

Variation in der Majuskelsetzung am rechten Rand der Genitivphrase gibt es ausschließlich in Phrasen ohne Rechtserweiterung. Nur hier kommt sowohl Groß- als auch Kleinschreibung vor. In Phrasen mit Rechtserweiterung, sei es eine Apposition oder eine koordinierte Nominalphrase, wird der rechte Rand der Genitivphrase immer mit Majuskel geschrieben. In 11 Belegen wird zusätzlich der rechte Rand der Rechtserweiterung großgeschrieben:

(39) *beclagungh Ihres Frommen Mans* ***vnd Kinder*** (Linz 1631)

(40) *des hern Jungster Söngen* ***Adolff*** (Hamm 1592)

Belege wie (39), in denen es sich bei den beiden majuskelhaltigen Elementen um koordinierte Substantive handelt, bilden neun dieser 13 Fälle. Durch die Großschreibung beider Substantive kann ihre strukturelle Gleichberechtigung auch graphematisch ausgedrückt werden. Die anderen vier Belege sind auf Strukturen wie (40) zurückzuführen, in denen ein Eigenname in Apposition zum Kern oder Genitivattribut steht. Diese doppelte Majuskelsetzung kann als Versuch der Binnengliederung der komplexen Phrasenstruktur gewertet werden. Nur in drei Fällen wird der rechte Rand der Rechtserweiterung kleingeschrieben:

(41) *bey leben Ihrs vorigen Manns* ***veith dausin*** (Höchst 1631)

(42) *seines sohns Außag* ***vndt bekandtnus*** (Schweinfurt 1616)

(43) *des außgerissenen Johenchen Beckers gegebene meldung des geschossenen Schweins,* ***hirsches vndt andern wildtprets***[14] (Wittgenstein 1629)

14 In diesem Fall ist die eingebettete GP *gegebene meldung des geschossenen Schweins*, nicht die übergeordnete GP mit dem Eigennamen als Attribut, von Belang.

Unter den Phrasen ohne Majuskelsetzung gibt es allerdings zwei, die eine Rechtserweiterung aufweisen; sie sind in (44) und (45) aufgelistet.

(44) *Ihrer schwester sohn* ***hanßen Anschützenn*** (Georgenthal 1597)

(45) *Ir bekhandtnuß Irer begangnen übelß* ***vnd Missethaten*** (Riedlingen 1596)

Auch acht GPs mit Mehrfachgroßschreibung sind nach rechts erweitert. Nur einmal kommt es dabei vor, dass der rechte Rand der Erweiterung mit Minuskel geschrieben wird: *von des Teuffels Reich vnd gewallt* (Leonberg 1641). Hierbei handelt es sich ebenfalls um eine Koordination des Kernsubstantivs. Allerdings kann man dafür argumentieren, dass die beiden koordinierten Elemente semantisch gesehen nicht gleichwertig sind: *des Teuffels Reich* kann mit der Hölle gleichgesetzt werden. Solche Nomina sacra tendieren bereits im 16. Jh. zur Großschreibung. *des Teuffels gewallt* beschreibt hingegen ein abstrakteres Konzept, das als solches am unteren Ende der erweiterten Belebtheitsskala steht, wie sie im SiGS-Projekt verwendet wird (vgl. Barteld et al. 2016).

Der Blick auf die Genitivphrase hat gezeigt, dass diese nur in etwas weniger als der Hälfte aller Belege eine Majuskel als Grenzmarkierung am rechten Rand aufweist. Somit kann man davon ausgehen, dass auch sie nicht die zentrale syntaktische Größe für die Grenzmarkierung ist. Wenn der Rand der Genitivphrase allerdings nicht gleichzeitig auch der Rand des Satzglieds ist, von dem die Genitivphrase ein Teil ist, dann wird ihr Rand meistens großgeschrieben (vgl. (39)–(43)). Dies deutet darauf hin, dass die Majuskel weniger zur Markierung des rechten Rands, sondern vielmehr zur Binnenstrukturierung komplexer Konstituenten eingesetzt wird. Bei weniger komplexen Phrasen, die nur aus Attribut und Bezugswort bestehen, ist die Markierung des rechten Rands nicht nötig, da ihre Grenzen auch ohne Majuskel eindeutig sind.

6.3.4 Weitere Einflussfaktoren

Wie sich in den vorangegangenen Kapiteln gezeigt hat, wird die Majuskelsetzung nicht systematisch zur syntaktischen Grenzmarkierung bei Genitivphrasen eingesetzt. Bei allen drei untersuchten Konstituententypen ist das Verhältnis zwischen Groß- und Kleinschreibung am rechten Rand ziemlich ausgeglichen. Stattdessen hat sich immer wieder gezeigt, dass der Status eines Substantivs als Genitivattribut oder Bezugsnomen einen großen Einfluss auf die Majuskelsetzung hat. Dies gilt unabhängig von der Stellung des Attributs, wie Tabelle 11 zeigt: Genitivattribute werden ganz überwiegend großgeschrieben und Phrasenkerne werden in der Regel kleingeschrieben.

Tab. 11: Anteil der Großschreibung von Genitivattribut und Phrasenkern bei GPprä und GPpost (n=306).

	GPprä	**GPpost**
Anteil Großschreibung Kern	87,9%	85,7%
Anteil Großschreibung Attribut	17%	26,8%

Weiter oben wurde bereits erwähnt, dass es sich bei Genitivattributen oftmals um belebte Entitäten handelt. Im Einklang mit der bisherigen Forschung (vgl. u.a. Bergmann & Nerius 1998) ist davon auszugehen, dass Belebtes häufiger großgeschrieben wird als Unbelebtes. Damit könnte die Verteilung der Majuskelsetzung erklärt werden. Tabelle 12 zeigt allerdings, dass nur durch Belebtheit (vgl. Kap. 5) die Großschreibungsverhältnisse in Genitivphrasen im SiGS-Korpus nicht befriedigend erklärt werden können:

Tab. 12: Interaktion zwischen Großschreibung und Belebtheit (n=308).

	Anteil Großschreibung Kern	**Anteil Großschreibung Attribut**	**Gesamtzahl**
Übermenschlich	1/1	39/45	46
Menschlich	5/21	66/74	95
Tierisch	0/0	4/5	5
Konkret	5/21	2/8	29
Abstrakt	19/101	30/32	133
Gesamtzahl	30/144	141/164	308

Wie erwartet, befinden sich unter den Attributen hauptsächlich belebte und übermenschliche Entitäten, während bei den Phrasenkernen die Abstrakta dominieren. Auffällig ist allerdings der unterschiedliche Anteil an Großschreibung in den jeweiligen Kategorien. So werden menschliche Referenten in 66 von 74 Fällen mit Majuskel geschrieben, wenn sie als Genitivattribut auftreten, aber nur in einem Viertel aller Belege, in denen sie den Kern einer Phrase bilden (vgl. (46)). Auch bei abstrakten Genitivattributen wird in 30 von 32 Fällen eine

Majuskel gesetzt, obwohl solche Referenten ganz unten auf der Belebtheitsskala stehen. Abstrakte Phrasenkerne werden hingegen entsprechend ihrer geringen Belebtheit nur sehr selten großgeschrieben (vgl. (47)).

(46) *des Barbiers knecht* (Göttingen 1649)

(47) *vff betröhung der Torturen* (Blankenheim 1629)

Unter den großgeschriebenen Abstrakta sind auffällig viele Lexeme, die aus den sehr prestigeträchtigen und für den Entstehungskontext der Hexenverhörprotokolle hochrelevanten Bereichen Justiz und Religion stammen (u.a. *seele, gericht, justiz, sünde*), sodass hier auch ein Zielkonflikt zwischen 1) Kleinschreibung von Abstrakta und 2) Großschreibung von thematisch Wichtigem bzw. Ehrerbietung durch Majuskelsetzung vorliegen kann, der zugunsten einer thematisch-pragmatischen Majuskelsetzung aufgelöst wird. Unter den kleingeschriebenen Phrasenkernen finden sich hingegen Lexeme aus anderen Bereichen: *Name* ist mit 31 Belegen das häufigste von ihnen, darauf folgen *beisein* und *gegenwart* mit je sechs Belegen.

Weder bei den Phrasenkernen noch bei den Attributen hat die Belebtheit der Referenten also den erwarteten Einfluss: Kerne werden unabhängig vom Belebtheitsgrad überwiegend kleingeschrieben, während Genitivattribute ganz allgemein mit Majuskel versehen werden (abgesehen von den Konkreta, deren Anzahl aber zu gering ist, um daraus allgemeinere Aussagen abzuleiten). Hier sind möglicherweise noch andere semantische Faktoren wie bspw. der Fremdwortstatus und oder das Wortfeld von Belang.

Der Status als Phrasenkern oder Attribut hat für die Majuskelsetzung innerhalb der GP also einen enormen Einfluss. Allerdings sind es nicht (wie im Neuhochdeutschen) die Phrasenkerne, die großgeschrieben werden, sondern die Attribute. Phrasenkerne neigen hingegen stark zur Kleinschreibung. Auch das semantische Merkmal der Belebtheit hat nicht den Einfluss, den man aufgrund der bisherigen Forschung erwarten würde. Vielmehr werden Phrasenkerne unabhängig von ihrer Belebtheitsstufe kleingeschrieben und auch Genitivattribute, die am unteren Ende der Belebtheitsskala stehen, mit Majuskel versehen.

7 Fazit

Die Untersuchung der Majuskelsetzung in Nominalphrasen mit Genitivattribut im SiGS-Korpus zeigt, dass die Großschreibung nicht mit dem Bedürfnis nach graphematischer Grenzmarkierung erklärt werden kann. Keine der drei analysierten syntaktischen Einheiten zeigt häufige Majuskelsetzung am rechten Rand. Das Verhältnis zwischen Groß- und Kleinschreibung ist am rechten Rand sowohl der Nominalklammer als auch des Satzglieds und der Genitivphrase relativ ausgeglichen.

Signifikant größere Anteile an Majuskelsetzung konnten lediglich dort nachgewiesen werden, wo eine komplexe Binnenstruktur vorliegt. Bei Phrasen mit Rechtserweiterung konnte gezeigt werden, dass das Substantiv am Rand dieser Satzglieder häufiger mit Majuskel geschrieben wird als in Phrasen ohne Rechtserweiterung. Auch der rechte Rand von durch Apposition oder Koordination erweiterten Satzgliedern wird häufiger mit Majuskel markiert als der weniger komplexen. Dies kann dahingehend interpretiert werden, dass die Großschreibung bevorzugt zur Gliederung von komplexen Phrasen verwendet wird. Um diese These zu untermauern, bedarf es zusätzlich weiterer Studien mit einer höheren Anzahl entsprechender Konstruktionen.

Neben der Komplexität ist die Majuskelsetzung in Nominalphrasen mit Genitivattribut im SiGS-Korpus vor allem davon gesteuert, ob es sich bei einem Substantiv um das Genitivattribut oder das Bezugsnomen handelt. Während letztere überwiegend kleingeschrieben werden, kommen Genitivattribute beinahe immer mit Majuskel vor – unabhängig von ihrem Belebtheitsgrad.

Ein Hauptergebnis der vorliegenden Untersuchung ist somit auch, dass die satzinterne Großschreibung der Substantive zwar nicht allein durch eine syntaktische Analyse, wie sie von Maas (1995) vorgeschlagen wird, aber auch nicht nur durch eine auf Semantik basierte Interpretation im Sinne von Bergmann & Nerius (1998) befriedigend beschrieben werden kann. Vielmehr ist ein multifaktorieller Ansatz vonnöten (vgl. Barteld, Hartmann & Szczepaniak 2016; Dücker, Hartmann & Szczepaniak in diesem Band), der ein Zusammenspiel mit zusätzlichen Einflüssen wie u.a. Attributstatus, Komplexität der Nominalphrase und Wichtigkeit des Referenten berücksichtigt. Die zeitliche Entwicklung wurde hier aufgrund der geringen Belegzahlen ausgeklammert, aber auch diesbezüglich sind Entwicklungen hin zu mehr Majuskelsetzung bei allen Substantiven – unabhängig von Stellung oder Attributstatus – zu erwarten.

Da es sich anders als bei den von Maas untersuchten Texten beim SiGS-Korpus um handschriftliche Texte handelt, wäre es wünschenswert, eine solche Untersuchung an Drucken aus derselben Zeit zu wiederholen, um festzustellen, ob dort dieselben Großschreibungsstrategien vorliegen. Diese eignen sich möglicherweise eher für den Einsatz optischer Grenzmarkierungen als die Hexenverhörprotokolle, bei denen eine geübte Leserschaft vorausgesetzt werden kann. Möglicherweise handelt es sich bei der syntaktisch motivierten Majuskelsetzung um eine Strategie, die eher für kommerzielle, gedruckte Texte genutzt wurde. Hier besteht also noch Potential für weitere empirische Untersuchungen.

Literatur

Barteld, Fabian, Renata Szczepaniak & Heike Zinsmeister (2014): The definition of tokens in relation to words and annotation tasks. In Verena Henrich, Erhard Hinrichs, Daniël de Kok, Petya Osenova & Adam Przepiórkowski (Hrsg.), *Proceedings of the Thirteenth International Workshop on Treebanks and Linguistic Theories. December 12–13, 2014 Tübingen, Germany*, 250–257. Tübingen: University of Tübingen.

Bergmann, Rolf (1999): Zur Herausbildung der deutschen Substantivgroßschreibung. Ergebnisse des Bamberg-Rostocker Projekts. In Walter Hoffmann (Hrsg.), *Das Frühneuhochdeutsche als sprachgeschichtliche Epoche*. Werner Besch zum 70. Geburtstag, 59–80. Frankfurt am Main: Peter Lang.

Cunningham, Hamish, Diana Maynard & Kalina Bontcheva (2014): *GATE Developer. General Architecture for Text Engineering*. Version 8.1. Sheffield.

Demske, Ulrike (1999): Case Compounds in the History of German. In Matthias Butt & Nanna Fuhrhop (Hrsg.), *Variation und Stabilität in der Wortstruktur: Untersuchungen zu Entwicklung, Erwerb und Varietäten des Deutschen und anderer Sprachen*, 150–176. Hildesheim: Olms.

Demske, Ulrike (2001): Merkmale und Relationen. *Diachrone Studien zur Nominalphrase des Deutschen*. Berlin u.a.: De Gruyter.

Dücker, Lisa (2018): Die Getrennt- und Zusammenschreibung von Komposita in frühneuhochdeutschen Hexenverhörprotokollen. *Zeitschrift für Wortbildung* 2 (1), 33–60.

Dücker, Lisa & Renata Szczepaniak (2017): „Auffm Teuffelßdantz haben sie auffr knotten korffen linen gedantzet“. Die graphematische Markierung von Komposition in den Hexenverhörprotokollen aus dem 16./17. Jh. In Florentine Oehme, Hans Ulrich Schmid & Franziska Spranger (Hrsg.), *Wörter. Wortbildung, Lexikologie und Lexikographie, Etymologie*, 30–51. Berlin, New York: De Gruyter.

Hotzenköcherle, Rudolf (1955): Groß- oder Kleinschreibung? Bausteine zu einem selbstständigen Urteil. *Der Deutschunterricht* 7 (3), 31–49.

Kaempfert, Manfred (1980): Motive der Substantiv-Großschreibung. Beobachtungen an Drucken des 16. Jahrhunderts. *Zeitschrift für deutsche Philologie* 99, 72–99.

Kopf, Kristin (i.Vorb.): Was ist so besonders an Gott? Ein grammatischer Abweichler im Frühneuhochdeutschen. In Luise Kempf, Damaris Nübling & Mirjam Schmuck (Hrsg.), *Linguistik der Eigennamen*. Berlin: De Gruyter.

Kopf, Kristin (2018): *Fugenelemente diachron. Eine Korpusuntersuchung zu Entstehung und Ausbreitung der verfugenden N+N-Komposita*. Berlin, Boston: De Gruyter.

Lötscher, Andreas (1990): Variation und Grammatisierung in der Geschichte des erweiterten Adjektiv- und Partizipialattributs des Deutschen. In Anne Betten & Claudia M. Riehl (Hrsg.), *Neuere Forschungen zur historischen Syntax des Deutschen. Referate der Internationalen Fachkonferenz Eichstätt 1989*, 14–28. Tübingen: Niemeyer.

Lötscher, Andreas (2016): Komplexe Attribuierung als Element von Textstilen im diachronen Vergleich. In Mathilde Hennig (Hrsg.), *Komplexe Attribution. Ein Nominalstilphänomen aus sprachhistorischer, grammatischer, typologischer und funktionalstilistischer Perspektive*, 353–390. Berlin: De Gruyter.

Maas, Utz (1992): *Grundzüge der deutschen Orthographie*. Tübingen: Niemeyer.

Maas, Utz (1995): Einige Grundannahmen zur Analyse der Groß- und Kleinschreibung im Deutschen, insbesondere zu ihrer Grammatikalisierung in der Frühen Neuzeit. In Gotthard Lerchner, Marianne Schröder & Ulla Fix (Hrsg.), *Chronologische, areale und situative Varietäten des Deutschen in der Sprachhistoriographie. Festschrift für Rudolf Große*, 85–100. Frankfurt am Main: Peter Lang.

Maas, Utz (2007): Die Grammatikalisierung der satzinternen Großschreibung. Zur schriftkulturellen Dimension der Orthographieentwicklung. In Angelika Redder (Hrsg.), *Diskurse und Texte. Festschrift für Konrad Ehlich zum 65. Geburtstag*, 385–399. Tübingen: Stauffenburg.

Maas, Utz (2011): Zur Geschichte der deutschen Orthographie. In Ursula Bredel, Thilo Reißig & Winfried Ulrich (Hrsg.), *Weiterführender Orthographieerwerb*, 10–47. Baltmannsweiler: Schneider-Verl. Hohengehren.

Macha, Jürgen, Elvira Topalovic, Iris Hille, Uta Nolting & Anja Wilke (2005): *Deutsche Kanzleisprache in Hexenverhörprotokollen der Frühen Neuzeit*. Berlin, New York: De Gruyter.

Meisenburg, Trudel (1990): Die großen Buchstaben und was sie bewirken können: Zur Geschichte der Majuskel im Französischen und im Deutschen. In Wolfgang Raible (Hrsg.), *Erscheinungsformen kultureller Prozesse*, 281–315. Tübingen: Narr.

Moser, Virgil (1929): *Frühneuhochdeutsche Grammatik. 1. Band: Lautlehre. 1. Hälfte: Orthographie, Betonung, Stammsilbenvokale*. Heidelberg: Winter.

Nerius, Dieter (2007): *Deutsche Orthographie*. 4., neu bearb. Aufl. Hildesheim: Olms.

Nerius, Dieter (2008): Graphematische Entwicklungstendenzen in der Geschichte des Deutschen. In Werner Besch, Gerold Ungeheuer & Armin Burkhardt (Hrsg.), *Sprachgeschichte. Ein Handbuch zur Geschichte der deutschen Sprache und ihrer Erforschung*, Bd. 3.2., vollst. neu bearb. und erw. Aufl. 3 Bände, 2461–2472. Berlin: De Gruyter.

Nübling, Damaris, Antje Dammel, Janet Duke & Renata Szczepaniak (2013): *Historische Sprachwissenschaft des Deutschen. Eine Einführung in die Prinzipien des Sprachwandels*. 4., komplett überarb. und erw. Auflage. Tübingen: Narr.

Pavlov Vladimir M. (1983): *Von der Wortgruppe zur substantivischen Zusammensetzung*. Berlin: Akademie-Verlag.

Petersen, Hjalmar P. (2016): The spread of the phrasal clitic sa in Faroese. *Arkiv för Nordisk filologi* 131, 105–128.

Petersen, Hjalmar P. & Renata Szczepaniak (2018): The development of non-paradigmatic linking elements in Faroese and the decline of the genitive case. In Tanja Ackermann, Peter Simon & Christian Zimmer (Hrsg.), *Germanic Genitives*, 115–145. Amsterdam: John Benjamins.

Prowatke, Christa (1991): Druckt tho Rozstock. Rostocks Buchdruck in der ersten Hälfte des 16. Jahrhunderts. Studien zur Graphie der Offizin des Ludwig Dietz (1512–1559). *Jahrbuch des Vereins für niederdeutsche Sprachforschung* 144, 4–73.

Risse, Ursula (1980): *Untersuchungen zum Gebrauch der Majuskel in deutschsprachigen Bibeln des 16. Jahrhunderts. Ein historischer Beitrag zur Diskussion um die Substantivgroßschreibung*. Heidelberg: Winter.

Rössler, Paul (1998): Die Großschreibung in Wiener Drucken des 17. und frühen 18. Jahrhunderts. In Werner Bauer und Hermann Scheuringer (Hrsg.), *Beharrsamkeit und Wandel: Festschrift für Herbert Tatzreiter zum 60. Geburtstag*, 205–238. Wien: Edition Praesens.

Ronneberger-Sibold, Elke (2010a): Der Numerus – das Genus – die Klammer: Die Entstehung der deutschen Nominalklammer im innergermanischen Vergleich. In Antje Dammel, Sebastian Kürschner & Damaris Nübling (Hrsg.), *Kontrastive Germanistische Linguistik*, 719–748. Hildesheim: Olms.

Ronneberger-Sibold, Elke (2010b): Die deutsche Nominalklammer: Geschichte, Funktion, typologische Bewertung. In Arne Ziegler (Hrsg.), *Historische Textgrammatik und Historische Syntax des Deutschen. Traditionen, Innovationen, Perspektiven*, 85–120. Berlin: De Gruyter.

Schneider-Mizony, Odile (2000): Erweitertes Attribut versus Relativsatz in der zweiten Hälfte des 15. Jahrhunderts. In Yvon Desportes (Hrsg.), *Zur Geschichte der Nominalgruppe. Festschrift für Paul Valentin*, 269–279. Heidelberg: Winter.

Solling, Daniel (2011): Zur Problematik der Unterscheidung zwischen pränominalem Genitivattribut und getrennt geschriebenem Substantivkompositum im Frühneuhochdeutschen. In Jörg Riecke (Hrsg.), *Historische Semantik*, 294–311. Berlin, Boston: De Gruyter.

Solling, Daniel (2012): *Zur Getrennt-, Zusammen- und Bindestrichschreibung von Substantivkomposita im Deutschen (1550–1710)*. Uppsala: Univ.

Solms, Hans-Joachim & Klaus-Peter Wegera (1991): *Grammatik des Frühneuhochdeutschen. Bd. 6: Flexion der Adjektive*. Heidelberg: Winter.

Szczepaniak, Renata (2010): Wird die deutsche Nominalphrase wirklich analytischer? Zur Herausbildung von Diskontinuität als synthetische Verdichtung. In Dagmar Bittner & Livio Gaeta (Hrsg.), *Kodierungstechniken im Wandel. Das Zusammenspiel von Analytik und Synthese im Gegenwartsdeutschen*, 123–136. Berlin, New York: De Gruyter.

Szczepaniak, Renata (2011): Gemeinsame Entwicklungspfade in Spracherwerb und Sprachwandel? Kognitive Grundlagen der onto- und historiogenetischen Entwicklung der satzinternen Großschreibung. In Klaus-Michael Köpcke & Arne Ziegler (Hrsg.), *Grammatik – Lehren, Lernen, Verstehen. Zugänge zur Grammatik des Gegenwartsdeutschen*, 341–359. Berlin: De Gruyter.

Szczepaniak, Renata & Barteld, Fabian (2016): Hexenverhörprotokolle als sprachhistorisches Korpus. In Sarah Kwekkeboom & Sandra Waldenberger (Hrsg.), *PerspektivWechsel oder: Die Wiederentdeckung der Philologie. Bd. 1: Sprachdaten und Grundlagenforschung in der Historischen Linguistik*, 43–70. Berlin: Erich Schmidt.

Topalović, Elvira (2003): *Sprachwahl – Textsorte – Dialogstruktur. Zu Verhörprotokollen aus Hexenprozessen des 17. Jahrhunderts*. Trier: Wiss. Verl. Trier.

Topalović, Elvira, Iris Hille & Jürgen Macha (Hrsg.) (2007): *Münstersches txt-Korpus: Hexenverhörprotokolle*. Universität Münster (CD-ROM).

Voeste, Anja (2015): Proficiency and efficiency. Why German spelling changed in Early Modern times. *Written Language & Literacy 18* (2), 248–259.

Alexander Werth

Klisen in frühneuzeitlichen Hexenverhörprotokollen

Abstract: Im Beitrag werden die Verwendungsbedingungen für klitische Formen (Präposition-Artikel-Enklise, Pronominalklise) in frühneuzeitlichen Hexenverhörprotokollen untersucht. Es zeigt sich, dass die Schreiber klitisierte Formen nicht willkürlich verwenden, sondern für ihren Gebrauch insbesondere phonologisch-prosodische und syntaktische Bedingungen befolgen. Auch lässt sich für die Pronominalklise, nicht aber für die Präposition-Artikel-Enklise (mit typenbedingten Ausnahmen) ein Trend dahingehend feststellen, dass sie besonders häufig in Textpassagen belegt ist, in denen Aussagen der am Prozess Beteiligten referiert werden. Dieser Befund lässt sich dahingehend deuten, dass es sich bei der Pronominalklise, besonders bei der Klise der 3.Pers.Sg.fem., um ein Merkmal historischer Mündlichkeit handelt. Hierfür spricht auch, dass die Pronominalklise in Hexenverhörprotokollen eine klare regionale Gebundenheit an den ostoberdeutschen Raum aufweist, während das Auftreten der Präposition-Artikel-Enklise scheinbar frei über den gesamten deutschen Sprachraum variiert.

Keywords: Präposition-Artikel-Enklise, Pronominalklise, historische Mündlichkeit, Frühe Neuzeit, Korpusanalyse

1 Einleitung

In der Forschung wurde wiederholt der besondere Zeugniswert der Textsorte „Gerichtsprotokolle“ für die Erschließung historischer Mündlichkeit hervorgehoben (z. B. in Mihm 1995, Macha 2005 und Hennig 2007: 19). So beruht die in Gerichtsprotokollen dokumentierte Sprache mitunter auf mündlich vorgetragener Rede, diese kann sowohl direkt als auch indirekt dokumentiert sein, eröffnet aber in jedem Fall „Fenster zur Mündlichkeit“ (Macha 2003: 182) der protokollierten Sprecherinnen und Sprecher. Bei der Erforschung speziell von historischer Mündlichkeit steht die Sprachwissenschaftlerin/der Sprachwissenschaftler allerdings vor dem zentralen methodischen Problem – und um dieses Problem soll es

---

Alexander Werth, Forschungszentrum Deutscher Sprachatlas Marburg, alexander.werth@uni-marburg.de

https://doi.org/10.1515/9783110679649-007

im vorliegenden Beitrag gehen –, dass gesprochene Sprache aus der Vergangenheit – genauer: die gesprochene Sprache vor der Einführung tonbasierter Dokumentation – nur anhand von schriftlichen Quellen untersucht werden kann, die Transposition von Mündlichkeit in Schriftlichkeit aber immer auch zu Veränderungen des authentischen Sprachmaterials führt, weshalb die Rekonstruktion mündlicher Sprache aus schriftlichen Quellen schlussendlich ein defizitäres Unterfangen bleiben muss (dazu z. B. Simon 2006, Zeman 2013, Elmentaler 2018: 168–172). Verantwortlich hierfür sind einerseits Unterschiede auf der konzeptionellen Ebene, indem die Produktion und Rezeption von gesprochener Sprache auf andere kommunikative Bedürfnisse abgestimmt ist als die der geschriebenen Sprache (vgl. am Beispiel der Syntax die Ausführungen in Auer 2000). Hinzu kommen andererseits Beschränkungen, die die Abbildbarkeit der gesprochenen Sprache durch die geschriebene Sprache betreffen und die im Deutschen z. B. darin bestehen, dass sich Phone, Phoneme und auch prosodische Einheiten (z. B. Silben oder Akzente) nicht oder zumindest nicht vollständig mit den zur Verfügung stehenden Allographen, Graphemen und Interpunktionen abbilden lassen (vgl. Fuhrhop & Peters 2013: 208–214 sowie aus historischer Perspektive Elmentaler 2018). Auch ist nicht sichergestellt, dass die Protokollantin/der Protokollant die getätigten Aussagen tatsächlich vollständig und detailgetreu wiedergeben konnte oder wollte. Vielmehr ist für Gerichtsprotokolle mit einer „rechtsspezifischen Überformung“ (Busse 2000: 663) zu rechnen, die die Rekonstruktion mündlicher Sprache ebenfalls erschweren kann.

Dieser Sachverhalt zeigt sich besonders eindrücklich für frühneuzeitliche Hexenverhörprotokolle (kurz: Verhörprotokolle), die im Folgenden die Datengrundlage für die Analyse darstellen sollen. So konnte etwa Topalović (2003) durch einen Vergleich von Prozessmitschriften und deren Abschriften aus Osnabrück zeigen, dass der Gerichtsschreiber (es ist davon auszugehen, dass es sich dabei ausschließlich um Männer handelte) die von ihm angefertigten Protokolle mitunter dahingehend modifizierte, dass er zeitgenössische Spezifika der Textsorte berücksichtigte, Schreibkonventionen der zugehörigen Kanzlei befolgte und die protokollierten Aussagen sprachlich mitunter sogar dahingehend manipulierte, dass es der Angeklagten/dem Angeklagten zum Nachteil gereichte (dazu auch Macha 1991 für Köln, Nolting 2002 für Minden und Voltmer in diesem Band). Dem entgegen stehen wichtige Befunde, etwa von Rösler (1997) zu Verhörprotokollen aus Mecklenburg-Vorpommern, die dafür sprechen, dass den Gerichtsschreibern durch die *Constitutio Criminalis Carolina*, die damals gültige Strafprozessordnung zur Durchführung von Verhörprotokollen, explizite Vorgaben an die Hand gegeben wurden, die eigenen Worte der am Prozess beteiligten Personen möglichst sorgfältig und im Wortlaut festzuhalten, was wiederum –

zumindest in Teilen – für die Authentizität der dokumentierten Sprache spricht. Hintergrund dieser Vorgabe war, dass das Protokoll als Teil der Wahrheitsfindung im Inquisitionsprozess angesehen wurde und es in diesem Zusammenhang ein Dokument darstellte, das für die gutachtenden Instanzen den Prozess nachvollziehbar machen sollte und auf das man sich in späteren Prozessphasen berufen konnte (Rösler 1997: 190; dazu auch Topalović 2003: 116–124; dagegen aus geschichtswissenschaftlicher Perspektive kritischer Voltmer in diesem Band). Hinzu kommt, worauf etwa Szczepaniak & Barteld (2016: 45) verweisen, dass für Verhörprotokolle im Vergleich zu z. B. Drucken „eine geringere Planungszeit und damit ein stärker ausgeprägter ‚online'-Charakter in der Produktion anzunehmen" ist, was wiederum eine Art „Nährboden" für das Eindringen mündlicher Sprache in die Texte schaffen sollte (dazu auch Rösler 1997).

Vor dem Hintergrund, dass mündliche Sprache in schriftlich überlieferten Texten nie unvermittelt zugänglich ist, stellt sich für die Forschung somit zusammenfassend die Frage, wie groß sich die Fenster zur Mündlichkeit (in der Metaphorik von Macha) in frühneuzeitlichen Verhörprotokollen tatsächlich darstellen.[1] Damit verbunden ist auch die Frage nach der Homogenität der Texte (und der Textsorte) im Hinblick auf die Realisierung von Merkmalen „konzeptioneller Mündlichkeit" und „konzeptioneller Schriftlichkeit" (Termini nach Koch & Oesterreicher 1985 et seq.).

Formen historischer Mündlichkeit sollen im vorliegenden Beitrag anhand von Klitika untersucht werden. Klitika sind Wortformen, die phonetisch oder graphisch an ein selbständiges Wort (an die Basis) angefügt sind oder sogar mit diesem verschmelzen.[2] Zur Untersuchung historischer Mündlichkeit und Schriftlichkeit sind Klitika besonders geeignet, da es sich hierbei um ein Phänomen der gesprochenen Sprache handelt, welches im Deutschen aber grundsätzlich auch verschriftet werden kann, z. B. in (1a), und mitunter auch verschriftet wird, z. B. in (1b) und (1c):[3]

(1) a. *für den > fürn oder für'n*
 b. *siehst es > siehst's*

1 „Mündlichkeit" bezieht sich im vorliegenden Beitrag primär auf Merkmale der gesprochenen Sprache. Andere Aspekte von Mündlichkeit, z. B. Oralität und Deixis, spielen für die Ausführungen hingegen nur eine untergeordnete Rolle. Siehe zu den verschiedenen Bedeutungsaspekten von „Mündlichkeit" die Ausführungen in Zeman (2013).

2 Siehe zur relevanten Unterscheidung von Klitikon und Affix z. B. die Ausführungen in Zwicky (1977), Nübling (1992) und Spencer & Luís (2012).

3 Die Möglichkeit zur Verschriftung ist unabhängig davon zu betrachten, ob die gültige Orthographie eine solche tatsächlich vorsieht.

c. *an dem* > *am*

Hinzu kommt, dass Klitika im Vergleich zu ihren Vollformen in der geschriebenen Sprache und in konzeptionell schriftsprachlichen Texten anderen Distributionsbedingungen und Gebrauchsfrequenzen unterliegen als in der gesprochenen Sprache und in konzeptionell mündlichen Texten.[4] So wird bspw. in der gesprochenen Sprache generell häufiger klitisiert und es lassen sich auch mehr Typen an Klitisierungen finden. Gründe hierfür sind, dass a) Klitisierung häufig auf phonetische Reduktionsprozesse zurückzuführen ist, die insbesondere für Allegro-Sprechweise charakteristisch sind, b) sich bei Klitisierung unterschiedliche Stadien des Sprachwandels (der Grammatikalisierung) widerspiegeln und sich sprechsprachliche Varietäten (insbesondere Dialekte) in der Umsetzung dieser Sprachwandelprozesse meist progressiver verhalten als die Schriftsprache (vgl. Nübling 1992, 2005; Schiering 2005; Szczepaniak 2011: 87–92) und c) durch den Gegensatz von Klitikon und Vollform mitunter funktionale, i. e. semantisch-pragmatische Unterschiede zum Ausdruck gebracht werden, die in der geschriebenen Sprache anderweitig realisiert sind (z. B. durch die Verwendung von Demonstrativa in Opposition zu vollen Definitartikeln). Hinzu kommt – und dies ist für den vorliegenden Beitrag besonders wichtig –, dass Klitika eher für konzeptionell mündliche als für schriftliche Texte charakteristisch sind (vgl. Nübling 1992: 304–311, Wilke 2006: 176), d. h. auch bei geschriebenen Texten kann der Grad an Klitisierung textsortenabhängig variieren.

Diese Unterschiedlichkeit in Distribution (Typenfrequenz) und Häufigkeit (Tokenfrequenz) von Klitika soll uns im Folgenden beschäftigen. So ist zu ergründen, wie verschiedene Klisetypen („Präposition-Artikel-Enklise“ wie in (2a), Enklise des Pronomens der 3.Pers.Sg.neutr. *es* wie in (2b) und der 3. Pers.Sg.fem. *sie* wie in (2c)) in frühneuzeitlichen Hexenverhörprotokollen lizenziert sind.[5] Zu erwarten ist, dass neben phonologischen und morphologischen Faktoren auch die Konzeption einen Einfluss auf die Verwendung klitischer Formen hat, indem

4 Dies gilt für das Deutsche und seine historischen Zeitstufen, vermutlich aber auch für alle anderen Sprachen, die über eine Schriftsprache verfügen, in der klitisierte Formen verschriftet werden.

5 Die *scriptio discontinua* war in frühneuzeitlichen Texten bereits derart weit vorangeschritten, dass mir eine Analyse aller Wortzusammenschreibungen als Klisen gerechtfertigt erscheint. Vgl. dagegen Nübling (1992: 342), die für das stark zur *scriptio continua* neigende Althochdeutsche zurecht darauf verweist, „daß nicht jede Wortzusammenschreibung auf eine klitische Verbindung hinweist“. Siehe zur Diskussion in Bezug auf das Mittelhochdeutsche auch die Ausführungen in Christiansen (2016: 78–89).

in Textpassagen von konzeptioneller Mündlichkeit höhere Typen- und Tokenfrequenzen vorherrschen als in solchen von konzeptioneller Schriftlichkeit.

(2) a. *Da seze ich dich hinn* ***ins*** *Teuffels nhamen, (Ostrau 1628)*
b. *wie wi[rd]* ***dirs*** *doch so vbell gehen,* (Gaugrehweiler 1610)
c. *Nit ersettiget an deme, sondern es* ***hobs*** *der Teuffl noch starkh dazue geschlagen,* [...] (Eichstätt 1637)

Zur Auswahl des Untersuchungsgegenstandes noch eine Bemerkung vorweg: Es bietet sich auch deshalb an, Spuren der Mündlichkeit in Hexenverhörprotokollen am Beispiel der Klitisierung zu betrachten, da dieses Phänomen m. E. nicht im Verdacht steht, dass die Gerichtsschreiber bei der Übernahme der mündlich geäußerten Formen in das Gerichtsprotokoll die Formen im Sinne der „Wahrheit" und „Rechtslogik" (Voltmer in diesem Band) verfälscht hätten, insbesondere um die Angeklagte in ein schlechtes Licht zu rücken. So evoziert die Opposition „klitisierte Form vs. Vollform" keine mir bekannte Lesart, die mit einer solchen Handlungsintention kompatibel wäre.

2 Formen der Mündlichkeit in Hexenverhörprotokollen

Während frühe Arbeiten zur linguistischen, insbesondere zur sprachgeschichtlichen Untersuchung von Gerichtsprotokollen deren besonderen Wert für die Rekonstruktion historischer Mündlichkeit hervorgehoben haben (z. B. Mihm 1995, Rösler 1997), ist diesbezüglich die Erwartung nach genauerer Analyse der Protokolle inzwischen mitunter etwas geschmälert (vgl. bes. Voltmer in diesem Band). So äußert sich Macha, der die linguistische Erschließung von Hexenverhörprotokollen in Deutschland wesentlich initiiert und vorangetrieben hat, in einem seiner späten Beiträge zur Textsorte wie folgt:

> Der alte Traum der Sprachhistoriker, via Verhörprotokollen die historische Sprechsprache fassen zu können, ist nur in Ansätzen und mit akribischer Berücksichtigung aller möglicher intervenierender Einflussfaktoren in die Tat umzusetzen. Intendiert ist in der Frühen Neuzeit als bürokratischer Regelfall eine Protokollierung der Verhöre aus der Ferndistanz, nur in seltenen Fällen öffnen sich Fenster auf die originale, authentische Kommunikation vor Gericht. (Macha 2010: 151)

Dezidierte Aussagen zur Textsorte lassen sich insbesondere durch die Arbeiten von Topalović (2003) und Wilke (2006) treffen. So zeichnen sich Verhörprotokolle den Autorinnen zufolge sowohl durch konzeptionell mündliche als auch schriftliche Textpassagen aus. Dabei lässt sich ein Verhörprotokoll typischerweise in verschiedene, meist chronologisch geordnete Textabschnitte strukturieren, zu denen das Verhör, das Verhör unter Anwendung von Folter („peinliches Verhör"), das Geständnis sowie die Ratifizierung des Geständnisses („Urgicht") die wichtigsten Bausteine liefern (vgl. Topalović 2003: 149–161, Wilke 2006: 163–170). Eine hohe Einflussnahme der gesprochenen Sprache ist insbesondere an den Stellen im Protokoll zu erwarten, wo explizit auf prozess- und urteilsrelevante Sprechakte der Beteiligten Bezug genommen wird. Dies gilt logischerweise in erster Linie für die Passagen, in denen die Aussagen der Beteiligten in der direkten Rede wiedergegeben sind. Zum Teil gilt dies aber auch für Passagen in der indirekten Rede, bei denen die Schreiber das Gesagte einem Moduswechsel unterzogen, ohne aber den Wortlaut des Gesagten zu verändern (dazu Macha 2005, Wilke 2006). Einen stärker konzeptionell schriftsprachlichen Charakter haben hingegen die Ratifizierung des Geständnisses sowie insbesondere der dem Verhör zugrundeliegende Fragenkatalog. Dieser ist anders als die übrigen Protokollteile nicht durch die schriftliche Umsetzung gesprochener Sprache entstanden, sondern beruht vielmehr auf vorgefertigten und in der niedergeschriebenen Form so auch vor Gericht nicht vorgetragenen Schemata, sodass hier auch keine Rückbezüge auf sprechsprachliche Merkmale zu erwarten sind (vgl. Wilke 2006: 163).

Es lassen sich in Verhörprotokollen mitunter einige sprachliche Merkmale finden, die in der Forschung der Mündlichkeit zugerechnet wurden:

- **Modus**: In ihrer Auswertung des Münsterschen Hexenverhörprotokollkorpus (Macha et al. 2005) konnte Wilke (2006: 411–419) eine Präferenz für Indikativformen bei der Wiedergabe von direkter gegenüber indirekter Rede feststellen, wo von den Schreibern vermehrt auf Konjunktivformen zurückgegriffen wurde (vgl. dazu auch Macha 2005: 174–176). Sie begründet den Einsatz von direkter Rede – und damit auch den des Indikativs – mit textpragmatischen Erfordernissen, indem die Wiedergabe des Gesagten in indirekter Rede mitunter nur schwer umsetzbar gewesen wäre oder zu Missverständnissen hätte führen können. Hinzu kommen juristische Anforderungen an das Protokoll, die darin bestehen, dass der genaue Wortlaut der Protagonistinnen und Protagonisten vor Gericht für den Fortlauf des Gerichtsverfahrens urteils- und erkenntnisrelevant war und in direkter Rede augenscheinlich genauer festgehalten werden konnte als in indirekter Rede.
- **Definitartikel bei Personennamen**: Schmuck & Szczepaniak (2014: 122) klassifizieren den Gebrauch des Definitartikels bei Personennamen in Verhörprotokollen als „ein Kennzeichen gesprochener, emotionaler Sprache

(Nähesprache)". Die Autorinnen führen hierfür den Beleg in (3) an, wo der Artikel im ersten Teil in der indirekten Redewiedergabe der Angeklagten erscheint, nicht jedoch im zweiten Teil, wo das Gesagte durch den Schreiber zusammenfassend berichtet wird:

(3) *bey dem Letsten dantz sey sie vor einem Jahr geweßen, darbey habe sie niemandt alß* ***d[as] bier Annele*** *gekhant, vnnd Ir Schwester* ***die haffner Vrßla****. [...] Gleich darauf laugnet sie wid[er] daß medele,* ***bier Annele****, vnd* ***haffner vrßla*** *seyen nit bey dem dantz[en] geweß[en].* (Messkirch 1644)

- **Femininmovierung**: Auch femininmovierte Familiennamen (*Simon Müller → die Simon Müllerin, Gretie Dwengers → die Dwengersche*) können Schmuck (2017: 36) zufolge „als Merkmal damaliger Spontansprache gelten", da sie vom Schreiber in Verhörprotokollen insbesondere bei der Redewiedergabe der Angeklagten und von Zeugen verwendet wurden. Dies gilt insbesondere für die im niederdeutschen Raum vertretene *sche*-Movierung, während die *in*-Movierung Schmuck (2017: 40) zufolge auch in „stärker formalisierten, den allgemeinen Prozessverlauf wiedergebenden, z.T. auch in Latein verfassten Textpassagen vorkommt".
- **Lexikalische Varianten**: Hille (2009: 283) zufolge beruht das Auftreten bestimmter lexikalischer Varianten, z. B. *Pferd* vs. *Ross*, *lehren* vs. *lernen* oder *versaken* vs. *absagen* auf mundartlichen und damit auf sprechsprachlichen Einflüssen.[6] Diese Einflüsse sind unabhängig von regionalgebundenen Konventionen zu betrachten, die sich Hille (2009: 283) zufolge „auf einen in diesen Gebieten standardisierten Sprachgebrauch zurückführen lassen" und damit nicht unbedingt der Mündlichkeit zuzurechnen sind – dazu später mehr. Zudem verweist Nolting (2002: 110–111) darauf, dass eine besondere Bildhaftigkeit und Affektivität in den gewählten Ausdrücken (z. B. die Verwendung von Schimpfwörtern) für den konzeptionell mündlichen Charakter einzelner Textpassagen spricht.
- **Ellipsen**: Topalović (2003) hat Mitschriften und Abschriften von Verhörprotokollen aus Osnabrück verglichen und dabei eine ganze Reihe sprachlicher Merkmale identifiziert, die in Mitschriften, nicht aber in Abschriften

6 Für Hexenverhörprotokolle aus dem niederdeutschen Raum berichten Rösler (1997) und Nolting (2002) von regionalsprachlichen Einflüssen auf Morphologie, Syntax, Lexik und Graphematik der Schreiber. Inwiefern hier tatsächlich Merkmale der Mündlichkeit (der Dialekte) wirken oder nicht auch die mittelniederdeutsche Schreibsprache Einfluss genommen hat, bleibt im Einzelnen aber zu klären.

auftreten. Sie analysiert das Auftreten dieser Phänomene im Wesentlichen als Merkmale der Mündlichkeit und nennt die Ellipse als auffälligstes Charakteristikum, wenn es um die Transponierung eines natürlichen Dialogs zugunsten eines „ausformulierten, geradezu berichtenden und damit nüchtern wirkenden Textes" (Topalović 2003: 145) geht, wie er insbesondere bei Abschriften nicht selten vorliegt.

- **Geringe syntaktische Komplexität**: Ebenfalls als Merkmal konzeptioneller Mündlichkeit lässt sich Nolting (2002: 105–106) zufolge die Satzkomplexität in Verhörprotokollen ansehen (dazu auch Wilke 2006: 177). Demnach dominieren in Verhörpassagen von konzeptioneller Mündlichkeit aus Minden einfach gestaltete Hauptsätze sowie Ausklammerungen und Herausstellungen aus dem Matrixsatz.
- **Redundanzen**: Auch (vermeintliche) sprachliche Redundanzen (z. B. mehrfache Negation, Wortwiederholungen) sowie die Verwendung von Modalpartikeln und Interjektionen sprechen Nolting (2002: 108–109) zufolge für die Aufnahme mündlicher Merkmale in Verhörprotokolle (ähnlich Wilke 2006: 177).

Der kursorische Überblick zur Mündlichkeit in Verhörprotokollen zeigt, dass bislang im Wesentlichen fünf Kriterien zur Charakterisierung einer dokumentierten sprachlichen Form als sprechsprachlich herangezogen wurden. So gilt eine sprachliche Form in Verhörprotokollen dann als Merkmal frühneuzeitlicher Mündlichkeit, wenn sie

1. in direkter Rede, nicht aber in indirekter Rede dokumentiert ist (vgl. Wilke 2006 zu Modus)
2. in indirekter Rede bei Wiedergabe des Gesagten, nicht aber bei zusammenfassenden Berichten des Gesagten dokumentiert ist (vgl. Schmuck & Szczepaniak 2014 zum Definitartikel)
3. in Mitschriften, nicht aber in Abschriften auftaucht (vgl. Topalović 2003 zu Ellipsen)
4. (vermeintlich) auf dialektalen Einflüssen beruht (vgl. Rösler 1997 und Hille 2009 zur Lexik).
5. mit sprachlichen Merkmalen übereinstimmt, die auch im rezenten Deutschen der Mündlichkeit zugeordnet werden (vgl. Topalović 2003 zu Ellipsen und Nolting 2002 zu sprachlichen Redundanzen und zu syntaktischer Komplexität).

Insbesondere Kriterium 5 ist dabei kritisch zu betrachten. So wird in Nolting (2002: 104) darauf verwiesen, dass „an der Gegenwartssprache ermittelte

Spezifika spontaner Sprechsprache nicht ohne weiteres als Parameter an einen historischen [...] Text angelegt werden dürfen". Ein potentieller Anachronismus ist auch für Kriterium 4 anzusetzen, da Merkmale rezenter Dialekte nicht unbedingt denen entsprechen müssen, wie sie in der Frühen Neuzeit verwendet wurden. Kriterium 3 ist sicher sinnvoll anwendbar, setzt aber die entsprechende Überlieferung von Mit- und Abschriften voraus, die nur sehr vereinzelt gegeben ist (siehe zur Quellenlage Rummel & Voltmer 2012: 14–17). Die aufgeführten Kriterien 1 und 2 sind ebenfalls vielversprechend für die Rekonstruktion historischer Mündlichkeit und sollen für die vorliegende Analyse operationalisiert und anhand von quantitativen Datenauswertungen auf ihre Eignung hin überprüft werden.

3 Klitika im Deutschen

Die Forschung zu Klitika im Deutschen bezieht sich bislang im Wesentlichen auf die synchronen formalen und funktionalen Eigenschaften der Präposition-Artikel-Enklise (z. B. Hartmann 1978, 1980; Schaub 1979; Hinrichs 1984; Haberland 1985; Schellinger 1988; Wiese 1988: 177–193; Prinz 1991: 108–112), mitunter aber auch in diatopischer (Nübling 1992, Schiering 2005) und historischer bzw. diachroner Ausrichtung (Nübling 2005; Waldenberger 2009: 56–66; Steffens 2010, 2012; Szczepaniak 2011: 87–92, Christiansen 2016) sowie zuletzt auch aus der Perspektive der Sprachverarbeitung (Ulbrich & Werth 2017). Die Klitisierung von Pronomen ist hingegen allgemein schlecht untersucht – vermutlich, weil sie schriftsprachlich heute nur in Texten von konzeptioneller Mündlichkeit vorkommt –, Studien hierzu finden sich unter sprechsprachlichen bzw. dialektalen Gesichtspunkten in Altmann (1984), Prinz (1991: 114–118), Nübling (1992), Abraham & Wiegel (1993), Weiß (1998: 100–107; 2005), Fleischer (2011, 2015) und Kolmer (2012), unter historischer Perspektive in Somers Wicka (2009) und für Chattexte bei Tophinke (2002) und Salomonsson (2011). Für Präposition-Artikel-Enklise und Pronominalklise soll der Erkenntnisstand im Folgenden in aller gebotenen Kürze nachvollzogen werden.

3.1 Präposition-Artikel-Enklise

Definitartikel können im Deutschen enklitisch mit Präpositionen verschmelzen.[7] Dabei sind es im Wesentlichen drei Faktoren, die die Klitisierung steuern: Referentialität, morphologische Kategorie und phonologische Form.

Zunächst zur Referentialität: Hier zeigt sich, dass die Opposition „Klise vs. Vollform" im Deutschen häufig semantisch-pragmatisch genutzt werden kann, nämlich dann, wenn die Sprecherin/Schreiberin der Hörerin/Leserin signalisieren möchte, dass die Nominalphrase referentiell oder gerade nicht-referentiell zu interpretieren ist, vgl. (4a) vs. (4b):

(4) a. *Ich liege gerade an dem Strand, an dem wir uns kennengelernt haben.*
    b. *Ich liege gerade am Strand.*

Diese Austauschbarkeit der Vollform durch die Klise gilt nur für wenige, im Deutschen allerdings sehr häufig gebrauchte Verschmelzungen, während die Mehrzahl an Klisen ohne semantische Restriktionen auskommt (z. B. in 5a) oder eine Ersetzung der Klise durch die Vollform überhaupt nicht mehr möglich ist (z. B. in 5b). Zwicky (1977) und Nübling (2005) tragen diesem Unterschied mit einer terminologischen Differenzierung in „spezielle Klitika" (mit semantischer Unterscheidung) und „einfache Klitika" (ohne semantische Unterscheidung) Rechnung. Die Begrifflichkeit wird im Folgenden beibehalten.

(5) a. *Ich laufe gerne durch den/durchn Regen.*
    b. *Ich bin gerade am/*an dem Streichen.*

Morphologisch sind die Steuerungsfaktoren der Klise synchron wie diachron gut untersucht. Demnach setzt die Klise bei den dativregierenden Präpositionen aus dem Kernbereich der lokalen Präpositionen am frühesten ein und ist dort heute auch am stärksten vertreten (vgl. Nübling 2005, Steffens 2012). Der Entwicklung deutlich hinterher hinken besonders die genitivregierenden Präpositionen, hier ist die Klitisierung mitunter sogar ungrammatisch (z. B. *wegen des* > **wegens*). Auch lassen sich, diachron wie synchron, Tendenzen dahingehend feststellen,

---

7 Ich beziehe mich in meinen Ausführungen auf das konzeptionell schriftsprachliche Schriftdeutsch und den gesprochenen Standard. Für Dialekte ist durchaus davon auszugehen, dass die Klitisierung mitunter bereits derart weit vorangeschritten ist, dass die Klise häufig nicht mehr durch die Vollform ersetzbar ist (vgl. Nübling 2005, Schiering 2005).

dass der Artikel im Plural weniger verschmelzungsfreudig ist als im Singular und bei femininen Nomen weniger als bei maskulinen und neutralen. Klitisierungsfreudig zeigen sich Nübling (2005: 119) zufolge insbesondere die „alten, primären, kurzen und viele semantische Relationen ausdrückenden Präpositionen (wie *in, an, zu, von, bei*)", während „komplexe, jüngere und besonders spezifische Präpositionen (wie *anstatt, wegen, dank, angesichts*)" eher zur Verschmelzungsblockade neigen.

Phonologisch – und auch graphematisch – gibt es im Deutschen strenge Restriktionen, die die Formenkompatibilität des Artikels mit dem Stamm betreffen. Verschmelzungen können dabei grundsätzlich in zwei Ausprägungen auftreten, als Fusionierung, bei der die Form der Präposition selbst modifiziert wird (*an dem* > *am*), und als Agglutinierung, bei der die Artikelform an die Präposition angefügt wird (*an das* > *ans*, *für den* > *fürn* usw.). Dabei ist mit prosodisch-phonotaktischen Restriktionen zu rechnen, etwa im Hinblick auf Sonoritätsabfolgen und Silbenzahl (dazu z. B. Wiese 1988: 176–193, Nübling 2005, Steffens 2012).

Bei der Präposition-Artikel-Enklise handelt es sich um kein junges Phänomen, es ist bereits in althochdeutscher Zeit belegt (Braune & Reiffenstein 2004: 248–249). Heute ist der Prozess allerdings deutlich weiter vorangeschritten, d. h. es wird insgesamt häufiger klitisiert und Klitisierung findet auch in mehr Verbindungen aus Präposition und Artikel statt. Wie für Grammatikalisierung *in progress* üblich, ist historisch wie rezent von einem hohen Grad an freier Variation und diatopischer Verdichtung auszugehen (vgl. z. B. Steffens 2010 zu historischen Flurnamen sowie Nübling 2005 und Schiering 2005 zu Klisezentren im Alemannischen und im Ruhrgebiet). Auch gibt es Klisen, die historisch, nicht aber rezent auftreten (dazu bereits Grimm 1898: 442, vgl. auch Nübling 2005: 120–121, Waldenberger 2009, Steffens 2012 und einschränkend Christiansen 2016). Dies gilt z. B. für die Klisen in (6), die frühneuhochdeutsch belegt sind, die im Nhd., zumindest in der Schriftsprache, aber als ungrammatisch zu werten sind.

(6) *aus dem* > *aussm*, *gegen dem* > *gegem*, *bei den* > *bein* (Bsp. aus Walch & Häckel 1988: 207)

3.2 Pronominalklise

Mit Ausnahme der Arbeiten von Weiß (1998: 101–106; 2005) zu bairischen und Kolmer (2012) zu zimbrischen Dialekten sowie von Fleischer (2005, 2011) zu Pronominalabfolgen in Dialekten und in althochdeutschen und altsächsischen Denkmälern gibt es bis dato keine eingehende Forschung zur Klitisierung des Pronomens der 3.Pers.Sg.neutr. *es* im Deutschen. Auch die Duden-Grammatik

(2016: 834–836) und die beiden Monographien zum *es*-Pronomen im rezenten Schriftdeutschen (Pütz 1975, Czicza 2014) behandeln ausschließlich die Vollform, während der Duden-Zweifelsfälle (2016: 85–86) auf die *es*-Klise zumindest im Zusammenhang mit der Apostrophsetzung eingeht (s. Fn. 18).[8]

Den frnhd. Grammatiken zufolge kann *es* zu <s> reduziert sein und enklitisch mit einem vorangehenden Objektpronomen verschmelzen (Sauerbeck 1970: 214, Walch & Häckel 1988: 117, Ebert et al. 1993: 437), so besonders häufig z. B. in Texten Luthers (Bach 1985: 147–148).[9] Die in der frnhd. Grammatik von Walch & Häckel (1988: 117) verzeichnete enklitische Graphievariante <z> ist im Korpus hingegen nicht belegt. Zu beachten ist, dass die Reduktion im Frnhd. mitunter zu Homonymie führen konnte, indem auch Personalpronomen *sie* (<sie, si>) und *d*-Pronomen *das* zu <s> reduziert wurden (Sauerbeck 1970: 214). Für die Klitisierung werden dabei insbesondere prosodische (Satzrhythmik, Verstechnik) und morphologische Gründe (Kasus) verantwortlich gemacht. So taucht die *es*-Klise nach Walch & Häckel (1988: 117) z. B. in manchen frnhd. Quellen ausschließlich im Akkusativ, nicht aber im Nominativ auf. Über regionale Differenzen in der Ausprägung der *es*-Klise ist wenig bekannt, die Befunde in Walch & Häckel (1988: 117) sowie in Fleischer (2011: 17) deuten historisch zumindest auf einen oberdeutschen Kliseschwerpunkt hin.

Für die rezenten sprechsprachlichen Varietäten geht Spiekermann (2008: 79) davon aus, dass das Merkmal regional ungebunden ist und im gesamten deutschen Sprachgebiet vorkommt. Weiß (1998: 101) zufolge kommt *es* in bairischen Varietäten nur als Klise, nicht aber als Vollform vor. Seine Verwendung kann dabei sowohl syntaktisch (z. B. über die Wackernagel-Position) als auch phonologisch (z. B. über Betonungsstrukturen und phonotaktische Restriktionen) gesteuert sein. Im rezenten Schriftdeutschen wird *es* nur in konzeptionell mündlichen Texten und bei der Wiedergabe gesprochener Sprache in der Belletristik klitisiert (vgl. z. B. Tophinke 2002: 172 zu Internetchats). Graphisch wird dies durch Tilgung des Vokalgraphems und durch Zusammenschreibung wie auch durch Apostroph gekennzeichnet (z. B. *ist es* > *ists* oder *ist's*). In der gesprochenen Sprache klitisiert laut Spiekermann (2008: 79) *es* stärker enklitisch als proklitisch, wobei insbesondere äußerungsinitial und vor Sibilanten Klitisierung häufiger blockiert ist. Dabei ist Abraham & Wiegel (1993: 43) zufolge für die *es*-Klise mit

8 In der Textgrammatik von Weinrich (2005: 389–400) wird die *es*-Klise zumindest als Variante der Vollform genannt, wenn auch nicht eingehender diskutiert.

9 Zusammenschreibung von *es* mit dem vorangehenden Wort belegt auch schon Fleischer (2005: 39–43) für althochdeutsche Denkmäler.

syntaktischen Beschränkungen zu rechnen, z. B. in (7a–b), in denen die klitisierte Variante jeweils unzulässig ist:

(7) a. **weil er dem Vater-s gezeigt hat.*
    b. *weil wir dem Vater gestern abend-s gezeigt haben.*

Auch zur *sie*-Klise im Deutschen gibt es bislang kaum Forschung. Die kurzen Ausführungen in den frnhd. Grammatiken (Sauerbeck 1970: 214, Walch & Häckel 1988: 128, Ebert et al. 1993: 437) verweisen auf ähnliche Distributionsbedingungen und prosodische Steuerungsmechanismen wie bei der *es*-Klise. Der deutlichste Unterschied zwischen den beiden Klisetypen besteht wohl darin, dass die *es*-Klise im rezenten gesprochenen Deutsch und in konzeptionell mündlichen Texten vorkommt, während die *sie*-Klise heute stark an die Allegro-Sprechweise und an regionale Varietäten gebunden ist, in der Schriftsprache aber nicht mehr verwendet wird (vgl. Sauerbeck 1970: 214).

4 Methodisches Vorgehen

Für die empirische Auswertung wurde wie folgt vorgegangen: Klitisierungen und korrespondierende Vollformen der Personalpronomen 3.Sg. *es* und *sie* wurden anhand der erweiterten elektronischen Fassung frühneuzeitlicher Verhörprotokolle (Topalović et al. 2007) untersucht. Das Korpus wurde von Jürgen Macha und Kolleginnen in den Jahren 2001 bis 2005 im Rahmen eines DFG-Projektes mit dem Titel „Deutsche Kanzleisprache in Hexenverhörprotokollen der Frühen Neuzeit" zusammengestellt und ediert. Es umfasst insgesamt 94 Gerichtsprotokolle von unterschiedlich großem Textumfang, die im Rahmen von Inquisitionsprozessen während der letzten großen Hexenverfolgung in Deutschland entstanden sind. Aus sprachgeschichtlicher Perspektive fällt die Entstehungszeit der Protokolle damit in eine Epoche, die allgemein als „spätes Frühneuhochdeutsch" (z. B. FWB 1989: 120) bezeichnet wird und die als Übergangsperiode vom Frühneuhochdeutschen zum Neuhochdeutschen zu werten ist. Aufgrund ihres häufigen Auftretens wurde zur Untersuchung der Präposition-Artikel-Enklise hingegen auf das von Renata Szczepaniak und Kolleginnen/Kollegen zusammengestellte SiGS-Kernkorpus zurückgegriffen, welches eine Auswahl von 18 Protokollen des Macha-Korpus von vergleichbarer Länge, verteilt auf sechs Dialektgroßräume und drei Zeitspannen innerhalb der Frühen Neuzeit, darstellt (vgl. Szczepaniak & Barteld 2016: 46–49).

Zur Bestimmung der Distributionsbedingungen für Klisen und Vollformen wurden folgende Faktoren berücksichtigt: Für alle Belege wurde eine Ko- und Kontextanalyse vorgenommen, die zum einen alle linguistischen Faktoren berücksichtigt, die für das Deutsche allgemein „im Verdacht stehen", Klitisierung zu begünstigen oder zu unterdrücken – für die Präposition-Artikel-Enklise sind dies z. B. phonetisch-phonologischer Kotext, korrespondierende morphologische Kategorie und semantisch-pragmatische Funktion (s. Kap. 3.1). Hinzu kommen andererseits eine regionale Verortung aller Belege nach dem zeitgenössischen Belegort sowie ihre Einordnung in die Kategorien „konzeptionell mündlich" oder „konzeptionell schriftlich". Jedes untersuchte Verhörprotokoll wurde hierzu einer sog. Textstrukturmusteranalyse unterzogen, wie sie in der Textlinguistik allgemein etabliert ist (vgl. z. B. Heinemann & Viehweger 1991: 251–255). Ich habe mich dabei in einem ersten Zugang an den Textstrukturmustern orientiert, wie sie Topalović (2003: 155–159) exemplarisch für Verhörprotokolle aus Osnabrück ermitteln konnte:

(8) Prozesssituierung – Gegenüberstellung und/oder Wasserprobe – Verhör – Wiederholung(en) des Geständnisses – endgültige Ratifizierung des Geständnisses

Die aufgelisteten Textteile stellen eine Art Maximalliste dar, d. h. nicht jeder dieser Teile muss in jedem Verhör realisiert sein. Wie Topalović (2003: 159) herausstellt, verfügen allerdings bereits frühneuzeitliche Verhörprotokolle über formalisierte Gliederungen, die mitunter sogar in der *Constitutio Criminalis Carolina* festgehalten waren. Für den Prozess konstitutive Textteile, wie etwa die Prozesssituierung oder auch die Ratifizierung des Geständnisses, konnten so vom Gerichtsschreiber nicht einfach ausgelassen werden. Von links oben nach rechts unten betrachtet spiegelt (8) gleichzeitig ein chronologisches Schema über den Prozessablauf wider, an dem ich mich für die eigene Identifikation und Zuordnung der Passagen orientieren konnte.

Zentral für die Fragestellung dieses Beitrages ist die Subklassifikation der untersuchten Verhörprotokolle in Passagen von konzeptioneller Mündlichkeit oder Schriftlichkeit. Ich gehe dabei von der Prämisse aus, dass Einflüsse von Mündlichkeit vor allem in solchen Textpassagen zu erwarten sind, in denen Aussagen von Zeugen und Angeklagten dokumentiert sind.[10] Diese, im Folgenden der

10 Entsprechend heißt es auch bei Macha (2003: 182): „So lassen sich direkte Reflexe des Gesprochenen logischerweise vor allem dort finden, wo im Text explizit auf prozeß- und urteilsrelevante Sprechakte bzw. Sprechsequenzen Bezug genommen wird".

„konzeptionellen Mündlichkeit" zugeordneten Textteile galt es zu identifizieren und kategorisch von denen zu unterscheiden, für die ein stärkerer Eingriff durch den Gerichtsschreiber (bzw. durch Schreibtraditionen der jeweiligen Kanzlei) zu erwarten ist und die damit näher am konzeptionell schriftsprachlichen Pol der Skala zu verorten sind (im Folgenden als „konzeptionelle Schriftlichkeit" bezeichnet), vgl. z. B. das Vorgehen in Beispiel (22) in Kap. 5.2. Miteinander verglichen wurden damit auch ausschließlich Textpassagen aus Verhörprotokollen, d. h. anders, als es z. B. Grosse (2000: 1392) für die Rekonstruktion historischer Mündlichkeit vorschlägt, wird in diesem Beitrag nicht die rezente gesprochene Sprache als Vergleichspunkt herangezogen, sondern es handelt sich um einen Vergleich von Textpassagen innerhalb einer historischen Epoche, der der Frühen Neuzeit, und innerhalb einer – mehr oder minder – homogenen Textsorte, den Verhörprotokollen. Die Zuordnung von Textteilen zur Konzeption folgt dabei Tabelle 1.

Tab. 1: Verwendete Zuordnung von Textteilen zu Konzeptionskategorien.

konzeptionell schriftlich	konzeptionell mündlich
Prozesssituierung	Redewiedergabe der Angeklagten
Fragenkatalog	Redewiedergabe der Zeugen
Gegenüberstellung	
Ratifizierung des Geständnisses	

Der gewählte methodische Zugang unterscheidet sich in zweierlei Hinsicht von dem, der in anderen Arbeiten gewählt wurde, die das Auftreten bestimmter sprachlicher Formen in Verhörprotokollen mit Mündlichkeit und Schriftlichkeit in Verbindung bringen (s. Kap. 2): So wurden, um Anachronismen und mögliche Zirkularitäten in der Argumentation zu vermeiden, sprachliche Merkmale (wie z. B. die Klitisierung) hier bewusst nicht als Kriterien zur Unterscheidung konzeptionell mündlicher und schriftlicher Textpassagen herangezogen. Auch fußt die Analyse mündlicher Einflüsse auf die verwendete sprachliche Form hier nicht auf Einzelbeispielen, sondern auf quantitativer Datenanalyse, wodurch mögliche Trends besser erkannt werden sollen. Hierzu noch eine Bemerkung: Mir ist durchaus bewusst, dass die angelegten Parameter lediglich eine binäre Grobklassifikation der Daten erlauben und diese Klassifikation der sprachlichen Realität und den komplexen Einflüssen konzeptioneller Mündlichkeit und Schriftlichkeit auf die Textsorte vermutlich nicht gerecht wird. Vielmehr ist mit Koch & Oesterreicher (z. B. 1985: 18, 23) für Texte allgemein von einem weit gespannten

Kontinuum zwischen den Polen „gesprochen“ und „geschrieben“ auszugehen, die mit den angelegten Klassifikationsparametern nur schwer zu erfassen sind. Hinzu kommt, worauf insbesondere Voltmer (in diesem Band) verweist, dass allgemein von einer deutlichen Diskrepanz zwischen mündlich abgelaufenem Verfahren und seiner schriftlichen Niederlegung in Hexenverhörprotokollen zu rechnen ist. So sind auch Passagen, die hier mit der Chiffre „konzeptionell mündlich“ etikettiert wurden, keineswegs Abbild von Mündlichkeit. Doch bietet das Vorgehen m. E. überhaupt erstmals die Möglichkeit, den potentiellen Einfluss konzeptioneller Mündlichkeit auf die Verwendung sprachlicher Formen in Verhörprotokollen methodisch valide untersuchen zu können. Entscheidend für die vorliegende Analyse ist demnach nicht, ob durch die angelegte Klassifikation tatsächlich alle Passagen korrekt der Sprache der Mündlichkeit oder Schriftlichkeit zugeordnet werden konnten, sondern vielmehr, dass überhaupt ein tertium comparationis für einen Vergleich der drei untersuchten Klisephänomene angesetzt und mit dem Einfluss von Mündlichkeit in Zusammenhang gebracht werden kann.

5 Ergebnisse

Die Datenauswertung erbringt für Präposition-Artikel-Enklise und *es*-Klise die in Abbildung 1 dargestellten Gebrauchsfrequenzen.[11] Es zeigt sich, dass für beide Phänomene von den Schreibern häufiger Vollformen als Klisen verwendet wurden (383 zu 239 = 62% für die Präposition-Artikel-Enklise, 577 zu 254 = 70% für die *es*-Klise). Zwischen den beiden Klisetypen lassen sich leicht signifikante Unterschiede dahingehend feststellen, dass Verbindungen aus Präposition und Artikel in den Daten etwas häufiger klitisieren als das *es*-Pronomen ($\chi^2(1, N = 1.453) = 9{,}8, p < {,}005$). Anders ist es hingegen bei der *sie*-Klise, die im Korpus insgesamt überhaupt nur fünf Mal belegt ist (gegenüber 6.833 Vollformen für *sie* 3.Sg. in nicht phraseninitialer Position). Gebrauchshäufigkeiten und Distributionsbedingungen der einzelnen Klisetypen sollen in den folgenden Abschnitten besprochen werden.

11 In manchen Verhörprotokollen werden bestimmte Klisen der Präposition-Artikel-Enklise formelhaft und dabei stark wiederholend eingesetzt, z. B. in Aufzählungen. Eine solch routinisierte Kliseverwendung wurde im Folgenden nicht mit ausgewertet, da dies die Zahlenverhältnisse stark verzerrt hätte.

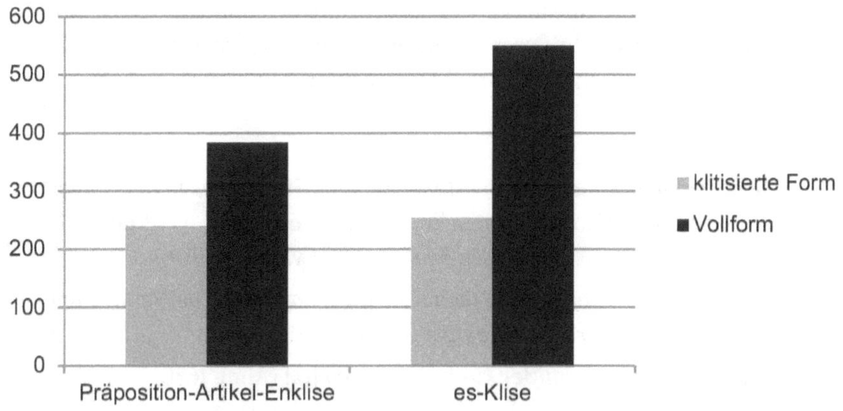

Abb. 1: Gebrauchshäufigkeiten für Klisen und Vollformen.

5.1 Nivellierung der konzeptionellen Unterschiede: die Präposition-Artikel-Enklise

Phonologisch ist die Präposition-Artikel-Enklise auf einsilbige Basen beschränkt, zwei- und mehrsilbige Basen klitisieren im Korpus überhaupt nicht.[12] Adjazenz zweier identischer Graphien am rechten Rand der Klise kommt ebenfalls nicht vor, der Beleg in (9) ist vielmehr als Totalellision der Artikelform zu werten, wie ihn auch frnhd. Grammatiken für die Verbindung *in den* verzeichnen (vgl. Sauerbeck 1970: 214–215, Ebert et al. 1993: 316).

(9) *das fast ein gantz Faß wein dieselbe nacht* ***Inn*** *keller gelauff[en],* (Georgenthal 1597)

Abbildung 2 zeigt das Verhältnis von Klise und Vollform für die zehn häufigsten Klisetypen im Korpus.[13] Die Daten sind von links nach rechts absteigend nach Klisehäufigkeit geordnet. Es dominieren die Formen *im* (aus *in dem*) und *zum* (aus *zu dem*), für beide Klisetypen konnte auch Steffens (2012: 314) in seiner Auswer-

12 Vgl. dagegen Steffens (2012: 317), der in Texten Luthers Klise zumindest bei den zweisilbigen Präpositionen *über*, *unter* und *wider* belegen konnte.

13 Auf Angaben zu relativen Häufigkeiten habe ich an dieser Stelle aufgrund der teils geringen Tokenfrequenzen verzichtet.

tung frnhd. Luther-Texte die höchsten Frequenzanteile ermitteln.[14] Im Korpus belegt, heute aber für die Schriftsprache als ungrammatisch zu werten, ist die Klise bei Präpositionen mit Genitiv in der Zirkumposition (10a), ebenso die in (10b–d) belegten Klisetypen.[15]

(10) a. *Das Heffelein Anlangendt, gestehet Sie, das Sie solches in den Hünerstein einweichen, das Rbrige darein zuthuen, wie oberzehlt, vndt der Kuhe* ***ins*** *Teüffels nahmen einzugiesßen beuohlen* (Schweinfurt 1616)

b. *Die leste reise +were+* [INT] */hette/ sie* ***aufn*** *haff teiche bei Senwardenn vor 8. dage vfn donnertagk gedantzet* (Jever 1592)

c. *Alß er vor 2. Jahren* ***außer*** *kirchen kommen* [...] (Alme 1630)

d. *wen er sich erst* ***außem*** *Pott mit schwartzer mate[rie] ins teuffelß Nahmen vor den kopff geschmirt* (Alme 1630)

Besonders klisefreudig verhalten sich im Korpus Beinamen (in 11), wie Namen allgemein wohl als Einfallstor der Präposition-Artikel-Enklise im Deutschen gedient haben (vgl. Steffens 2010 für Flurnamen, Linsberger 2012 für Familiennamen).

---

14 Überhaupt passen die Befunde sehr gut zu den zehn häufigsten Klisetypen, wie sie Waldenberger (2009: 58–60) für mhd., Steffens (2012: 314) und Christiansen (2016: 117) für frnhd. und Nübling (2005: 114) für rezente nhd. Texte bestimmen konnten (absteigend von links nach rechts): Waldenberger: *zum – zur – im – vom – zun – am – vorm – aufm – vorm – ins*; Steffens: *im – zum – am – vom – zur – ins – aufs – durchs – ans – zun*; Christiansen: *im – am – zum – vom – zur – ins – aufs – beim – aufm – vorm*; Nübling: *am – zum – zur – im – vom – beim – ins – hinters – ans – ums*.

15 Im SiGS-Kern-Korpus sind folgende **Klisetypen** belegt: *am* (12x) < *an dem* (4x), *aufm* (18x) < *auf dem* (19x), *aufn* (7x) < *auf den* (14x), *aufr* (8x) < *auf der* (14x), *ausm* (3x) < *aus dem* (5x), *ausr* (1x) < *aus der* (4x), *beim* (16x) < *bei dem* (10x), *fürs* (1x) < *für das* (1x), *im* (69x) < *in dem* (11x), *ins* (13x) < *in des* (19x), *ins* (13x) < *in das* (9x), *inn* (1x) < *in den* (14x), *ums* (1x) < *um das* (4x), *vom* (14x) < *von dem* (6x), *vorm* (2x) < *vor dem* (3x), *zum* (41x) < *zu dem* (9x), *zur* (16x) < *zu der* (4x). Ausschließlich **Vollformen** ohne korrespondierende Klisen sind belegt für *an den* (2x), *an der* (5x), *an die* (7x), *anstatt des* (1x), *auf das* (7x), *auf des* (1x), *auf die* (17x), *aus des* (1x), *bei das* (4x), *bei den* (4x), *bei der* (6x), *bei die* (1x), *durch das* (3x), *durch den* (1x), *durch der* (1x), *durch die* (1x), *für den* (3x), *gegen dem* (2x), *gegen den* (1x), *hinter des* (2x), *in der* (39x), *in die* (10x), *mit dem* (18x), *mit den* (9x), *mit der* (12x), *nach dem* (7x), *nach der* (3x), *neben dem* (1x), *neben den* (1x), *neben der* (1x), *neben des* (1x), *samt dem* (1x), *über das* (1x), *über den* (1x), *über des* (1x), *über die* (7x), *um den* (1x), *unter das* (2x), *unter dem* (6x), *unter der* (1x), *unter die* (3x), *vermittels der* (1x), *von den* (7x), *von der* (13x), *vor das* (3x), *vor den* (4x), *vor der* (5x), *wegen der* (2x), *wegen des* (1x), *zu den* (2x), *zu des* (1x), *zwischen die* (1x).

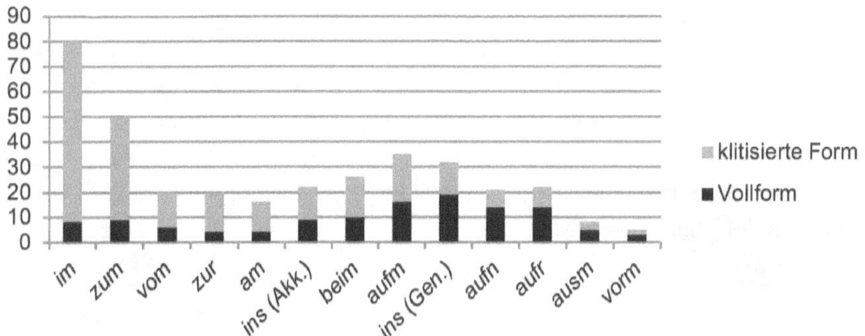

Abb. 2: Anteile für Klise und Vollform für die zehn häufigsten Verbindungen aus Präposition und Artikel im Korpus.

(11) *Von hier seyen darbey geweßen d[as] Madele* ***beim*** *vnderen thor* (Messkirch 1644)

Dass die Grammatikalisierung der Präposition-Artikel-Enklise weniger weit vorangeschritten ist als im rezenten Schriftdeutschen, zeigt sich etwa bei der speziellen Klise, die in der Frühen Neuzeit augenscheinlich noch nicht voll etabliert war, weshalb sie für die folgenden Auswertungen als Faktor auch nicht berücksichtigt werden konnte, vgl. (12a–b) (dazu auch Christiansen 2016: bes. 110).

(12) a. ***In dem*** *nahmen des Vaders vnnd des Sohns vnd des hillgen geistes Amen.* (Güstrow 1615)

b. ***In dem*** *hinausgehen rieff der Stein-Metzer mir dem Commissario wieder zurück, [...]* (Dillenburg 1631)

Zudem ist in den Protokollen immer auch mit freier Variation zwischen Klise und Vollform zu rechnen wie (13) illustriert:

(13) *vnd je* ***durch daß*** *Kamin, je* ***durchs*** *Stubenfenster, vnd auch wol zu der hausthier hinauß gefahren* (Eichstätt 1628)

Abbildung 3 zeigt die regionalen Verteilungen von Präposition-Artikel-Enklise und Vollformen im Korpus.[16] Demnach ist die Klise in allen ausgewerteten Verhörprotokollen belegt, die Anteile gegenüber den Vollformen liegen meist zwischen ca. 25 und 50 Prozent. Regionale Schwerpunkte der Klise lassen sich keine ausmachen, entgegen den Befunden von Steffens (2010) zur Präposition-Artikel-Enklise bei Flurnamen weisen die Daten auch keine auffälligen Süd-Nord-Unterschiede in der Kliseverwendung aus.

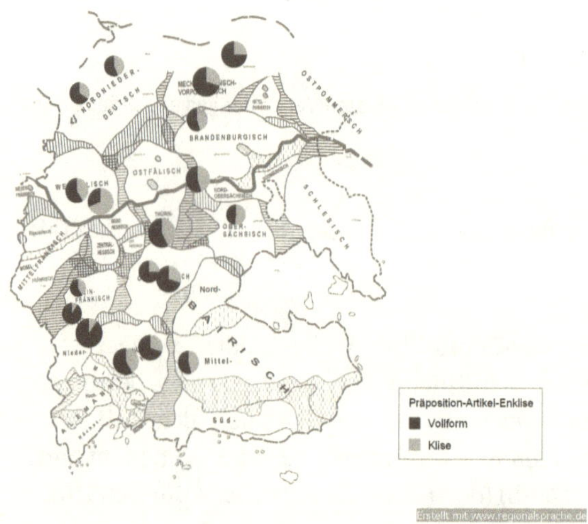

Abb. 3: Verwendungshäufigkeiten für Präposition-Artikel-Enklise und Vollform im SiGS-Korpus nach Schreibort.

Abschließend ist in Abbildung 4 der Zusammenhang von Kliseverwendung und Konzeption der Textpassage geprüft, in die ein Beleg eingebettet ist. Demnach lässt sich im Korpus kein statistischer Zusammenhang zwischen Kliseverwendung und konzeptioneller Mündlichkeit feststellen, Klisen werden vielmehr ebenso häufig in Textpassagen verwendet, die hier der konzeptionellen Mündlichkeit zugerechnet wurden, wie in Passagen der konzeptionellen Schriftlichkeit.[17] Allerdings gibt es klitisierte Formen, die in den ausgewerteten

---

16 Zur besseren regionalen Orientierung ist den Karten in Abbildung 3 und 6 jeweils die Dialekteinteilung aus Wiesinger (1983) unterlegt.

17 Auch wenn, wie von einer Gutachterin/einem Gutachter vorgeschlagen, nur diejenigen Vollformen in die Berechnung mit eingehen, die im SiGS-Kernkorpus auch in ihrer klitisierten

Verhörprotokollen ausschließlich in konzeptionell mündlichen Textpassagen vorkommen. Dies sind *aufr* (8x), *ausm* (3x), *ausr* (1x), *fürs* (1x) und *vorm* (2x). Hier wäre anhand von weiteren Daten eine mögliche Gebundenheit dieser Klisen an die konzeptionelle Mündlichkeit zu überprüfen.

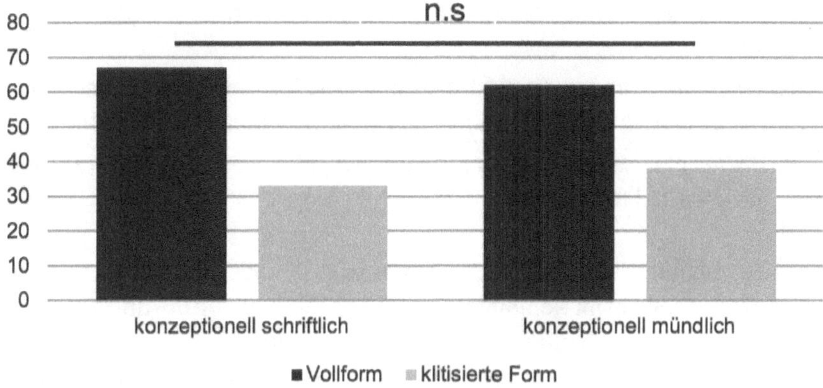

Abb. 4: Verwendungshäufigkeiten in Prozent für Präposition-Artikel-Enklise und Vollform unterschieden nach konzeptionell mündlichen oder schriftlichen Textpassagen. n.s. ($\chi 2$ (1, N = 622) = 1,6, p = ,19).

5.2 Tendenz zur konzeptionellen Mündlichkeit: *es*-Klise

Die *es*-Klise wird in den Verhörprotokollen durch *e*-Tilgung und Zusammenschreibung von <s> (Varianten: <ß, ss>) mit der Basis graphisch realisiert, z. B. in (14a). Lediglich in zwei Verhörprotokollen wird stattdessen zur Kennzeichnung der Klise ein Apostroph verwendet (14b–c).[18] In (14d) ist die Form dagegen uneindeutig, da <e> hier sowohl aus der Basis (bei Präteritumlesart von *haben*) als auch

---

Variante belegt sind, ist kein signifikanter Zusammenhang zwischen der Häufigkeit in der Verwendung klitisierter Formen und Passagen von konzeptioneller Mündlichkeit zu konstatieren.

18 In Nübling (2014: 108) wird eine solche historische Verwendung des Apostrophs als Auslassungszeichen für Grapheme (meist für <e>) gedeutet. Für die beiden vorliegenden Belege greift Auslassung alleine allerdings zu kurz, da neben <e> ebenfalls das Spatium zwischen den kritischen Wortformen entfällt. Der aktuelle Zweifelsfall-Duden äußert sich zur Apostrophsetzung bei *es* im Deutschen wie folgt: „Man kann einen Apostroph setzen, wenn das Pronomen *es* mit dem vorangehenden Wort (Verb, Pronomen, Konjunktion) zusammengezogen wird. Da diese Verbindungen im Allgemeinen nicht schwer lesbar sind, ist das jedoch nicht notwendig“ (Duden-Zweifelsfälle 2016: 86).

aus dem Klitikon (bei Präsenslesart des gleichen Verbs) stammen kann. Tilgung von <e> bei Spatiumerhalt (z. B. *hat s*) ist im Korpus hingegen nicht belegt.

(14) a. *So hab* ***Ims*** *der Teuffl auch nie bevolchen, sey auch dessen bei taennzen nie gedacht worden.* (Eichstätt 1626)
b. *hab* ***sich's*** *einsmals begeben, daß sie daheim bei ihrem Feuer gesessen,* [...] (St. Maximin 1587)
c. *Seine Frau liege an der Wassersucht und müsse* ***Der's*** *wieder besser machen, der es ihr zugeschickt, nämlich unser Herr Gott.* (Grünholz 1641)
d. ***Hattes*** *in seckel gethan und alß sie es außgeben wöllen, sey es Pferdtsmist gewesen,* [...] (Dieburg 1627)

Zu den Distributionsbedingungen: *es* klitisiert im Korpus ausschließlich enklitisch, und zwar sowohl im Nominativ (meist nach Konjunktion *ob*) und Akkusativ (insgesamt ist dies die häufigere Auftretensbedingung für (klitisiertes) *es*, vgl. Walch & Häckel 1988: 117). Klitisierung findet damit phrasenmedial und -final statt, nicht aber phraseninitial (vgl. 15). Die Domäne der Klise ist – theoriegebunden – das phonologische Wort oder die klitische Gruppe (vgl. z. B. Nespor & Vogel 1986, Spencer & Luís 2012: 99–105), entsprechend benötigt die (unbetonte) Klise eine betonte Basis als Kliseträger. Einschränkend ist zu beachten, dass *es* im Korpus nur nach Basen mit maximal zweisilbiger und trochäischer Struktur bei Vorhandensein einer finalen Reduktionssilbe klitisiert; vgl. (16a–b) vs. (17a–b) mit größerer finaler Silbenschwere. Die Gebundenheit der Klise an die prosodische Struktur, d. h. an die Prominenz der betreffenden Domäne, zeigt sich außerdem darin, dass *es* im Korpus ausschließlich in der Wackernagel-Position bzw. adjazent zu anderen Pronomen in der Wackernagel-Position klitisiert, z. B. in (18a–b).[19]

(15) *sagt* ***es*** *beschehe Ime unrecht,* [...] (Eichstätt 1626)

(16) a. *sie* ***habens*** *alles von essen vnd trinkhen.* (Eichstätt 1637)
b. *Jesus, vnd vnnser liebe Frau* ***wissens*** *woll,* [...] (Reichenberg 1653)

19 Siehe zur Relevanz der Wackernagel-Position für die *es*-Klise in rezenten bairischen Dialekten die Ausführungen in Weiß (1998: 103–104; 2016). Für Belege wie (18b) wäre außerdem zu prüfen, inwiefern die Pronominalabfolge einen Einfluss auf die Klitisierungsfreudigkeit der Pronomen hat. Eben diesen Zusammenhang konnten Weiß (2005) und Fleischer (2011: 13–17) für deutsche Dialekte beobachten.

(17) a. *sondern* ***es*** *hette der böse feind (Ihr buhle) ihr in einem deutgen ein pulver gegeben* [...] (Mühlhausen 1659)
b. *mit vorwandt* ***es*** *seyn Inen etliche Schwein reuerenter von Ir erkrümbt vnd gefellt worden,* [...] (Günzburg 1613)

(18) a. *Man solle Ime die leuth under augen stellen, er* ***wolls*** *hoeren.* (Eichstätt 1626)
b. *vnd der teüffel habe* ***ihms*** *drauß[en] gesagt,* (Reichertshofen 1629)

Keine Klitisierung findet zudem nach <s, ß> im Offset des vorangehenden Wortes statt, *es* wird dort auch nicht zu <s> reduziert, vgl. (19a–b). Als leitendes Prinzip gilt hier wohl die graphische Unterscheidbarkeit von Basis und Klise, die bei basisauslautendem <s> nicht gegeben ist.[20]

(19) a. *daß sie gespuehrt, daß* ***es*** *nit gedaugt hat,* [...] (Altenahr 1649)
b. *was* ***es*** *aber angesehen, oder wie bald erfolgt, vnd ob es schaden gethan, sey Ime unwissend.* (Eichstätt 1626)

Es klitisiert im Korpus auch nicht nach Namen (vgl. 20). Verantwortlich hierfür ist vermutlich das Prinzip der Namenkörperschonung, welches auch schon als ursächlich für die Blockade anderer phonologischer und graphematischer Prozesse im Deutschen angesehen wurde (dazu z. B. Nübling 2017).

(20) *Jedoch so werde er Peter* ***es*** *itzt noch verandtwortten.* (Lindheim 1631)

Klitisierung ist für *es* sowohl in phorischer (in 21a) als auch in nicht phorischer Verwendung (in 21b) belegt:

(21) a. *vnnd das gewoehnliche Gebett Ime vorgeldsen, nachmalls ob* ***ers*** *mit Mundt vnnd Herz nachgesprochen,* [...] (Eichstätt 1626)
b. ***Wans*** *fünster geweßen, hab der teufel schon ein schein von sich geben,* [...] (Reichertshofen 1629)

Abbildung 5 weist die Häufigkeit für die *es*-Klise in Abhängigkeit von der Wortart der Basis aus.

---

20 Mangelnde Unterscheidbarkeit kann auch in der gesprochen Sprache Klitisierung verhindern, so bei der Präposition-Artikel-Enklise und der Klitisierung nach /n/ und /r/, z. B. in *in den* > **in'n* und *vor der* > **vor'r* (dazu Ulbrich & Werth 2017: 245).

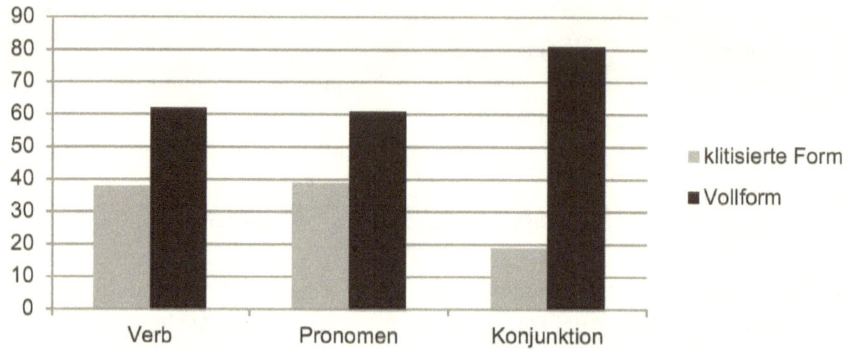

Abb. 5: Verwendungshäufigkeiten in Prozent für *es*-Klise und korrespondierende Vollform unterschieden nach Wortart der Basis.

Die Auswertung zeigt, dass verbale und pronominale Basen signifikant häufiger mit *es* klitisieren als konjunktionale Basen (Verben zu Konjunktionen: χ^2(1, N = 553) = 21,6, p = <,001; Pronomen zu Konjunktionen: χ^2(1, N = 389) = 18,9, p = <,001). Damit sind in den Daten auch innerhalb der Wackernagel-Position (nach finitem Verb oder nach satzeinleitender Konjunktion) noch einmal wortartenabhängige Klisepräferenzen zu verzeichnen.

Nun zur konzeptionellen und regionalen Gebundenheit der Klise: Abbildung 6 bildet die regionalen Verteilungen von *es*-Klise und Vollform im Korpus ab. Es zeigt sich, dass klitisierte Formen zwar überall im Untersuchungsgebiet belegt sind, dass es zugleich aber einen regionalen Schwerpunkt der Klise im ostoberdeutschen Raum gibt, und zwar für die Verhörprotokolle aus Leonberg (Schwäbisch), Reichenberg (Ostfränkisch), Augsburg, Eichstätt und Reichertshofen (allesamt Bairisch bzw. bairisch-schwäbischer Übergangsraum).[21] Die Anteile für Klisen liegen dort jeweils bei über 50 Prozent. Die regionale Verteilung der *es*-Klise unterscheidet sich damit von der der Präposition-Artikel-Enklise, für deren Auftreten keine regionalen Schwerpunkte ausgemacht werden konnten.

21 Auch Fleischer (2011: 17), der im Hinblick auf Getrennt- und Zusammenschreibungen von Pronomen Wenkersatz 9 (...*und habe es ihr gesagt*) aus der Erhebung zum Sprachatlas des Deutschen Reichs ausgewertet hat, belegt Zusammenschreibungen von *es* mit dem vorangehenden Wort gehäuft u. a. im Bairischen. Vgl. dazu auch die Angaben in Walch & Häckel (1988: 117), die diesbezüglich aber allgemeiner von einer Klisepräferenz für den obd. Raum schreiben.

Abb. 6: Verwendungshäufigkeiten für *es*-Klise und Vollform im Macha-Korpus nach Schreibort.

Zusätzlich weist die *es*-Klise im Korpus auch eine Gebundenheit an Textpassagen auf, die in der Analyse als konzeptionell mündlich klassifiziert wurden (s. Abbildung 7). Diese Gebundenheit ist zwar nur schwach signifikant, sie ist aber stärker ausgeprägt als die für die Präposition-Artikel-Enklise (vgl. Abbildung 4).

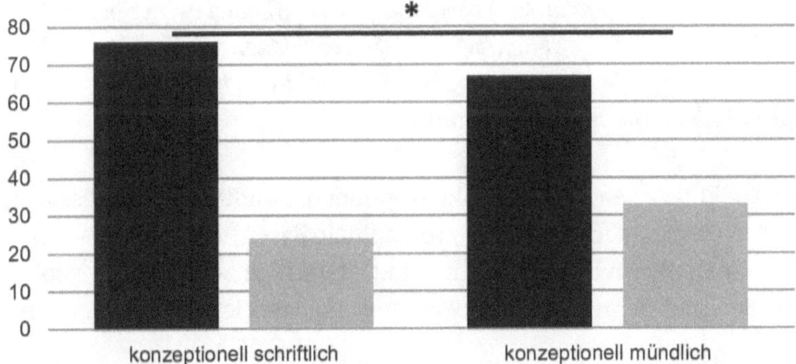

Abb. 7: Verwendungshäufigkeiten in Prozent für *es*-Klise und Vollform nach nähe- oder distanzsprachlichen Textpassagen. * ($\chi 2$ (1, N = 831) = 4,1, $p < ,05$).

Hierzu das folgende Beispiel aus einem Verhörprotokoll aus Eichstätt, in dem der Schreiber das Prinzip, die *es*-Klise nur in Textpassagen einzusetzen, in denen die Aussagen der Angeklagten dokumentiert sind (grau unterlegt), peinlich genau befolgt:

(22) *Mit waß Materi sie solches gemacht, oder wie sie* ***es*** *angestellt haben? Die will gar nit herauß. Und weilen sie sich nun schier anff [!] ein Revocation ansehen lassen, allß ist Ihr der Matheß vorgestellt, nochmals befragt,ob sie* ***es*** *in Gueette sagen, oder wider an die Pein vnd Marter wolle? bespracht worden. <s 111> Die sagt,* ***wolls*** *bekhennen. Derowegen der Matheß wieder abgeschafft, vnd de novo examinirt worden. [...] Die sagt, der Teuffl hab Ihr Painer von Khindern zugestellt, vnd befolchen ein Wetter darmit zu machen, welches sie der N. N. alß ihrer guten Gespillin geben. Die* ***habs*** *eingraben. Springt doch gleich wider ab, sie selbst* ***habs*** *eingraben, vnd stellt sich sonsten in Ganzer Ihrer bekhanndtnus auch gar Kalt, alß nemlichen, sie vermain waß sie bisher außgesagt, daß sey wahr, vnd seuffzet darueber starkh, vnd sicht gaenzlich einer revocation gleich. [...] Darauff meldt vnd sagt sie, daß sie vnd die N. N. vor 15 Jaren die Painer, welche sie vom Teuffl empfangen, bei iren Garten ins Teuffls Nammen, eingraben haben, in Maynung, daß* ***es*** *ein Wetter geben, vnd daß opst selbigen Jars nit gerathen solle, immasser* ***es*** *dann erfolgt. [...] Die sagt, einmal vor 7. 8 oder 9 Jaren hab sie neben der N. N. ihr aigen Kindt auff dem Gottsacker außgraben helffen. Diß Kindt sey schon bei 6 Jar in grab gelegen, vnd schon aller verwesen gewest haben die Painer 2 Taeg vnd Naecht gedirt, gestossen auff einen Denglstokh, nachmals in ein Hafen gethan, zu Pulfer verprennt, vnd dem Teuffl zugestellt. Die N. N. ist diß nit gestendig. Vnd* ***obs*** *zwar der Teuffl noch oeffter begehrt, so hab* ***sies*** *doch nit thon wollen, worauff sie geschlagen worden. [...] In ihres gesinns Cammer sey sie gar offt khommen, vnd iren knecht N. N. getrukht. zwar er* ***habs*** *Ir offt zigen.* (Eichstätt 1637)

Die Tendenz zur klitisierten Variante in konzeptionell mündlichen Textpassagen zeigt sich in den Daten insbesondere für pronominale Basen, während für verbale und konjunktionale Basen diesbezüglich kein Unterschied zwischen konzeptionell mündlicher und schriftlicher Verwendung zu verzeichnen ist (s. Abbildung 8).

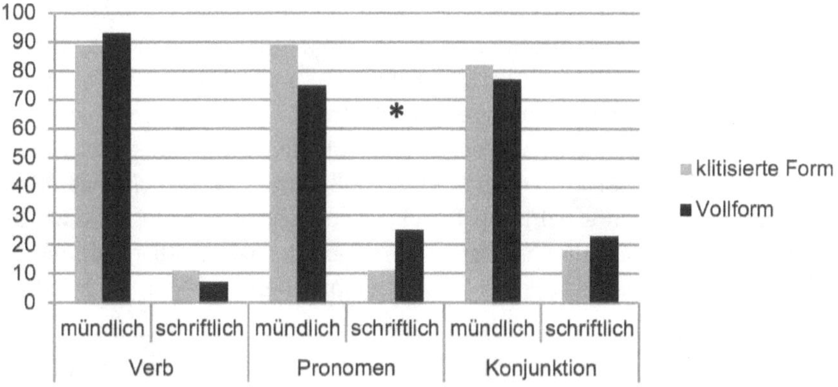

Abb. 8: Verwendungshäufigkeiten in Prozent für *es*: Klise und Vollform nach Textpassage und Wortart der Basis.

5.3 Gebundenheit an konzeptionelle Mündlichkeit und Regionalsprachlichkeit: *sie*-Klise

Im Korpus ist die *sie*-Klise insgesamt fünfmal belegt, z. B. in (23a–d). Das Pronomen wird jeweils an eine verbale Basis angehängt und zu <s> reduziert. Da sich Klisen und korrespondierende Vollformen u. a. durch Komplementarität in ihrer Verwendung auszeichnen, sind die Belege in (23c–d) besonders bemerkenswert.

(23) a. *Es **habs** der Böß Gaist nie angefocht[en], sonder habein gutes gwiß[en].* (Nördlingen 1593)

b. *es **werdts** kheines von ihm selbst lehrnen khinden.* (Eichstätt 1630)

c. *allein **habs** sie es heimlich vor dem Winzerlerin Mann gethan,* [...] (Günzburg 1613)

d. *dem Teuffl geb sie die ehr, vnd unserem Herrn **stells** sie es ab.* (Eichstätt 1628)

Aus typologischer Sicht handelt es sich hier um den – zumindest für germanische Sprachen – seltenen Fall von *clitic doubling*, indem ein Pronomen innerhalb einer Phrase kookkurrent ist zu seiner korrespondierenden Klise.[22] Interessanterweise

22 In anderen Sprachen, z. B. in romanischen, sind Phänomene des *clitic doublings* keine Seltenheit wie z. B. Spencer & Luís (2012: 153–161) darlegen.

weist die *sie*-Klise im Korpus auch eine klare regionale Gebundenheit auf, sie taucht ausschließlich in Günzburg 1613), Nördlingen (1593) und Eichstätt (1628) und damit in Protokollen aus dem Bairischen bzw. bairisch-schwäbischen Übergangsgebiet auf. Passend dazu verzeichnet die frnhd. Grammatik enklitisches *sie* „in einigen obd. und md. (vor allem in bair.) Quellen vom 14. bis zum 17. Jh." (Walch & Häckel 1988: 128). Auch konnte Weiß (1998: 113–133) *clitic doubling*-Phänomene für rezente bairische Dialekte beobachten, z. B. in (24), wo die 2.Pers.Sg. bei Emphase in einer Phrase korrespondierend als Klise (*sd*) und als Vollform (*du*) realisiert sein kann (vgl. zu zimbrischen Dialekten auch Kolmer 2012: 207–210).

(24) *wenn'sd du hoamgehst* (Bsp. aus Weiß 1998: 125)

Neben der regionalen Gebundenheit zeigt sich in den Daten auch eine konzeptionelle Gebundenheit der Klise. So treten Belege für klitische Formen hier ausschließlich in Textpassagen auf, die nach der angelegten Klassifikation der konzeptionellen Mündlichkeit zuzurechnen sind. Auch was die Konzeption anbelangt, unterscheiden sich die Distributionsbedingungen damit gegenüber den zuvor betrachteten Klisetypen und es ist davon auszugehen, dass es sich bei der *sie*-Klise um ein Phänomen handelt, das aus der Mündlichkeit, genauer aus den bairischen Varietäten der damaligen Zeit, Eingang in die Protokolle gefunden hat.

6 Fazit

Aus schriftlichen Quellen auf Formen und Strukturen der Mündlichkeit zu schließen, ist allgemein ein schwieriges Unterfangen. Dieses Unterfangen wird erschwert, sofern Aussagen über historische Mündlichkeit getroffen werden sollen, da mündliche Sprache in schriftlich überlieferten Texten nie selbst zugänglich, sondern immer nur Repräsentation von ihr ist. Häufig werden in der Forschung dabei Merkmale oder sogar ganze Merkmalskataloge rezenter Mündlichkeit auf historische Zustände übertragen, d. h. es wird betrachtet, inwiefern sich historische Texte (und Textpassagen) im Hinblick auf bestimmte, in rezenter gesprochener oder geschriebener Sprache vorkommende sprachliche Merkmale unterscheiden. Daraus wird dann auf die konzeptionelle Mündlichkeit oder Schriftlichkeit (mitunter auch auf die konzeptionelle Nähe oder Distanz) dieser Texte geschlossen.

Im vorliegenden Beitrag wurde ein anderes Vorgehen zur Erschließung historischer Mündlichkeit gewählt. Als Explanans der Analyse dienten verschiedene Typen der Klise. Ihre Verwendung gegenüber den Vollformen wurde im Hinblick auf linguistische Faktoren, textuelle Einbettung und regionale Ausprägung geprüft. Es zeigt sich, dass die Schreiber Klisen und Vollformen in den Verhörprotokollen nicht frei variiert haben, sondern vielmehr bei der Textproduktion von linguistischen Regularitäten ausgegangen sind, z. B. was mögliche prosodische oder syntaktische Einflüsse auf die Klitisierung anbelangt. Hinsichtlich der außersprachlichen Parameter „Konzeption" und „Arealität" konnten die drei untersuchten Klisen dabei auf empirisch-quantitativer Grundlage drei verschiedenen Distributionstypen zugeordnet werden. Demnach zeichnet sich die Präposition-Artikel-Enklise allgemein durch eine fehlende Sensitivität gegenüber der Textpassage aus, in der sie verwendet wird. (Gleichwohl ist hier mit typenbedingten Ausnahmen zu rechnen, z. B. für *aufr* < *auf der* und *ausr* < *aus der*, die im Korpus – bei geringen Tokenfrequenzen – nur in konzeptionell mündlichen Textpassagen vorkommen). Auch lassen sich für den Klisegebrauch hier keine regionalen Schwerpunkte ausmachen, Verbindungen aus Präposition und Artikel klitisieren vielmehr im Korpus unabhängig von der regionalen Provenienz der Protokolle. Anders sieht es hingegen für die *es*-Klise aus, deren Verwendung zwar ähnlichen prosodischen Einflüssen unterliegt, die im Korpus aber gleichzeitig auch eine Präferenz für konzeptionell mündliche Textpassagen (vor allem für Klisen mit pronominaler Basis) und (schwächer ausgeprägt) für den ostoberdeutschen Raum zeigt. Typ 3 schließlich ist in der Frühen Neuzeit durch die *sie*-Klise repräsentiert, die in den untersuchten Verhörprotokollen zum einen eine starke konzeptionelle Bindung an die Mündlichkeit aufweist, deren Auftreten zugleich aber auf drei Protokolle aus dem mittelbairischen Raum beschränkt ist.

Ich schließe aus den Befunden, dass Präposition-Artikel-Enklise und *es*-Klise in frühneuzeitlichen Kanzleisprachen bereits so stark etabliert waren, dass die Schreiber die Formen weitgehend unabhängig vom konzeptionellen Charakter (mündlich oder schriftlich) der Textpassage verwendet haben. Beide Phänomene können deshalb – zumindest nach den im vorliegenden Beitrag angelegten Kriterien – auch nicht (Präposition-Artikel-Enklise) bzw. nur bedingt (*es*-Klise) als spezifische Merkmale historischer Mündlichkeit klassifiziert werden. Anders sieht es hingegen bei der *sie*-Klise aus, die in der Frühen Neuzeit eine konzeptionelle (und auch regionale) Gebundenheit aufweist, was möglicherweise ihre fehlende Durchsetzung in der nhd. Schriftsprache erklärt. Für Klitisierungen in der Frühen Neuzeit gilt zudem allgemein: Je stärker das Phänomen regional gebunden ist, desto wahrscheinlicher ist es, dass es in konzeptionell mündlichen Textpassagen auftritt.

Quellen

Topalović et al. (2007) = Münstersches txt-Korpus: Hexenverhörprotokolle. Hrsg. von Elvira Topalović, Iris Hille & Jürgen Macha. Münster: Universität Münster (CD-ROM).

Literatur

Abraham, Werner & Anko Wiegel (1993): Reduktionsformen und Kasussynkretismus bei deutschen und niederländischen Pronomina. In Werner Abraham & Joseph Bayer (Hrsg.), *Dialektsyntax*, 12–49. Opladen: Westdeutscher Verlag.

Altmann, Hans (1984): Das System der enklitischen Personalpronomina in einer mittelbairischen Mundart. *Zeitschrift für Dialektologie und Linguistik 51*, 191–211.

Auer, Peter (2000): *On line*-Syntax – Oder: was es bedeuten könnte, die Zeitlichkeit der mündlichen Sprache ernst zu nehmen. *Sprache und Literatur* 31, 43–56.

Bach, Heinrich (1985): *Handbuch der Luthersprache. Laut- und Formenlehre in Luthers Wittenberger Drucken bis 1545.* Bd.2. *Druckschwache Silben. Konsonantismus.* Kopenhagen: GAD.

Braune, Wilhelm & Ingo Reiffenstein (2004): *Althochdeutsche Grammatik.* Bd. 1. *Laut- und Formenlehre.* Tübingen: Niemeyer.

Busse, Dietrich (2000): Textsorten des Bereichs Rechtswesen und Justiz. In Klaus Brinker, Gerd Antos, Wolfgang Heinemann & Sven F. Sager (Hrsg.), *Text- und Gesprächslinguistik. Ein internationales Handbuch zeitgenössischer Forschung.* Bd. 1, 658–675. Berlin, New York: De Gruyter.

Christiansen, Mads (2016): *Von der Phonologie in die Morphologie. Diachrone Studien zur Präposition-Artikel-Enklise im Deutschen.* Hildesheim u.a.: Olms.

Czicza, Dániel (2014): *Das es-Gesamtsystem im Neuhochdeutschen. Ein Beitrag zur Valenztheorie und Konstruktionsgrammatik.* Berlin, Boston: De Gruyter.

Duden-Grammatik (2016) = *Duden, die Grammatik. Unentbehrlich für gutes Deutsch.* Mannheim: Duden. 9. Aufl.

Duden-Zweifelsfälle (2016) = *Duden. Das Wörterbuch der sprachlichen Zweifelsfälle.* Mannheim: Duden. 8. Aufl.

Ebert, Robert Peter, Oskar Reichmann, Hans-Joachim Solms & Klaus-Peter Wegera (1993): *Frühneuhochdeutsche Grammatik.* Tübingen: Niemeyer.

Elmentaler, Michael (2018): *Historische Graphematik des Deutschen.* Tübingen: Narr.

Fleischer, Jürg (2005): Zur Abfolge akkusativischer und dativischer Personalpronomen im Althochdeutschen und Altniederdeutschen (8./9. Jahrhundert). In Franz Simmler, Claudia Wich-Reif & Yvon Desportes (Hrsg.), *Syntax Althochdeutsch – Mittelhochdeutsch: eine Gegenüberstellung von Metrik und Prosa*, 9–48. Berlin: Weidler.

Fleischer, Jürg (2011): *... und habe es ihr gesagt*: zur dialektalen Abfolge pronominaler Objekte (eine Auswertung von Wenkersatz 9). In Elvira Glaser, Jürgen Erich Schmidt & Natascha Frey (Hrsg.), *Dynamik des Dialekts – Wandel und Variation*, 77–100. Stuttgart: Steiner.

Fleischer, Jürg (2015): Pro-Drop und Pronominalklise in den Dialekten des Deutschen. In Michael Elmentaler, Markus Hundt & Jürgen Erich Schmidt (Hrsg.), *Deutsche Dialekte. Konzepte, Probleme, Handlungsfelder*, 191–209. Stuttgart: Steiner.

Fuhrhop, Nanna & Jörg Peters (2013): *Einführung in die Phonologie und Graphematik*. Stuttgart: Metzler.

FWB = *Frühneuhochdeutsches Wörterbuch*. Hrsg. von Robert Ralph Anderson, Ulrich Goebel & Oskar Reichmann. Bd. 1. (1989) *Einführung, a-äpfelkern*. Berlin, New York: De Gruyter.

Grimm, Jacob (1898): *Deutsche Grammatik*. Bd. 4. Gütersloh: Bertelsmann.

Grosse, Siegfried (2000): Reflexe gesprochener Sprache im Mittelhochdeutschen. In Werner Besch, Anne Betten, Oskar Reichmann & Stefan Sonderegger (Hrsg.), *Sprachgeschichte. Ein Handbuch zur Geschichte der deutschen Sprache und ihrer Erforschung*. Bd. 2, 1391–1399. Berlin, New York: De Gruyter.

Haberland, Hartmut (1985): Zum Problem der Verschmelzung von Präposition und bestimmtem Artikel im Deutschen. *Osnabrücker Beiträge zur Sprachtheorie* 30, 82–106.

Hartmann, Dietrich (1978): Verschmelzungen als Varianten des bestimmten Artikels? Zur Semantik von präpositionalen Ausdrücken im Deutschen. In Dietrich Hartmann, Hansjürgen Linke & Otto Ludwig (Hrsg.), *Sprache in Gegenwart und Geschichte*, 68–81. Köln: Böhlau.

Hartmann, Dietrich (1980): Über Verschmelzungen von Präposition und bestimmtem Artikel. *Zeitschrift für Dialektologie und Linguistik* 47, 160–183.

Heinemann, Wolfgang & Dieter Viehweger (1991): *Textlinguistik. Eine Einführung*. Tübingen: Niemeyer.

Hennig, Mathilde (2007): Gesprochene Sprache gestern und heute. In Stephan Elspaß (Hrsg.), *Neue Sprachgeschichte(n). Themenheft der Zeitschrift Der Deutschunterricht* 59, 17–27.

Hille, Iris (2009): *Der Teufelspakt in frühneuzeitlichen Verhörprotokollen*. Berlin, New York: De Gruyter.

Hinrichs, Erhard W. (1984): Attachment of articles and prepositions in German: Simple clitization or inflected prepositions. *Ohio State University, Working Papers in Linguistics* 29, 127–138.

Koch, Peter & Wulf Oesterreicher (1985): Sprache der Nähe – Sprache der Distanz. Mündlichkeit und Schriftlichkeit im Spannungsfeld von Sprachtheorie und Sprachgeschichte. *Romanisches Jahrbuch* 36, 15–43.

Kolmer, Agnes (2012): *Pronomen und Pronominalklitika im Cimbro. Untersuchungen zum grammatischen Wandel einer deutschen Minderheitensprache in romanischer Umgebung*. Stuttgart: Steiner.

Linsberger, Axel (2012): *Wiener Personennamen. Ruf-, Bei- und Familiennamen des 15. Jahrhunderts aus Wiener Quellen*. Frankfurt am Main: Peter Lang.

Macha, Jürgen (1991): Kölner Turmbücher – Schreibsprachwandel in einer seriellen Quelle der Frühen Neuzeit. *Zeitschrift für deutsche Philologie* 110, 36–61.

Macha, Jürgen (2003): Regionalität und Syntax: Redewiedergabe in frühneuhochdeutschen Verhörprotokollen. In Raphael Berthele, Helen Christen, Sybille Germann & Ingrid Hove (Hrsg.), *Die deutsche Schriftsprache und die Regionen*, 181–202. Berlin, New York: De Gruyter.

Macha, Jürgen (2005): Redewiedergabe in Verhörprotokollen und der Hintergrund gesprochener Sprache. In Sabine Krämer-Neubert & Norbert Richard Wolf (Hrsg.), *Bayerische Dialektologie*. Heidelberg: Winter, 171–178.

Macha, Jürgen (2010): Grade und Formen der Distanzsprachlichkeit in Hexereiverhörprotokollen des frühen 17. Jahrhunderts. In Vilmos Ágel & Mathilde Hennig (Hrsg.), *Nähe und Distanz im Kontext variationslinguistischer Forschung*, 135–153. Berlin, New York: De Gruyter.

Macha, Jürgen, Elvira Topalović, Iris Hille, Uta Nolting & Anja Wilke (Hrsg.) (2005): *Deutsche Kanzleisprache in Hexenverhörprotokollen der Frühen Neuzeit.* 2 Bde. Berlin, New York: De Gruyter.

Mihm, Arend (1995): Die Textsorte Gerichtsprotokoll im Spätmittelalter und ihr Zeugniswert für die Geschichte der gesprochenen Sprache. In Gisela Brandt (Hrsg.), *Historische Soziolinguistik des Deutschen.* Bd. 2. *Sprachgebrauch in soziofunktionalen Gruppen und in Textsorten*, 21–57. Stuttgart: Heinz.

Nespor, Martina & Irene Vogel (1986): *Prosodic Phonology*. Dordrecht: Foris.

Nolting, Uta (2002): *Ich habe nein toueren gelernet* – Mindener Hexenverhörprotokolle von 1614. *Niederdeutsches Wort* 42, 55–116.

Nübling, Damaris (1992): *Klitika im Deutschen. Schriftsprache, Umgangssprache, alemannische Dialekte*. Tübingen: Narr.

Nübling, Damaris (2005): Von *in die* über *in'n* und *ins* bis *im*. Die Klitisierung von Präposition und Artikel als „Grammatikalisierungsbaustelle". In Torsten Leuschner, Tanja Mortelmans & Sarah de Groodt (Hrsg.), *Grammatikalisierung im Deutschen*, 105–131. Berlin, New York: De Gruyter.

Nübling, Damaris (2014): Sprachverfall? Sprachliche Evolution am Beispiel des diachronen Funktionszuwachses des Apostrophs im Deutschen. In Albrecht Plewnia & Andreas Witt (Hrsg.), *Sprachverfall? Dynamik – Wandel – Variation*, 99–123. Berlin, Boston: De Gruyter.

Nübling, Damaris (2017): The growing distance between proper names and common nouns in German: On the way to onymic schema constancy. In Tanja Ackermann & Barbara Schlücker (Hrsg.), *Folia Linguistica* 51. *Special Issue: The morphosyntax of proper names*, 341–367.

Prinz, Michael (1991): *Klitisierung im Deutschen und Neugriechischen*. Tübingen. Niemeyer.

Pütz, Herbert (1975): *Über die Syntax der Pronominalform es im modernen Deutsch*. Tübingen: Narr.

Rösler, Irmtraut (1997): Niederdeutsche Inferenzen und Alternanzen in hochdeutschen Verhörsprotokollen. In Klaus J. Mattheier, Haruo Nitta & Mitsuyo Ono (Hrsg.), *Gesellschaft, Kommunikation und Sprache Deutschlands in der frühen Neuzeit*, 187–202. München: Iudicium.

Rummel, Walter & Rita Voltmer (2012): *Hexen und Hexenverfolgung in der Frühen Neuzeit*. Darmstadt: Wissenschaftliche Buchgesellschaft. 2. Aufl.

Salomonsson, Johanna (2011): Hamwa nisch... fragense mal da«. Spiel mit Mündlichkeit und Schriftlichkeit in Diskussionsforen im Internet. *Net.worx* 59.

Sauerbeck, Karl Otto (1970): *Grammatik des Frühneuhochdeutschen. Beiträge zur Laut- und Formenlehre*. Bd. 1. Teil 1: *Vokalismus der Nebensilben*. Heidelberg: Winter.

Schaub, Sybille (1979): Verschmelzungsformen von Präpositionen und Formen des bestimmten Artikels im Deutschen. In Heinz Vater (Hrsg.), *Phonologische Probleme des Deutschen*, 63–104. Tübingen. Narr.

Schellinger, Wolfgang (1988): Zu den Präposition-Artikel-Verschmelzungen im Deutschen. *Linguistische Berichte* 115, 214–228.

Schiering, René (2005): Flektierte Präpositionen im Deutschen? Neue Evidenz aus dem Ruhrgebiet. *Zeitschrift für Dialektologie und Linguistik* 52, 52–79.

Schmuck, Mirjam (2017): Movierung weiblicher Familiennamen im Frühneuhochdeutschen und ihre heutigen Reflexe. In Johannes Helmbrecht, Damaris Nübling & Barbara Schlücker (Hrsg.), *Namengrammatik*. Linguistische Berichte Sonderheft 23, 33–58. Hamburg: Buske.

Schmuck, Mirjam & Renata Szczepaniak (2014): Der Gebrauch des Definitartikels vor Familien- und Rufnamen im Frühneuhochdeutschen aus grammatikalisierungstheoretischer

Perspektive. In Friedhelm Debus, Rita Heuser & Damaris Nübling (Hrsg.), *Linguistik der Familiennamen*, 97–137. Hildesheim u.a.: Olms.

Simon, Horst J. (2006): Reconstructing historical orality in German – what sources should we use? In Irma Taavitsainen, Juhani Härmä & Jarmo Korhonen (Hrsg.), *Dialogic Language Use*, 7–26. Helsinki: Société Néophilologique.

Somers Wicka, Katerina (2009): *From phonology to syntax: pronominal clitization in Otfrid's Evangelienbuch*. Tübingen: Niemeyer.

Spencer, Andrew & Ana R. Luís (2012): *Clitics. An Introduction*. Cambridge: University Press.

Spiekermann, Helmut (2008): *Sprache in Baden-Württemberg. Merkmale des regionalen Standards*. Tübingen: Niemeyer.

Steffens, Rudolf (2010): Zur Diachronie der Präposition-Artikel-Enklise. *Beiträge zur Namenforschung*, 245–292.

Steffens, Rudolf (2012): Die Präposition-Artikel-Enklise in der deutschen Sprachgeschichte unter besonderer Berücksichtigung der Bibelübersetzung Martin Luthers. *Zeitschrift für Dialektologie und Linguistik* 79, 298–329.

Szczepaniak, Renata (2011): *Grammatikalisierung im Deutschen*. Tübingen: Narr. 2. Aufl.

Szczepaniak, Renata & Fabian Barteld (2016): Hexenverhörprotokolle als sprachhistorisches Korpus. In Sarah Kwekkeboom & Sandra Waldenberger (Hrsg.), *PerspektivWechsel oder: Die Wiederentdeckung der Philologie*. Bd. 1. *Sprachdaten und Grundlagenforschung in Historischer Linguistik*, 43–70. Berlin: Erich Schmidt.

Topalović, Elvira (2003): *Sprachwahl – Textsorte – Dialogstruktur. Zu Verhörprotokollen aus Hexenprozessen des 17. Jahrhunderts*. Trier: Wissenschaftlicher Verlag.

Tophinke, Doris (2002): Schreiben gegen die Regel – Formen und Funktionen orthografischer Abweichungen im Internet Relay Chat (IRC). In Michael Bommes, Christina Noack & Doris Tophinke (Hrsg.), *Sprache als Form*, 170–182. Opladen: Westdeutscher Verlag.

Ulbrich, Christiane & Alexander Werth (2017): Die Enklise von Präposition und Artikel in der Sprachverarbeitung. In Nanna Fuhrhop, Renata Szczepaniak & Karsten Schmidt (Hrsg.), *Sichtbare und hörbare Morphologie*, 237–260. Berlin, Boston: De Gruyter.

Walch, Maria & Susanne Häckel (1988): *Grammatik des Frühneuhochdeutschen. Beiträge zur Laut- und Formenlehre*. Bd. 7. *Flexion der Pronomina und Numeralia*. Heidelberg: Winter.

Waldenberger, Sandra (2009): *Präpositionen und Präpositionalphrasen im Mittelhochdeutschen*. Tübingen: Niemeyer.

Weinrich, Harald (2005): *Textgrammatik der deutschen Sprache*. Hildesheim u.a.: Olms. 3. Aufl.

Weiß, Helmut (1998): *Syntax des Bairischen. Studien zur Grammatik einer natürlichen Sprache*. Tübingen: Niemeyer.

Weiß, Helmut (2005): Syntax der Personalpronomen im Bairischen. In Sabine Krämer-Neubert & Norbert Richard Wolf (Hrsg.), *Bayerische Dialektologie*, 179–188. Heidelberg: Winter

Weiß, Helmut (2016): Pronominalsyntax deutscher Dialekte. In Alexandra N. Lenz & Franz Patocka (Hrsg.), *Syntaktische Variation – Areallinguistische Perspektiven*, 121–150. Wien: V & R: Academics.

Wiese, Richard (1988): *Silbische und lexikalische Phonologie. Studien zum Chinesischen und zum Deutschen*. Tübingen: Niemeyer.

Wiesinger, Peter (1983): Die Einteilung der deutschen Dialekte. In Werner Besch, Ulrich Knoop, Wolfgang Putschke & Ernst Herbert Wiegand (Hrsg.), *Dialektologie. Ein internationales Handbuch zeitgenössischer Forschung*. Bd. 2, 807–900. Berlin, New York: De Gruyter.

Wilke, Anja (2006): *Redewiedergabe in frühneuzeitlichen Hexenprozessakten. Ein Beitrag zur Geschichte der Modusverwendung im Deutschen*. Berlin, New York: De Gruyter.

Zeman, Sonja (2013): Historische Mündlichkeit. Empirische Erörterung einer theoretischen Problemlage. *Zeitschrift für germanistische Sprachwissenschaft* 41, 377–412.
Zwicky, Arnold M. (1977): *On clitics*. Bloomington: Indiana University Linguistics Club.

Hanna Fischer

Diskursmodus und Tempusformen

Zum Tempusgebrauch in den frühneuzeitlichen Hexenverhörprotokollen

Abstract: Der Beitrag untersucht den indikativischen Tempusformengebrauch in den frühneuzeitlichen Hexenverhörprotokollen vor dem Hintergrund der Ausbreitung der Perfektform und dem dadurch verursachten Präteritumschwund. Ausgangspunkt der Argumentation ist die Beobachtung, dass die Verhörprotokolle in Abhängigkeit zu ihrem Entstehungskontext als Mit- oder Abschrift eine unterschiedliche diskursmodale Gestaltung aufweisen, die die Verwendung von Tempusformen in besonderer Weise steuert. Anhand von zwei Protokollen (Bamberg 1628 und Meßkirch 1644) wird gezeigt, dass in beschreibenden Passagen Präsensformen bevorzugt werden. Berichtende Passagen werden überwiegend mit Perfektformen, aber auch mit Präteritumformen ausgedrückt, welche ansonsten vor allem in erzählenden Passagen auftreten. Die Tempusformen drücken dabei nicht unterschiedliche Temporalwerte aus, sondern verleihen den Protokollpassagen einen je unterschiedlichen diskursmodalen Charakter.

Keywords: Tempus, Präteritum, Perfekt, Präsens, Abschrift, Mitschrift, Diskursmodus, Beschreiben, Berichten, Erzählen, Präteritumschwund.

1 Einleitung

Der Ausgangspunkt für diesen Beitrag ist mein Interesse an den Entwicklungen im Tempus-Aspekt-System des Deutschen. Der besondere Fokus liegt hierbei auf den indikativischen Vergangenheitsformen des Deutschen, bei denen seit mittelhochdeutscher Zeit die semantisch-funktionale Expansion der Perfektform (*ich bin gekommen, ich habe gemacht*) sowie der Abbau der Präteritumform (*ich kam, ich machte*) beobachtet werden können. Diese Prozesse schlagen sich ab Ende des 15. Jahrhunderts in schriftlichen Texten nieder und haben die deutschen Di-

Hanna Fischer, Forschungszentrum Deutscher Sprachatlas Marburg, hanna.fischer@uni-marburg.de

https://doi.org/10.1515/9783110679649-008

alekträume in unterschiedlichem Ausmaß zu unterschiedlichen Zeitpunkten erfasst; im oberdeutschen Sprachraum haben sie zu einem vollständigen Verlust der Präteritumformen geführt (vgl. Fischer 2018). Eine Reihe von Auswertungen frühneuhochdeutscher Korpora gibt uns Einblicke in die Aus- und Abbauprozesse der Tempusformen (vgl. Lindgren 1957; Jörg 1976; Dentler 1997; Sapp 2009; Amft 2018), die im süddeutschen Sprachraum beginnen und sich sukzessive auch auf die anderen Regionen ausweiten. Doch fehlt eine Studie, die den Tempusgebrauch areal vergleichend untersucht und dabei Texte einer einheitlichen Textsorte auswertet, die auf einen Zeitraum (vor der Durchsetzung der standardisierten Schriftsprache) begrenzt werden und somit überregional den jeweiligen, aber gleichzeitigen Entwicklungsstand im landschaftlichen Sprachgebrauch zur frühneuhochdeutschen Zeit fassen.

Als europäisches Phänomen hat die Hexenverfolgung in der frühen Neuzeit den gesamten deutschen Sprachraum erfasst. Zur grausamen Verfolgungspraktik gehörte auch das juristische Vorgehen gegen die Angeklagten, das im Zuge der aufkommenden öffentlichen Schriftlichkeit in Prozessakten dokumentiert wurde. Es handelt sich um erschreckende Zeugnisse einer maßlosen und gewaltvollen juristischen Praxis. Gleichzeitig sind die Prozessakten sprachliche Zeugnisse aus einer Zeit, in der sich eine normierte, überregionale Standardschriftsprache erst herausbildet. Die Sprache der Prozessakten ist überaus variantenreich und enthält zahlreiche regionale Merkmale. Da es sich um Gebrauchstexte der öffentlichen Rechtsprechung handelt, ist die Sprache der Hexenverhörprotokolle näher an der Alltagssprache der frühen Neuzeit als z. B. poetische Werke oder theologische Abhandlungen. Zudem thematisieren die Protokolle vergleichbare Inhalte: den Ablauf von Verhörsituationen und die Aussagen der Angeklagten. Stellen die Hexenverhörprotokolle also das perfekte Korpus für regional vergleichende Studien zu Sprachwandelprozessen dar?

Die Antwort ist *ja* und *nein*: So wurden zum Beispiel Fragen zur Entwicklung der Graphie (z. B. zur Herausbildung der satzinternen Großschreibung [Schutzeichel & Szczepaniak 2015; Szczepaniak & Barteld 2016]) oder der Morphosyntax (Grammatikalisierung des Definitartikels vor Eigennamen [Schmuck & Szczepaniak 2014]) bereits erkenntnisreich am Korpus der Protokolltexte untersucht. Für den indikativischen Tempusgebrauch gilt dies nicht in gleicher Weise: Zum einen bestehen die Protokolltexte zu großen Teilen aus indirekter Redewiedergabe, die grammatisch überwiegend durch Konjunktivformen ausgedrückt wird. Zum anderen werden die Protokolltexte diskursmodal sehr unterschiedlich gestaltet: Die Protokolle sind zum Teil beschreibend, zum Teil berichtend, manchmal auch erzählend. Aus textlinguistischer Sicht bedienen sich die frühneuzeitlichen Protokollschreiber also verschiedener Vertextungstypen – die Protokolle stellen eine diskursmodal heterogene Textsorte dar. Da verschiedene Diskursmodi temporal unterschiedlich organisiert sind, bedingen sie auch die Wahl der Tempusformen. Und gleichzeitig können die Schreiber mit der Wahl der Tempusformen die diskursmodale Perspektivierung des Prozessgeschehens gestalten. Dies erschwert eine vergleichbare Studie zum Tempusgebrauch. Der regionale Faktor ist der diskursmodalen Steuerung untergeordnet.

Dies soll anhand der Verhörprotokolle aus Bamberg 1628 und Meßkirch 1644 (in der Ausgabe von Macha et al. 2005) gezeigt werden. Im Zentrum steht die Frage, wie die Wahl der Tempusformen und die diskursmodale Gestaltung der Protokolle zusammenhängen. Der Entwicklungsstand von Perfektexpansion und Präteritumabbau lässt sich dabei punktuell, aber nicht vergleichend erörtern.

Der Beitrag ist wie folgt aufgebaut: Zunächst wird der Entwicklungsstand der Tempusformen im 16./17. Jahrhundert vorgestellt und die Prinzipien der beteiligten Prozesse benannt (Abschnitt 2). Abschnitt 3 führt den Erkenntnisstand zu Diskursmodus und Tempusformen in den Hexenverhörprotokollen zusammen. Abschnitt 4 stellt zwei Fallanalysen zur diskursmodalen Gestaltung durch Tempusformen vor. Die Erkenntnisse werden abschließend in Abschnitt 5 zusammengeführt.

2 Tempusformen im 16./17. Jahrhundert

Das System von Tempusformen zeigt im Verlauf der deutschen Sprachgeschichte spannende Veränderungen: Die synthetischen Präsens- und Präteritumformen werden um eine Reihe von periphrastischen Formen ergänzt, darunter das Perfekt, das in althochdeutscher Zeit zu einer Form zum Ausdruck von retrospektiver Gegenwartsbedeutung grammatikalisiert wird (vgl. Gillmann 2016). Korpusstudien zeigen, dass die Perfektformen ab mittelhochdeutscher Zeit frequentiell zunehmen (vgl. Lindgren 1957; Sapp 2009). Noch bevor im 16. Jahrhundert alle Verben eine Perfektform bilden können, geht die semantische Entwicklung der Perfektform weiter: Das Perfekt kann zunehmend auch alle Bedeutungsbereiche des Präteritums ausdrücken und ersetzt das Präteritum sukzessive (vgl. Dentler 1997; Amft 2018; Fischer 2018). Besonders deutlich ist der Anstieg des Perfekts im 16. und 17. Jahrhundert, bevor – vermutlich durch den Einfluss der sich entwickelnden Standardschriftsprache – das Präteritum wieder an Häufigkeit gewinnt. Sapps (2009: 425) Auswertung des *Bonner Frühneuhochdeutschkorpus* zeigt für das 16. Jahrhundert eine Verteilung von Präteritum- und Perfektformen von 70% zu 30%, während die Durchschnittswerte im 14. Jahrhundert noch bei 88% zu 12% lagen. Für das Mittelniederdeutsche fehlt eine vergleichbar umfangreiche

Korpusstudie. Eine Auszählung des Tempusgebrauchs in ausgewählten mittelniederdeutschen Drucken aus dem Zeitraum 1478–1522 weist für das Niederdeutsche andere Verhältnisse nach: Hier stehen 93% Präteritumformen nur 7% Perfektformen gegenüber (n = 1.572). Das sind Verhältnisse, wie sie Zeman (2010: 308–311) für das Mittelhochdeutsche um 1200 feststellen kann (95% Präteritum, 5% Perfekt; n = 3.097). Auch die Verwendung nach Diskursmodus ist vergleichbar: Die Perfektformen beschränken sich sowohl in den mnd. Bibeldrucken (15.–16. Jahrhundert, Schöndorf 1983: 174) als auch im mhd. *Herzog Ernst* von 1200 (Zeman 2010: 308–311) im Wesentlichen auf dialogische Passagen (94% bzw. 98%). Dagegen hat das oberdeutsche Perfekt im 15.–16. Jahrhundert in der Studie von Lindgren (1957) mit 63,6% in „Erzählung“ und 36,4% in „Dialog“ bereits stark expandiert (vgl. die Gegenüberstellung im Einzelnen in Fischer 2018: 236–238). Der Entwicklungsstand des niederdeutschen Perfekts im 15.–16. Jahrhundert entspricht demnach dem des mittelhochdeutschen Perfekts um 1200. Es hat noch keine Expansion so wie im hochdeutschen Sprachraum erfahren, wie auch Magnusson (1939: 63) an Beispielen zeigt. Die Expansion der Perfektform erfolgt demnach nicht nur regional unterschiedlich, sondern auch in Abhängigkeit zu verschiedenen Textsorten. Das Perfekt expandiert zunächst vor allem in Texten direkter Rede, während sich das Präteritum in Chroniken, Reisebeschreibungen und Romanen stärker behauptet (vgl. Lindgren 1957; Fischer 2018: 150–155). Je nach Textsorte wird das Perfekt eher präferiert oder eben auch gemieden.

Ein genauer Blick auf die syntaktischen und morphologischen Eigenschaften der Verben in Sapp (2009) und Amft (2018) zeigt zudem, dass sich die Perfektformen schnell bei schwachen Verben sowie auch bei rückumlautenden und starken Verben ausbreiten, während Modalverben das Perfekt meiden. Hier zeigen sich die Prinzipien, die sowohl die Expansion des Perfekts als auch den Abbau des Präteritums steuern. Sie sorgen dafür, dass bereits in den historischen Texten „perfektaffine“ und „präteritumaffine“ Verben unterschieden werden können. „Perfektaffine“ Verben sind tendenziell niedrigfrequent, ihre Präteritumformen sind oft schwieriger zu artikulieren und/oder nur gering lexikalisiert. Oft handelt es sich um Verben mit perfektiver lexikalischer Aspektualität, die bereits früh eine Perfektgrammatikalisierung erfahren haben.[1] Spiegelbildlich dazu erhalten gerade diejenigen Verben ihre Präteritumformen lange, die hochfrequent auftreten und deren häufig irreguläre Formen stark lexikalisiert sind (z. B. *haben*, *wis-*

1 Für ein gegenwartsprachliches Korpus ermittelt Hennig (2000: 183) als „perfektaffine“ Verben z. B. *arbeiten*, *bekommen*, *heiraten*, *vergessen*. Zur „Affinität“ der Verben zu Tempusformen siehe auch Sieberg (1984) und Latzel (1977).

sen, kommen, stehen), sowie Verben, die bereits in der synthetischen Präteritumform mehrgliedrige Verbalkomplexe bilden (wie z. B. die Modalverben). Diese verbspezifische Formenpräferenz lässt sich sowohl in den standard- und regionalsprachlichen Korpusstudien des 20. Jahrhunderts wiederfinden als auch im historischen Abbauprozess der Präteritumformen bestätigen.

3 Hexenverhörprotokolle: Diskursmodus und Tempusformen

3.1 Textsorte und Diskursmodus

Bei den Hexenverhörprotokollen handelt es sich um Textzeugnisse der frühneuzeitlichen Strafgerichtsbarkeit. Es sind Protokolle der Beschuldigten- bzw. Angeklagtenvernehmungen (vgl. Topalović 2003: 112). Die Schreiber verfassen die Protokolle entsprechend den ihnen bekannten „Text-, Schreib- und Formulierungstraditionen", die sich an den frühneuzeitlichen Gerichtsordnungen orientieren (vgl. Topalović 2003: 114–115). Die Gerichtsverhandlungen werden chronologisch protokolliert. Sie dienen dem Nachweis des ordnungsgemäßen Verfahrensverlaufs (vgl. Topalović 2003: 122). Überliefert wurden die Protokolle als Mitschriften oder als Abschriften. Topalović (2003: 126) kontrastiert eine Reihe von Eigenschaften dieser Protokolltypen. In Bezug auf die Textproduktion lassen sich demnach unterschiedliche Kommunikationssituationen bestimmen. Die Mitschrift erfolgt in der Verhörsituation, es handelt sich um eine „parallele, chronologische Protokollierung" und daher tendenziell um die Verschriftlichung gesprochener Sprache (Topalović 2003: 126). Protokollrein- und -abschriften entstehen im Nachhinein. Sie werden zeitversetzt zur Verhörsituation und mitunter „extrahierend" erstellt. Es handelt sich somit um eine „Verschriftlichung bzw. Reformulierung der Protokollmitschriften" (Topalović 2003: 126). Während die Mitschriften für den inneren Kanzleibetrieb angefertigt wurden (z. B. um ein unter der Folter erzwungenes Geständnis anschließend wortgetreu „gütlich" bestätigen zu lassen), werden die Abschriften vor allem zum Versand an höhere juristische Instanzen erstellt. Sie sollen „den ordnungsgemäßen Verlauf des Gerichtsverfahrens" dokumentieren (Topalović 2003: 126).

Ob es sich um eine Mitschrift oder Abschrift handelt, beeinflusst die Protokolle in vielfältiger Weise. So ist das Schriftbild der Abschriften deutlich gleichmäßiger und geordneter. Sie enthalten weniger ungewöhnliche Abkürzungen,

Korrekturen und interlineare Ergänzungen als die Mitschriften. Auch treten sprechsprachliche Merkmale deutlich seltener auf (vgl. Topalović 2003: 130).

Hier zeigt sich die Auswirkung der Kommunikationssituation auf die Form des Protokolls: Das simultane Mitschreiben des Prozessgeschehens beeinflusst die sprachliche und formale Gestaltung. Ebenso hat das zeitlich versetzte Abschreiben einer Mitschrift ihre Auswirkungen, die sich nicht nur im Schriftbild und der Textgliederung zeigen, sondern eben auch konzeptionell erfolgen. In Abschriften wird das Geschehen berichtet, Aussagen werden mitunter zusammengefasst: „Beim Abschreiben ist der Gerichtsschreiber eben nicht simultaner Beobachter und Protokollant des Verhörs, sondern Berichterstatter oder Erzähler einer nunmehr vergangenen Gerichtsverhandlung“ (Topalović 2003: 141).

Die Hexenverhörprotokolle stellen damit eine besonders komplexe Textsorte dar, deren thematisch-situative Struktur in Abbildung 1 als Schichtenmodell visualisiert wird. Die Abschrift (D) schildert das in der Mitschrift (C) erfasste Prozessgeschehen (B), in dem auf das vergangene Tatgeschehen (A) Bezug genommen wird. Die Abschrift (D) enthält oft Bewertungen des Prozessgeschehens und eine Zuspitzung auf das bereits bekannte Urteil.

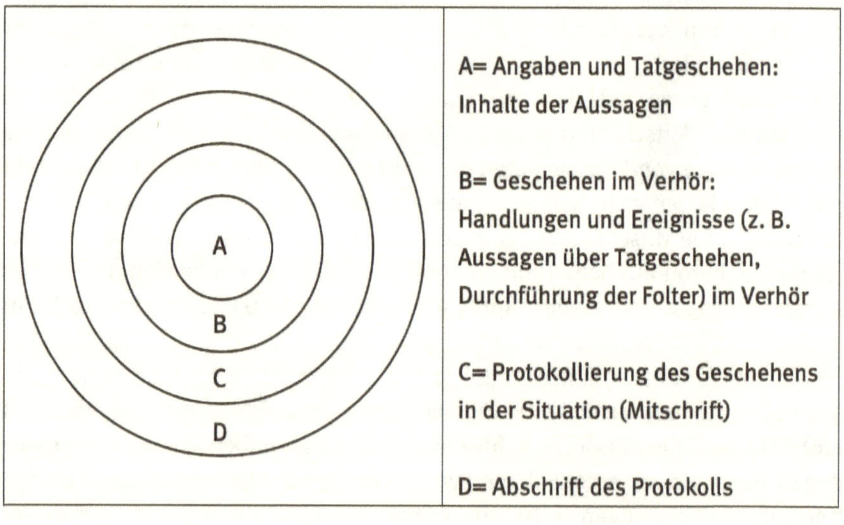

Abb. 1: Schichtenmodell der thematisch-situativen Struktur von Verhörprotokollen.

Die sprachliche Gestaltung der „Schichten“ des Modells lässt sich an einem Beispiel aus einem Osnabrücker Verhörprotokoll (aus Topalović 2003: 141) illustrieren:

Beispiel (1) Mitschrift und Abschrift[2]:

(1a) *Sagt sei 50. Jahr vngefehr alt, Habe 10. Jahr die Zauberei gekont Die Alte Stallmansche habs ihr vor der Norttorffer pfordten vfn wege geleret*

(1b) *Sagtte Sie were vngefehr 50. Jahr alt, hette 10 Jahr die Zauberey gekontt, Die Alte Stallmansche, habß Ihr vor der Norttorffer pfortten auffm wege gelehrett*

Satz (1a) ist ein Ausschnitt aus einer Protokollmitschrift. Die simultane Protokollierung (= C) spiegelt sich in der Präsensform *sagt* wider, die die Aussagehandlung im Prozessgeschehen (= B) beschreibt. Die Angeklagte macht Aussagen über sich selbst zum Zeitpunkt des Verhörs (‘ist 50 Jahre alt’, ‘beherrscht seit zehn Jahren die Zauberei’) sowie über ein Geschehen der Vergangenheit (‘die alte Stallmansche lehrte es ihr auf der Straße vor der Nortorfer Pforte’) (= A). Der Schreiber drückt die indirekte Redewiedergabe durch Konjunktiv-I-Formen aus.

In Satz (1b) aus der Abschrift der Protokollmitschrift kommt eine weitere vermittelnde „Schicht“ hinzu. Im Zuge des Abschreibens wird das Prozessgeschehen in die Vergangenheit verlegt (Präteritumform *sagtte*). Entsprechend werden auch die Konjunktivformen der indirekten Rede eine Zeitstufe zurückgesetzt: *were* statt *sei*, *hette gekontt* statt *habe gekont* (jedoch nicht konsequent: *habs geleret*).

Jede Schicht bedeutet eine weitere vermittelnde Darstellungsinstanz: Das Tatgeschehen wird über die Aussagen vermittelt, die Aussagen über das Protokollieren und das Protokollierte über das Abschreiben des Protokolls. Das Abschreiben des Protokolls kann dabei auch zu einer veränderten diskursmodalen Konzeption des Geschilderten führen. Das Prozessgeschehen wird dann nicht nur zeitlich zurückversetzt, sondern die beschreibende Protokollierung wird in eine berichtende oder sogar narrative Darstellungsform überführt. Wichtig hierbei: Das sind Gestaltungsmöglichkeiten, die von den Schreibern genutzt werden können, aber nicht angewendet werden müssen. Eine Durchsicht der Protokolle aus Macha et al. (2005) zeigt hier zwei Probleme: Zum einen lassen sich Mitschriften und Abschriften nicht immer eindeutig als solche identifizieren. Zum andern sind manche Protokolle diskursmodal sehr heterogen gestaltet. Es wechseln sich beschreibende, berichtende und narrative Passagen in einem Protokoll ab. Span-

2 Beispiele 7a-H_A und 7b-H_B aus Topalović (2003: 141).

nend ist die diskursmodale Gestaltung, da die Diskursmodi temporal unterschiedlich organisiert sind und es daher zur Verwendung unterschiedlicher Tempusformen kommt.

Mit *Diskursmodus* beziehe ich mich hier auf das Konzept der *discourse modes* von Smith (2003), das im Kontext der *Discourse Representation Theory* von Kamp & Reyle (1993) entwickelt wurde. Smith (2003) unterscheidet fünf Haupttypen, von denen drei Diskursmodi hier besondere Beachtung finden: Erzählen (*narration*), Berichten (*report*) und Beschreiben (*description*) (vgl. auch Carruthers 2012; Smith 2011). Ähnliche Unterscheidungen finden sich auch in der germanistischen Textlinguistik. So unterscheidet Werlich (1979: 39) verschiedene „Texttypen" als „idealtypische Normen der Textstrukturierung" und Heinemann & Viehweger (1991: 235) beschreiben mehrere „Grundmuster der Textkonstitution". Diese werden bei Brinker et al. (2014: 69) zu „Grundformen thematischer Entfaltung" und haben als „Vertextungsstrategien" auch Eingang in die Duden-Grammatik (2016: 1164–1167) gefunden haben.

Nach Smith (2003) unterscheiden sich die Diskursmodi einerseits in Bezug auf die Art der Verbalsituationen und andererseits durch unterschiedliche Prinzipien der temporalen Organisation. Im Diskursmodus Beschreiben ist die Zeit statisch: es gibt weder ein temporales Voranschreiten noch einen Wechsel in der temporalen Verortung der Beschreibung. Das Beschreiben orientiert sich am Gegenstand und tastet diesen ab (z. B. räumlich bei einer Bildbeschreibung, zeitlich bei Verlaufsprotokollen) (vgl. Smith 2003; Smith 2011: 2603). Als Aufzeichnung eines Vorgangs sind Protokolle besondere Formen von Beschreibungen: sie dienen der Verschriftlichung mündlicher Kommunikation. Während das wörtliche Protokoll den genauen Wortlaut einer mündlichen Kommunikation aufzeichnet, gibt das Verlaufsprotokoll den Inhalt der mündlichen Kommunikation dem Verlauf entsprechend – aber nicht in direkter Rede – wieder. Die wichtigste Tempusform ist das Präsens. Die Hexenverhörprotokolle haben in der Regel den Charakter eines Verlaufsprotokolls. Wird punktuell der Wortlaut einer Aussage in direkter Rede wiedergegeben, haben die Hexenverhörprotokolle Züge eines wörtlichen Protokolls. Zusammenfassende Abschnitte können mitunter auch Merkmale eines Ergebnisprotokolls aufweisen und dann berichtenden Charakter haben.

Das zentrale Organisationsprinzip von Berichten ist die Situationsverschränkung mit einer Referenzzeit, zum Beispiel dem Sprech-/Schreibzeitpunkt. Die Verbalsituationen, i. e. die thematisierten Sachverhalte, werden in Bezug zu diesem deiktischen Zentrum vor-, gleich- oder nachzeitig lokalisiert (vgl. Smith 2003; Smith 2011: 2603). Entsprechend werden die Tempusformen gewählt, um das Berichtete temporal zu verorten. Solche berichtenden Passagen finden sich in den Hexenverhörprotokollen außerhalb der Redewiedergabe zum Beispiel in der Verhörsituierung, „aber auch in kürzeren Sätzen, in denen in knapper Form beschrieben wird, was im Folgenden protokolliert ist. Zudem wird auch das, was die Angeklagten tun, wenn sie nichts sagen, in Form eines Berichts protokolliert" (Wilke 2006: 269).

Beim Erzählen, der Narration, ist das zentrale Organisationsprinzip die Chronologie: die Darstellung einer Ereignisfolge. Grenzbezogene Verbalsituationen (wie z. B. Achievements oder Accomplishments) lassen die Ereignisfolge und mit ihr die erzählte Zeit voranschreiten.[3] Im Gegensatz zum Berichten beziehen sich die Situationen in der Narration aufeinander und nicht auf das deiktische Zentrum. Die Ereigniskette (die Folge von grenzbezogenen Verbalsituationen) ist oft in der Vorzeitigkeit verortet, kann aber auch in der Gegenwart oder Zukunft angesiedelt sein. Sie ist jedoch – anders als in anderen Diskursmodi – immer abgelöst vom Sprechzeitpunkt verortet und etabliert eine eigene Zeitfolge (*timeline*): Die Ereignisse schließen sich chronologisch und kontinuierlich aneinander an und beziehen sich anaphorisch aufeinander. Ereignisse, die nicht Teil der sequentiellen Reihung sind, werden als Rück- oder Vorgriffe sprachlich ausgewiesen (z. B. durch Verwendung des Plusquamperfekts). Aufgrund dieser Besonderheiten wird das Erzählen („erzählte Welt") in dem Modell von Weinrich (1964: 47–51) auch als eigene „Sprechhaltung" von dem Besprechen („besprochene Welt") differenziert. In der Narration wird durch die Aspektualität bzw. die Grenzbezogenheit der Verbalsituationen die Markierung in Vordergrund- und Hintergrunddarstellung erreicht, was bei Weinrich (1964: 238–276) „Reliefgebung" genannt wird. Die Situationsentbindung in der Narration erfordert die Verwendung einer Tempusform, die auf von der Sprechsituation entbundene Sachverhalte referieren kann. Die Präteritumform ist hier die prototypische Form. Das Perfekt kann aufgrund der ursprünglichen, sprechzeitbezogenen Bedeutung die Situationsentbindung erst bei weit vorangeschrittener semantischer Expansion ausdrücken und wird für narrative Kontexte in der Schriftsprache bis heute eher gemieden. Die Protokolle weisen genau dann narrative Passagen auf, wenn Ereignisketten dargestellt werden, die abgelöst von einem deiktischen Zentrum sind und eine *timeline* konstituieren.

Tabelle 1 fasst die temporalen Eigenschaften der Diskursmodi zusammen:

3 Zur „temporalen Bewegung" in Narration siehe u. a. auch Rothstein (2007: 71–81), Smith (2011: 2602), Caudal (2012: 288) sowie kritisch dazu Zifonun (2000: 321).

Tab. 1: Diskursmodi und ihre temporalen Eigenschaften.

Diskursmodus	Organisations-prinzip	Temporale Organisation	Temporale Orientierung des Themas	Typische Tempusform
Beschreiben	entsprechend dem Gegenstand	statisch	gleichzeitig zur Referenzzeit	Präsens
Berichten	situationsverschränkt mit Referenzzeit	deiktisch zur Referenzzeit	vorzeitig, gleichzeitig, nachzeitig in Bezug auf die Referenzzeit	entsprechend der temporalen Orientierung
Erzählen	Chronologie, Ereignisfolge	anaphorisch	abgelöst vom Sprechzeitpunkt	Präteritum, Plusquamperfekt

Sprachhistorisch sehen wir, dass der Ausbau der Perfektform und der Abbau der Präteritumform in den Diskursmodi unterschiedlich schnell erfolgen. Während in besprechenden Diskursmodi wie dem Berichten sich das Perfekt aufgrund der in der „ursprünglichen" Perfektbedeutung angelegten Sprechzeitbezogenheit schnell ausbreitet, dringt es nur langsam in erzählende Texte ein (vgl. hierzu auch Zeman 2010 für das Mittelhochdeutsche). Noch im Frühneuhochdeutschen haben narrative Texte ein geringeres Perfektvorkommen als nicht-narrative Texte (vgl. Sapp 2009: 442–443). Narration bleibt lange die große Domäne der sich zurückziehenden Präteritumform und ist es in der Standardschriftsprache auch heute noch (vgl. Lindgren 1957; Langenberg 2008; Fischer 2018).

3.2 Tempusformen in den Hexenverhörprotokollen

Zur Verwendung der indikativischen und konjunktivischen Tempusformen können wir auf die Ergebnisse von Macha (2003, 2005) sowie Wilke (2006) zurückgreifen. Es zeigt sich, dass die Hexenverhörprotokolle als schriftliche Protokolle einer mündlichen Kommunikationssituation zum größten Teil aus Redewiedergaben (Redeeinleitungen und v. a. indirekte Rede) bestehen. Nur nachrangig wird das sonstige Prozessgeschehen situiert und berichtet. Dies beeinflusst die gewählten Verbalformen.

Zur Redewiedergabe in den Protokollen fasst Macha (2005: 176) zusammen: „Der Regelfall ist die indirekte Rede." Die direkte, wörtliche Rede, wie sie vor Gericht gesprochen wurde, wird in den Protokollen nur noch punktuell dort verwendet, wo der genaue Wortlaut juristische Relevanz hat (z. B. bei magischen bzw. sakral-ritualisierten Redeweisen) (vgl. Macha 2005: 173). Anstelle der direkten Rede werden die Aussagen indirekt wiedergegeben. Hierfür hat sich im 16. Jahrhundert der Konjunktiv im gesamten deutschen Sprachraum als wichtigste Form der Redewiedergabe herausgebildet: „Der Modus der Redewiedergabe ersten Grades ist in der Regel der Konjunktiv, indikativische Formen fehlen." (Macha 2005: 176) Im Vergleich der verwendeten Konjunktivformen lassen sich jedoch areale Unterschiede feststellen: Während im Norden die Formen des Konjunktivs II überwiegen, werden südlich überwiegend Konjunktiv-I-Formen gewählt (vgl. Macha 2003: 195–199; Wilke 2006: 228–273). Wilke (2006: 244, Abbildung 5.4) ermittelt in ihrer Studie einen Konjunktiv-I-Anteil von 82% im Süden und nur 37% im Norden, wo die Konjunktiv-II-Formen mit einem Anteil von 63% überwiegen. Macha (2003) und Wilke (2006) stellen diese Verteilung in einen Zusammenhang mit dem Schwund der indikativischen Präteritumformen im süddeutschen Raum, der jedoch nur als indirekter Zusammenhang beschrieben werden kann: „Die beobachtete Verteilung von Konjunktiv I und II kann demnach lediglich indirekt etwas mit dem Präteritumschwund zu tun haben, sei es unter Einfluss der Redeeinleitungen im Perfekt oder durch den oben umrissenen Transpositionsprozess[4] und damit das Grundtempus des Originalverhörs (Perfekt oder Präteritum)" (Wilke 2006: 246–247).

Die Ergebnisse zu den Konjunktivformen der Redewiedergabe lassen also indirekt auf den Abbauprozess der Präteritumformen schließen. Die Karte zur Präteritalgrenze und Konjunktivverteilung zeigt neben einem süddeutschen Kerngebiet der Konjunktiv-I-Formen und einem norddeutschen Kerngebiet der Konjunktiv-II-Formen auch ein mitteldeutsches Übergangsgebiet (Wilke 2006: 244, Abbildung 5.4). Hier wird die Verteilungsweise mit Kern- und Übergangsgebieten sichtbar, wie sie sich auch in den Dialekten des 20. Jahrhunderts zeigt (vgl. Fischer 2018: 14–131). Der Zusammenhang von Präteritumschwund und Konjunktivverwendung wird in den arealen Verteilungen offensichtlich.

Indikativische Formen finden sich in den Hexenverhörprotokollen vor allem in der Redeeinleitung und in den berichtenden Schilderungen des Prozessgeschehens. Die Redeeinleitung erfolgt überwiegend durch *verba dicendi*. Ihre

4 Gemeint ist hier die Überführung der direkten Rede in indirekte Rede. Wie das konkret aussehen kann, diskutiert Wilke anhand von Beispielen (2006: 240–243).

„Zeitform [...] ist in der Regel das Präsens oder das Perfekt, das Präteritum erscheint höchstselten." (Macha 2005: 176). Das zeigt sich auch in den von Wilke (2006: 460–462) ermittelten Verteilungen, siehe Abbildung 2.[5]

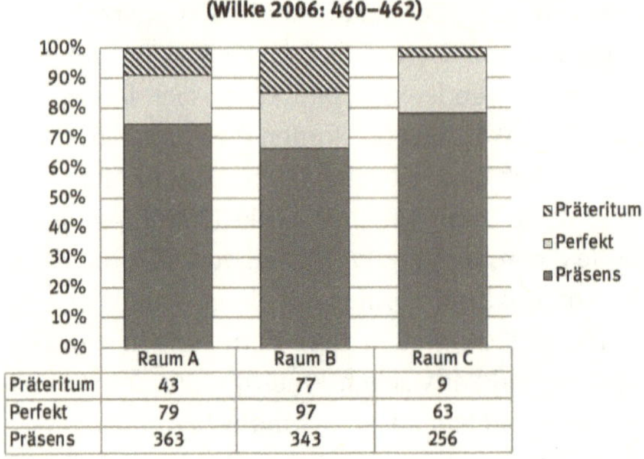

	Raum A	Raum B	Raum C
Präteritum	43	77	9
Perfekt	79	97	63
Präsens	363	343	256

Abb. 2: Indikativische Tempusformen in den Redeeinleitungen zur einfachen Redewiedergabe (nach Wilke 2006, 460–462)[6].

In den drei Auswertungsräumen A, B und C, die in etwa mit einer Einteilung in Nord-Osten/Osten, Westen/Nord-Westen und Süden übereinstimmen, ist das Präsens jeweils die häufigste Tempusform in den finiten Redeeinleitungen zur einfachen (nicht-eingebetteten) Redewiedergabe. Auch das Perfekt ist in allen drei Räumen in vergleichbarer Weise vertreten. Nur beim Präteritum zeigt sich eine auffällige Verteilung: Im südlichen Raum C werden deutlich weniger Präteritumformen verwendet (nur 2% gegenüber 8% in Raum A und 13% in Raum B). Hier zeigt sich die Auswirkung des Präteritumschwunds in direkter Weise.

Ähnliche Verteilungen finden sich auch in den berichtenden und beschreibenden Passagen außerhalb der Redewiedergabe, wobei das Perfekt in allen Räumen eine deutlich wichtigere Rolle spielt, vgl. Abbildung 3. Das Perfekt wird fast so häufig wie das Präsens oder häufiger genutzt. Das Präteritum wird im Süden

5 Zur räumlichen und zeitlichen Gliederung des Korpus siehe Wilke (2006: 183–194). Zugrunde liegen 107 Hexenverhörprotokolle aus dem Zeitraum 1565–1674.

6 Wilke teilt die Untersuchungsräume wie folgt ein: Raum A: nordniederdeutsch, nordostdeutsch, ostmitteldeutsch; Raum B: nordwestdeutsch, westmitteldeutsch, nordoberdeutsch; Raum C: ostoberdeutsch, westoberdeutsch (vgl. Wilke 2006: 234; sowie: 235, Abbildung 5.3 Karte „Der Konjunktiv in drei Verwendungsgebieten").

zwar erwartungsgemäß sehr selten, aber auch in den nördlicheren Räumen eher spärlich verwendet.

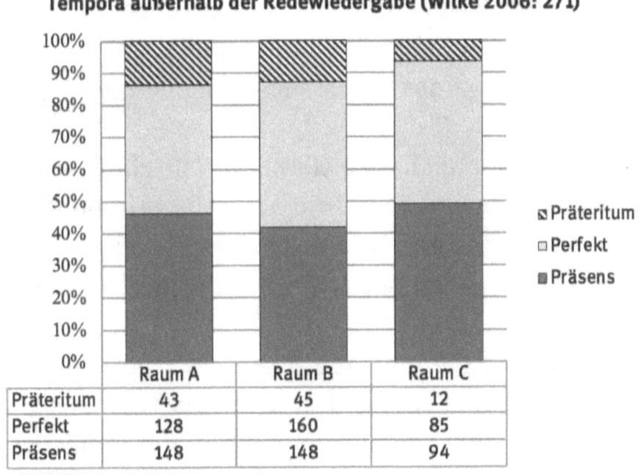

	Raum A	Raum B	Raum C
Präteritum	43	45	12
Perfekt	128	160	85
Präsens	148	148	94

Abb. 3: Indikativische Tempusformen außerhalb der Redewiedergabe (nach Wilke 2006: 271).

Hierzu bemerkt Wilke:

> Doch das Perfekt ist auch im Norden weitaus häufiger zu finden als das Präteritum, sodass man als Grundtempus der meisten Texte Präsens und Perfekt ansetzen kann. Eine weitgehende Abwesenheit des Präteritums in den obd. Texten bedeutet daher nicht, dass das Präteritum in denen nördlicherer Herkunft überwöge. Vielmehr hat sich das Perfekt bereits, [...] wie auch die untersuchten Texte belegen, im gesamten Sprachgebiet verbreitet, ohne jedoch nördlich der Präteritalgrenze das Präteritum zu verdrängen. (Wilke 2006: 270)

Das bedeutet, dass die Präteritum/Perfekt-Distributionen nur im Süden hinsichtlich des Präteritumabbaus aussagekräftig sind. Hier werden deutlich weniger Präteritumformen verwendet, Präsens- und Perfektformen werden gegenüber dem Präteritum bevorzugt. Für die anderen Gebiete ist lediglich eine Aussage über das Perfekt möglich: Es hat sich im mittel- und niederdeutschen Raum als Tempusform sowohl für die Redeeinleitung als auch für andere berichtende Passagen voll etabliert und muss als gleichwertige Alternative zum Präsens verstanden werden.

Die Vermutung, die sich an diese Erkenntnisse anschließt, ist, dass die Wahl der indikativischen Tempusform – Präsens, Perfekt oder Präteritum – in den Hexenverhörprotokollen im Zusammenhang mit dem Diskursmodus steht und nicht durch den Temporalwert gesteuert wird.

4 Fallstudien

Im Folgenden sollen die ausgeführten Zusammenhänge anhand zweier Fallstudien überprüft werden. Gewählt wurden zwei Protokolle aus dem oberdeutschen Raum, die sich hinsichtlich der diskursmodalen Gestaltung und auch der Tempusformenverwendung unterscheiden, so dass eine stichprobenartige Gegenüberstellung möglich wird.

Das Protokoll aus Bamberg trägt sprachlich viele Züge einer Mitschrift, wobei letztlich ungeklärt ist, ob es sich hier um eine Mitschrift oder Abschrift handelt. Das Meßkircher Protokoll wird explizit als Abschrift ausgewiesen und auch als solche konzipiert. Beide Protokolle wurden in der Edition von Macha et al. (2005) herausgegeben.

Gegenstand der Untersuchung sind die indikativischen Verbalformen, die zur Schilderung des Prozessgeschehens (inkl. der Redeeinleitungen) als auch zur Prozesssituierung verwendet werden. Nicht betrachtet werden die indikativischen Verbalformen der indirekten und direkten Rede.[7] Es wird jeweils überprüft, ob es sich tendenziell um beschreibende, berichtende oder erzählende Passagen handelt und welche Tempusform jeweils gewählt wird. Es werden nur finite Verbformen berücksichtigt; die infiniten Formen (i. d. R. Partizipien II ohne Auxiliar) werden nicht analysiert, jedoch punktuell in die Diskussion aufgenommen. Bei Perfektformen von Passivkonstruktionen (mit *werden*) müssen mindestens das Perfektauxiliar „sein“ und das Vollverb belegt sein.

7 Im Bamberger Protokoll handelt es sich dabei nur um vier indikativische Verbbelege in der indirekten bzw. direkten Rede, wobei der Beleg „empfindet“ uneindeutig ist: „empfindet ingleichem keinen schmertzen“ (Bamberg 1628: Z. 71–72) kann zugleich als Teil der indirekten Redewiedergabe der vorhergehenden Passage gewertet werden, als auch Teil der sich anschließenden Passage sein, in der die Folterdurchführung beschrieben und berichtet wird (was wahrscheinlicher ist). Die anderen Belege sind eindeutig Teil der direkten Rede innerhalb des Geständnisses. Sie lassen sich als magische bzw. ritualisierte Redeweisen charakterisieren (vgl. Macha 2005: 173) und werden in der Analyse nicht weiter berücksichtigt: „du <u>must</u> mein sein oder solle dir von stundtan durch mich dein Halß vmgebrochen werdt[en]“ (Bamberg 1628: Z. 120–123), „[...] er diese *formalio* od[er] wörtter sprechen müss[en]. *Ich* <u>sage</u> Gott *im himel* vnd sei*nem heer* <u>*ab*</u>, vnd <u>will</u> hinfür den *teüfel für meinen* Gott <u>*erkennen*</u>.“ (Bamberg 1628: Z. 142–146, kursiv = Antiqua-Schrift). In dem Protokoll von Meßkirch findet sich nur eine indikativische Form in direkter Rede: „ey wie <u>zittere</u> ich“ (Meßkirch 1644: Z. 21). Formen wie *woll*, *soll*, *hab*, *glaub* werte ich als apokopierte Konjunktiv I-Formen – sie variieren mit den Vollformen in Passagen indirekter Rede (vgl. z. B. Z.101–104, 232 vs. 325, 331, 348).

4.1 Bamberg 1628

Bamberg liegt im ostfränkischen Sprachraum – im Übergangsgebiet, wo im 20. Jahrhundert umfangreicher Präteritumabbau beobachtet werden kann.

Als indikativische Tempusformen treten im Bamberger Verhörprotokoll (Macha et al. 2005: 412–421) Präsens- und Perfektformen auf. Die Wahl der Perfektformen kann nicht plausibel durch Temporalwerte erklärt werden. Allerdings haben sie einen Effekt auf der diskursmodalen Ebene: Sie werden für berichtende vs. beschreibende Darstellungen genutzt. Einher mit der Tempuswahl geht also die diskursmodale Darstellung. Dies soll an dem folgenden Ausschnitt verdeutlicht werden.

Præs[entibus] h[err] d[octor] Braun h[err] d[octor] Götzendörffer h[err] d[octor] Schwartzcontz h[err] d[octor] Herrenberger Prothocollist,	Mitwochen den 28 Junii *A*[nn]*o* *p*[erge] 1628. **ist** *Johannes Junius* Burgermeister in Bamberg wegen bezichtigter hexerey wie vnd was gestallt Er Laider in solches Laster gerathen in der güete ***Examinirt*** **word[en]** ist 55. Jahr alt vnd zu Nieder- meysich in der Wetteraw ge- bürtig. Sagt Er seye gantz vn- schuldtig, könne vnd wisse nichts, habe sein Lebtag Gott nie ver- laugnet, geschehe Ihme vor Gott vnd der wellt vnrecht, wolle gern einen eintzigen Mentschen Hören der Ihne bey dergleichen *Conuentib*[us] gesehen.
Confrontatio	D[octor] Geörg Adam Haan Sagt Ihme vndter Augen Er wolle darauf leben vnd sterben das Er Ihne Junium vor 1½ Jahren bey einem *Conuent* in der fürstl[ichen] Rath- stueben gesehen, alda Sie gess[en] vnnd getrunkhen. beclagter ge- stehet dasselbe gar nicht.
Confrontirt	mit Hopffens Elßen, Sagt ihme in- gleichem das Er im hautschmohr bey einem tantz geweßen, aber zuuor sey *S*[ancta] *Hostia* einge- graben word[en]. *Junius* negat. Hierüber **hat** mann Ihme seine *Complices* so auf Ihne bekent ***Com-***

municirt vnd bedenkhzeit **geb[en]**.

(Protokoll Bamberg 1628, zitiert nach Macha et al. 2005: 413, Z. 2–34; hervorgehoben wurden **Perfektformen** und Präsensformen; *kursiv* = Antiqua-Schrift)

Der Ausschnitt beginnt mit der zeitlichen, örtlichen und personellen Situierung des Verhörs. Des Weiteren werden der Angeklagte mit Namen (*Johannes Junius*) sowie der Grund der Anklage (*wegen bezichtigter hexerey*) benannt. Diese Situierung hat zusammenfassenden, berichtenden Charakter und wird mit einer Perfektform realisiert (*ist Examinirt worden*). Das Verhör wird damit zunächst aus einer Nach-Perspektive betrachtet. Mit dem nächsten Satz (*ist 55. Jahr alt vnd zu Niedermeysich in der Wetteraw gebürtig*) ändert sich die Perspektive: Nun werden Sachverhalte von einem gleichzeitigen Betrachterstandpunkt aus beschrieben – ausgedrückt durch eine Präsensform. Der beschreibende Charakter bleibt auch in den folgenden Sätzen erhalten: Es wird das Verhörgeschehen beschrieben und zwar chronologisch dem Verlauf des Geschehens folgend. Dies geschieht über Präsensformen, die die aufeinander folgenden Aussagen (in indirekter Rede) und Antworten einleiten: *sagt*, *sagt*, *gestehet*, *sagt* und lat. *negat*. Abgeschlossen wird diese beschreibende Passage wiederum mit einem zusammenfassenden Bericht, ausgedrückt mit Perfektform (*hat Communicirt vnd geben*). Mit der Tempusform wechselt hier in diesem Beispiel die Perspektive auf das Prozessgeschehen: zum einen das Beschreiben des Gleichzeitigen, zum anderen das Berichten des Vergangen. Die jeweilige Perspektive ergibt sich nicht aus dem realen zeitlichen Verhältnis von Schreiber und Situation (sonst ließe sich der Tempusformenwechsel nicht erklären), sondern wird vermutlich gewählt, um Text und Geschehen zu gliedern.

Wie die Wahl der Tempusformen zu einem Wechsel des Diskursmodus führt, zeigt sich auch in der folgenden Passage:

Ist Außgezogen vnd **besichtigt word[en]**.
befindtet sich in der rechten Seithen
ein Plöwliches Zaichen, wie ein
Kleeblath, **ist** darein 3. mahl
gestochen aber kein schmertzen
empfundten, vnd kein blueth
herauser **gangen**.

(Protokoll Bamberg 1628, zitiert nach Macha et al. 2005: 414, Z. 73–79; hervorgehoben wurden die **Perfektformen** und die Präsensformen)

Während die erste Zeile noch das Prozessgeschehen berichtet (*Ist Außgezogen vnd besichtigt word[en]*), beschreibt der zweite Satz die Beschreibung bzw. den

Befund der Besichtigung (*befindtet sich in der rechten Seithen ein Plöwliches Zaichen*). Der darauffolgende Satz führt den Bericht des Prozessgeschehens fort (*ist darein 3. mahl gestochen* [...]).

Auch im restlichen Protokoll sind die indikativischen Tempusformen in eben dieser Weise verteilt: Präsens dient dem Protokollieren des Prozessgeschehens aus einer gleichzeitigen Perspektive, Perfekt wird für Situierungen und zusammenfassende Berichte verwendet. Narrative Passagen lassen sich nicht identifizieren. Zusammenfassend lassen sich für das Bamberger Protokoll in der Ausgabe nach Macha et al. (2005) folgende Tempusverwendungen identifizieren:

Tab. 2: Präsensbelege Bamberg 1628.

	Präsens	**Belege (Zeile)**
Beschreiben	15 Belege	5x *sagt* (11, 19, 27, 45, 57) 2x *gestehet* (25, 41) 2x *empfindet* (62, 71) 2x *bekennet* (93, 243) *ist* (9) *will gestehen* (64) *befindtet* (74) *fengt an* (92)

Tab. 3: (finite) Perfektbelege Bamberg 1628.

	Perfekt	**Belege (Zeile)**
Berichten	13 Belege	11x Passiv: *ist examinirt worden* (4–8) *ist vermahnt worden* (39–41) *ist vorgenohmmen wordten* (42–44) *ist procedirt, angethan worden* (53–56) *ist außgezogen, besichtigt worden* (73) *ist gestochen* (...) (76–78) *ist vermahnt worden* (89–92) *ist geben worden* (235–236) *ist examinirt worden* (239–242) *hat communicirt, geben* (32–43)

Mit den zahlreichen Passivperfektbelegen werden die in dem Verhör vorgenommenen Handlungen berichtet, ohne dass im Einzelnen die Akteure dieser Handlungen benannt werden müssen. Der Bericht des Prozessablaufs ist damit unpersönlich in Bezug auf die Personen, die die Anklage, Vernehmung und Folter durchführen. Dies findet sich auch in dem Protokoll aus Meßkirch wieder, wobei dort neben zehn Perfektbelegen auch sechs präteritale Passivbelege verwendet werden (s.u.).

Das Protokoll aus Bamberg illustriert die Feststellung von Wilke (2006: 270, s. o.), dass die Tempusverteilung in den Protokollen kaum Aussagen zum Schwund des Präteritums ermöglicht, sondern lediglich zur Expansion des Perfekts: Hier dient es zur Markierung berichtender Passagen.

4.2 Meßkirch 1644

Meßkirch liegt im schwäbisch-mittelalemannischen Übergangsgebiet im Süden Deutschlands. In diesem Dialektraum lassen sich im 20. Jahrhundert keine Präteritumformen mehr feststellen. Dennoch finden sich in dem Protokoll neben Präsens- und Perfektformen auch eine Reihe von Präteritumformen (außerhalb der indirekten und direkten Rede).

Bei dem von Macha et al. (2005: 371–383) edierten Protokoll handelt es sich um eine Abschrift (vgl. auch Meßkirch 1644: Z. 2). In den einleitenden Bemerkungen wird dem Protokoll ein „fast schon erzählerische[r] Charakter" (Macha et al. 2005: 371) zugesprochen. Und weiter: „Auch die Wertungen, die die ersten Leugnungen der Angeklagten u. a. als Halsstarrigkeit bezeichnen, sind aus der Rückschau des Schreibers, dem Zeitpunkt nach ihrem Geständnis also, zu erklären." (Macha et al. 2005: 371)

Hier deutet sich bereits an, dass in diesem Protokoll der berichtende Charakter viel stärker ausgeprägt ist. Dies zeigt sich deutlich in dem folgenden Ausschnitt, der sogar eine narrative Passage enthält:

Actum Den 23ten *May Anno.* 1644.		
Beyweßendt vorstehender herren vnnd Persohnen Ante *meridiem*		Dato **ist** obige dorothea Burgerin widerumb **vorgestelt** vnnd vber vorstehende außagen ferrner ***Examiniert*** **word[en]**, Sie darüber alles
1		vorstehendes wieder gelaugnet vnnd ferrners nichts bekhant worauff sie
	5 ====	aber ohne gewicht auffgezogen, vnnd ein viertel stundt gehang[en], nach herab laßung aber bey ihrer leugnung ver- harret
	6 ====	Also wider auffgezogen vnnd gleichsamb
2		wider menschliche blödigkeit, ohne

allen schmertz[en] aber ein viertel stundt
gehang[en], Jedoch weiters nichts bekant.
7 ==== Wardte also daß drite mahl aufgehangen
3 vnnd wider an der Tortur ein viertel
stundt behalten, blibe aber gantz
hardtneckhig vnnd bekante noch
nichts.
hiervber **ist** sye wid[er] **loß gelasßen**
vnnd aber in ihrer halß starrigkheit
verpliben sagte wiße anderst nichts
alß waß sye verwichnen sambstag
erlogner weiß auß gesagt.

(Protokoll Messkirch 1644, zitiert nach Macha et al. 2005: 376, Z. 171–195; hervorgehoben wurden **Perfektformen** und Präsensformen und Präteritumformen; *kursiv* = Antiqua-Schrift)

Die Verhörsequenz beginnt mit einer Verhörsituierung, die mit Perfekt ausgedrückt wird (*ist vorgestelt vnnd Examiniert worden*). Das weitere Geschehen wird dann mit infiniten Formen (Partizipien II ohne Auxiliare) berichtet: *gelaugnet, bekhant, auffgezogen, gehangen, verharret*. Das Ganze wird in Form eines Berichts geschildert, aus einer Nach-Perspektive. Die Ereignisse werden zunächst durch temporale Angaben auf einer *timeline* angeordnet: *worauff sie aber ohne gewicht auffgezogen, nach herab laßung* etc. Sie werden also aus der Berichtsperspektive heraus betrachtet und dargestellt. Das verändert sich im nächsten Abschnitt. Durch die Präteritumformen nimmt die Passage erzählenden Charakter an. Das Geschehen wird nun losgelöst vom Betrachter chronologisch entwickelt: *wardte aufgehangen vnnd behalten, blibe, bekante, ist loß gelasßen, verpliben, sagte*. Die telischen Verben lassen dabei die Referenzzeit voranschreiten und bezeichnen die Vordergrundereignisse. Mit den atelischen Verben wird das Hintergrundgeschehen berichtet, das jeweils den durch die Ereignisse etablierten Zeitpunkten zugeordnet ist.

TIMELINE	**Vordergrund**	**Hintergrund**
↓	*Wardte daß drite mahl aufgehangen*	*– behalten – blibe – bekannte nichts*
	ist wider loß gelasßen	*– verpliben*
	sagte [...]	

Abb. 4: Vordergrund- und Hintergrunddarstellung in der narrativen Passage.

Im Fokus steht nunmehr nicht der Bericht einer vergangenen Situation, sondern die erzählte Ereignisfolge, die losgelöst vom Schreiberzeitpunkt steht. Daneben finden sich auch Passagen, wie sie in den Verhörsituierungen im Bamberger Protokoll vorkommen: mit der Perfektform wird in die Situation eingeführt, mit Präsens wird dann das Geschehen geschildert. Allerdings finden sich im Meßkircher Protokoll an dieser Position statt der Präsensformen auch Präteritumformen (*sagte, bekante* etc.), sodass sich der diskursmodale Charakter dieser Passagen deutlich von denen im Bamberger Protokoll unterscheidet.

Tab. 4: Präsensbelege Meßkirch 1644.

	Präsens	**Belege (Zeile)**
Beschreiben	20 Belege	4x *sagt* (17, 20, 156, 294) 3x *will bekhennen* (86), *will verichen* (93), *will gestehen* (353) 3x *verpleibt* (93, 167, 365) 2x *bekhent* (113, 355) *beharret* (13) *entschuldigt* (77) *verpleibt* (86) *erstrecket* (113) *repetirt* (322) *laugnet* (395)

Tab. 5: (finite) Perfektbelege Meßkirch 1644.

	Perfekt	**Belege (Zeile)**
Berichten	19 Belege	10x Passiv:
		ist eingezogen, examiniert worden (9–10)
		ist zugesprochen worden (87–88)
		ist auffgezogen worden (91–92)
		ist vorgestelt, examiniert worden (172–175)
		ist vorgestelt, befragt (...) (271–272)
		ist erinnert (...) (71–72)
		ist befragt (...) (154)
		hatt außgesagt (10–11)
		haben besucht, zuegesprochen (200–202)
		hat angeben wölen (274–275)
		hat bestetigt, versprochen (306–310)
		hat besonnen, bekhant (386–387)
		hat gebeten (400–401)
Erzählen	2 Belege	*ist loß gelasßen, verpliben* (191)

Tab. 6: Präteritumbelege Meßkirch 1644.

	Präteritum	**Belege (Zeile)**
Berichten	10 Belege	6x Passiv:
		3x *wardt auffgezogen* (99, 111, 399–400),
		wardte examiniert (255–256)
		wardt befragt (291), *wurdt befragt* (303)
		2x *sagte* (280, 312)
		bekhante, bekhant (257, 316)
		gab (54)
Erzählen	5 Belege	*wardte aufgehangen, behalten* (186–188)
		blibe (188)
		bekante (189)
		sagte (193)

Perfektformen kommen in diesem Protokoll sowohl in berichtenden als auch erzählenden Passagen vor. Das Perfekt hat demnach bereits umfangreich expandiert und kann auch für situationsentbundenes Geschehen verwendet werden.

Das Passivauxiliar *werden* wird sowohl in Perfektform (10x) als auch in Präteritum (8x) gebildet. Beide Formen scheinen als gleichwertige Varianten verwendet zu werden. Interessant ist, dass es zu dem Modalverb *wollen* einen Perfektbeleg gibt: *hat angeben wölen.* Perfektformen von Modalverben können erst für das 16. Jahrhundert belegt werden (vgl. Oubouzar 1974: 52). Sie sind die letzte Verbgruppe, die Perfektformen bilden kann. Erst mit ihnen wird der Grammatikalisierungsprozess der Perfektkonstruktion, der im Althochdeutschen beginnt, abgeschlossen.

Nur fünf Verben sind im Meßkircher Protokoll mit Präteritumform belegt: *werden* (Passivauxiliar), *sagen, bekennen, geben, bleiben.* Die Präteritumform des hochfrequenten und starken Verbs *werden* tritt in zwei Varianten (*ward* vs. *wurd*) auf. Mit *bekennen, geben* und *bleiben* haben wir drei Verben, die ihre Präteritumform stark bzw. irregulär bilden. Nur *sagen* ist als schwaches, aber hochfrequentes Verb mit einer Präteritumform belegt. Demnach gehören alle Präteritumverben hier tendenziell zu den „präteritumaffinen" Verben, die ihre Präteritumformen im Abbauprozess länger erhalten. Dass dieses süddeutsche Protokoll neben Präsens- und Perfektformen auch Präteritumformen enthält, zeigt erstens, dass das Protokoll in vielen Abschnitten diskursmodal besonders gestaltet wurde: Das Protokoll ist stärker berichtend als beschreibend und in der zitierten Passage sogar erzählend. Diese diskursmodale Perspektivierung ergibt sich durch stilistische Bearbeitung in der Abschrift. Die Präteritumverwendung und die Narrativität werden zu Merkmalen des Transpositionsprozesses von Schicht C zu D (vgl. Abbildung 1). Zweitens zeigt sich, dass die Verben, die in Präteritumform verwendet werden, morphologische und frequentielle Eigenschaften haben, die zu einem besonderen Erhalt der Formen im Prozess des Präteritumschwunds führen und ihr Auftreten in diesem süddeutschen Sprachraum erklären.[8]

Anhand der Belege ist kein temporalsemantischer Unterschied zwischen Präteritum- und Perfektformen festzumachen. Hinsichtlich der temporalen Verortung des Verbalgeschehens sind beide Formen austauschbar, jedoch nicht hinsichtlich der diskursmodalen Effekte.

---

8 Ähnliche Befunde macht Rowley (2013: 62–65) in westmittelbairischen Quellen, ebenfalls aus der Mitte des 17. Jahrhunderts. Auch in den von ihm bezeugten Verben spiegelt sich die Abbauhierarchie des Präteritums wider.

Tab. 7: Tempusverwendungen im Vergleich.

	Präsens	Perfekt	Präteritum
Bamberg 1628			
beschreibend	15	–	–
berichtend	–	13	–
erzählend	–	–	–
Meßkirch 1644			
beschreibend	20	–	–

Tabelle 7 führt die ermittelten Verwendungen der Tempusformen noch einmal zusammen. Deutlich wird, wie sich das Protokoll aus Meßkirch von dem Bamberger Protokoll unterscheidet. Gemeinsam haben sie die ähnlich gestalteten, beschreibenden Passagen in Präsensform sowie die berichtenden Passagen in Perfektform. Zusätzlich enthält das Meßkircher Protokoll jedoch eine erzählende Passage, die sich durch die Bearbeitung im Zuge der Abschrift erklären lässt („D" in Abbildung 1). Die Abschrift mit ihrem verstärkt berichtenden und erzählenden Charakter enthält – im Gegensatz zum Bamberger Protokoll – Präteritumformen, die sich in dieser Region im 17. Jahrhundert bereits stark im Abbau befinden. Es lässt sich die Vermutung formulieren, dass sie bewusst gewählt wurden, um den diskursmodalen Charakter des Protokolls zu gestalten – nicht jedoch, um einen bestimmten Temporalwert auszudrücken. Gleichzeitig wird an dem Vergleich der beiden Protokolle deutlich, dass die Protokolle nicht jeweils <u>einen</u> homogenen Diskursmodus aufweisen, sondern passagenweise variieren. Die Wahl der Tempusformen leistet dazu einen Beitrag.

Es lässt sich kein Zusammenhang der diskursmodalen Gestaltung mit den Prozessphasen herstellen. Aus Sicht der Kanzlei wäre es ggf. von Interesse, belastende Aussagen von Zeugen oder Angeklagten und die Feststellung der „Teufelszeichen" durch Beschreibung hervorzuheben, Abschnitte über die Anwendung der Folter oder entlastenden Aussagen/Leugnen nur berichtend bzw. erzählend in den Hintergrund rücken zu lassen. Dies kann für die beiden untersuchten Protokolle nicht bestätigt werden. Sowohl in den „belastenden" als auch „entlastenden" Phasen finden sich beschreibende und berichtend-erzählende Passagen. Hier ist keine differenzierende Inszenierung durch diskursmodale Mittel feststellbar. Dies müsste jedoch an einem größeren Korpus überprüft werden.

5 Fazit

Die in diesem Beitrag diskutierten Zusammenhänge von Tempusformen und Diskursmodi in den Hexenverhörprotokollen des 17. Jahrhunderts zeigen, dass die Schreiber die Möglichkeit hatten, mittels Tempusform die Protokolle diskursmodal zu gestalten.

Verhörsituierungen sowie zusammenfassende Berichte werden in Bamberg mit dem Perfekt wiedergegeben, in Meßkirch sowohl mit Perfekt als auch mit Präteritum. In Meßkirch wird eine Passage narrativ gestaltet: das Geschehen wird als situationsentbundene Ereigniskette dargestellt. Beschreibende Passagen werden in beiden Protokollen mit Präsens ausgedrückt. In Meßkirch werden Passagen der Redeeinleitung jedoch auch berichtend – mit Perfekt- oder Präteritumform – wiedergegeben. Während das Bamberger Protokoll keine Präteritumformen enthält, finden sich in Meßkirch Präteritumformen von „präteritumaffinen" Verben. Es liegt nahe, dass das Präteritum in der Überarbeitung der Mitschrift (dem „Abschreiben") bewusst gewählt wurde, um dem Protokoll den berichtend-erzählenden Charakter, von dem es in weiten Passagen geprägt ist, zu verleihen. Diese bewusst gestaltete Tempussetzung kann als Kennzeichen konzeptioneller Schriftlichkeit gewertet werden. Um zu verstehen, wie systematisch die diskursmodale Gestaltung durch Tempusformen erfolgte, gilt es, die Befunde anhand eines größeren Textkorpus zu überprüfen und auch im Hinblick auf die Region zu differenzieren.

Die Hexenverhörprotokolle haben sich für das in diesem Beitrag gewählte Thema als sperrige und komplexe, aber auch ergiebige Textsorte erwiesen. Als Fazit lässt sich formulieren, dass die Protokolle aufgrund ihrer besonderen situativen Erfordernisse und der entsprechenden sprachlichen Gestaltung (v. a. Redewiedergabe) hinsichtlich der indikativischen Tempusverwendung nur indirekt aufschlussreich sind. Sie eignen sich nicht als Textkorpus für eine areal vergleichende Studie zur Entwicklung der Tempusverwendung im Frühneuhochdeutschen. Was sich jedoch gut zeigen ließ, ist, wie die Wahl der Tempusform den diskursmodalen Charakter der Darstellung beeinflusst. Hier bestätigen sich Befunde zur Textsortenaffinität im Prozess der Perfektexpansion, in denen das Perfekt verstärkt in non-narrativen Texten auftritt, während das Präteritum im narrativen Diskursmodus seine letzte große Verwendungsdomäne findet.

Literatur

Amft, Camilla (2018): *Das präteritale Konzept im Frühneuhochdeutschen. Zur Distribution von Präteritum und präteritalem Perfekt in Flugschriften des 16. Jahrhunderts*. Heidelberg: Winter.

Brinker, Klaus, Hermann Cölfen & Steffen Pappert (2014): *Linguistische Textanalyse. Eine Einführung in Grundbegriffe und Methoden*. 8. Aufl. (Grundlagen der Germanistik. 29) Berlin: Erich Schmidt Verlag.

Carruthers, Janice (2012): Discourse and Text. In Robert I. Binnick (Hrsg.), *The Oxford Handbook of Tense and Aspect*, 306–334. Oxford, New York: Oxford University Press.

Caudal, Patrick (2012): Pragmatics. In Robert I. Binnick (Hrsg.), *The Oxford Handbook of Tense and Aspect*, 269–305. Oxford, New York: Oxford University Press.

Dentler, Sigrid (1997): *Zur Perfekterneuerung im Mittelhochdeutschen. Die Erweiterung des zeitreferentiellen Funktionsbereichs von Perfektfügungen* (Göteborger Germanistische Forschungen. 37). Göteborg: Acta Universitatis Gothoburgensis.

Duden-Grammatik (2016): Duden. Die Grammatik. Unentbehrlich für richtiges Deutsch. Herausgegeben von Angelika Wöllstein und der Dudenredaktion. 9. Aufl. (Der Duden in zwölf Bänden; das Standardwerk zur deutschen Sprache. 4).

Fischer, Hanna (2018): *Präteritumschwund im Deutschen. Dokumentation und Erklärung eines Verdrängungsprozesses* (Studia Linguistica Germanica.132). Berlin, Boston: De Gruyter.

Gillmann, Melitta (2016): *Perfektkonstruktionen mit ›haben‹ und ›sein‹. Eine Korpusuntersuchung im Althochdeutschen, Altsächsischen und Neuhochdeutschen* (Studia Linguistica Germanica. 128). Berlin, New York: De Gruyter.

Heinemann, Wolfgang & Dieter Viehweger (1991): *Textlinguistik. Eine Einführung*. Tübingen: Niemeyer.

Hennig, Mathilde (2000): *Tempus und Temporalität in geschriebenen und gesprochenen Texten* (Linguistische Arbeiten. 421). Tübingen: Niemeyer.

Jörg, Ruth (1976): *Untersuchungen zum Schwund des Präteritums im Schweizerdeutschen* (Basler Studien zur deutschen Sprache und Literatur. 52). Tübingen u.a.: Francke.

Kamp, Hans & Uwe Reyle (1993): *From Discourse to logic*. Dordrecht: Kluwer.

Langenberg, Jean (2008): *Der Präteritumschwund in der deutschen Literatursprache. Ein Vergleich der Literatur des 18. und 21. Jahrhunderts*. Saarbrücken: VDM Verlag Dr. Müller.

Latzel, Sigbert (1977): *Die deutschen Tempora Perfekt und Präteritum. Eine Darstellung mit Bezug auf Erfordernisse des Faches „Deutsch als Fremdsprache"*. München: Hueber.

Lindgren, Kaj B. (1957): *Über den oberdeutschen Präteritumschwund* (Somalaisen Tiedeakatemian Toimituksia. Sarja-Ser. B Nide-Tom. 122,1). Helsinki.

Macha, Jürgen (2003): Regionalität und Syntax: Redewiedergabe in frühneuhochdeutschen Verhörprotokollen. In Raphael Berthele, Helen Christen, Sibylle Germann & Ingrid Hove (Hrsg.), *Die deutsche Schriftsprache und die Regionen. Entstehungsgeschichtliche Fragen in neuer Sicht*, 181–202. Berlin, New York: De Gruyter.

Macha, Jürgen (2005): Redewiedergabe in Verhörprotokollen und der Hintergrund gesprochener Sprache. In Sabine Krämer-Neubert & Norbert Richard Wolf (Hrsg.), *Bayerische Dialektologie*, 171–178. Heidelberg: Winter.

Macha, Jürgen, Elvira Topalović, Iris Hille, Uta Nolting & Anja Wilke (Hrsg.) (2005): *Deutsche Kanzleisprache in Hexenverhörprotokollen der Frühen Neuzeit. Band 2: Kommentierte Auswahlbibliographie zur regionalen Hexenforschung*. Berlin, New York: De Gruyter.

Magnusson, Erik Rudolf (1939): *Syntax des Prädikatsverbums im Mittelniederdeutschen. Von der ältesten Zeit bis zum Anfang des Fünfzehnten Jahrhunderts* (Lunder Germanistische Forschungen. 8). Lund: Gleerup

Oubouzar, Erika (1974): Über die Ausbildung der zusammengesetzten Verbformen im deutschen Verbalsystem. *Beiträge zur Geschichte der deutschen Sprache und Literatur* 95, 5–96.

Rothstein, Björn (2007): *Tempus*. Heidelberg: Winter.

Rowley, Anthony R. (2013): ‚Waß sy zLanzet zue hat tragn': „Der Bauernsohn in der Kirche" und die „Bauernklagen". Drei westmittelbairische Stücke aus der Mitte des 17. Jahrhunderts – Texte und Darstellung des Dialekts. In Christian Ferstl & Anthony R. Rowley (Hrsg.), *Was sich in Landshut zugetragen hat - und anderswo. Beiträge zur Schmellerforschung und darüber hinaus* (Jahrbuch der Johann-Andreas-Schmeller-Gesellschaft. 2012), 11–89. Regensburg: Ed. Vulpes.

Sapp, Christopher D. (2009): Syncope as the cause of Präteritumschwund. New Data from an Early New High German corpus. *Journal of Germanic Linguistics* 21/4, 419–450.

Schöndorf, Kurt Erich (1983): Zum Gebrauch der Vergangenheitstempora in den mittelniederdeutschen Bibelfrühdrucken. In John Ole Askedal, Christen Christensen, Ådne Findreng & Oddleif Leirbukt (Hrsg.), *Festschrift für Laurits Saltveit zum 70. Geburtstag am 31. Dezember 1983*. Oslo u.a.: Universitetsforlaget, 171–181.

Schutzeichel, Marc & Renata Szczepaniak (2015): Die Durchsetzung der satzinternen Großschreibung in Norddeutschland am Beispiel der Hexenverhörprotokolle. *Jahrbuch für Germanistische Sprachgeschichte* 6/1, 151–167.

Sieberg, Bernd (1984): *Perfekt und Imperfekt in der gesprochenen Sprache. Untersuchungen zu Gebrauchsregularitäten im Bereich gesprochener Standard- und rheinischer Umgangssprache mit dem Erp-Projekt als Grundlage der Korpusgewinnung*. Bonn: Dissertation.

Smith, Carlota S. (2003): *Modes of Discourse: The Local Structure of Texts*. Cambridge: Cambridge University Press.

Smith, Carlota S. (2011): Tense and aspect: Time across languages. In Klaus von Heusinger, Claudia Maienborn & Paul Portner (Hrsg.), *Semantics. Band 2* (Handbücher zur Sprach- und Kommunikationswissenschaft. 33.2), 2581–2608. Berlin: De Gruyter.

Schmuck, Mirjam & Renata Szczepaniak (2014): Der Gebrauch des Definitartikels vor Familien- und Rufnamen im Frühneuhochdeutschen aus grammatikalisierungstheoretischer Perspektive. In Friedhelm Debus, Rita Heuser & Damaris Nübling (Hrsg.), *Linguistik der Familiennamen* (Germanistische Linguistik. 225–227), 97–137. Hildesheim u.a.: Olms.

Szczepaniak, Renata & Fabian Barteld (2016): Hexenverhörprotokolle als sprachhistorisches Korpus. In Sarah Kwekkeboom & Sandra Waldenberger (Hrsg.), *PerspektivWechsel oder: Die Wiederentdeckung der Philologie. Band 1: Sprachdaten und Grundlagenforschung in der Historischen Linguistik*, 43–71. Berlin: Erich Schmidt.

Topalović, Elvira (2003): *Sprachwahl – Textsorte – Dialogstruktur. Zu Verhörprotokollen aus Hexenprozessen des 17. Jahrhunderts*. Trier: WVT.

Werlich, Egon (1979): *Typologie der Texte. Entwurf eines textlinguistischen Modells zur Grundlegung einer Textgrammatik*. 2., durchgesehene Aufl. Heidelberg: Quelle & Meyer.

Weinrich, Harald (1964): *Tempus. Besprochene und erzählte Welt*. Stuttgart: Kohlhammer.

Wilke, Anja (2006): *Redewiedergabe in frühneuzeitlichen Hexenprozessakten. Ein Beitrag zur Geschichte der Modusverwendung im Deutschen* (Studia Linguistica Germanica. 83). Berlin, New York: De Gruyter.

Zeman, Sonja (2010): *Tempus und „Mündlichkeit“ im Mittelhochdeutschen. Zur Interdependenz grammatischer Perspektivensetzung und „historischer Mündlichkeit“ im mittelhochdeutschen Tempussystem* (Studia Linguistica Germanica. 102). Berlin, New York: De Gruyter.

Zifonun, Gisela (2000): Textkonstitutive Funktionen von Tempus, Modus und Genus Verbi. In Klaus Brinker, Gerd Antos, Wolfgang Heinemann & Sven F. Sager (Hrsg.), Text- und Gesprächslinguistik. Ein internationales Handbuch zeitgenössischer Forschung. 1. Halbband (Handbücher zur Sprach- und Kommunikationswissenschaft. 16.1), 315–330. Berlin, New York: De Gruyter.

Mirjam Schmuck

Pragmatische Funktionen des Personennamenartikels in Hexenverhörprotokollen

Abstract: Der im Althochdeutschen grammatikalisierende Definitartikel geht auf ein Demonstrativ (ahd. *ther* 'dieser') zurück und ist anfangs noch pragmatisch gesteuert (Emphase, Textdeixis). Vor inhärent definiten Personennamen, wo der Definitartikel erst ab dem Frühneuhochdeutschen aufkommt, wirkt dieser zunächst denunzierend – vergleichbar mit dem Demonstrativ heute (*diese Merkel*). Dieser Beitrag untersucht auf Basis frühneuzeitlicher Hexenverhörprotokolle (Macha et al. 2005) pragmatische Funktionen des emergierenden onymischen Artikels in Interaktion mit weiteren, grammatischen (Kasus) und arealen (oberdeutscher Schwerpunkt) Faktoren. Im Fokus steht die Artikelsetzung in Relation zu den am Prozess beteiligten Parteien (Referenz auf die Angeklagte vs. vermeintlich Geschädigte vs. sonstige Personen), zu den einzelnen Prozessphasen (Prozesssituierung, Verhör/Geständnis, Urteilsspruch) und die Rolle der Textsorte (Verhörprotokolle, Kanzleisprache).

Keywords: Definitartikel, Grammatikalisierung, onymischer Artikel, Namengrammatik, Personennamen.

1 Einleitung

Der erst im Laufe des Althochdeutschen (Ahd.) aus dem Demonstrativ ahd. *ther* 'dieser' grammatikalisierte Definitartikel erfüllt in den von Oubouzar (1992, 1997a,b) untersuchten frühahd. Quellen (Isidor, Tatian) noch textpragmatische Funktionen. Auch für seine Usualisierung vor Personennamen ab dem Frühneuhochdeutschen (Frnhd.), das Aufkommen des sog. onymischen Artikels, ist eine Ausbreitung ausgehend von pragmatisch definiten Kontexten feststellbar (Schmuck & Szczepaniak 2014). Der Personennamenartikel dient a) exophorisch zur negativen bzw. (seltener) positiven Herausstellung des Referenten oder b) en-

Mirjam Schmuck, Johannes Gutenberg-Universität Mainz, mschmu@uni-mainz.de

https://doi.org/10.1515/9783110679649-009

dophorisch zur anaphorischen/diskursdeiktischen Referenz oder zur Fokussierung bzw. zur Topikalisierung (Linksherausstellung) des Referenten (zu exophorischen/endophorischen Demonstrativa vgl. Diessel 1999: 93–114).
Von frühen pragmatischen Verwendungen des Personennamenartikels zeugen Flugschriften aus der Zeit der Reformation, in denen der Name Luthers häufiger mit Artikel erscheint – denunzierend in den Schriften der Reformationsgegner, zur positiven Herausstellung bei den Befürwortern, vgl. (1)–(3).

Spottschrift von Thomas Murner (Reformationsgegner) (1522)[1]:

(1) Ob der künig uß engelland ein lügner sey oder der Luther.

Anonyme Gegenschrift zu Th. Murner, 1522:

(2) Antwurt dem Murnar uff seine frag, Ob der künig von Engellant ein lügner sey / oder der götlich doctor Martinus Luther

Martin Bucer, Reformator: Ayn schoner Dialogus, Breslau 1521, S. 10:

(3) Soll dz dy Christenliche kirch sein / so haben wir ein selzsam kirch vber kummen / disals strafft der Luther / warlich meins bedunckenns recht vnd wol.

Heute sind pragmatische Personennamenartikel für den norddeutschen Sprachraum belegt, wo dieser (exophorisch) als Marker sozialer Distanz fungiert oder (endophorisch) zur Fokussierung genutzt wird (vgl. Werth 2015a). Auch im nhd. Standard ist der onymische Artikel – mit Ausnahme attribuierter Namen (*der junge Goethe*) – noch nicht voll grammatikalisiert und entpragmatisiert, sondern oft negativ konnotiert, vgl. (4) (hier unterstützt durch das anaphorische Pronomen *die* statt *sie*), seltener auch positiv evaluierend gebraucht, vgl. (5).[2] In stark despektierlichen Äußerungen erscheint der Demonstrativartikel, vgl. (6):

(4) „Die Merkel hat nicht geschwindelt, die hat gelogen." (www.focus.de, 14.9.2017)

1 Thomas Murner: Kleine Schriften (Prosaschriften gegen die Reformation), Dritter Teil, hrsg. von Wolfgang Pfeiffer-Belli Berlin, Leipzig 1928, S. 44.

2 Stärker usualisiert ist der Personennamenartikel vor blanken, eher männlich assoziierten, Familiennamen bei der Referenz auf Frauen, wo er die Sexusanzeige leistet (*die Dietrich*, *die Merkel*) (vgl. Schmuck 2017).

(5) „Die Merkel weiß wie´s geht und die SPD hat nichts Besseres zu tun als ihren neoliberalen Altkanzler ans Rednerpult zu lassen." (www.noz.de, 25.6.2017)

(6) „Diese Merkel verdient keinerlei Vertrauen und sollte endlich aus der Politik verschwinden." (http://www.rp-online.de/, 3.9.2017)

Neben Flugschriften liefern frühneuzeitliche Hexenverhörprotokolle (ediert von Macha et al. 2005) eine ideale Datengrundlage zur Analyse pragmatischer Verwendungen des Personennamenartikels in der Frühphase der Grammatikalisierung. Zeitlich fallen die aus der letzten Hexenverfolgungswelle im 16./17. Jh. stammenden Verhörprotokolle (1565–1665) mit der Festwerdung der deutschen Familiennamen zusammen (Kunze [5]2004: 58–65), wobei in der Frühen Neuzeit bereits von weitgehend festen Familiennamen auszugehen ist.

Verhörprotokolle spielten in frühneuzeitlichen Gerichtsverfahren, die vom seit 1532 geltenden Reichsrecht, der sog. *Constitutio Criminalis Carolina* (= Peinliche Gerichtsordnung Kaiser Karls V. und des Heiligen Römischen Reichs) Gebrauch machten, eine zentrale Rolle. Zum einen bildetet der protokollierte Verlauf des Verhörs die Grundlage für die spätere Urteilsfindung, zum anderen musste das schriftlich fixierte, zumeist unter Folter erzwungene, Geständnis nach einigen Tagen der Angeklagten „in Güte" erneut verlesen und ratifiziert werden. Den meist juristisch vorgebildeten Gerichtsschreibern kam insofern eine entscheidende Rolle im Prozess zu, als sie eine erste Wertung der Geschehnisse vornehmen und das Verfahren schon in eine bestimmte Richtung lenken konnten (Topalović 2003b, Macha 2017). Im Hinblick auf den Definitartikel stellt sich vor diesem Hintergrund die Frage in welchem Maße auch dieser Wertungen transportiert.

Die verschiedenen Funktionen des Personennamenartikels wurden bereits in Schmuck & Szczepaniak (2014) aufgezeigt. Der vorliegende Beitrag fokussiert dezidiert die bereits angeklungenen pragmatischen Verwendungen und untersucht, inwiefern in Hexenverhörprotokollen pragmatische Faktoren, exophorische (Denunziation) und endophorische (Textdeixis, Fokus, Topikalisierung), greifen und die frühen Belege des Definitartikels vor Personennamen steuern. Ferner ist zu klären wie speziell in den Verhörprotokollen pragmatische und sonstige Faktoren – areale (Nord-Süd-Gefälle) und grammatische (Kasusanzeige) – interagieren, d.h. wie weit, areal gestaffelt, die Entwicklung vom pragmatischen hin zum grammatischen (nicht mehr deiktischen) Personennamenartikel fortgeschritten ist.

Im Folgenden wird zunächst die Grammatikalisierung des Definitartikels ab dem Ahd. kurz skizziert (Kap. 2) und anschließend das Korpus im Hinblick auf seine Nähe- vs. Distanzsprachlichkeit, auch in Relation zu den einzelnen Prozessphasen, vorgestellt (Kap. 3.1), ebenso die exakte Datenbasis (Kap. 3.2). In Kap. 4 folgt die Analyse der Artikelbelege mit Fokus auf pragmatische Funktionen. Hierzu zählen zum einen exophorische/denunzierende Verwendungen (Kap. 4.1) und zum anderen endophorische/diskursdeiktische (Fokussierung, Herausstellung vermeintlich Geschädigter), die mit grammatischen Funktionen (Kasusdisambiguierung) interagieren (Kap. 4.2.1), sowie die eindeutige Referenzierung als besonderes Erfordernis der Textsorte (Kap. 4.2.2). Kap. 5 bündelt abschließend die zentralen Ergebnisse zum Stand der Grammatikalisierung des onymischen Artikels vor Personennamen im Frnhd.

2 Grammatikalisierung: Vom Definitartikel zum onymischen Artikel

2.1 Etappen der Grammatikalisierung im Überblick

Definitartikel entwickeln sich typischerweise aus einem Demonstrativ (Himmelmann 2001), so auch im Deutschen, wo im Laufe des Ahd. *ther* 'dieser' zum Definitartikel grammatikalisiert. Frühahd. *ther* ist noch deiktisch (Zeigegeste) bzw. diskursdeiktisch (anaphorisch) gebraucht. Schon ab dem 9. Jh. (Tatian) breitet sich der Determinierer *ther* der Belebtheitsskala folgend (menschlich > belebt > konkret > abstrakt) auch in semantisch definite Kontexte aus und markiert zunehmend bereits bekannte und dadurch identifizierbare Personen/Personengruppen (*ther cuning* 'der König'), später auch individuelle Objekte (*then sterron* 'den Stern' für den Stern von Bethlehem). Schließlich, regelmäßig erst im Spät-Ahd. (Notker), steht der Definitartikel auch in Kombination mit stets definiten, da monoreferenten Unika (*ther mano* 'der Mond', *thiu worolt* 'die Welt') als expletiver, d.h. rein formaler, Definitheitsmarker (zur Grammatikalisierung des Definitartikels im Ahd. vgl. Oubouzar 1992, 1997a,b; Szczepaniak [2]2011; Szczepaniak & Flick 2015 und insbesondere Flick 2017). Zuletzt, häufiger erst im Frnhd., treten auch inhärent definite Eigennamen mit Definitartikel auf (onymischer Artikel). Dieser lässt sich als Extension des expletiven Definitartikels vor Unika analysieren (vgl. Schmuck & Szczepaniak 2014): Wie singuläre, stets weltdefinite Unika sind auch idealtypische Eigennamen als semantisch leere, direkt referierende

Sprachzeichen monoreferent und verweisen auf eindeutig identifizierbare, definite Entitäten.[3] Parallel breitet sich der Definitartikel noch im Ahd. (erste sporadische Belege im althochdeutschen Tatian) auch schon in indefinite, nicht referentielle (generische) Kontexte aus (*ther man* 'der Mensch') (Oubouzar 1992; Flick 2017: 129–134), vgl. Abbildung 1.

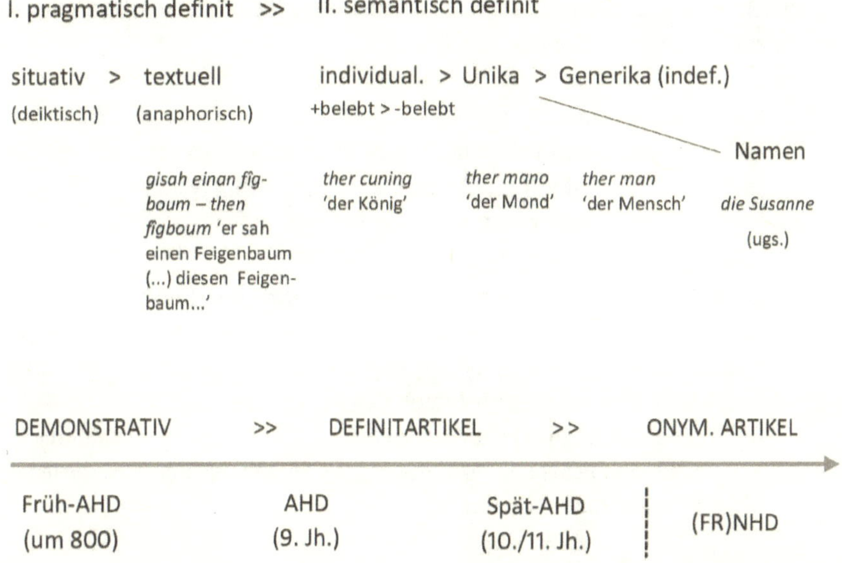

Abb. 1: Grammatikalisierung des Definitartikels (modifiziert nach Szczepaniak [2]2011: 78).

Dass der Definitartikel vor Eigennamen die Spätphase der Artikelgrammatikalisierung markiert, bestätigt sich auch im Sprachvergleich: Ausgehend von den vier Einzelsprachen Englisch, Französisch, Italienisch und Griechisch, von denen nur das Griechische standardsprachlich einen Eigennamenartikel kennt, nimmt Lyons (1999: 337) eine Expansion *simple definite > generic > possessive > proper nouns* an. Eigennamen repräsentieren demnach – zumindest in den untersuchten europäischen Sprachen – die letzte Expansionsstufe (zu einem Vergleich

3 Zur Annahme eines expletiven Artikels bei Eigennamen vgl. Longobardi 1993, Gallmann 1997, Sturm (2005: 114–120); gegen diese Annahme argumentieren Karnowski & Pafel 2005.

der Artikelgrammatikalisierung im Deutschen, Niederländischen und Englischen s. Schmuck demn.).[4]

2.2 Frühe Belege des onymischen Artikels

In der gesamten ahd. Periode sind Personennamen generell noch undeterminiert. Vereinzelte frühahd. Belege finden sich aber in textdeiktischer Funktion, wie hier analog zur lateinischen Vorlage, vgl. (7)–(8):

(7) Isidor 32,9-11 (um 800):
dhazs ir iesus uuardh chinemnit in bauhnungum dhes chiuuarin iesuses
ut iesus nominaretur ad significandum illum uerum iesum.
'dass er Jesus wurde genannt mit der Bedeutung jenes wahren Jesus'

(8) Ahd. Tatian, 159,1 (9. Jh.):
Uuas tho linenti ein fon sinen iungiron in barme thes heilantes, then minnota ther heilant. Tho bouhnita themo Simon Petrus inti quad imo (...)
Erat autem recumbens unus ex discipulis eius in sinu Ihesu, quem dilig bat Ihesus. Innuit ergo huic Simon Petrus et dicit ei (...)
'Es war aber einer unter seinen Jüngern, der herabgesunken war an die Brust Jesu, den Jesus liebgewonnen hatte. So beugte er sich zu diesem Simon Petrus und fragte ihn (...)'

In beiden Fällen entspricht ahd. *ther* in der lateinischen Vorlage mit lat. *ille* 'jener' (Ferndeixis) bzw. lat. *huic* 'dieser' (Nahdeixis) einem Demonstrativ und verweist anaphorisch auf einen bereits vorerwähnten Referenten. In (7) ist *dhes* auch schon anamnestisch auf das geteilte christliche Wissen (Jesus als Messias) beziehbar; *themo* in (8) aber eher als Pronomen mit appositivem Personennamen ('dieser, Simon Petrus') zu analysieren. Erste nicht (diskurs)deiktische Belege des Personennamenartikels erscheinen ab dem 10./11. Jh. und betreffen Namen mit Attributerweiterung, vgl. (9)–(11).

(9) Notker Psalter, 71,1 (10./11. Jh.):
Diser psalmus uuirt kesúngen in CHRISTO. er ist der uuaro salomon.
'Dieser Psalm wird gesungen zu Christus, er ist der wahre Salomon'

4 Wie typologische Studien z.B. für afrikanische und austronesische Sprachen zeigen, können sich Definitartikel bis hin zu (gebundenen) nominalen Markern bzw. Genusmarkern weiterentwickeln (Greenberg 1978, Hawkins 2004: 84–86).

(10) Bamberger Blutsegen (12. Jh.):
do der heiligo Iohannes den heilanden Crist iníro [Iordanis áha fem.] tovfta.
'als der heilige Johannes den erlösenden Christus in ihm [dem Fluss Jordan] (wörtl. 'in ihr') taufte'

(11) Nibelungenlied 1596,3 (Anf. 13. Jh.):
dô het ez ouch vernomen Else der vil starke

In (9)–(11) ist der Artikel syntaktisch gesteuert und, wie hier vor Attribut, schon im Mittelhochdeutschen (Mhd.) obligatorisch: „Am frühesten hat sich der Art. eingestellt, wo das Subst. von einem Adj. begleitet war“ (Paul 1919, IV: 181). Dieser wird unabhängig davon gesetzt, ob das Attribut prä- (*der vil guote David*, *der heiligo Iohannes*) oder, wie im Mhd. auch noch möglich, postnominal steht (*Else der vil starke*) (vgl. Paul 1919, IV: 180). Blanke Personennamen sind auch im Mhd. grundsätzlich noch undeterminiert. Sporadisch stößt man auf erste Artikelbelege ohne Attribut (*diu Semîramis*) – hier aber auch anaphorisch bzw. durch das Versmaß bedingt – oder Fälle, wo nur das Attribut nachgestellt ist, der Artikel aber dem Namen vorausgeht (*den Daniel slâfinde*), vgl. (12)–(13).

(12) Alexanderlied (Vorauer Handschrift) 475–476 (ca. 1150):
diz was den Daniel slâfinde gesach /
in einem troume dâ er lach

(13) Annolied 10,1; 10,15–17 (11. Jh.):
SIn wif diu hiz Semiramis (...)
Von demi gezûgi des stiphtis /
Worti diu Semîramis /
Die burchmura viereggehtich

Vor blanken Personennamen kommt der Definitartikel erst im Frnhd. auf, ist bis heute – zumindest im geschriebenen Standard – nicht voll grammatikalisiert und nur vor Attribut obligatorisch. Als steuernde Faktoren bei seiner Expansion wurden neben grammatischen (Kasus) und arealen (Ausbreitung vom Süden nach Norden) auch pragmatische (Emphase, Fokus) Faktoren identifiziert (Bellmann 1990; Eichhoff 2000, Karte 76; Schmuck & Szczepaniak 2014; Schmuck 2020a,b). Auch auf eine zunehmende Entpragmatisierung wurde bereits hingewiesen. Im Folgenden wird diese zentrale Etappe der Artikelgrammatikalisierung, der Übergang von pragmatischer hin zu grammatischer Steuerung des onymischen Artikels, am Beispiel der Hexenverhörprotokolle beleuchtet und auch mögliche areale Unterschiede bei dieser Entwicklung überprüft.

3 Hexenverhörprotokolle als Korpus

3.1 Nähe- vs. Distanzsprache

Die Hexenverhörprotokolle liegen entweder als unmittelbar beim Prozess entstandene Mitschriften (Simultanschrift), später angefertigte Reinschriften oder für den weiteren Prozessverlauf bzw. den Schriftverkehr gedachte Abschriften (Kopien der Reinschrift) vor, die z.B. zur Weitergabe an das Reichskammergericht oder an eine (ggf. zur Urteilsfindung eingeschaltete) juristische Fakultät benötigt und dementsprechend stark nachbearbeitet wurden. Je nach Elaborationsgrad – simultane Mitschriften vs. zeitversetzt entstandene, verkürzte und standardisierte, oft auch reformulierte Abschriften – sind sie „Produkte einer mehr oder minder spontanen Schriftlichkeit" (Szczepaniak & Barteld 2016: 45; vgl. auch Topalović 2003c; Macha 2010). Auch variieren die spontansprachlichen Anteile innerhalb eines Verhörprotokolls je nach Prozessphase: Neben stärker formalisierten monologischen Passagen enthalten die Verhörprotokolle dialogisch-nähesprachliche Abschnitte in emotional gefärbter Sprache (zum Konzept konzeptionelle Mündlichkeit/Schriftlichkeit bzw. Nähe- vs. Distanzsprache vgl. Koch & Oesterreicher 1985).

Topalović (2003a: 155–161) unterscheidet auf Basis der von ihr untersuchten Osnabrücker Verhörprotokolle fünf Prozessphasen: 1) Prozesssituierung 2) Gegenüberstellung der Angeklagten mit anderen Inhaftierten oder weiteren „Zeugen", 3) Verhör der Angeklagten – zunächst „gütlich", später „peinlich" (ohne/mit Anwendung der Folter) und i.d.R. dem erzwungenen Geständnis, 4) Wiederholung des Geständnisses (ohne Folter) und damit Ratifizierung und schließlich 5) öffentliche Verlesung und der Urteilsspruch durch den „Ehrbaren Rat" am „Endlichen Rechtstag", vgl. Tabelle 1.

Tab. 1: Sprachliche Merkmale der fünf Prozessphasen (Phasen nach Topalović 2003a: 155–161).

I. Prozesssituierung	a) Titulatur [Zeit, Ort, anwesende Personen] b) Verhörsituierung [Name der Beschuldigten, Umstände, Grund der Gefangennahme, Stand des Verfahrens]	**Monologstruktur** Erzählerbericht, formalisiert

II. Gegenüberstellung	Gegenüberstellung mit Mitangeklagten, „Zeugen" (Beweisaufnahme)	**Dialogstruktur** indirekte Rede, spontane Schriftlichkeit
III. Verhör und Geständnis	„gütliches" und „peinliches" Verhör der Angeklagten, Aufforderung zum Geständnis (Urgicht)	**Dialogstruktur** indirekte Rede, spontane Schriftlichkeit
IV. Ratifizierung des Geständnisses	Wiederholung des Geständnisses ohne Folter, Ratifizierung	**Monologstruktur** Erzählerbericht mit dialogischen Anteilen
V. Urteilsspruch	Öffentliche Ratifizierung des Geständnisses und Urteilsspruch	**Monologstruktur** Erzählerbericht, formalisiert

Titulatur und Verhörsituierung (Phase I) sowie der abschließende Urteilsspruch (Phase V) sind monologisch (Erzählerbericht) und stark formalisiert mit vorgefertigten, z.T. lateinischen (*In præsentia*), Passagen. Die „Beweisaufnahme" in Form einer Gegenüberstellung der Angeklagten mit anderen Denunzierten, vermeintlich Geschädigten und sonstigen Zeugen (Prozessphase II) und das eigentliche Verhör (Phase III) sind dagegen dialogisch und überwiegend in indirekter Rede[5] verfasst. Obwohl die Kommunikation insofern asymmetrisch ist, als die Frageartikel standardisiert sind und einem vorgefertigten Katalog entstammen, also nicht auf echte gesprochene Sprache rekurrieren (z.B. Leipzig: Fragen 1.-26. des Typs „Ob *inquisitin* nicht ..."), z.T. auch nur die Antworten protokolliert werden (ad 1. [articul]), besteht in den Phasen II+III die größte Nähe zur Mündlichkeit. Vor allem in den emotionalen, vereinzelt sogar in direkter Rede verfassten Dialogen bei der Gegenüberstellung wird frnhd. Spontansprache greifbar. Neben sich häufenden Dialektismen sind gerade hier emphatische Artikelsetzungen erwartbar.

5 Die Wiedergabe in indirekter Rede gehörte zur damaligen Protokollpraxis und wurde erst ab dem 19. Jh. geändert (Topalović 2003a: 181).

3.2 Datenbasis

Für die Analyse wurden 2–3 Protokolle aus jedem der sechs großen Dialektgebiete ausgewählt. Nicht berücksichtigt werden für die folgende Analyse attribuierte Namen, die schon ab dem Mhd. regelmäßig mit (hier syntaktisch bedingtem) Definitartikel stehen (s.o. Kap. 2.2). Unberücksichtigt bleiben zudem konsequent (*sche*-Suffix) bzw. überdurchschnittlich häufig (*-in*) den Definitartikel bedingende movierte Namen[6] (s. hierzu eingehend Werth 2015b und Schmuck 2017). Nach Ausschluss der o.g. Fälle verbleiben im Sample 673 Belege, die sich wie folgt auf die Dialektgebiete verteilen (Tabelle 2):

Tab. 2: Datenbasis.

Nordwestdeutsch		**Nordostdeutsch**	
Flensburg 1608:	80	Güstrow 1615:	20
Helmstedt 1580:	35	Crivitz 1642:	93
	ges. 115		ges. 113
Westmitteldeutsch		**Ostmitteldeutsch**	
Dillenburg 1631:	31	Georgenthal 1597:	32
Friedberg 1620:	77	Leipzig 1640:	31
		Mühlhausen 1659:	34
	ges. 108		ges. 97
Westoberdeutsch		**Ostoberdeutsch**	
Rosenfeld 1603:	41	Ellingen 1590:	79
Rottweil 1615:	37	Eichstätt 1629:	57
Leonberg 1641:	26		
	ges. 104		ges. 136

6 Dem Movierungssuffix *-sche* liegt das gleichlautende Adjektivsuffix (*kindisch, tierisch*) zugrunde, weshalb der Artikel hier als syntaktischer Artikel mit elliptischem Kopf analysiert werden kann (Schmuck & Szczepaniak 2014). Auch das Movierungssuffix *-in* geht auf ein früheres Adjektivsuffix (germ. **-injô*) zurück, was Artikelsetzung fördert.

4 Pragmatische Funktionen des onymischen Artikels in Hexenverhörprotokollen

4.1 Exophorische (sprachexterne) Funktionen: Emphase/Denunziation

Der Gerichtsschreiber tritt als Person nur selten namentlich in Erscheinung. Dass die Schreiber in Hexenverhörprozessen dennoch erheblichen Eigenanteil in das Protokoll einfließen ließen, auch schon Wertungen einbrachten und dadurch beträchtlichen Einfluss auf den gesamten Prozessverlauf nahmen, hat u.a. Topalović (2003b) durch den Vergleich von Mitschriften und späteren, offenbar stark nachbearbeiteten, Abschriften der Osnabrücker Protokolle gezeigt (zu „inhaltlichen Korrekturen" vgl. auch Topalović 2003a: 147–149). Auch Macha (2017) weist auf manipulative Eingriffe der Schreiber im Sinne der Anklage hin. Der Verhörverlauf wird demnach nicht nur protokolliert, sondern die Aussagen durch den (oft juristisch vorgebildeten) Schreiber auch schon interpretiert und eine erste juristische Einordnung der Geschehnisse vorgenommen. Dies geschieht z.B. durch die Wahl bestimmter verba dicendi (*behauptet sie, leugnet sie härtnäckig, endlich gesteht sie*), durch Aussparungen entlastender Umstände, inklusive der dem Geständnis vorausgehenden, z.T. mehrstündigen Folter – angedeutet nur durch kurze Floskeln („peinlich befragt", „nach der Tortur" oder auch nur „vermeldt hernach"), Randbemerkungen (*nota bene*) oder – im Extremfall – frei erfundene Ausschmückungen des tatsächlichen Prozessverlaufs (s. Kap. 4.1.2 zu Georgenthal 1597). Im Protokoll von Messkirch 1644, [155r] heißt es, als die Angeklagte trotz Tortur nicht gesteht, „blibe aber gantz hardtneckhig vnnd bekante noch nichts" und kurz darauf: „aber in ihrer halß starrigkheit verpliben". Diese offensichtliche Vorverurteilung der Angeklagten durch den Schreiber spiegelt die damalige Verfahrenspraxis in Hexenprozessen, wo die Schuld der Angeklagten allein aufgrund von Verleumdung, oft durch andere Denunzierte, quasi schon vorab als erwiesen galt.[7] Der Prozess selbst diente kaum noch der Feststellung

---

7 Diese Praxis spiegelt eindrücklich eine Art Prolog in der linken Marginalspalte im Verhörprotokoll von München 1600 (Angeklagter Paulus Pämb): „Inprimis ut fieri exhortatio. Nachdem er, vnd seine Sön ein lange zeytt für mörder, reuber, vnd brenner beschreyt sein, auch ettliche hingerichte vbelthäter auf sie bekennt haben, alß sey aus dem vnwandlbarn willen Gottes geschechen, das sie zu verhafft sein gebracht worden. Zumaln das bluet der vnschuldigen leut, wölche sie beschädigt, vnd vmbgebracht, geen himmel geschrien, vnd Gott der herr solches vbel nitt langer hab Zuesehen mögen (...)" (Macha et al. 2005: 462, Fußnote).

der Schuld, sondern zielte primär auf ein schnelles Geständnis und die Denunziation weiterer Personen (z.B. als Teilnehmerinnen am Hexentanz) ab. Auch durch die gezielte Wiedergabe von Emotionen, und zwar nur dann, wenn diese als juristisch relevant erachtet werden, wird im ansonsten sachlich-nüchternen Stil entscheidend eingegriffen und Lachen, Weinen und auch Schweigen als Indiz der Schuld ausgelegt (Topalović 2003a: 176–180, 2003b). Die Unfähigkeit zu weinen galt, ebenso wie die Fähigkeit unter Folter zu schweigen, als Zeichen für Hexerei. Schweigen zu Anklagepunkten wurde dagegen als stummes Eingeständnis der Schuld interpretiert (vgl. Osnabrück 1636: „welches Er alles mit stilschweigen beantworttett“, Bsp. aus Topalović 2003a: 179; zum konstruierten Charakter der dargestellten Wirklichkeit vgl. auch Voltmer in diesem Band). Inwiefern auch die gezielte Verwendung des denunzierenden Personennamenartikels als ein zusätzliches Mittel zur juristischen Zuspitzung der Protokolle durch den Schreiber herangezogen wird, wird im Folgenden untersucht.

4.1.1 Rolle des Referenten: Angeklagte vs. sonstige Personen

Zunächst wird rein quantitativ geprüft, ob die Verteilung der Belege des onymischen Artikels im Korpus auf die einzelnen am Prozess beteiligten Personengruppen divergiert. Unterschieden werden: 1. die Angeklagte, 2. angeblich Geschädigte/Denunzianten und 3. sonstige Personen. Hierbei ergibt sich – nach den drei Dialektlandschaften differenziert – folgendes Bild, vgl. Tabelle 3.

Tab. 3: %-Anteil der Belege mit Definitartikel (inkl. Demonstrativartikel) aufgeschlüsselt nach Referent.

	Artikelbelege ges.	Angeklagte	Geschädigte	Sonstige
Niederdeutsch	14% (32/231)	**28%**	13%	7%
Mitteldeutsch	16% (31/200)	**43%**	15%	8%
Oberdeutsch	40% (92/231)	0%	**40%**	**51%**

In Bezug auf die drei Personengruppen, wie auch beim Auftreten des Definitartikels vor Personennamen generell, ergeben sich klare areale Unterschiede: Während in den untersuchten niederdeutschen Protokollen 14% (32/231) der nicht attribuierten oder movierten Namen determiniert sind und 16% (31/200) im Mitteldeutschen, erhöht sich ihr Anteil um ein vielfaches im Oberdeutschen, wo im 16./17. Jh. schon 40% (92/231) der Namen ohne Attributerweiterung oder Movierungssuffix als Auslöser mit onymischem Artikel stehen. Bezogen auf die drei Personengruppen ist im Niederdeutschen der Anteil determinierter Namenbelege bei der Referenz auf die Angeklagte mit 28% (16/57) am höchsten; auf Geschädigte und sonstige Personen wird mit 13% (7/52) bzw. 7% (9/122) der Fälle weitaus seltener mit Definitartikel referiert. Ein noch deutlicheres Bild ergibt sich für das Mitteldeutsche: Referenz auf die Angeklagte 43% (13/30), Geschädigte 15% (9/62), sonstige Personen: 8% (9/108). Eine spiegelbildliche Verteilung zeigt das Oberdeutsche, wo von den nur 24 (nicht movierten oder attribuierten) auf die Angeklagte referierenden Namen im Korpus[8] keiner mit Definitartikel erscheint; die Namen der Geschädigten mit 40% (49/123) und sonstiger Personen mit 51% (43/84) aber häufig determiniert sind.

Diese Verteilung deutet darauf hin, dass der Definitartikel vor Personennamen im Nieder- und Mitteldeutschen anders als im Oberdeutschen (s. hierzu Kap. 4.2.1) seinen deiktischen Gehalt im 16./17. Jh. stärker bewahrt hat und noch überwiegend exophorisch denunzierend gebraucht ist. Auch alterniert der Definitartikel nur in dieser Funktion (zur Referenz auf die Angeklagte) mit dem vor Personennamen stark despektierlichen Demonstrativ. So z.B. in der folgenden Gegenüberstellung (*confrontatio*) der Angeklagten Geße Frücken mit einem Mann namens Kappel, für den sie angibt ein Pulver zubereitet zu haben, weil dieser seine Frau „loswerden“ wollte:

(14) hierauf Ist Kappel Jeg[en] diese Geßen gestellet (Helmstedt 1579, [40])

(15) Cappelle Aber sehr erschrock[en] vnd gezittert vnd etzlich mahl[en] bey seiner Sehl vnd sowahr gott lebt geschworen, d[as] ehr nichts von der geßen bekommen (Helmstedt 1579, [40])

Der Gebrauch des denunzierenden Demonstrativs in (14) (*diese Geßen*) ist zweifelsfrei dem Schreiber zuzuordnen, in (15) bleibt unklar, ob der denunzierende Definitartikel (*von der geßen*) einen weiteren wertenden Eingriff des Gerichtsschreibers repräsentiert oder der direkten Rede des Zeugen Kappel entstammt. Als Hinweis darauf, dass der Gerichtsschreiber für den Zeugen Kappel Partei ergreift, könnte die auffällig detailreiche Schilderung der Gemütsregung gedeutet werden. Auch auf die im Laufe des Verhörs stark belastete *Christine im winckel*

8 Die vergleichsweise geringe Zahl der Namenbelege zur Referenz auf die Angeklagte im Korpus erklärt sich durch häufige Pronominalisierung oder komplette Aussparungen des Subjekts (*darauf bekannt ..., sagt ...*), gerade in den langen Passagen in indirekter Rede (vgl. auch Kap. 4.2.2).

wird im selben Protokoll mit dem Demonstrativ referiert (*gregor hacke hatt dießer Christine vor eine zeubersch*[*en*] *gescholt*[*en*] [39]). Demonstrativa zur Referenz auf die Angeklagte / den Angeklagten enthalten im Korpus auch die Protokolle von Flensburg 1608 (4x *duße Anna kockes*), Dillenburg 1631 (2x *dieser SteinMetzer*) und Crivitz 1642 (1x *diese dorothea dunckers*). Die unter „Sonstige Personen" subsumierten Namen möglicher Komplizen – zumeist vermeintliche Teilnehmer/innen am Hexentanz – sind im Unterschied zu den Angeklagten nur selten determiniert. Bezeichnenderweise stehen Definitartikel oder Demonstrativa aber beim Verweis auf bereits wegen Hexerei verurteilte Komplizen, vgl. (16).

(16) Item were sie sampt Iren Hingerichten gespihlen, Allß Othmar Schefenackhers Zu Geislingen weüb vnnd Ihrer Schwiger welche beede zu Geislingen Hingericht worden desgleüchen der Brisra von Bückhelsperg vnnd dem Erdenböltzlin die beede zu Rosenueldt vnnd Am Neuen weeg gericht worden, vor der zeüt vil mahl vff Reithein wasen wie Auch der Schmidtbarbla, vnnd Allten Stattschreiberin die zue Balingen Hingericht bey Hexen Tantzen gewesen. (Rosenfeld 1603, [6])

Neben den Namen der Angeklagten und bereits verurteilter Komplizen erscheint auch der Name des Teufels häufiger mit Definitartikel: *der fedder hanß* (Friedberg 1620), *der Gräslin* (Rosenfeld 1603), *der Turnus* (Flensburg 1608).

4.1.2 Rolle der Prozessphasen

Außer der jeweiligen Referenzperson (Denunzierte, Geschädigte) bedingt auch der Prozessverlauf bzw. die Prozessphase die Artikelsetzung, was im Folgenden genauer beleuchtet wird.

Flensburg 1608

Das Protokoll, in dessen Verlauf die Angeklagte Anna Kockes u.a. Schadenszauber gesteht, ist mit der das Urteil schon vorwegnehmenden Überschrift „Anna Kockes Ein Zeuberinne" überschrieben. Am Anfang bei der Prozesssituierung wird die Angeklagte zunächst neutral ohne Definitartikel mit ihrem Gesamtnamen eingeführt (*Is Anna Kockes* (...) *Pinlich Examineret vnd verhöret worden*). Ab der Wiedergabe des umfassenden Geständnisses beim peinlichen Verhör steht konsequent der Definitartikel (4x), der im gesamten Protokoll mit dem in höchstem Maße despektierlichen Demonstrativ *duße* 'diese' (4x) alterniert (*hebbe duße*

Anna kockes sick erboden). Bei der formalisierten, keine direkte Rede wiedergebenden öffentlichen Ratifizierung wird ebenso wie beim abschließenden Urteilsspruch mit dem Definitartikel die Verachtung und zusätzliche Denunzierung durch den Schreiber klar zum Ausdruck gebracht. Außer bei der Prozesssituierung (1x artikellos) erscheint der Name der Angeklagten nur in drei Fällen undeterminiert (*Segt ferner Anna kockes*), vgl. Tabelle 4.

Tab. 4: Denunzierender Personennamenartikel: Flensburg 1608.

I Prozesssituierung	*Anno* 1608 am 29. *Aprilis* in Jegenwarth des Konniglichen Stadtvogtes vnd Cemmerer der Ehr vnd Achtbarn Petri kalliesen Dittmaer Haer vnd Ritzer Saurbrauwers [...] Is **Anna Kockes,** Welche töuerien halfen, Deren se lange tidt beruchtiget gewesen, thor gefencklichen haft is angenamen word[en], Pinlich Examineret vnd verhöret word[en]. Vnd bekent wo folget. [259]
III Geständnis	Welchen drunck **duße Anna Kockes** der Lißbeth Tegelmeisters in den Backofen Ihngeriecket hebbe. [251] Alse Margaretha Ruthbekes Kranck gewesen hebbe **duße Anna kockes** sick erbod[en], Ehr einen Drunck tho geuende Darvan se genesen scholde, Welchen Drunck se van ehr ock genamen vnd si ock korth darna gestoruen. [253] Van der Edlen Ihn Clement Pamerenings keller (Welche alse **duße Anna kockes** gefencklich ingetagen, entlopen is) Segt se, Datt desuluige ehr geclaget (...). [254]
IV Ratifizierung	Duße vorbeschreuene Bekenntuße Is **der Anna kockes** vor dEm Erbarn Rade ok vp apenem Dinge vorgelesen word[en], Darbi se dan bestendig is gebleuen. [256]
V Urteilsspruch	Hirvp is dorch Einhelligen *Votis* des Erbarn Rades **de Anna kockes** *condemnert* vnd verordelt word[en]. [256]

Die sich schon in der Überschrift manifestierende Vorverurteilung seitens des Schreibers setzt sich bei den Referenzformen, wo Demonstrativ und Definitartikel alternieren, fort und fließt in die Einleitung der indirekten Rede (*<u>Entlich</u> Segt se Datt* [256]) bei der Wiederholung des Geständnisses ebenso ein wie bei der erklärenden Randbemerkung (*Welche alse duße Anna kockes gefencklich ingetagen, entlopen is* [254]). Neben der das Urteil vorwegnehmenden Überschrift (*Ein Zeuberinne*) und den nur geringfügigen Korrekturen deutet auch die gezielte, die negative Haltung des Schreibers unmissverständlich spiegelnde und juristisch bedeutsame Artikelsetzung im gesamten Protokoll darauf hin, dass es sich um eine spätere Rein- bzw. Abschrift handelt, das Protokoll also im Sinne der Anklage nachbearbeitet und stilistisch überformt wurde (zur „stilistischen Überformung" der Verhörprotokolle vgl. Mihm 2007: 367).

Nicht nur auf die Angeklagte Anna Kockes auch auf ihre vermeintliche Komplizin Anna Jenses und „ihren Teufel" namens Turnus wird im Protokoll mit Definitartikel referiert, wenngleich weniger konsequent (Anna Kockes 8/12 Belegen, Anna Jenses 2/10, Turnus 2/6). Aber auch bei der Referenz auf Geschädigte erscheint in diesem vergleichsweise viele Belege des onymischen Artikels enthaltenden niederdeutschen Protokoll mitunter der Definitartikel (*der Lißbeth Tegelmeisters, der Katarinen Jaspers*), wo dieser grammatisch (Dativmarkierung) begründet ist (vgl. hierzu Kap. 4.2).

Georgenthal 1597

In der mitteldeutschen Protokollabschrift wird der Schreiber eingangs sogar namentlich erwähnt (*Inn beysein deß Gerichts- vnnd Amptschreibers Hanßen Heinrichs Körnners*). Protokolliert ist das Bekenntnis von Christina Thymen von Melіß nach dem peinlichen Verhör und die anschließende Ratifizierung (*Außsage, Vnnd Vhrgicht*). Im gesamten Protokoll wird auf die Angeklagte fast ausschließlich mit dem Personalpronomen referiert, auch noch beim Geständnis. Erst bei der Ratifizierung des Geständnisses wird sie gleich dreimal namentlich erwähnt, in allen Fällen mit denunzierendem Definitartikel (*die Thymen, die Christina Thymen*). Die abschätzige Wirkung des Artikels wird dabei durch den blanken Familiennamen (2x) noch verstärkt. Auch fällt auf, dass die namentliche Erwähnung samt denunzierendem Artikel in dem Moment zweimal hintereinander erfolgt, als sie den nach dem damaligen Verständnis schwersten Hexereidelikt, die Teilnahme am Hexentanz, gesteht. (Weitere Hexereidelikte sind Teufelsbund und -buhlschaft sowie Schadenszauber an Personen und Tieren, vgl. Schormann [3]1996: 23.)

Tab. 5: Denunzierender Personennamenartikel: Georgenthal 1597.

I Prozess-situierung	Außsage, Vnnd Vhrgicht, Welche die Verhaffte vnnd gefangene **Christina Thymen** Von Melіß Im Ampt Georgenthal, Nach lautt deß publicirtenn Vrtheils, Vor vnnd nach der zimlichen Tortur, oder Marter, Inn gegenwertt deß h[errn] Richters zum Tamba[ch] Leonharden Gengel Bachs, vnnd der zu geordtneten Gerichts Schöpffenn (...) Nach Mittag Vmb 8. Vhra, den 1. *Martii, Anno* 1597. [1]
III + IV Geständnis/ Ratifizierung	Ob dieselbige Aber einen Melckstutz vffm heupt gehabt, wie **sie die Thymen**, darauff sie nicht achtgebenn [4]

	Sie **die Thymen** Aber sey mitt einem heselein ste[cken] zu ihrer thüer auff den tantz gefharenn, vnnd wann Ihr Bule od[er] Geist kommen were, hab er gesagt, Allte du must mitt, du must mitt, denn eß ist zeit, fortt, fortt [4]
	Am 17. Martii hat **die Christina Thymen** Vor Richter vnnd Schöpff[en], vff vorgehende befragunge noch weitter güttlich gestand[en] vnd bekandt [6]
V Urteil	keine namentliche Erwähnung

Die Voreingenommenheit des Schreibers kommt auch hier in Nebenbemerkungen, z.B. als die Angeklagt bei der Tortur zunächst nicht gesteht, unmissverständlich zum Ausdruck, vgl. (17).

(17) Ob nun wol der Meister od[er] hencker sie mitt zimlicher scherffe angegriff[en] vnd Allerley mittel gebraucht, Inn meinung etwas Auß ihr zu pringen, So hat sie doch ohne sonderliches wehe klagenn, Auch ohne einige geflossene threnen od[er] weinen, bestendigklich vff dieser ersten aussage beharret (Georgenthal 1597, [1])

Besonders wird die Verachtung am Ende des Textes spürbar, den der Schreiber mit frei erfundenen Ausschmückungen über die Todesursache der offenbar in Haft verstorbenen und aus Sicht des Schreibers so ihrer gerechten Bestrafung entgangenen Angeklagten beschließt. Demnach wurde sie durch den Teufel selbst gerichtet (*hat ihr der Geist Inn derselben Nacht zu Georgenn Thal den halß umbgedrehet*, Georgenthal 1597, [7]). Die Angeklagte wird auch nach ihrem Tod – vermutlich infolge der Folter, bei der der *hencker sie mitt zimlicher scherffe angegriffen vnd Allerley mittel gebraucht* hat – verhöhnt und ihre Schuld zu untermauern versucht. Das Protokoll endet zynisch (*Also hat die 40 Jhäriche Milchdiebin hie, Ihr endt genommen*, Georgenthal 1597, [7]).

Eine Korrelation zwischen Geständnis/Schuldspruch und dem Auftreten von Definitartikeln und Demonstrativa ist auch in weiteren nieder- und mitteldeutschen Protokollen feststellbar. Denunzierende Definitartikel treten in der Regel erstmals beim Geständnis (vgl. Flensburg 1608, Georgenthal 1597), spätestens bei der Ratifizierung bzw. bei der (als Erzählerbericht wiedergegebenen) Urteilsverkündung auf. Ersteren Typ repräsentiert auch **Crivitz 1642**, wo die Angeklagte *Dorothea Dunckers* neutral eingeführt wird (*die eine gefangne dorothea dunckers* [1]). Bei Verlesung der offensichtlich an ein vorausgehendes Zeugenverhör angelehnten, sehr detailreichen und suggestiven Frageartikel und solange die Angeklagte anfangs noch leugnet wird ohne Definitartikel auf sie referiert (*Ob nicht* *war, das dorothea dunckers* [1]). Nur in Frageartikel 12., der das schwerste Vergehen, den Vorwurf des Hexentanzen betrifft, steht einmalig der determinierte Name zusätzlich zum Pronomen (*Ob nicht war, das Grete Iden bekant, Ihre der dorotheen dunckers, vnd andere buhlen hetten solche Krickelkrumme dentze gehabt* [2]). Als sie sich später doch in vielen Punkten schuldig bekennt, tritt das Demonstrativ auf (*bekante diese dorothea dunckers* [10]). Der Urteilsspruch ist in der Edition nicht enthalten.

In **Dillenburg 1631** ist *Hans Holttschenhäwer sonsten Steinmetzger genant* u.a. wegen Zauberei und Gotteslästerung angeklagt. Wegen des appellativischen Beinamens wird auf ihn – mit Ausnahme des o.g. Belegs auf dem Titelblatt[9] – von Beginn an mit Artikel (*der Steimetz(g)er*) referiert (*Den 24ten Januarii Anno perge 631 Ist der SteinMetzer güttlich vorgefordertt* [14v]). Als er schließlich ein Teilgeständnis ablegt, wechselt der Schreiber unvermittelt zum Demonstrativ (*wardt dieser SteinMetzger In der güten vorgefordertt (...), Gestunde gleichwohl so viel* [15r]), den er auch bei den folgenden zwei namentlichen Erwähnungen beibehält. Das abschließende Urteil fehlt auch hier in der Edition.

Wie sich gezeigt hat, korreliert die Artikelsetzung auffällig mit den einzelnen Prozessphasen: Definitartikel treten meist im Moment des Geständnisses typischer Hexereidelikte auf, häufig gerade beim schwersten, dem Hexentanz, spätestens aber bei der Ratifizierung bzw. beim abschließenden Urteilsspruch. Sie entstammen möglicherweise unmittelbar der gesprochenen Sprache bei emphatischen Äußerungen der am Prozess beteiligten Personen (Zeugen, Denunzianten, Richter). Oftmals sind sie aber dem Gerichtsschreiber selbst zuzuordnen und, als textsortenspezifisches Merkmal, eines von vielen Mitteln zur Zuspitzung der Abschriften im juristischen Sinn zu verstehen. Das gilt zweifellos für die stark denunzierenden Definitartikel und Demonstrativa bei den als Erzählerbericht verfassten Passagen zur öffentlichen Ratifizierung und zur Urteilsverkündung. Auch in den in indirekter Rede verfassten Phasen II (Gegenüberstellung) und III (Verhör), die die Aussage der Angeklagten, selten weiterer Personen (Zeugen) wiedergeben, sind die gezielt gesetzten, despektierliche Artikelverwendungen wahrscheinlich überwiegend dem Schreiber selbst zuzuordnen.

9 Der komplette, dem zugehörigen Beschreibungstext entnommene Titel lautet: *Inquisitio contra Hansen Holttschenhäwer sonsten Steinmetzger genant zu Dillenburgk* (Macha et al. 2005: 192).

4.2 Endophorische (diskursdeiktische) und grammatische Funktionen

4.2.1 Fokus: Herausstellung der Geschädigten

Denunzierende Personennamenartikel wie in niederdeutschen und oft auch noch in mitteldeutschen Protokollen treten im Oberdeutschen zurück, wo primär auf die Geschädigten und sonstige Personen mit Definitartikel referiert wird: Angeklagte 0% determiniert (aber nur wenige Belege), Geschädigte 40%, sonstige Personen 51% (s.o. Tabelle 3). Die Geschädigten werden beim Verhör in den Frageartikeln bzw. beim Geständnis namentlich genannt, vgl. (18)–(24).

Niederdeutsch

(18) Bekante auch, das sie Margreta Hermannus, S[eligen] Heinrich Schutten witwen, eine kuhe vmbbringen laßen (Crivitz 1642, [11])

(19) Ferner bekent se Datt se Katarinen Jaspers Hans Jaspersen Husfrouwe ehre Kranckheit vp den halß getöuert vnd gespanet hebbe (Flensburg 1608, [253])

(20) Vnd hebben (...) darvan den Drunck bereidet vnd der Katarinan Jaspers densuluigen gegeuen (Flensburg 1608, [253])

Mitteldeutsch

(21) Ob Sie Nicol Braunschweiger, bürgern alhier, von seiner Kranckheit helfen wollen? (Mühlhausen 1659, [109])

(22) Sie habe Auch dem Melchior Anschutz schneider den ewigenn husten angehengt, durch Ihre zauberey (Georgenthal 1597, [6])

(23) So were eß Auch An deme, das sie den wirtten, od[er] Schencken zu Melîß, Sonderlich dem henßle wehner, Claußen Gockingk, Lorentz Konigk, vnd All[en] vorigenn wirtten, den wein auß der Gemein keller gestolln (Georgenthal 1597, [6])

Oberdeutsch

(24) Item vor 2 Jaren dem Leonhardt wickhel zue hottingen ein Kue, vor 7. Jahr dem Schretzenn muller ein Rauppen, vor 12 Jaren dem Leonhardt schmidt zue hotting[en] Ein Kue, vor 10 Jaren hanß Kuglern dem Elttern daselbsten

ein Reupling[10] vnnd dem Hanns Endern zue hotting[en] auch vor 10 Jahren ein Kue mit Irer Teufels salben geschmirbt daß es alles dauon gestor[ben] (Ellingen 1590, [6])

Aufgelistet und als Leidtragende in den Fokus gerückt werden jeweils die angeblich von Schadenszauber betroffenen Personen (in Ellingen 1590, [4] z.B. auf die Frage: *Wem vnnd wieuil schaden sie an dem vihe gethon*). Die syntaktisch als Dativ- (Malefizient) oder Akkusativobjekt (Patiens) realisierten Namen der Geschädigten sind meist linksversetzt und z.T. (wie in (22)) durch Fokuspartikeln zusätzlich exponiert (*Auch dem Melchior Anschutz schneider*). Vor allem im Oberdeutschen tritt unterstützend der Definitartikel hinzu, dieser fehlt im Niederdeutschen mit Ausnahme von Flensburg 1608.[11] Der Personennamenartikel ist in diesen Fällen einerseits pragmatisch gesteuert (Fokussierung), aber auch grammatisch begründbar (Kasusmarkierung der vorangestellten Dativ-/Akkusativobjekte), wovon auch seine Affinität zu den objektmarkierenden Kasus zeugt, vgl. Tabelle 6.

Tab. 6: Auftreten des Personennamenartikels in Abhängigkeit von Kasus (n=647).

	Nominativ	**Genitiv**	**Dativ**	**Akkusativ**
Niederdeutsch	6%	7%	**19%**	5%
	(6/101)	(4/55)	(8/42)	(1/21)
Mitteldeutsch	16%	16%	16%	12%
	(13/81)	(5/32)	(9/58)	(4/33)
Oberdeutsch	29%	33%	**42%**	**50%**
	(19/65)	(16/48)	(38/91)	(10/20)

Wie aus der Tabelle hervorgeht, tritt der Definitartikel vor Personennamen im Nieder- und Mitteldeutschen unabhängig von Kasus auf – was auf noch vorhandenen Deixisgehalt (Denunziation) hindeutet. Eine Ausnahme bilden die häufigen Dativbelege (19% = 8 von 42) im Niederdeutschen und hier speziell im Protokoll von Flensburg 1608 (6x). Im Oberdeutschen treten pragmatische Funktionen

10 *Reupling* 'junges ziehvieh oder was nicht jährig ist' (Deutsches Wörterbuch, erreichbar über: www.woerterbuchnetz.de (10.02.2018)

11 Im Protokoll von Flensburg 1608 sind 4 von 10 Namen von Geschädigten determiniert, in Ellingen 1590 sind es 29 von 66.

(Denunziation) zugunsten grammatischer (Kasusmarkierung) zurück, beziehungsweise greifen diskurspragmatische und grammatische Faktoren (eindeutige Kasusmarkierung des fokussierten, linksversetzten direkten/indirekten Objekts) ineinander. Langfristig markiert der onymische Artikel Kasus und weitet sich ausgehend von den obliquen Kasus auch in den Nominativ aus (im Ostoberdeutschen sind im Korpus 14 von 31 Nominativ-Belegen determiniert).

Das Aufkommen des onymischen Artikels korreliert mit der zunehmenden Deflexion: Die paradigmatische Deflexion zugunsten einer onymischen Einheitsflexion (Dat./Akk. > *-en*, Gen. > *-s*) setzt schon im Mhd. ein, die Deflexion des Namens beginnt im späten Frnhd. mit dem Wegfall der Dat./Akk.-Flexion. Nach Ackermann demn. flektieren um 1650 noch 52% der Personennamen im Dat./Akk., um 1850 gerade mal noch 3% (zur Namendeflexion vgl. auch Nübling 2012 und insbes. Ackermann 2018). Der Genitiv folgt derzeit nach: Auch hier deflektiert der Name selbst und wird Kasus langfristig auf den Artikel ausgelagert (nhd. *des jungen Goethe*(*s*), vgl. auch Zimmer 2018). Die Hexenverhörprotokolle dokumentieren die areal unterschiedlich stark fortgeschrittene, vor allem die Dat./Akk.-Endungen betreffende Deflexion, was die Setzung des kasusanzeigenden onymischen Artikels zur eindeutigen Objektmarkierung fördert (Schmuck 2020a,b). Die Artikelflexion zeigt z.T. sekundär (*dem Hanns Endern*), oft aber auch schon als einziger Marker (*den henßle wehner*, *dem Leonhardt wickhel*), vor allem aber eindeutig Kasus an, was das stark ambige Einheitsflexiv *-en* (Dat./Akk./schwacher Gen.) am Namen nicht leistet. Hinzu kommen in Familiennamen erstarrte Kasusendungen, v.a. onymische Genitive mit *-s*/*-en* bei Patronymen (*Thomaßen*, *Lisbeth Tegelmeisters*, *Anna Kockes*, *Christina Thymen*) und mit solchen identische Wortausgänge, z.B. als Folge der Nebensilbensilbenabschwächung (*Siemen* < *Simon*, *Andersen* < *Anderson*), vgl. (25)–(26).

Ambige Kasusflexion

(25) Dativ: Item mitt hartman thomaßen in ihrem hauß in der stuben da er noch ledig geweßen (Friedberg 1620, [3])

(26) Genitiv: Datt se Karsten Andersen Fruwen vorgeuen scholde (Flensburg 1608, [252])

Dass Kasusabbau nicht alleinige Bedingung für das Auftreten des onymischen Artikels ist, sondern weitere, v.a. areale Faktoren greifen, spiegeln die o.g. Beispiele: Im Oberdeutschen übernimmt bereits die Artikelflexion die Kasusmarkierung innerhalb der onymischen NP. Doch fehlt der onymische Artikel häufiger noch bei Aufzählungen, wo i.d.R. nur der erste Name determiniert und damit eindeutig kasusmarkiert ist (*dem henßle wehner, Claußen Gockingk, Lorentz Konigk, vnd Allen vorigenn wirtten*). Obwohl im Niederdeutschen Kasus am weitesten abgebaut ist (z.B. Shrier 1965) und die hier heimischen Genitivpatronyme (vgl. DFA Bd. 3, Karten 1–37) die Kasusanzeige am Familiennamen zusätzlich verunklaren, sind Personennamen im niederdeutschen Raum bis heute weitgehend artikellos. In den o.g. nieder- und mitteldeutschen Beispielen (18), (21) disambiguiert allein der appositive Kontext (*Margreta Hermannus, Seligen Heinrich Schutten witwen, Nicol Braunschweiger, bürgern alhier*). Außer im Dativ/Akkusativ treten Namen der Geschädigten teilweise auch als Genitivattribute auf, vgl. (27)–(28). Überwiegend referieren Genitivbelege aber auf „sonstige Personen", die in oberdeutschen Protokollen am häufigsten (51% = 43/84) mit Personennamenartikel belegt sind (s.o. Tabelle 3). Bei den determinierten Namen handelt es sich fast ausschließlich um possessive Genitive (*in des Lenzins Hauß*, Rottweil 1615, [437]). Sonstige Genitive, z.B. bei der (meist appositiven) Nennung der anwesenden Gerichtspersonen (*in beisein, in praesentia*) wie in (29), bleiben undeterminiert.

Genitivbelege

(27) Diß Jacob Schielinß wüttib sagt, es seyen Ihr verndt zwuo Rothe küehen kranckh Vnnd Allerdings Lam worden (Rosenfeld 1603, [8])

(28) Außerhalb des Samuels von Beyenheimb, des dicken Judens, welchem sie hette ein Bettuch abgekaufft, were die vnzucht in ihrer Kuchen geschehen (Friedberg 1620, [11])

(29) Ist Inn bey sein Georg Abells vnnd Christoph Georg[en] vfm Sandt, |béede deß Gerichts alhie,| (Leonberg 1641, [2])

In komplexen Genitivphrasen und in den Objektkasus Dativ/Akkusativ übernimmt der Artikel zunehmend grammatische Funktionen, entwickelt sich also vom noch (diskurs)deiktischen (Demonstrativ, Fokusartikel) Marker zum grammatisch gesteuerten Artikel und langfristig zum festen onymischen Artikel.

4.2.2 Diskursdeixis: eindeutige Referenzierung

Neben der Nähe zur Mündlichkeit und ihrer dialogischen Struktur weisen Hexenverhöre als juristische Texte auch typische kanzleisprachliche Merkmale auf – bei Abschriften möglicherweise als spätere Anpassung an die Textsorte (vgl.

Topalović 2003b). Kanzleisprachliche Elemente, die sich auch in Hexenverhörprotokollen wiederfinden, sind lateinische Einschübe, vor allem Fachvokabular (z.B. für die Prozessphasen: *confrontatio, tortura, confessio, ratificatio, votis*), wiederkehrende Formeln (z.B. *wollte darauf leben und sterben* zur Bekräftigung), hierunter viele, oft lat.-dt., Paarformeln zur Verständnissicherung ([*ist*] *condemnert vnd verordelt word[en]* Flensburg 1608, [256]; *nach der zimlichen Tortur, oder Marter* Georgenthal 1597, [1]). Syntaktisch stechen afinite Konstruktionen und die Auslassung von Subjektpronomina heraus (vgl. hierzu auch Ebert & Reichmann 1993: 345–346). Im Korpus betreffen Subjektaussparungen zumeist auf die Angeklagte referierende Pronomen, insbesondere bei verba dicendi zur Einleitung der indirekten Rede (*gütlich examiniert*; *sagt aus*; *bekennt ferner, dass* ...). Wie Topalović (2003a: 124–149) anhand ihres Vergleichs von Mit- und späteren Abschriften zeigt, wurden zur besseren Verständlichkeit und zur Verdeutlichung der Bezüge bei der Abschrift nicht nur parataktische durch hypotaktische Strukturen ersetzt, sondern auch Personal- und Possessivpronomen durch den Namen der/des Angeklagten oder der Name appositiv ergänzt (z.B. *er Gebhardt* konsequent zur Referenz auf den Angeklagten Johann Gebhardt im Protokoll von Eichstätt 1629; *ihr dorotheen dunckers Teuffel*, Crivitz 1642, [2]). Auf solchen Nachbesserungen zur Referenzerleichterung beruhen offenbar auch Belege des Personennamenartikels, der als textdeiktisches Mittel zusammen mit dem Namen und/oder zur Denunzierung bzw. zur juristischen Zuspitzung nachträglich eingefügt wurde (vgl. Georgenthal 1597, [4]: *sie* → *sie die Thymen*). Artikelsetzung zur eindeutigen Referenzierung und Verdeutlichung wechselnder syntaktischer Rollen (Kasusanzeige, z.B. in (30)) sind besonders bei komplexen Redesituationen (Rede in der Rede) erforderlich, d.h. bei Gegenüberstellungen (Crivitz 1642) oder bei sonstigen Schilderungen mit mehreren Akteuren und Textebenen (Flensburg 1608):

Crivitz 1642

Confrontatio dreier Frauen, die alle der Hexerei beschuldigt werden (Grete Iden, Dorothea Dunckers und Anna Berchmans):

(30) Eodem die, mittags vmb 12. vhr (...) Ist die gefangne dorothea dunckers mit der Lazaruschen oder Annen Berchmans, vffm Rahthause confrontirt, vnd der Annen Berchmans dorotheen dunckers von ihr gethane bekantnuß, in vnterschiedlichen puncten, vorgelesen, welches dorothea dunckers ihr auch alles vorgesagt, vnd nochmals beiahet (Crivitz 1642, [9])

(31) 12. Ob nicht war, das Grete Iden bekant, Ihre der dorotheen dunckers, vnd andere buhlen hetten solche Krickelkrumme dentze gehabt (Crivitz 1642, [2])

Flensburg 1608

Anna Kockes gesteht Schadenszauber und benennt Komplizinnen (Anna Jenses, Margaretha Supmans) und „Zeugen“ (Densche Jens, Anna Schwarfes)

(32) Vnd si de Anna Jenses vor dEm Backofen hinder dEm Bruweketell gesethen Vnd hebbe Ein Knecht Densche Jens Ehr Anna kockes woll gesehen Segt ok Datt Anna Schwarfes se de Anna kockes geseh[en] hebbt. (Flensburg 1608, [251])

(33) Segt ock Datt se vnd Margaretha Supmans Peter Tumbulß dochter Hans Kragelunts Fruwen in Ehrer Kranckheit vnsinnig gemaket hebbe, Vnd hebb Ehr dEr Annen kockes Margaretha Supmans Schwarte Dinge gedan, Welches se Ehr vnder datt hoeuet gelegt ~ (Flensburg 1608, [255])

In Crivitz 1642 verdeutlicht der Definitartikel im einleitenden Erzählerbericht unter (30) die Sprecherrollen und disambiguiert Kasus – zumal der Name Anne Berchmans onymisches Genitiv-*s* aufweist (*wurde der Annen Berchmans Dorothea Dunckers Bekenntnis vorgelesen*); in (31) wird beim Fragenkatalog das Possessivpronomen vermutlich nachträglich bei der Ab-/Reinschrift um den Namen der Angeklagten samt Definitartikel ergänzt (*ihr* → *ihr der Dorothea Dunckers*). In Flensburg 1608 wurde wohl erst bei der Abschrift in der indirekten Rede das auf eine Komplizin referierende Personalpronomen zur Referenzerleichterung durch Definitartikel + Name ersetzt (*sie* → *de Anna Schwarfes*); bei Referenz auf die Angeklagte selbst steht mehrfach Possessivpronomen + Definitartikel + Name (*ihr* → *ihr der Anna Kockes*). Auch in diesen Fällen kann der Definitartikel in Kombination mit Personennamen als Mittel der juristischen Zuspitzung interpretiert werden, der eine doppelte Funktion erfüllt: die Denunzierung der Angeklagten einerseits und die eindeutige Referenzierung bzw. Verdeutlichung der Sprecherrollen (Kasusanzeige) andererseits.

5 Fazit

Der aus einem Demonstrativ entstandene Definitartikel ist in der Frühphase (Früh-Ahd.) noch deiktisch und auf (diskurs)pragmatische Funktionen beschränkt. Eine ähnliche Entwicklung durchläuft der Definitartikel gut 500 Jahre später vor inhärent definiten Personennamen. Auch hier ist er zunächst pragmatisch gesteuert (exophorisch: Denunziation > endophorisch: Diskursdeixis, Fokus), bevor er rein grammatische Funktionen übernimmt (Kasusanzeige) und sich langfristig zum festen onymischen Artikel entwickelt. In die Frühphase der

Grammatikalisierung des Personennamenartikels fallen die hier untersuchten frühneuzeitlichen Hexenverhöre (16./17. Jh.). Mit (denunzierendem) Definitartikel wird im nieder- und mitteldeutschen Raum überwiegend auf die Angeklagte referiert. Zudem profiliert die Artikelsetzung hier den Prozessverlauf: Bei der Erstnennung (Verlesung der Anklage) erscheint der Name der Angeklagten noch artikellos, beim Geständnis (meist des Hexentanzes als schwerstem Vergehen) bzw. bei der Wiederholung des Geständnisses, spätestens aber bei der Urteilsverkündung und endgültigen Ratifizierung des Urteils steht der Definitartikel als deutlicher sprachlicher Fingerzeig auf die nun auch öffentlich Denunzierte. Wie gezeigt wurde, sind die sehr gezielten Artikelsetzungen mit großer Wahrscheinlichkeit als wertende Eingriffe dem Gerichtsschreiber selbst zuzuordnen und bei (im Korpus überwiegenden) späteren Ab- oder Reinschriften als zusätzliches Mittel zur sprachlichen Zuspitzung im juristischen Sinn zu interpretieren. In komplexen, dialogischen Passagen mit verschiedenen Akteuren und mehreren Textebenen (z.B. bei der Gegenüberstellung mehrerer Denunzierter) dient der Definitartikel der eindeutigen Referenzierung und leistet damit die Anpassung an die Textsorte (Kanzleisprache) mit Zwang zur Explizitheit.

Der Anteil pragmatischer Verwendungen des Personennamenartikels ist, wie ebenfalls gezeigt wurde, areal gestaffelt und nimmt von Norden nach Süden hin ab. Während in nieder- und mitteldeutschen Protokollen die Namen der Angeklagten und bereits wegen Hexerei Denunzierten häufiger determiniert sind als die Namen anderer Personengruppen (Niederdeutsch: Angeklagte 28%, Geschädigte 13%, Sonstige 7%, Mitteldeutsch: 43%/15%/8%), werden in oberdeutschen Protokollen mit Definitartikel die Geschädigten exponiert (Oberdeutsch: 0%/40%/51%). Die Namen der Leidtragenden stehen meist im Dativ/Akkusativ (Malefizient/Patiens), sind oft linksversetzt in Fokusposition, sodass der Artikel hier – neben der Fokussierung – die eindeutige Objektmarkierung leistet und primär grammatisch gesteuert ist. Im Oberdeutschen korreliert die Artikelverwendung auffällig mit Kasus (Dat. 42%, Akk. 50% der Belege determiniert), wobei der Fokusartikel die Schnittstelle im Übergang von pragmatischer zu grammatischer Steuerung bildet.

Den Stand der Grammatikalisierung des onymischen Artikels in den hier untersuchten frühneuzeitlichen Hexenverhörprotokollen in Abhängigkeit von den verschiedenen Faktoren illustriert zusammenfassend Abbildung 2.

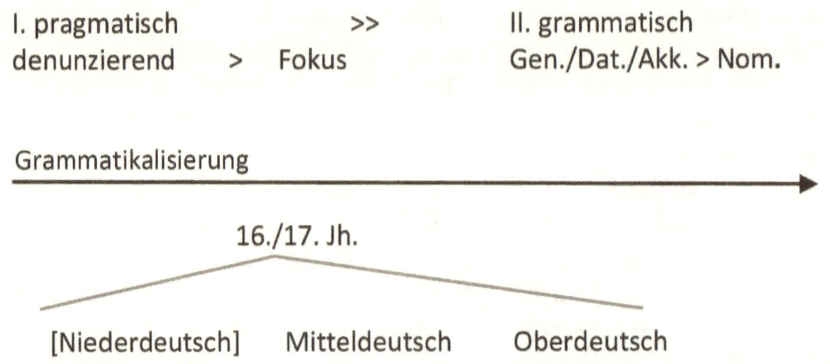

Abb. 2: Entpragmatisierung des onymischen Artikels im (Früh-)Neuhochdeutschen.

Erst sobald der Definitartikel auch vor Eigennamen vollständig entpragmatisiert ist, sich also seines deiktischen Gehalts entledigt hat, kann er zum festen onymischen Artikel (primärer Artikel) avancieren und verschiedene grammatische Funktionen in der onymischen NP übernehmen. Im Standard ist diese Entwicklung derzeit noch im Vollzug. Langfristig entwickelt sich der onymische Artikel zum analytischen Kasus- und Genus-/Sexusmarker bzw. zum *classifier* (vgl. hierzu Nübling 2015, 2020). Die areale Analyse hat zudem gezeigt, dass Kasus zwar Nutznießer ist und die Expansion des Eigennamenartikels begünstigt, mangelnde Kasusmarkierung am Namen aber kein hinreichendes Kriterium für die Grammatikalisierung des onymischen Artikels darstellt. Sonst wäre eine weiter fortgeschrittene Grammatikalisierung in den Varietäten mit den meisten Synkretismen, im Niederdeutschen, erwartbar.

Literatur

Korpus

Macha, Jürgen et al. (2005): *Deutsche Kanzleisprache in Hexenverhörprotokollen der Frühen Neuzeit*. Berlin, New York: Walter de Gruyter.

Sekundärliteratur

Ackermann, Tanja (2018): *Grammatik der Namen im Wandel. Diachrone Morphosyntax der Personennamen im Deutschen*. Berlin, Boston: Walter de Gruyter.

Ackermann, Tanja (demn.): Poly-, Mono-, Deflexion. Eine diachrone Korpusstudie zum Abbau des onymischen Objektmarkers *-en*. Erscheint in Luise Kempf, Damaris Nübling & Mirjam Schmuck (Hrsg.), *Linguistik der Eigennamen*. Berlin, Boston: Walter de Gruyter.

Bellmann, Günter (1990): *Pronomen und Korrektur: Zur Pragmalinguistik der persönlichen Referenzformen*. Berlin, New York: Walter de Gruyter.

DFA=Deutscher Familiennamenatlas, hrsg. Konrad Kunze und Damaris Nübling (2012): Bd. 3: *Morphologie der Familiennamen*, Bearbeiter: Christian Bochenek, Kathrin Dräger, Rita Heuser, Jessica Nowak & Mirjam Schmuck. Berlin, New York: Walter de Gruyter.

Diessel, Holger (1999): *Demonstratives. Form, function, and grammaticalization*. Amsterdam, Philadelphia: John Benjamins.

Ebert, Robert Peter & Oskar Reichmann (1993): *Frühneuhochdeutsche Grammatik*. Tübingen: Max Niemeyer.

Eichhoff, Jürgen (2000): *Wortatlas der deutschen Umgangssprachen*. Bd. 4. Bern: K. G. Saur.

Flick, Johanna (2017): *Die Entwicklung des Definitartikels im Deutschen. Eine kognitiv-linguistische Korpusuntersuchung*. Dissertation Univ. Hamburg.

Gallmann, Peter (1997): Zur Morphosyntax der Eigennamen im Deutschen. In Elisabeth Löbel & Gisa Rauh (Hrsg.), *Lexikalische Kategorien und Merkmale*, 73–86. Tübingen: Max Niemeyer.

Greenberg, Joseph H. (1978): How does a language acquire gender markers? In Joseph H. Greenberg, Charles A. Ferguson & Edith Moravcsik (Hrsg.), *Universals of Human Language, vol. 3: Word structure*, 47–82. Stanford: Stanford University Press.

Hawkins, John A. (2004): *Efficiency and complexity in grammars*. Oxford, New York: Oxford University Press.

Himmelmann, Nikolaus P. (2001): Articles. In Martin Haspelmath, Ekkehard König, Wulf Oesterreicher & Wolfgang Raible (Hrsg), *Sprachtypologie und sprachliche Universalien*, 831–841. Berlin, New York: Walter de Gruyter.

Karnowski, Pawel & Jürgen Pafel (2005): Wie anders sind Eigennamen? *Zeitschrift für Sprachwissenschaft* 24 (1), 45–66.

Koch, Peter & Wulf Oesterreicher (1985): Sprache der Nähe – Sprache der Distanz. Mündlichkeit und Schriftlichkeit im Spannungsfeld von Sprachtheorie und Sprachgeschichte. *Romanistisches Jahrbuch* 36, 15–43.

Kunze, Konrad ([5]2004): *dtv-Atlas Namenkunde. Vor- und Familiennamen im deutschen Sprachgebiet*. München: dtv.

Longobardi, Giuseppe (1994): Reference and proper names. A theory of N- movement in syntax and logical form. *Linguistic Inquiry* 25 (4), 609–665.

Lyons, Christopher (1999): *Definiteness*. Cambridge: Cambridge University Press.

Macha, Jürgen (2010): Grade und Formen der Distanzsprachlichkeit in Hexereiverhörprotokollen des frühen 17. Jahrhunderts. In Vilmos Ágel & Mathilde Hennig (Hrsg.), *Nähe und Distanz im Kontext variationslinguistischer Forschung*, 135–153. Berlin, New York: Walter de Gruyter.

Macha, Jürgen (2017): Die Standardisierung des Aberwitzigen in Hexenverhörprotokollen. In Heinz Sieburg, Rita Voltmer & Britta Weimann (Hrsg.), *Hexenwissen. Zum Transfer von Magie- und Zaubereiimaginationen in interdisziplinärer Perspektive*, 157–167. Trier: Paulinus.

Mihm, Arend (2007): Die Textsorte Gerichtsprotokoll im Spätmittelalter und ihr Zeugniswert für die Geschichte der gesprochenen Sprache. In Gisela Brandt (Hrsg.), *Historische Soziolinguistik des Deutschen II. Sprachgebrauch in soziofunktionalen Gruppen und in Textsorten. Internationale Fachtagung Frankfurt/Oder 12. – 14. 9. 1994*, 21–58. Stuttgart: Hans-Dieter Heinz.

Nübling, Damaris (2012): Auf dem Wege zu Nicht-Flektierbaren: Die Deflexion der deutschen Eigennamen diachron und synchron. In Björn Rothstein (Hrsg.), *Nicht-flektierende Wortarten*, 224–246. Berlin, New York: Walter de Gruyter.

Nübling, Damaris (2015): *Die Bismarck – der Arena – das Adler*. Vom Drei-Genus- zum Sechs-Klassen-System bei Eigennamen im Deutschen: Degrammatikalisierung und Exaptation. *Zeitschrift für Germanistische Linguistik* 43 (2). 306–344.

Nübling, Damaris (2020): *Die Bismarck – der Arena – das Adler*. The emergence of a classifier system for proper names in German. Erscheint in Johanna Flick & Renata Szczepaniak (Hrsg.), *Walking on the Grammaticalization Path of the Definite Article in German: Functional Main and Side Roads*. Amsterdam, Philadelphia: John Benjamins, 228–249.

Oubouzar, Erika (1992): Zur Ausbildung des bestimmten Artikels im Althochdeutschen. In Yvonne Desportes (Hrsg.), *Althochdeutsch. Syntax und Semantik. Akten des Lyonner Kolloquiums zur Syntax und Semantik des Althochdeutschen*, 69–87. Lyon: Université Jean Moulin III.

Oubouzar, Erika (1997a): Zur Frage der Herausbildung eines bestimmten und eines unbestimmten Artikels im Althochdeutschen. *Cahiers d'études Germaniques* 32, 161–175.

Oubouzar, Erika (1997b): Syntax und Semantik des adnominalen Genitivs im Althochdeutschen. In Yvonne Desportes (Hrsg.), *Semantik der syntaktischen Beziehungen. Akten des Pariser Kolloquiums zur Erforschung des Althochdeutschen 1994*, 223–244. Heidelberg: Winter.

Paul, Hermann (1919): *Deutsche Grammatik, Bd. 3, Teil 4*: Syntax. Halle: Max Niemeyer (unveränd. Nachdruck: 1968).

Schmuck, Mirjam (2017): Movierung weiblicher Familiennamen im Frühneuhochdeutschen und ihre heutigen Reflexe. In Johannes Helmbrecht, Damaris Nübling & Barbara Schlücker (Hrsg.), *Namengrammatik*, 33–58. Hamburg: Helmut Buske.

Schmuck, Mirjam (2020a): The Grammaticalisation of Definite Articles in German, Dutch, and English. A micro-typological approach. In Torsten Leuschner, Dietha Koster & Gunther de Vogelaer (Hrsg.), *German and Dutch in Contrast: Synchronic, Diachronic and Psycholinguistic Perspectives*. Berlin, Boston: Walter de Gruyter, 145–178.

Schmuck, Mirjam (2020b): The rise of the onymic article in Early New High German and the triggering effect of bynames. In Johanna Flick & Renata Szczepaniak (Hrsg.), *Walking on the Grammaticalization Path of the Definite Article in German: Functional Main and Side Roads*. Amsterdam, Philadelphia: John Benjamins, 200-226.

Schmuck, Mirjam & Renata Szczepaniak (2014): Der Gebrauch des Definitartikels vor Familien- und Rufnamen im Frühneuhochdeutschen aus grammatikalisierungstheoretischer Perspektive. In Friedhelm Debus, Rita Heuser & Damaris Nübling (Hrsg.), *Linguistik der Familiennamen*, 97–137. Hildesheim u.a.: Georg Olms.

Schormann, Gerhard ([3]1996): *Hexenprozesse in Deutschland*. Göttingen: Vandenhoeck & Ruprecht.

Shrier, Martha (1965): Case systems in German dialects. *Language* 41, 420–438.

Sturm, Afra (2005): *Eigennamen und Definitheit*. Tübingen: Max Niemeyer.

Szczepaniak, Renata ([2]2011): *Grammatikalisierung im Deutschen. Eine Einführung*. Tübingen: Narr.

Szczepaniak, Renata & Fabian Barteld (2016): Hexenverhörprotokolle als sprachhistorisches Korpus. In Sarah Kwekkeboom & Sandra Waldenberger (Hrsg.), *PerspektivWechsel oder: Die Wiederentdeckung der Philologie. Bd. 1 Sprachdaten und Grundlagenforschung in Historischer Linguistik*, 43–70. Berlin: Erich Schmidt.

Szczepaniak, Renata & Johanna Flick (2015): Zwischen Explizitheit und Ökonomie - Der emergierende Definitartikel in der althochdeutschen Isidor-Übersetzung. In Delphine Pasques (Hrsg.), *Komplexität und Emergenz in der deutschen Syntax (9.-17. Jahrhundert). Akten zum Internationalen Kongress an der Universität Paris-Sorbonne vom 26. bis 28.09.2013*, 187–20. Berlin: Weidler.

Topalović, Elvira (2003a): *Sprachwahl – Textsorte – Dialogstruktur. Zu Verhörprotokollen aus Hexenprozessen des 17. Jahrhunderts*. Trier: Wissenschaftlicher Verlag.

Topalović, Elvira (2003b): Konstruierte Wirklichkeit. Ein quellenkritischer Diskurs zur Textsorte Verhörprotokoll im 17. Jahrhundert. In Katrin Moeller & Burghard Schmidt (Hrsg.), *Realität und Mythos. Hexenverfolgung und Rezeptionsgeschichte*, 53–76. Hamburg: DOBU.

Topalović, Elvira (2003c): Zwischen Nähe und Distanz. Vertextungstraditionen im Osnabrück der frühen Neuzeit. *Niederdeutsches Jahrbuch* 126, 53–83.

Werth, Alexander (2014): Die Funktionen des Artikels bei Personennamen im norddeutschen Sprachraum. In Friedhelm Debus, Rita Heuser & Damaris Nübling (Hrsg:), *Linguistik der Familiennamen*, 139-174. Hildesheim u.a.: Georg Olms.

Werth, Alexander (2015a): Kasusmarkierung bei Personennamen in deutschen Regionalsprachen. In Alexandra Lenz & Franz Patocka (Hrsg.), *Syntaktische Variation – areallinguistische Perspektiven*, 199–218. Wien: V & R Academic.

Werth, Alexander (2015b): „Gretie Dwengers, genannt die Dwengersche". Formale und funktionale Aspekte morphologischer Sexusmarkierung (Movierung) in norddeutschen Hexenverhörprotokollen der Frühen Neuzeit. *Niederdeutsches Jahrbuch* 138, 53–75.

Zimmer, Christian (2018): Die Markierung des Genitiv(s) im Deutschen. Empirie und theoretische Implikationen von morphologischer Variation. Berlin, Boston: Walter de Gruyter.

Claudia Resch

Zur digitalen Erschließung historischer Flugblätter

Die *Todtes- vnd End-Urtheile* des 18. Jahrhunderts als Korpus

Abstract: Vorliegender Beitrag behandelt eine Sammlung historischer Flugblätter, die anlässlich von Hinrichtungen im 18. Jahrhundert in Wien publiziert und kolportiert worden sind. Die bislang kaum erforschten sogenannten Todtes- vnd End-Urtheile bieten wertvolle Einblicke in die mediale Darstellung frühneuzeitlicher Strafjustiz und werden nun – ähnlich wie die Hexenverhörprotokolle – als historisches Spezialkorpus erschlossen. Einer inhaltlichen und formalen Beschreibung des Quellenmaterials mit Überlegungen zur Textsortenbestimmung folgen ausführliche Erläuterungen zum Korpusaufbau, zur Metadatenerstellung und zur standardkonformen Textmodellierung und -annotation. Wie dieses digital angereicherte Korpus von Flugblättern künftig dargestellt werden könnte, sodass es für viele Disziplinen (Kriminalitätsgeschichte, Alltagsgeschichte, Mediengeschichte, Literaturgeschichte, historische Linguistik, usw.) relevant und nachnutzbar wäre, ist Gegenstand des abschließenden Ausblicks.

Keywords: Flugpublizistik, Hinrichtungen, 18. Jahrhundert, Historische Korpora, Digitale Erschließung, Annotation, Nachnutzungsszenarien

1 Einleitung

Dieser Beitrag ist der einzige, der sich anderen Texten als den im Band besprochenen Hexenverhörprotokollen widmet und damit auf den ersten Blick wenig zu deren Beforschung beitragen kann. Mit der Vorstellung digital aufbereiteter *Todtes- vnd End-Urtheile* sucht er jedoch erstens nach inhaltlich-thematischen Anknüpfungspunkten, die im Bereich der frühneuzeitlichen Strafjustiz zu finden sind, und wird zweitens anhand dieser Textsorte angewandte Methoden zur Erstellung und Analyse historischer Textkorpora erörtern.

Claudia Resch, Österreichische Akademie der Wissenschaften, Austrian Centre for Digital Humanities and Cultural Heritage, claudia.resch@oeaw.ac.at

https://doi.org/10.1515/10.1515/9783110679649-010

Möchte man die beiden genannten Textformen unter anderem linguistisch beforschen und dazu digitale Korpora erstellen, so handelt es sich sowohl bei den Hexenverhörprotokollen als auch bei den in diesem Beitrag behandelten Todesurteilen um historisches Quellenmaterial, dessen Aufbereitung und Annotation generell mit Herausforderungen verbunden ist: „The construction and annotation of historical corpora is challenging in many ways", bestätigen Odebrecht et al. (2017: 696) stellvertretend für andere (Barteld, Hartmann & Szczepaniak 2016: 408; Bennett et al. 2013; Gippert & Gehrke 2015) in einem kürzlich erschienenen Aufsatz. Die Komplexität bei Korpusaufbau und -annotation ist nicht nur, aber vor allem auf die nicht-standardisierte Schriftlichkeit dieser Texte zurückzuführen. Obwohl der Bedarf an verlässlich annotierten historischen Korpora gegeben ist, sind diese aufgrund des noch zu beschreibenden Aufwands bei der Erstellung erstens selten und zweitens von nicht allzu großem Umfang. Online und frei verfügbar sind derzeit u.a. das *Bonner Frühneuhochdeutschkorpus*, das *GerManC. A Historical Corpus of German Newspapers 1650–1800*, das *RIDGES Register in Diachronic German Science* und das *Austrian Baroque Corpus* (Resch et al. 2016; Resch & Czeitschner 2017: 39–62).

Die Größe der beiden hier beschriebenen historischen Korpora liegt bei einem Richtwert von etwa 100.000 Token. Während die 56 im SiGS-Gesamtkorpus (vgl. Dücker, Hartmann & Szczepaniak in diesem Band) enthaltenen Hexenverhörprotokolle aus dem 16. und 17. Jahrhundert stammen, sind die 180 Wiener Todesurteile im 18. Jahrhundert entstanden. Das darin verwendete ältere Neuhochdeutsch ist zwar bereits näher am Gegenwartsdeutsch, weicht aber in vielerlei Hinsicht immer noch davon ab. Im Gegensatz zu den regional ausgewogenen Hexenverhörprotokollen sind alle Todesurteile dem mittelbairischen Sprachraum zuzuordnen.

Ein wesentlicher Unterschied besteht in der Art der Quellen: Die Hexenverhörprotokolle sind „handschriftliche Aufzeichnungen gerichtlicher Verhöre" (Szczepaniak & Barteld 2016: 45); bei den Todesurteilen handelt es sich hingegen um gedruckte Flugblätter. Zu beachten ist daher, dass erstere, als „Produkte einer mehr oder minder spontanen Schriftlichkeit", eher Spuren von Mündlichkeit enthalten – besonders jene Textdokumente, bei welchen es sich nicht um Überarbeitungen und spätere Abschriften von Protokollen, sondern um Mitschriften handelt. Barteld, Hartmann & Szczepaniak (2016: 388) weisen in diesem Zusammenhang darauf hin, dass Planung in den handschriftlichen Hexenverhörprotokollen einen anderen, nämlich geringeren Stellenwert hat als in Druckerzeugnissen. Die Todesurteile hingegen haben den Status des „Spontanen" und „Unmittelbaren" abgelegt und halten eine fixierte und massenhaft verbreitete mediale Endversion für ihr Lesepublikum bereit, deren Druck nicht nur profitabel war, sondern zusätzlich straflegitimierend gewirkt haben mag.

Wie die Hexenverhörprotokolle sind auch die Todesurteile Quellen, die idealerweise Stimmen der Angeklagten, sogenannte „hidden voices", zum Vorschein bringen könnten. Trotz des Gebots der Authentizität geben beide untersuchten Textformen jedoch nur eine begrenzte und von Autoritäten bestimmte Sicht auf die Angeklagten frei (vgl. Voltmer in diesem Band). Sie bieten gestraffte und verdichtete Narrationen, die bereits auf die drakonische Strafe ausgerichtet beziehungsweise vom Ende her gedacht sind. Weder der „dokumentarische" Charakter der Hexenverhörprotokolle noch die „mediale" Repräsentation in den Todesurteilen sind mit realem Geschehen gleichzusetzen, weshalb dessen historische Rekonstruktion nicht zulässig ist. Bei der Interpretation beider Textformen ist daher, wie Voltmer (in diesem Band: Abschnitt 5) betont, ein reflektierter und distanzierter Umgang mit dem Quellenmaterial geboten: Bei der Analyse der profitablen Flugblätter, die sich außerdem an einen breiten Adressatenkreis richten, muss man besonders differenzierend vorgehen. Worauf sich dieser Beitrag daher konzentrieren will, sind die vorgefassten Darstellungen von „Malefikanten" und „Malefikantinnen" sowie die mediale Aufbereitung und Deutung der Hinrichtungsereignisse, wie sie in den *wohl-verdienten Todtes- vnd End-Urtheilen* bis heute nachzulesen sind.

2 Zum Forschungsstand der Todesurteile

Im Vergleich zu anderen Städten wie London, Basel, Paris oder Nürnberg, die ihre Kriminalitätsgeschichte seit Jahren intensiv beforschen – und das zum Teil auch mit digitalen Methoden wie die Projekte *London Lives* oder *Urfehdebücher der Stadt Basel* –, hat die Stadt Wien aufgrund der schütteren Quellenlage Aufholbedarf: „Im Unterschied zum Quellenreichtum anderer europäischer Städte verfügt Wien über nur wenige Archivalien zur frühneuzeitlichen Strafjustiz." (Hehenberger 2008: 186; vgl. Hehenberger 2010) Unter den ohnehin spärlich erhaltenen Quellen erscheinen die gedruckten Todesurteile, die in diesem Beitrag näher untersucht werden sollen, umso relevanter. Sie sind laut Ammerer & Adomeit (2010: 272) „in Wien ab dem Jahr 1700 nachweisbar" und erlebten ihren Höhepunkt im 18. Jahrhundert.

Wie die Erforschung der Flugblätter ganz generell war auch jene dieser Todesurteile lange Zeit ungenügend. Das hatte vor allem damit zu tun, dass sie in Archiven schwer lokalisierbar sind und erst jetzt – durch verschiedene Digitalisierungsvorhaben – als wenig untersuchte interdisziplinäre Querschnittsmaterie verstärkt zum Vorschein kommen. An der von Harms & Schilling (1983: XII) bereits vor vielen Jahren formulierten Vernachlässigung und deren Ursachen hat sich bis heute kaum etwas geändert:

> Die Forschung ist der Heterogenität des illustrierten Flugblatts, seiner Erscheinungsformen und seiner Wirkungen, bisher nicht gerecht geworden. Die Hauptursache für diesen Mangel dürfte darin liegen, das die Gliederung der akademischen Disziplinen, wie sie sich etwa seit der Mitte des 19. Jahrhunderts herausgebildet hat, dazu führt, daß kein einzelnes Fach dem illustrierten Flugblatt eine volle Kompetenz und sein uneingeschränktes Interesse entgegenbringt.

Gleiches gilt für den verhältnismäßig geringen Anteil an Todesurteilen: „Dieses durchaus beachtenswerte Genre hat bislang weder in den Publikationen der Historischen Kriminalitätsforschung noch in der germanistisch oder religionsgeschichtlich fundierten Flugblatt-Literatur eine nähere Behandlung erfahren" (Ammerer & Adomeit 2010: 272).

Da sich die Gelegenheitsschriften unter vielen Aspekten (sozialgeschichtlich, literarisch-inhaltlich, mediengeschichtlich, religiös, usw.) betrachten lassen, ist bei der Quellenerschließung das Fachwissen mehrerer Disziplinen erforderlich. Die bislang unzureichende Erforschung der Todesurteile mag, wie Ammerer & Adomeit (2010: 271–272) vermuten, auch mit terminologischen Uneindeutigkeiten zusammenhängen:

> Auf Druckerzeugnisse, die Hinrichtungen unmittelbar thematisieren und vor Ort erworben werden konnten, wurde in der wissenschaftlichen Literatur unter unterschiedlicher Benennung – „Armesünder"- oder „Hinrichtungsflugblatt", „Urgicht und peinliches Urteil", „Urteilszettel", „Schafottliteratur", „Schafottberichte", „Fliegende Blätter" oder lediglich „Flugschrift" bzw. „Flugblatt" – bereits wiederholt hingewiesen, doch mangelt es im deutschen Sprachraum bis dato sowohl an einer Typologisierung dieser und ähnlicher Schriften als auch an einer breit angelegten Analyse.

Aufgrund dieses Befunds und nach der Sichtung von Dutzenden Armesünderblättern in österreichischen und süddeutschen Archiven scheint den beiden Autoren zumindest „eine Edition (in Auswahl) geboten" (Ammerer & Adomeit 2010: 273).

Wie man die 180 erhaltenen Wiener Todesurteile des 18. Jahrhunderts nun in digitaler Form erschließen und in zeitgemäßer Form publizieren könnte, wird derzeit im Rahmen eines von der Stadt Wien geförderten Projektes am Austrian Centre for Digital Humanities and Cultural Heritage an der Österreichischen Akademie der Wissenschaften von einem – im Umgang mit historischen Texten erfahrenen – Team erprobt. Die Voraussetzung hierfür ist die Sicherung des Volltextes und seine Annotation. Mit welchen Methoden das entstehende Textkorpus derzeit auf seine Repräsentation im digitalen Medium vorbereitet wird, ist nach einer thematischen Einführung eine der Forschungsfragen des vorliegenden Beitrags.

3 Formale und inhaltliche Beschreibung der Todesurteile

Die bislang nicht edierten Originaldrucke der Todesurteile sind derzeit an drei Wiener Institutionen beherbergt: Im Wien Museum lagern einige Exemplare, ein Band von gebundenen Todesurteilen findet sich in der Österreichischen Nationalbibliothek und die weitaus umfangreichste Sammlung von Einzelblättern besitzt die Wienbibliothek im Rathaus als Teil des Nachlasses von Walter Sturminger (1899–1973), einem ehemaligen Beamten und Historiker. Beide Bibliotheken stellen die einzelnen Todesurteile inzwischen auch bibliographisch auffindbar als Bilddigitalisate online zur Verfügung. Die Flugblätter werden daher für Forschende zur Schonung der Originale nicht mehr ausgehoben, sondern sind mit einer Verschlagwortung versehen und können auf den Webseiten der Bibliotheken eingesehen und heruntergeladen werden.

Wie die folgende Abbildung zeigt, handelt es sich bei den untersuchten Exemplaren von Todesurteilen jeweils um ein auf der Vorder- und Rückseite bedrucktes Blatt, das – durch den Falz in der Mitte – auf allen vier Seiten Text enthält. Obwohl die Todesurteile auf einem Blatt gedruckt sind, handelt es sich nach Harms & Schilling (1983: VII) streng betrachtet um keinen „Einblattdruck" – dieser wäre nämlich ein einseitig bedrucktes Blatt.

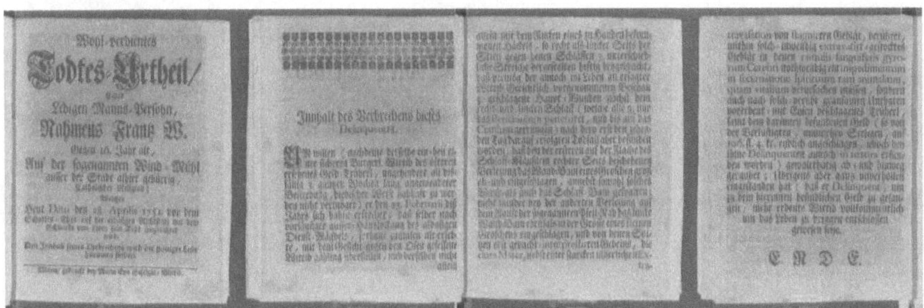

Abb. 1: Flugblatt zur Hinrichtung von Franz W. vom 28. April 1751.

Die Flugblätter machen durch ihr äußeres Erscheinungsbild zwar auf sich aufmerksam, etwa mit aufwändig gestalteten Initialen und mit einem durch unterschiedliche Schriftarten übersichtlich gegliederten Layout, jedoch steht durch die Titelgebung *Wohl=verdientes Todtes=Urtheil* die Mitteilung über das Ereignis im Vordergrund. Auf sensationsheischende attributive Adjektive, wie sie Härter (2010: 40) bei anderen Flugblättern beispielhaft beobachten konnte („erschröcklich", „grewlich", „grausam"), wurde im Titel verzichtet. Im Vergleich zu den Münchener Todesurteilen hat man in Wien von der Positionierung aufwändiger und platzgreifender Bildprogramme abgesehen (vgl. Abbildung 2). Die unten sichtbaren kleinen Vignetten wirken auf den ersten Blick vergleichsweise dezent und zeigen damals typische Vergänglichkeitssymbole wie Schädel, ausgelöschte Kerzen, verblühende Blumen, Stundengläser und Seifenblasen. Umso plakativer ist die Sprache im Innenteil der Blätter, insbesondere bei der Beschreibung von Tathergängen und obduzierten Opfern. Diesbezüglich bleibt man dem Leserkreis keine Details schuldig – im Gegenteil: Die Beschreibungen mögen wohl auch Interesse geweckt und die Kauf- und Leselust angeregt haben.

Abb. 2: Titelblätter der Wiener Todesurteile.

Ohne zu wissen, wie teuer die Hinrichtungsflugblätter verkauft wurden, weil auf den Blättern selbst kein Kaufpreis ausgewiesen war, ist anzunehmen, dass es sich doch um ein recht einträgliches und gewinnorientiertes Unternehmen gehandelt haben musste, das zunächst in den geschäftstüchtigen Händen des Buchdruckers Johann Baptist Schilg lag und nach seinem Tod an seine Frau Eva Maria Schilgin (vgl. Durstmüller 1981: 122, 233) überging. Die Produktion dieser Schriften und deren Verlagsort war die Residenzstadt Wien, wo die Hinrichtungen stattfanden.

Die gedruckten Todesurteile waren keine von einem Gericht approbierten oder verantworteten Texte. Obwohl gerichtliche Entscheidungen zugrundegelegt und mitgeteilt wurden, war die Darstellung der jeweiligen Sachverhalte individuell ausgestaltet und überformt. Die Flugblätter dienten der Bekanntmachung von

Hinrichtungen, wie sie im 18. Jahrhundert in Wien tatsächlich stattgefunden haben. Diese sind zum Teil faktisch in den Exekutionsverzeichnissen einer Totenbruderschaft (vgl. Resch 2018; Resch 2019) belegt, die es sich zur Aufgabe gemacht hatte, die sogenannten „armen Sünder" würdevoll zu bestatten. Die Bruderschaft erwähnt die hingerichteten „Malefikanten" und „Malefikantinnen" mit vollem Namen, während die Flugblätter – aus Rücksichtnahme auf die Familien der zum Tod Verurteilten – nur den Vornamen und den ersten Anfangsbuchstaben des Nachnamens nannten. Weitere Daten zu den historisch belegbaren Personen finden sich meist schon auf der Titelseite: Unter Angabe von Vornamen, abgekürztem Nachnamen, Alter, Familienstand, Religionszugehörigkeit, Herkunft und Tätigkeit bzw. erlerntem Beruf der Verurteilten wird schließlich zur Aufzählung von Straftaten und zur Rekonstruktion von Vergehen übergeleitet. Häufig reihen sich in der Narration kleinere Delikte aneinander und werden stufenweise summiert, bis sich ein Tatbestand verdichtet, der – so wird es jedenfalls dargestellt – unausweichlich zur Bestrafung führen muss. Die Todesurteile verwerten den vorangegangenen Prozess (Anklage, Verhöre, Gutachten, Formulierung, Verlesung und Vollzug des Urteils) und sind die mediale Letztversion, in welcher die getroffenen Entscheidungen erläutert, konserviert und legitimiert werden sollten.

In den ersten Jahren bis etwa 1740 werden die Flugblätter von einem Lehrgedicht beschlossen, das nicht nur geltende Moralvorstellungen verbreitet, sondern auch die späte Reue der Verurteilten über ihre Taten thematisiert. Am Ende werden die Leser und Leserinnen meist direkt angesprochen und dazu aufgefordert, das eigene Leben zu überdenken und zu bessern. Eine Besonderheit dieser versifizierten „Urlaub- oder Abschiedslieder" ist, dass sie aus der Perspektive der Verurteilten verfasst sind, die subjektiv über ihr Leben und ihre Fehler berichten – die „Ich-Form" sollte allerdings nicht dazu verleiten, anzunehmen, dass die moribunden Verurteilten die eigentlichen Verfasser dieser Verse wären: „Dass es sich bei den in gebundener Sprache verfassten Texten um fingierte Reden handelte, steht wohl außer Frage" (Ammerer & Adomeit 2010: 295); die Autoren vermuten weiters, dass diese Abschiedsreden auch öffentlich am Richtplatz rezitiert worden sind (2010: 306).

4 Funktion(en) der Todesurteile: Eine Textsortenmischung

Die Todesurteile haben aus heutiger Sicht mehrere textuelle Grundfunktionen, die sich in verschiedenen Textabschnitten in unterschiedlichem Ausmaß nachweisen lassen. Allein die Benennung der Flugblätter verweist erstens auf eine inhärente Deklarationsfunktion, denn das gedruckte Todesurteil schafft eine neue Realität: Der Schuldspruch und die Verurteilung sind durch eine gerichtliche Institution erfolgt und haben, falls nicht noch eine Begnadigung in Kraft tritt, die Exekution zur Folge. Mittels Veröffentlichung der Personenangaben und Biographien ist zweitens auch eine Informationsfunktion erfüllt. Vergehen und ihre Hintergründe werden hinreichend beschrieben, wodurch der Eindruck von Authentizität und Augenzeugenschaft entsteht. Die Sicherheit dieses Wissens und der Wahrheitsgehalt der Schilderung werden kaum relativiert – im Gegenteil: Durch Attribute wie „wohlverdient“, „grausam“ oder „abscheulich“ schreibt man den „Malefiz-Personen“ eine Reihe negativer Bewertungen zu, die dazu benutzt werden, das Handeln der Strafjustiz zu rechtfertigen und die drakonische Strafe für alle nachvollziehbar und verständlich zu begründen. In den Moralreden findet sich drittens eine explizite Appellfunktion, die durch grammatische Indikatoren wie Imperativen überdeutlich zu Tage tritt. Die mahnenden Worte, die den Delinquenten und Delinquentinnen in den Mund gelegt werden, fordern die Leserschaft entweder dazu auf, das eigene Gewissen zu erforschen (*Darumb euch ihr Christen spieglet / verlast nicht den liebsten GOtt*, Todesurteil von Caspar B.), sprechen eine Warnung aus (*Euch ihr Christen ich thu bitten / recht aus gantzen Hertzens-Grund / thut euch vor dem stehlen hüten / jetzo und zu aller Stund*, Todesurteil von Matthias H.) oder enthalten den Wunsch nach Versöhnung und Fürbitte (*Thut ihr Christen auch gedencken meiner armen Seelen jetzt / mir ein Vatter unser schencken / wann ich werd vom Schwerd verletzt*, Todesurteil von Anna Clara E.).

Die Urlaub- oder Abschiedslieder haben auf den ersten Blick eine moralische Intention, auf den zweiten Blick zeigen sie aber einen geläuterten Menschen, der seine Vergehen und „Sünden“ vor dem Tod bereut und seine Mitmenschen vor einem ähnlichen Schicksal warnen möchte. Wie Ammerer & Adomeit (2010: 278) beobachten, sind Rezipienten und Rezipientinnen damit aufgefordert, sich eigene Verfehlungen in Erinnerung zu rufen und zu bereuen. Vor Augen geführt zu bekommen, dass aus kleinen, vielleicht unbemerkten Fehlern größere werden könnten und vor allem, was die finale Konsequenz daraus wäre, mag abschreckend oder zumindest einschüchternd gewirkt haben und potentiell gefährdete

Personen dazu gebracht haben, von kriminellen Handlungen Abstand zu nehmen – zumal in einigen Fällen deutlich darauf hingewiesen wurde, dass schon kleine, alltägliche Delikte, die zu weiteren führen, schwere Folgen nach sich ziehen (können).

In diesen Textabschnitten wird auch deutlich, wie sich „arme Sünder“ am Richtplatz zu verhalten hatten: Schicksalsergebenheit und Reumütigkeit wurden erwartet; ebenso wie ein ruhiges, duldsames Auftreten. Obwohl ihre Reue im Diesseits zu spät kommt, bestand – nach entsprechender Vorbereitung auf den Tod und mit den Fürbittengebeten der Menge – Aussicht auf Vergebung im Jenseits. Für die Leser und Leserinnen der Moralreden wird das beobachtete Geschehen am Hinrichtungsort damit moralisch-religiös besetzt und als „Sterbe-Exempel“ ausgedeutet: Die jeweiligen Delinquenten und Delinquentinnen dienen als Fallbeispiele, indem sie die Endlichkeit des Lebens erfahren, sich auf den Tod vorbereiten und ein Schicksal erleiden, das anderen erspart bleiben soll. Ihre drakonische, aber „wohlverdiente“ Strafe ist allerdings die nötige Voraussetzung, um die geltende Ordnung wiederherzustellen. Der Sinn, den diese überformten Beitexte zur Hinrichtung produzieren, ist, wie Ammerer & Adomeit (2010: 306) konstatieren, genau jener, „den die Obrigkeit der von ihr öffentlich veranstalteten Strafmaßnahme zukommen zu lassen gedachte“. Dem Staat war mit der Duldung oder auch Beauftragung dieser Schriften an der Erhaltung und „Vermittlung obrigkeitlicher Appelle bzw. Ordnungsmodelle“ (Härter 2010: 51) gelegen sowie an deren verlässlicher Durchsetzungsfähigkeit.

5 Über Nachrichtenwert und Wirkung

Der hohe Nachrichtenwert dieser Hinrichtungsereignisse bestimmte sich aus der Aktualität und der Nähe des Geschehen(d)en. Wiltenburg (2009: 324) konnte in ihren Studien herausarbeiten, dass vor allem spektakuläre und unerhörte Verbrechen – wie Serienmorde oder Tötungsdelikte innerhalb der Familie – publikationswürdig erschienen und daher vor allem „solche und eben keine alltäglichen Kriminalfälle medial vervielfältigt“ wurden. Bei den Wiener Todesurteilen hat man hingegen den Eindruck, als wären diese Flugblätter nicht selektiv, sondern serienmäßig in Druck gegangen, unabhängig vom Grad des Verbrechens. Durch die Nennung von bekannten Örtlichkeiten und Situationszusammenhängen wurden die Ereignisse mit der Lebenswelt der Bevölkerung in Verbindung gebracht. Die Flugblätter machten die möglicherweise „stadtbekannten“ Delinquenten und Delinquentinnen noch einmal zum Thema, sie verbreiteten die „Letztfassung“ aller Vorgeschichten, die vermutlich ohnedies gerüchteweise kursierten, und schilderten die Lebensumstände und Situationen, aus denen sich die lokalen Konflikte schließlich entwickelt hatten. Die Negativität des Hinrichtungsereignisses an sich und das persönliche Schicksal der Hingerichteten boten eine breite Projektionsfläche für die Emotionen der intendierten Leserschaft.

Die Wirkung dieser Todesurteile auf die damalige Leserschaft ist differenziert zu betrachten und wird auch von Fall zu Fall und von Blatt zu Blatt unterschiedlich gewesen sein. Eine medial begleitete Hinrichtung glich einem Drama, das in höchstem Maß dazu geeignet war, Emotionen zu mobilisieren. Die Flugblätter lenkten die Rezeption dieses nicht-fiktionalen Ereignisses, indem sie entweder die Resistenz der bzw. des letztlich zum Tode Verurteilten gegenüber allen Besserungsversuchen (*angewohnt- und incorrigible Diebin* oder *ein angewohnter Dieb*) betonten, oder Sachverhalte als „bedauernswert" oder „schauerlich" darstellten und arglistige Täuschungsmanöver gegenüber der hilflosen Unschuld der Opfer beschrieben. Auf diese Weise ließ sich steuern, ob bei der Leserschaft Abscheu oder Empörung vorherrschte, und daher Dankbarkeit für das wiederhergestellte Sicherheitsgefühl, oder ob sie sich eher mit dem Delinquenten bzw. der Delinquentin identifizieren konnte und daher Sympathie, Betroffenheit oder Mitleid empfand.

Die Flugblätter entfalten insofern – parallel zur Hinrichtung – aufgrund der Kommentierung und Einordnung dieses Ereignisses ein Eigenleben. Ihnen nur eine einzige Intention zuzuschreiben, ist daher nicht möglich. Während die Politik die Legimitation ihrer Entscheidungen dargelegt sehen will, sind seitens der Geistlichkeit auch religiöse, seelsorgerliche Aspekte angesprochen. Ebenso haben die Drucker Interesse daran, die Neugier und Sensationslust der Leserschaft zu befriedigen. Schwerhoff (2009: 315) spricht daher von der „Vielschichtigkeit ihrer Bedeutungen und Aneignungen" und warnt vor einseitigen Interpretationsansätzen: „Alle Analysen, die diese Komplexität der Darstellungen auf eine oder mehrere eindeutige und moralisch stimmige Bedeutungen zu reduzieren versuchen, erscheinen letztlich unangemessen."

6 Vermutungen zu Entstehung und Verbreitung der Todesurteile

Im Gegensatz zu den Todesurteilen und gedruckten Texten im Allgemeinen ist im Fall der Hexenverhörprotokolle davon auszugehen, dass es nur einen Produzenten gab: "While the preparation of printed texts often included a number of different people [...], the witch trial protocols were, in most cases, produced by one individual" (Barteld, Hartmann & Szczepaniak 2016: 388). Mit der Herstellung der Flugblätter waren hingegen mehrere Personen beschäftigt, doch ist über die eigentlichen Textproduzenten und ihre Kompetenzen bedauerlicherweise gar nichts bekannt – zu vermuten stünden Kanzlei- oder Gerichtsschreiber, eventuell auch von der Druckerei beauftragte Autoren oder Sekretäre. Eine andere Mutmaßung wäre, dass Theologen als Schriftsteller in Erscheinung traten, eventuell sogar jener Geistliche, der „den oder die Delinquenten auf die Exekution vorbereitete und daher entsprechend gut informiert war", wie Dainat (2009: 347) vermutet. Auf den Wiener Flugblättern selbst finden sich jedenfalls keinerlei Hinweise auf die Verfasserschaft. Härter (2010: 73) geht allgemein davon aus,

> dass die Produzenten der Obrigkeit nahe standen oder womöglich in deren Auftrag handelten: Sowohl Texte als auch Bilder sind stark durch christliche Werte und Symbole geprägt und vermitteln darüber hinaus die Botschaft von sozialer Kontrolle und Mitwirkung bei der Verfolgung und Bestrafung von Devianz.

Wie und woher die Informationen für die Todesurteile akquiriert wurden, lässt sich für Wien nicht mehr feststellen. Wir müssen davon ausgehen, dass einzelne Versatzstücke für die Texte durch Befragungen und Einvernahmen zustande kamen, die durch gelehrte Beamte nach juristischen Vorgaben in schriftliche Form gebracht wurden. Die Todesurteile erstaunen noch heute mit einer Fülle an Details, etwa bei der genauen Beschreibung verwendeter Waffen oder entwendeter Gegenstände. Bei der Erhebung der Tatbestände und zur Formulierung des Urteils müssen wohl genau diese, zum Teil sehr exakten, Wert- und Mengenangaben große Relevanz gehabt haben. Dieses gesammelte Textmaterial wurde dann für die Leserschaft aufbereitet, ergänzt und fallweise mit Versen kommentiert.

Obwohl sich die textuellen Veränderungen im Entstehungsprozess heute nicht mehr rekonstruieren lassen, ist zu beobachten, dass Zeitungen wie das *Wien[n]erische Diarium* die Texte der Todesurteile oftmals nur mit leicht modifizierten Einleitungsfloskeln fast wortident übernehmen. Es stellt sich daher die Frage, ob die Verfasser der anlassbezogenen Todesurteile jene Schreiber waren, die sonst für die Zeitung berichteten. Verlief die Textproduktion für das jeweilige Todesurteil und für den Zeitungsbeitrag parallel und lag sie vielleicht in einer Hand? Ohne Genaueres über die Abläufe zu wissen, ist anzunehmen, dass dem *Wien[n]erischen Diarium*, das etwas zeitversetzt berichtete, der Text zu den jeweilig aktuellen Todesurteilen bereits vorlag. Ob und inwieweit beide Medien – die Flugblätter und die Zeitung – ihre Informationen von Aufzeichnungen einer weiteren Stelle bezogen, die sie dann weiterverarbeiteten, lässt sich heute nicht mehr nachvollziehen.

Insbesondere die Verfasser der Todesurteile waren möglicherweise in Eile, wenn sie neuen Lesestoff in gebundener und ungebundener Form liefern sollten. Die Zeitspanne zwischen Urteilsverkündung und -vollstreckung betrug nicht mehr als drei Tage, wodurch zeitnah eine Druckvorlage entstehen musste, damit diese kurz darauf in Produktion gehen konnte. Eventuell wurden die Textproduzenten vom Gericht auch vorab informiert, sodass sie die vorstrukturierten kurzen Texte nur noch final anpassen und Details wie Hinrichtungsort oder Hinrichtungsart zu ergänzen brauchten.

Am Tag der Hinrichtung (sowie auch noch danach) wurden die Blätter, wie Petzoldt (2000: 494) schreibt, durch sogenannte „Urteilsweiber" verbreitet und verkauft. Als ambulante Händlerinnen suchten sie bevorzugt jene Orte auf, an denen mit großem Andrang zu rechnen war und priesen ihre einschlägige Ware – wenn man den verschiedenen Quellen glauben will – auch „lautstark" (vgl. Harms & Schilling 1983: XI) an. Bei den Hinrichtungsstätten selbst oder auch am Nachhauseweg trafen die Verkäuferinnen auf ihre Kundschaft. Falls die druckfrischen Flugzettel in den Tagen danach zur Lektüre auch weitergereicht wurden, darf man davon ausgehen, dass der Kreis von Lesern und Leserinnen noch größer wurde als jener der zahlenden Kundschaft. Aufgrund ihrer Tagesaktualität waren die Flugblätter vermutlich sehr beliebt und gingen einer breiten, ständeübergreifenden Öffentlichkeit zu.

Über den damaligen Wert der Blätter gibt es nur unzureichende Informationen – in den Quellen selbst finden sich keinerlei Preisangaben. Einige Münchener Todesurteile sind mit der Angabe „1 Kr." (Kreuzer) bedruckt, was auch für die Wiener Blätter zumindest ein Richtwert gewesen sein könnte. Die Herstellung und Auslieferung der leicht transportierbaren und vermutlich in großer Anzahl produzierten Flugblätter wird wohl relativ günstig und für die Drucker sehr einträglich gewesen sein. Zur Auflagenstärke der Todesurteile gibt es ebenfalls keine verlässlichen Angaben: Harms & Schilling (1983: XII) geben für Flugblätter ganz generell nicht mehr als eine grobe Schätzung: „Über die Preise und Auflagenhöhe der Flugblätter sind wir nur unzureichend unterrichtet. Man schätzt die Höhe einer Auflage auf ca. 1000 Exemplare, wobei diese Zahl im Einzelfall durchaus um 500 nach oben oder unten schwanken kann." Die Tatsache, dass gelegentlich mehrere Versionen zu ein- und derselben Hinrichtung vorliegen, lässt vermuten, dass die Drucker in manchen Fällen selbst von der großen Nachfrage überrascht waren und sich erst dann dazu entschlossen, eine weitere Auflage nachzudrucken.

Bei all diesen sich auf Sekundärliteratur stützenden Annahmen könnte es interessant sein, eine zeitgenössische kritische Stimme einzubeziehen. Friedrich Nicolai (1733–1811) bestätigt in seinem Reisebericht für Deutschland, dass die

Hinrichtungsblätter in großer Menge gedruckt und gerne gelesen wurden, wenn er Folgendes festhält:

> Die Todesurteile, nebst der Urgicht oder dem Bekenntnisse jedes Verurtheilten, werden ordentlich Nummerweise gedruckt. Sie werden bey tausenden verkauft, und wirklich viel allgemeiner gelesen als sonst ein Buch. In Häusern, die nicht zum Pöbel gehören, traf ich Sammlungen davon. Anstatt reiflich nachzudenken, woher die gräßlichen Übelthaten kommen, welche solche schreckliche Hinrichtungen veranlassen, lieset man die Nachrichten von beiden, und sogar die angehängten erbärmlichen gereimten Moralreden mit Interesse. (Nicolai 1781: 763)

Seine Einschätzungen dürften auch für die Wiener Urteile Geltung gehabt haben. Dass Todesurteile auch zu Sammelobjekten wurden und manche das Bedürfnis hatten, sie systematisch (vgl. Ammerer & Adomeit 2010: 307) aufzubewahren, überrascht einigermaßen. Ein Grund könnte aber gewesen sein, dass die Todesurteile doch einiges an Hintergrundinformation zu dem „Spektakel" enthielten, das geboten wurde, und man das Gesehene in Ruhe nochmals verarbeiten und nachlesen wollte. Gleichzeitig waren diese Blätter auch so etwas wie ein dokumentarisches Erinnerungsstück an jene, die hingerichtet wurden – der Zettel mag die Leserschaft auch über den Tag der Hinrichtung hinaus ermahnt haben, für die Seelen der armen Sünder zu beten. Möglicherweise war er auch eine Art Souvenir, das man mit nach Hause nahm und anderen zur Ansicht zeigen wollte.

Durch die mediale Verbreitung der Flugblätter während und nach den Hinrichtungen verstärkte sich freilich auch die Resonanz dieser Spektakel. Wie Peil (2002: 485) bestätigt, fungierten die Flugblätter auch als Multiplikatoren, indem sich die Zahl der (Augen- und Text-)Zeugen des medial dokumentierten und reproduzierten Strafaktes erhöhte. Je weiter sich die Blätter verbreiteten, umso mehr Menschen wurden davon informiert, dass und auf welche Weise die Obrigkeit gegen Verbrechen vorging. Das Interesse der Obrigkeit, ihre Macht zu zeigen, traf auf ein – wie Nicolai in obigem Zitat (1781: 763) bestätigt – lesefreudiges, jedenfalls interessiertes Publikum, das die Ereignisse mit Neugier und Sensationslust verfolgte. Mit Blick auf die heutige Berichterstattung darf man sagen, dass das Thema Kriminalität schon damals ein „medialer Dauerbrenner" (Schwerhoff 2009: 302) war und die Faszination für authentische Verbrechen und ihre „wahrhafte" Darstellung offenbar „eine anthropologische Konstante" (Košenina 2005: 29).

7 Die digitale Erschließung der Todesurteile: Korpusaufbau

Bevor nun über die digitale Erschließung der Todesurteile berichtet werden soll, ist vorauszuschicken, dass, wie eingangs bereits angedeutet, die Text- und Korpuserstellung für historisches Material nicht ganz unproblematisch ist. Obwohl die Auflösung der Bild-Digitalisate im Fall der Todesurteile ausreichend wäre, erschweren strukturelle Komplexität, variierende Schriftgrößen und Schriftarten sowie die ausgestalteten Initialen automatische Verfahren zur Layout- und Texterkennung. Die besten Ergebnisse lassen sich derzeit mit einem kombinierten Ansatz von *Optical Character Recognition* und *Handwritten Text Recognition* erzielen, allerdings bräuchte es hierfür sehr viel Trainingsmaterial, weshalb die Eingabe der wenig umfangreichen Dokumente manuell von Studierenden in München, Praktikanten und Praktikantinnen in Wien und vom Projektteam geleistet wurde. Das Team[1] hat die Texte anschließend sorgfältig mit den Originaldrucken kollationiert, verlässliche Volltextversionen im XML-Format erstellt und diese unter Anleitung nach den international empfohlenen Richtlinien der *TEI – Text Encoding Initiative* in der Version P5 kodiert.

Aus Gründen der Interoperabilität orientieren sich die Richtlinien für die Transkription der Todesurteile an jenen des *Austrian Baroque Corpus* (vgl. Resch & Czeitschner 2015): In Vorbereitung auf die geplante Edition geben die Dokumente den historischen Sprachstand der Texte originalnahe wieder und bilden die jeweilige Druckvorlage seiten-, zeilen-, und zeichengetreu ab. Die Typographie des Originals ist weitgehend beibehalten, d.h. *u* und *v* sowie *i* und *j* bleiben ebenso bestehen wie Kapitälchen, Initialen oder der Wechsel von Fraktur- und Antiquadruck beziehungsweise Fett- und Kursivdruck. Auf eine Differenzierung von rundem *s* und Schaft-*s* wird verzichtet. Längenstriche sind durch den Unicode U+305 repräsentiert, der dem jeweiligen Buchstaben nachgestellt ist. Zeichen für die Silbentrennung werden mit *TEI Markup* kodiert, sodass die Durchsuchbarkeit des Korpus gewährleistet ist, der ursprüngliche Zeilenfall in der Edition aber dennoch dargestellt werden kann. Substantivkomposita mit Mittelstrichschreibung wie *Todtes-Urtheil*, *Silber-Müntz* oder *Gerichts-Orth* werden mit Istgleichzeichen dargestellt, weil es dem damaligen Druckbild am nächsten kommt. In der Transkription sind Virgeln immer von zwei Spatien umgeben, vgl. etwa: *Auf dem Wienner-Berg / Bey alldasigen Räder-Creutz oder Johann K. Catho-*

1 Mit diesen Arbeitsschritten waren Magdalena Aigner und Eva Wohlfarter betraut.

lischer Religion / und 22. Jahr alt / von hier gebürtig / usw. Die fehlerfreie, mehrfach überprüfte gesicherte Textbasis ist schließlich die Grundlage zur Anreicherung der Daten.

8 Digitale Methoden der Annotation

Das Wissen, mit dem die Dokumente derzeit angereichert sind, bezieht sich erstens auf die Beschreibung der Daten selbst (Metadaten), zweitens auf strukturelle Eigenschaften, drittens auf verschiedene Textversionen bzw. editorische Kommentare zu offensichtlichen Fehlern im Text und viertens auf linguistische Basisinformationen.

1. Um die Texte zu erschließen, wurden sämtliche Metadaten – sowohl bibliographische als auch jene zu Personen und Ereignissen – im *TEI Header* kodiert. Er enthält einerseits Angaben zum elektronischen Dokument und zu seiner Quelle (*fileDesc, titleStmt, publicationStmt, sourceDesc*) und andererseits zu vorkommenden Personen und Ereignissen (ausgewiesen im *namesdates* Modul). Es werden darin Daten, Orte und Arten der Hinrichtungen kodiert wie auch die Delinquenten und Delinquentinnen jeweils mit Vor- und Nachnamen, Geburts- und Sterbeort, Geschlecht, Alter, Familienstand, Religionszugehörigkeit, Profession (falls angegeben) und schließlich der Aufzählung der Vergehen, die ihm bzw. ihr angelastet werden. Letztgenannte werden induktiv aus den Quellen abgeleitet und könnten als Vokabular eine Referenzmöglichkeit für andere Projekte darstellen (vgl. Resch et al. 2019).
   Mit diesem Set an Metadaten werden sich Abfragen nach den erwähnten Parametern formulieren lassen, wie zum Beispiel: An welchen Wochentagen fanden Hinrichtungen für gewöhnlich statt? Welchen Familienstand hatten die Frauen, die wegen Kindsmordes hingerichtet wurden (vgl. Fasching & Resch 2018)? Wurde allen, die wegen Diebstahls verurteilt wurden, die Hand abgeschlagen? An welchen Orten fanden Enthauptungen statt? usw. Hier sind viele einfache oder auch kombinierte Abfragen denkbar; allerdings mit der Einschränkung, dass die Ergebnisse nicht repräsentativ sind, weil man aufgrund der Quellenlage nicht sicher sein darf, dass für jede Hinrichtung ein Flugblatt gedruckt wurde bzw. könnte natürlich auch einiges verloren gegangen sein. Quantitative Fragestellungen weisen daher gewisse methodische Probleme auf und können sich natürlich immer nur auf die zur Verfügung stehenden Daten beziehen.

2. Eine weitere Ebene der Annotation bezieht sich auf strukturelle Merkmale der Dokumente, die einem (sich langsam verändernden) formalen Schema folgen. Durch die Kenntlichmachung von Titelseiten, Überschriften, Paragraphen, Trennlinien, Zierzeilen, Verszeilen, wiederkehrenden Schlussformeln und Vignetten lassen sich Modifikationen struktureller Art auswerten und analysieren. Auch wird es möglich sein, die Wortsuche auf bestimmte Abschnitte einzuschränken. Was sich bei der Annotation der Verszeilen auf den ersten Blick zeigt, ist, dass die „Urlaub- oder Abschiedslieder" ab den 1740er Jahren nicht mehr produziert wurden.
3. Bereits oben war die Rede davon, dass Todesurteile zu ein und demselben Fall in mehreren Textversionen publiziert wurden. Die Abweichungen zwischen diesen Versionen lassen sich mit dem Kollationierungsprogramm *juxta* automatisch abgleichen und werden ebenfalls in TEI kodiert (*textcrit* Modul) und kenntlich gemacht. Benutzer und Benutzerinnen werden dann die Möglichkeit haben, sich unterschiedliche Varianten anzeigen zu lassen. Anhand von Abbildung 3 lässt sich zeigen, dass die Abweichungen oftmals gering sind, in diesem Beispiel betreffen sie die Antiqua- bzw. Fraktursetzung des Wortes *Religion* sowie die Schreibungen von *Neudorf – Neudorff*, *alhiesig – allhiesig*, *geschöpft – geschöpfft* und *Inhalt – Innhalt*:

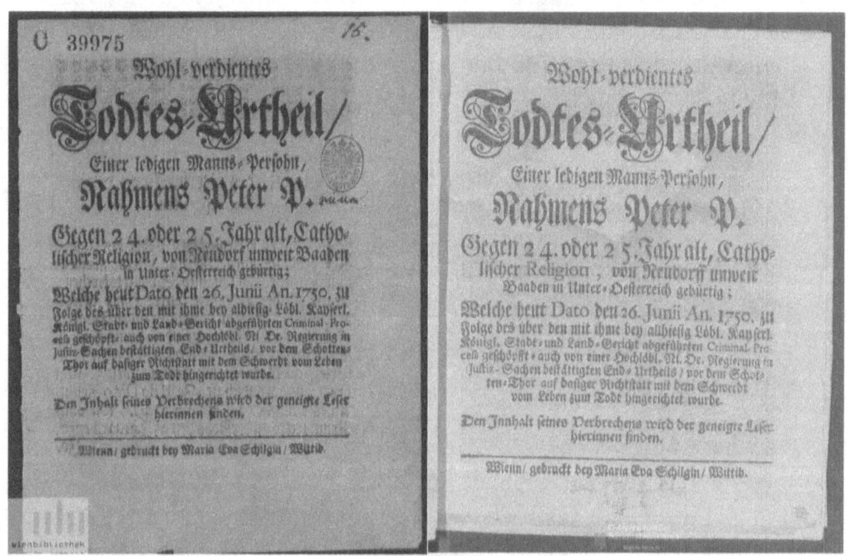

Wohl-verdientes
Todtes-Urtheil/
Einer ledigen Manns-Persohn,
Nahmens Peter P.
Gegen 24. oder 25. Jahr alt, Catholischer Religion, von Neudorf unweit Baaden in Unter-Oesterreich gebürtig;
Welche heut Dato den 26. Junii An. 1750. zu Folge des über den mit ihme bey alhiesig Löbl. Kayserl. Königl. Stadt- und Land-Gericht abgeführten Criminal-Process geschöpft- auch von einer Hochlöbl. N. Oe. Regierung in Justiz-Sachen bestättigten End-Urtheils/ vor dem Schotten-Thor auf dasiger Richtstatt mit dem Schwerdt vom Leben zum Todt hingerichtet wurde.
Den Inhalt seines Verbrechens wird der geneigte Leser hierinnen finden.
Wienn/ gedruckt bey Maria Eva Schilgin/ Wittib.

Wohl-verdientes
Todtes-Urtheil/
Einer ledigen Manns-Persohn,
Nahmens Peter P.
Gegen 24. oder 25. Jahr alt, Catholischer Religion, von Neudorff unweit Baaden in Unter-Oesterreich gebürtig;
Welche heut Dato den 26. Junii An. 1750. zu Folge des über den mit ihme bey allhiesig Löbl. Kayserl. Königl. Stadt- und Land-Gericht abgeführten Criminal-Process geschöpfft- auch von einer Hochlöbl. N. Oe. Regierung in Justiz-Sachen bestättigten End-Urtheils/ vor dem Schotten-Thor auf dasiger Richtstatt mit dem Schwerdt vom Leben zum Todt hingerichtet wurde.
Den Innhalt seines Verbrechens wird der geneigte Leser hierinnen finden.
Wienn/ gedruckt bey Maria Eva Schilgin/ Wittib.

Abb. 3: Verschiedene Textversionen des Todesurteils von Peter P.

Des Weiteren wurden jene Textstellen mit editorischen Anmerkungen versehen, die offensichtliche Fehler aufweisen (*corr* Element). Die digitalen Kommentierungen beziehen sich auf eindeutige Versehen des Setzers wie etwa fehlende Wörter oder fehlende, überflüssige sowie verwechselte Buchstaben, die im edierten Text beibehalten, aber eben ausgewiesen werden (*zum Sehlen und Säckel-raumen* statt *zum Stehlen und Säckel-raumen*, *uuweit* statt *unweit*, *hey 40. Jahr* statt *bey 40. Jahr*). Unter Berücksichtigung des historischen Sprach- und Schreibstandes ist grundsätzlich zu überlegen, wie tolerant man bei der Einschätzung von Fehlern sein soll, weshalb mit Korrekturvorschlägen sehr überlegt und letztlich bedachtsam umgegangen worden ist.

9 Linguistische Basisannotation der Todesurteile

Um die Todesurteile im Hinblick auf ihre digitale Verfügbarmachung (mit Faksimiles, XML-Text und HTML-Anzeige) mit Suchfunktionen ausstatten zu können, ist die linguistische Basisannotation der Texte zwar in Vorbereitung, aber noch nicht abgeschlossen. Bereits jetzt zeigt sich, dass die Tokensierung des Textes, d.h. die Zerlegung des Textstroms in einzelne Token, für alle weiteren Analysen von besonderer Bedeutung ist. Eine automatisch leicht durchführbare White-Space-Tokenisierung, die davon ausgeht, dass Wortgrenzen allein durch Spatien zu definieren sind, greift bei diesen Texten aufgrund der historischen Konventionen der Zusammen- und Getrenntschreibung eindeutig zu kurz: Proklitische Formen wie *d'Laster* für *das Laster* oder die Konjunktion *umso*, die damals getrennt *um so* gesetzt worden ist und damit aus zwei Token besteht, zeigen, dass durch Spatien definierte Wörter nicht dem entsprechen, was als syntaktisch zusammengehörig verstanden wird. Demnach unterscheiden Barteld, Hartmann & Szczepaniak zwei Arten von Tokensierung: die „graphematische“ und die auf linguistischen Konzepten von Worteinheiten basierende „syntaktische“ (Barteld, Szczepaniak, Zinsmeister 2014: 251). Analog dazu definieren Odebrecht et al. (2017: 700) eine „token annotation“ und eine „span annotation (sequence of tokens)“. Im Korpus der Todesurteile werden die Token mehrteiliger Einheiten mit dem Zusatz „part initial“ oder „part final“ versehen, sodass sie sich aufeinander beziehen lassen. Wie die Tokenisierung letztlich erfolgt, hat nicht nur Auswirkungen auf die Zählung der Token, sondern auch auf die Zuweisung von Wortarten, die bestimmten Token(sequenzen) zugeordnet werden: Das heutige Wort „Vaterunser“, das damals gedruckt als *Vatter unser* erscheint, besteht graphematisch aus zwei getrennten Token (einem Nomen und einem Possessivpronomen), kann aber auch als syntaktische Einheit und damit nur als Nomen interpretiert werden.

An diesem und vielen anderen Beispielen lässt sich zeigen, dass bereits der erste (vermeintlich einfache) Verarbeitungsschritt der Textsegmentierung unterschiedliche Interpretationen zulässt. Je nach Annotationsziel und Forschungsfrage wird darin die Basis für die eigentliche Kodierungsarbeit gelegt. Um Korpora auf mehrere Erkenntnisinteressen vorzubereiten, ist es daher denkbar und wünschenswert, dass Korpusersteller und -erstellerinnen Mehrfachtokenisierungen erwägen: „Especially in 'non-standard' texts such as historical texts it may be desirable to have different tokenizations, in order to deal with different research questions" (Odebrecht et al. 2017: 699). Späteren Usern und Userinnen bleibt es somit selbst überlassen, zu entscheiden, welche Ebene der Tokenisierung jene Informationen enthält, die zur Beantwortung der jeweiligen Forschungsfrage nötig sind.

Da in den Dokumenten der Todesurteile bereits das oben beschriebene Markup enthalten war und herkömmliche Tokenizer *plain text* als Ausgangsmaterial verlangen, ist die Segmentierung in der Webapplikation *xtx – XML tokenizer* erfolgt, worin auch bereits annotierte XML-Dokumente tokenisiert werden können. Obwohl bei dem anschließenden automatischen Tagging mit dem *TreeTagger* und dem *Stuttgart-Tübingen-TagSet* bei historischen Texten mit hohen Fehlerraten zu rechnen ist – und diese Erfahrungen teilen u.a. Dipper (2010: 117–121) und Hinrichs & Zastrow (2012: 1–16) –, bestehen bei dieser Sprachstufe bereits hinlängliche Ähnlichkeiten zur Gegenwartssprache, die den Einsatz dieser Tools rechtfertigen. Um die Ergebnisse zu verbessern, müssten entweder die Tools an die Sprachstufe angepasst werden (wofür man ausreichend *gold standard*-Daten benötigt) oder aber man nähert die historische Sprache den Tools an, indem man sie gewissermaßen in moderne Sprache „übersetzt", wie Tjong Kim Sang (2016) sowie Tjong Kim Sang et al. (2017) kürzlich vorgeschlagen haben. Zur Annotation der Todesurteile haben wir ein sogenanntes Hilfslexikon für den *TreeTagger* generiert, das sich aus den bereits sorgfältig korrigierten Daten des *Austrian Baroque Corpus* speist und die Ergebnisse dadurch positiv beeinflusst.

Zur Berichtigung aller fehlerhaft zugewiesenen Einträge wird derzeit der am ACDH-CH entwickelte, webbasierte *TokenEditor* verwendet, welcher die manuelle Nachbearbeitung durch Filter- und Sortierfunktionen erleichtert. Gegenüber der Tabellenbearbeitung in Excel hat er den wesentlichen Vorteil, dass mehrere Personen gleichzeitig am Gesamtkorpus arbeiten und die automatisch zugewiesenen Tags nachkontrollieren beziehungsweise gegebenenfalls korrigieren können. Die Annotation erfolgt „belegspezifisch" (vgl. Dipper et al. 2013: 86), was bedeutet, dass eine Wortform innerhalb ihres Kontextes und nicht (nur) nach lexikalischen Kriterien betrachtet wird. In vielen Fällen ist die POS-Vergabe ohnedies ident, allerdings gibt es Beispiele, wo diese kontextabhängige Differenzierung wichtig ist, weil das jeweilige Token lexikalisch betrachtet einer anderen Wortklasse zuzuordnen wäre: Das Wort *so* etwa, das lexikalisch ein Adverb, eine Partikel oder eine Konjunktion sein kann, übernimmt in den untersuchten historischen Texten allerdings sehr häufig die Funktion eines Relativpronomens: *End-Urthel / So zu Wien den 8. Augusti 1724. an Frantz Caspar Scheffner vollzogen worden.*

Um möglichst alle vorkommenden Wortformen abbilden zu können, wurde das *STTS* um einige Tags erweitert: Innerhalb der Eigennamen werden Toponyme (wie etwa *Regenspurg*, *Wienerberg*, *Donau-Strohm* oder *Vorderösterreich*) mit NE::top gekennzeichnet; für Verben mit Klitikon werden in Analogie zu bereits bestehenden Kategorien (wie APPRART) neue Tags eingeführt (VAFINPER für Wortformen wie *hats*, VMFINPPER für *wills*, etc.).

Die Zuordnung jeden Tokens zu einer kanonischen Grundform (Lemma) ist für historische Texte, in denen es keine orthographische Norm gibt, von großer Bedeutung, weil man mit einem Suchbefehl alle Schreibvarianten einer Wortform finden kann: Die Suche nach dem Lemma *Urteil* schließt dann auch Wortformen wie *Urtel, Vrtel, Vrtheil, Urtheil, Urtheyl* oder *Vrteil* und das gesamte Flexionsparadigma mit ein. Bei der Zuordnung eines Lemmas wird (wie auch in *RIDGES*) – im Hinblick auf heutige User und Userinnen als erstes Referenzwerk der Duden befragt. Falls das Lemma dort nicht zu finden ist, wird (wie im Korpus der Hexenverhörprotokolle) im „Deutschen Wörterbuch von Jacob und Wilhelm Grimm" nachgeschlagen. Sollte das Annotationsteam auch dort nicht fündig werden, zieht es das „Deutsche Rechtswörterbuch" heran. Das jeweilige benutzte Referenzwerk wird im Lemma kodiert. Erst, wenn das Belegwort in keinem der erwähnten Werke verzeichnet ist, wird es als sogenanntes „out-of-vocabulary-word" mit Asterisk gekennzeichnet und auf eine naheliegende, fiktive Grundform zurückgeführt. Beispiele hierfür gibt es viele, etwa: *Degradations-Ruff* > Degradationsruf*, *Krapffen-Bacherin* > Krapfenbäckerin*, *Torturs-instrumenten* > Torturinstrument* oder *Urpheds-brüchig* > urfehdebrüchig*, um nur einige wenige zu nennen.

Dass die linguistische Analyse dieser historischen Sprachdaten eine komplexe, anspruchsvolle Forschungsaufgabe ist, die „ein profundes historisch-kulturelles Wissen, solide sprachhistorische Kenntnisse und Vertrautheit mit Texten und Texttraditionen sowie viel Feingefühl bei der Beurteilung" (Oesterreicher 2006: 493) erfordert, ist dem Projektteam bewusst, denn was uns bei älteren

Sprachstufen grundsätzlich fehlt, ist ein sicheres Urteilsvermögen. Wie Dipper et al. (2013: 109) beobachten, ergeben sich, verglichen mit modernen Daten,

> in den historischen Daten weitaus häufiger Ambiguitäten, die auch nicht im Kontext auflösbar sind. Der Hauptgrund dafür ist, dass wir heutigen Leser und Annotatoren keine muttersprachlichen Intuitionen haben und deshalb z.B. sprachliche Umformungstests nicht zur Disambiguierung genutzt werden können.

10 Interdisziplinäre Nachnutzungsszenarien und Ausblick

Trotz der Zweifelsfälle, die bei der Annotation historischer Texte unweigerlich auftreten, ist es sinnvoll, Zeit in den Aufbau manuell überprüfter Korpora, die letztlich *gold standard*-Qualität anstreben und auch für andere Disziplinen nachnutzbar sind, zu investieren. Ihr Wert für die Forschungsgemeinschaft besteht einerseits in der Erweiterung frei verfügbarer historischer Sprachdaten und andererseits in deren Beforschung mittels digitaler Methoden. Das Potential liegt somit in der standardgemäßen und nachhaltigen Aufbereitung dieser Ressourcen und ihrer Wiederverwendbarkeit. Sowohl in den Hexenverhörprotokollen als auch in den Todesurteilen ist bereits erarbeitetes und dokumentiertes Wissen über diese überaus relevanten Quellen kodiert, das die Projektmitarbeiter und -mitarbeiterinnen selbst, aber auch Forschende anderer Disziplinen für verschiedene Erkenntnisinteressen nutzen könn(t)en. Mit der sorgfältig überprüften Datenbasis lässt sich schließlich auch der Erfolg automatisch erzeugter Taggings evaluieren, wodurch bestehende Annotationstools weiterentwickelt werden und auch kleine, aber zuverlässig annotierte Sprachressourcen wie die Hexenverhörprotokolle oder die Todesurteile dazu beitragen können, weitere Texte effizienter zu verarbeiten.

Da die Sprachwissenschaft sich für andere Fragen interessiert als die Literaturwissenschaft oder andere textbasiert arbeitende, historisch ausgerichtete Disziplinen und sich nicht alle Fragestellungen antizipieren lassen, wird es bei der geplanten Edition der Todesurteile zunächst darum gehen, die Digitalisate der Faksimiles mit dem maschinenlesbaren, angereicherten Text zur Verfügung zu stellen. In den Annotationen ist sorgfältig geprüftes Wissen über die Texte kodiert, das über die Volltext-, POS- oder Lemma-Suche jeweils mit Konkordanz-Anzeigen abfragbar sein wird. Mit Sortier- und Filterfunktionen können auch die in den Metadaten gespeicherten Werte abgerufen werden. Die Erschließung weiterer Annotationsebenen wird letztlich von den Mitteln abhängen, die dem Projekt zur Verfügung stehen, aber auch davon, wie wir unseren Wissensstand über die Todesurteile erweitern und welche weiteren Forschungsfragen an das Quellenmaterial herangetragen werden.

Im Hinblick auf die zukünftige digitale Repräsentation des Korpus ist zudem zu überlegen, ob das Thema neben Experten und Expertinnen aus den unterschiedlichen Disziplinen (Kriminalitätsgeschichte, Alltagsgeschichte, Mediengeschichte, Literaturgeschichte, historische Linguistik, usw.) nicht auch das Interesse eines Publikums außerhalb der Forschung zu wecken vermag. Eine benutzerfreundliche Applikation, in der die Wiener Todesurteile in ihrem Kontext und mit zeitgenössischen Illustrationen erläutert werden, könnte auch dazu geeignet sein, in höheren Schulstufen oder der universitären Lehre erkundet zu werden. Die positive Berichterstattung über das Projekt in den heutigen Nachrichtenmedien (vgl. Grancy 2016: 34 in *Die Presse*; Stadler 2016: 86–90 im Nachrichtenmagazin *profil*) lässt jedenfalls darauf hoffen, dass die Erforschung der Todesurteile auf allgemeines Interesse stößt – das digitale Medium schafft für diese transparente und zeitgemäße Form der Texterschließung und Wissensvermittlung jedenfalls ideale Voraussetzungen.

Literatur

Ammerer, Gerhard & Friedrich Adomeit (2010): Armesünderblätter. In Karl Härter, Gerhard Sälter & Eva Wiebel (Hrsg.), *Repräsentation von Kriminalität und öffentlicher Sicherheit. Bilder, Vorstellungen und Diskurse vom 16. bis zum 20. Jahrhundert*, 271–308. Frankfurt am Main: Klostermann.

Barteld, Fabian, Stefan Hartmann & Renata Szczepaniak (2016): The usage and spread of sentence-internal capitalization in Early New High German: A multifactorial approach. *Folia Linguistica* 50 (2), 385–412.

Barteld, Fabian, Renata Szczepaniak & Heike Zinsmeister (2014): The definition of tokens in relation to words and annotation tasks. In Verena Henrich, Erhard Hinrichs, Daniël de Kok, Petya Osenova & Adam Przepiórkowski (Hrsg.), *Proceedings of the Thirteenth International Workshop on Treebanks and Linguistic Theories (TLT13), December 12–13, 2014, Tübingen, Germany*, 250–257. http://tlt13.sfs.uni-tuebingen.de/tlt13-proceedings.pdf (30. September 2019).

Bennett, Paul, Martin Durrell, Silke Scheible & Richard J. Whitt (Hrsg.) (2013): *New Methods in Historical Corpora*. (= Corpuslinguistics and Interdisciplinary Perspectives on Language, Band 3). Tübingen: Narr Francke Attempto.

Dainat, Holger (2009): Räuber im Oktavformat: Über die printmediale Aufbereitung von Kriminalität im 18. Jahrhundert. In Rebekka Habermas & Gerd Schwerhoff (Hrsg.), *Verbrechen im Blick. Perspektiven der neuzeitlichen Kriminalitätsgeschichte*, 339–366. Frankfurt, New York: Campus.

Dipper, Stefanie (2010): POS-Tagging of Historical Language Data: First Experiments. In Manfred Pinkal, Ines Rehbein, Sabine Schulte im Walde & Angelika Storrer (Hrsg.), *Semantic Approaches in Natural Language Processing. Proceedings of the 10th Conference on Natural Language Processing (KONVENS-10), Saarbrücken 2010*, 117–121.

Dipper, Stefanie, Karin Donhauser, Thomas Klein, Sonja Linde, Stefan Müller & Klaus-Peter Wegera (2013): HiTS: ein Tagset für historische Sprachstufen des Deutschen. *Journal for Language Technology and Computational Linguistics* 28 (1), 85–137.

Durstmüller, Anton (1981): *500 Jahre Druck in Österreich. Die Entwicklungsgeschichte der graphischen Gewerbe von den Anfängen bis zur Gegenwart.* Wien: Hauptverband der Graphischen Unternehmungen Österreichs.

Fasching, Daniela & Claudia Resch (2018): Female Murderers and the Representation of Crime in Execution Broadsheets in 18th-Century Vienna. *Law, Crime and History* 8, 108–125.

Gippert, Jost & Ralf Gehrke (Hrsg.) (2015): *Historical Corpora. Challenges and Perspectives* (= Korpuslinguistik und interdisziplinäre Perspektiven auf Sprache, Band 5). Tübingen: Narr Francke Attempto.

Grancy, Alice (2016): Erhängt, gerädert und gevierteilt. *Die Presse* vom 24.09.2016, 34. http://diepresse.com/home/science/5090626/Erhaengt-geraedert-und-gevierteilt (30.09.2019).

Harms, Wolfgang & Michael Schilling (1983): Zum illustrierten Flugblatt der Barockzeit. In Wolfgang Harms, John Roger Paas, Michael Schilling & Andreas Wang (Hrsg.), *Illustrierte Flugblätter des Barock. Eine Auswahl*, VII-XVI. Tübingen: Niemeyer.

Härter, Karl (2010): Criminalbilder: Verbrechen, Justiz und Strafe in illustrierten Einblattdrucken der Frühen Neuzeit. In Karl Härter, Gerhard Sälter & Eva Wiebel (Hrsg.), *Repräsentation von Kriminalität und öffentlicher Sicherheit. Bilder, Vorstellungen und Diskurse vom 16. bis zum 20. Jahrhundert*, 25–88. Frankfurt am Main: Klostermann.

Hehenberger, Susanne (2008): Die beleidigte Ehre GOttes auf das empfindlichste zu rächen, in allweg gesonnen. In Martin Scheutz & Vlasta Valeš (Hrsg.), *Wien und seine WienerInnen. Ein historischer Streifzug durch Wien über die Jahrhunderte*, 179–201. Wien u.a.: Böhlau.

Hinrichs, Erhard & Thomas Zastrow (2012): Linguistic Annotations for a Diachronic Corpus of German. *Linguistic Issues in Language Technology* 7, 1–16.

Košenina, Alexander (2005): Recht – gefällig. Frühneuzeitliche Verbrechensdarstellung zwischen Dokumentation und Unterhaltung. *Zeitschrift für Germanistik* 15 (1), 28–47.

Nikolai, Friedrich (1781): *Beschreibung einer Reise durch Deutschland und die Schweiz, im Jahre 1781*, Band 6. Berlin, Stettin.

Odebrecht, Carolin, Malte Belz, Amir Zeldes, Anke Lüdeling & Thomas Krause (2017): RIDGES Herbology: designing a diachronic multi-layer corpus. *Language Resources and Evaluation* 51, 695–725.

Oesterreicher, Wulf (2006): Korpuslinguistik und diachronische Lexikologie. Fallbeispiele aus dem amerikanischen Spanisch des 16. Jahrhunderts. In Wolf Dietrich, Ulrich Hoinkes, Bàrbara Roviró & Matthias Warnecke (Hrsg.), *Lexikalische Semantik und Korpuslinguistik* (= Tübinger Beiträge zur Linguistik, Band 490), 479–493. Tübingen: Narr.

Peil, Dietmar (2002): Strafe und Ritual. Zur Darstellung von Straftaten und Bestrafungen im illustrierten Flugblatt. In Wolfgang Harms & Alfred Messerli (Hrsg.), *Wahrnehmungsgeschichte und Wissenschaftsdiskurs im illustrierten Flugblatt der Frühen Neuzeit (1450-1700)*, 265–486. Basel: Schwabe.

Petzoldt, Leander (2000): »Ein schönes newes Lied ...« oder: Eine ›Moritat aus unserer Zeit.‹ In Gerlinde Haid, Ursula Hemetek & Rudolf Pietsch (Hrsg.), *Volksmusik – Wandel und Deutung. Festschrift für Walter Deutsch zum 75. Geburtstag*, 494–503. Wien u.a.: Böhlau.

Resch, Claudia (2018): Die Totenbruderschaft von St. Augustin und ihre Totenkapelle(n) – geziert, gemalt und gedruckt für die Ewigkeit. In Elisabeth Lobenwein, Martin Scheutz & Alfred Stefan Weiß (Hrsg.), *Bruderschaften als multifunktionale Dienstleister der Frühen Neuzeit in Zentraleuropa* (= Veröffentlichungen des Instituts für Österreichische Geschichtsforschung, Band 70), 373–393. Wien u.a.: Böhlau.

Resch, Claudia (2019): Die kaiserlich-königliche Totenbruderschaft in Wien. „Bündnuß und höchst Lob-würdige Alliantz" zum Heil der Seelen. In Franz M. Eybl, Daniel Fulda & Johannes Süssmann (Hrsg.), *Bündnisse. Politische, soziale und intellektuelle Allianzen im Jahrhundert der Aufklärung*, 183–194. Wien u.a.: Böhlau.

Resch, Claudia & Ulrike Czeitschner (2017): Morphosyntaktische Annotation historischer deutscher Texte: Das Austrian Baroque Corpus. In Claudia Resch & Wolfgang U. Dressler (Hrsg.), *Digitale Methoden der Korpusforschung in Österreich* (= Veröffentlichungen zur Linguistik und Kommunikationsforschung, Band 30), 39–62. Wien: Verlag der Österreichischen Akademie der Wissenschaften.

Resch, Claudia, Ulrike Czeitschner, Eva Wohlfarter & Barbara Krautgartner (2016): Introducing the Austrian Baroque Corpus: Annotation and Application of a Thematic Research Collection. In Lars Wieneke, Catherine Jones, Marten Düring, Florentina Armaselu & René Leboutte (Hrsg.), *Proceedings of the Third Conference on Digital Humanities in Luxembourg with a Special Focus on Reading Historical Sources in the Digital Age, 2013*. Aachen. http://ceur-ws.org/Vol-1681/Resch_et_al_austrian_baroque_corpus.pdf (30.09.2019).

Resch, Claudia, Daniel Schopper, Tanja Wissik & Daniela Fasching (2019): Encoding Crime and Punishment in TEI: The Digital Processing of Early Modern Broadsheets from Vienna. In *Journal of the Text Encoding Initiative* 11. https://journals.openedition.org/jtei/1925 (30.09.2019).

Schwerhoff, Gerd (2009): Kriminalitätsgeschichte – Kriminalgeschichten: Verbrechen und Strafen im Medienverbund des 16. und 17. Jahrhunderts. In Rebekka Habermas & Gerd Schwerhoff (Hrsg.), *Verbrechen im Blick. Perspektiven der neuzeitlichen Kriminalitätsgeschichte*, 295–322. Frankfurt am Main, New York: Campus.

Stadler, Jochen (2016): Köpfen, Hängen, Vierteilen. Wie in Wien hingerichtet wurde. *profil* 50, 86–90. https://www.profil.at/wissenschaft/hinrichtungen-wien-7806336 (30. September 2019).

Szczepaniak, Renata & Fabian Barteld (2016): Hexenverhörprotokolle als sprachhistorisches Korpus. In Sarah Kwekkeboom & Sandra Waldenberger (Hrsg.), *PerspektivWechsel oder: Die Wiederentdeckung der Philologie* (= Sprachdaten und Grundlagenforschung in der Historischen Linguistik, Band 1), 43–70. Berlin: Erich Schmidt.

Tjong Kim Sang, Erik (2016): Improving Part-of-Speech Tagging of Historical Text by First Translating to Modern Text. In Bojan Bozic, Gavin Mendel-Gleason, Christophe Debruyne & Declan O'Sullivan (Hrsg.), *Computational History and Data-Driven Humanities – 2016. Second IFIP WG 12.7 International Workshop, CHDDH 2016, Dublin, Ireland, May 25, 2016, Revised Selected Papers*, 54–64. Cham: Springer. https://ifarm.nl/erikt/papers/chdh2016.pdf (30.09.2019).

Tjong Kim Sang, Erik, Marcel Bollmann, Remko Boschker, Francisco Casacuberta, Feike Dietz, Stefanie Dipper, Miguel Domingo, Rob van der Goot, Marjo van Koppen, Nikola Ljubešić,

Robert Östling, Florian Petran, Eva Petterson, Yves Scherrer, Marijn Schragen, Leen Sevens, Jörg Tiedemann, Tom Vanallemeersch & Kalliopi Zervanou (2017): The CLIN27 Shared Task: Translating Historical Text to Contemporary Language for Improving Automatic Linguistic Annotation. *Computational Linguistics in the Netherlands* 7, 53–64.
Wiltenburg, Joy (2009): Formen des Sensationalismus in frühneuzeitlichen Kriminalberichten. In Rebekka Habermas & Gerd Schwerhoff (Hrsg.), *Verbrechen im Blick. Perspektiven der neuzeitlichen Kriminalitätsgeschichte*, 323–338. Frankfurt am Main, New York: Campus.

Korpora, Projekte und Werkzeuge

Austrian Baroque Corpus (ABaC:us): acdh.oeaw.ac.at/abacus/ (30.09.2019).
Bonner Frühneuhochdeutschkorpus: korpora.zim.uni-duisburg-essen.de/FnhdC/ (30.09.2019).
Digitale Edition der Urfehdebücher der Stadt Basel: gams.uni-graz.at/archive/objects/context:ufbas/methods/sdef:Context/get?mode=home (30.09.2019).
GerManC. A Historical Corpus of German Newspapers 1650–1800: www.sketchengine.eu/germanc-corpus/ (30.09.2019).
Hehenberger, Susanne (2010): Kriminalität in und um Wien 1703-1803. Eine Datenbank. homepage.univie.ac.at/susanne.hehenberger/kriminaldatenbank/ (30.09.2019).
Juxta Collation Software for Scholars. www.juxtasoftware.org/ (30.09.2019).
Projekt „London Lives“: www.londonlives.org/ (30.09.2019).
RIDGES Register in Diachronic German Science: www.linguistik.hu-berlin.de/de/institut/professuren/korpuslinguistik/forschung/ridges-projekt/ (30.09.2019).
Schiller, Anne, Simone Teufel, Christine Stöckert & Christine Thielen: Guidelines für das Tagging deutscher Textcorpora mit STTS (1999): www.sfs.uni-tuebingen.de/resources/stts-1999.pdf (30.09.2019).
TEI – Text Encoding Initiative: www.tei-c.org/Guidelines/P5/ (30.09.2019).
TokenEditor: www.oeaw.ac.at/acdh/tools/tokeneditor/ (30.09.2019).
TreeTagger – a part-of-speech tagger for many languages: www.cis.uni-muenchen.de/~schmid/tools/TreeTagger/ (30.09.2019).
xtx – an XML tokenizer: xtx.acdh.oeaw.ac.at/index.html (30.09.2019).

www.ingramcontent.com/pod-product-compliance
Lightning Source LLC
Chambersburg PA
CBHW030526230426
43665CB00010B/786

* 9 7 8 3 1 1 0 9 9 2 6 0 1 *